第三党历史

王夫玉 编著

东南大学出版社
·南京·

内 容 提 要

1911年10月10日，辛亥革命爆发，推翻了2 000多年的封建帝制。1912年1月1日，中华民国建立，开启了38年短暂的中华民国历史。该书以中华民国历史为背景，以中国共产党与中国国民党为标杆，以第三党重要党史人物和历史事件为线索，以相关史证资料及原始档案为依据，历史、辩证、系统、客观地研究和再现了第三党（中国农工民主党前身）23年的历史。该书不仅全面科学地梳理、归纳、甄别、整理和描述了第三党历史，而且实事求是地反映了建国前中国农工民主党的民主革命史，还首次对第三党（中国农工民主党）在民主革命时期的历史贡献作了系统的评述。该书对中国党派史研究具有非常重要的借鉴作用，对中华民国史甚至中国近代史的研究亦很有参考价值。

图书在版编目(CIP)数据

第三党历史/王夫玉编著. —南京：东南大学出版社，2013.8
 ISBN 978-7-5641-4343-5

Ⅰ.①第… Ⅱ.①王… Ⅲ.①中国农工民主党－党史 Ⅳ.①D665.5

中国版本图书馆 CIP 数据核字(2013)第 139023 号

东南大学出版社出版发行
（南京四牌楼2号 邮编：210096）
出版人：江建中
网址：http://www.seupress.com
全国各地新华书店经销 南京玉河印刷厂印刷
开本：700mm×1000mm 1/16 印张：20.5 字数：326千
2013年8月第1版 2013年8月第1次印刷
ISBN 978-7-5641-4343-5
定价：52.00元

本社图书若有印装质量问题，请直接与读者服务部联系。电话（传真）：025-83791830

认识第三党*（代序）

　　以历史为鉴，可扬利去弊。历史，是指人们对人类社会过去的时间、地点、人物、行为、事件以及对这些事件行为有系统的连续记录、诠释和研究，与伦理、哲学和艺术同属人类精神文明的重要成果。历史是客观存在的事实，真相只有一个，如果历史记录被歪曲、不正确或欠真实，那么鉴史为今就失去了应有的意义。历史的撰写要有一个时间沉淀过程，不能将昨天发生的事，今天就当作历史来写，著者认为沉淀的时间应不少于"一个甲子"，即60年。

　　党史也是一种历史，是专门系统记录一个或几个党派的言论、行为、事件和重要人物等内容的文献，《第三党历史》即如此。本书所言的第三党，系指中国农工民主党前身所经历若干历史阶段之众多名称的统称，也是当时中国共产党、中国国民党等党派、团体组织和社会民众对它的普遍称谓。由于第三党具有的特殊的建党背景、不屈的政治探索和曲折的发展道路，经过中华人民共和国成立后历时60余年的沉淀，需要我们回过头去，科学地梳理、甄别和认识第三党与中国共产党殊途同归的民主革命史，以便更好地理解和践行胡锦涛总书记的"同心"思想：在思想上，与中共同心同德；在目标上，与中共同心同向；在行动上，与中共同心同行。此亦为编撰本书之使命。

---

　　* 主要内容源自：科学认识建国前的中国农工民主党党史.江苏省社会主义学院学报，2011(3)：39-44。该文获全国"2011年理论研究优秀论文奖"三等奖，受到中国农工民主党中央的表彰和奖励。

一、第三党的由来

1926年11月,共产国际执委会在莫斯科召开第七次扩大会议,中心议题是讨论中国革命问题。当时作为中共中央执行委员的谭平山出席了这次会议,他在会上的报告和发言中提出了第三党的问题,并作了全面探讨。谭平山所说的第三党,是指中国革命统一战线的组织形式,他设想:"要么在现在的国民党中组织无产阶级的领导和控制,清除国民党和帝国主义的联系;要么不要国民党而成立新的第三党,例如工农党或联合党。"第三党的问题就这样第一次被正式提出来了。

谭平山在共产国际第七次执委扩大会议上提出的所谓"第三党"问题,一直受到误解。当时在共产国际中几乎没有人能弄清楚谭平山提出"第三党"的真实含义,并在后来把"第三党"作为他的一条重要罪状,列入1927年11月中共中央召开临时政治局扩大会议通过的《政治纪律决议案》,该案决定开除谭平山的党籍。由此,第三党的问题开始在中共内部发酵,虽然没有正式成立,但已开始产生事实影响。

1927年4月12日,蒋介石在上海悍然发动反革命政变,疯狂地捕杀共产党人和工农运动的积极分子,激起共产党人和国民党左派人士的极大愤慨。不久,武汉政府中以汪精卫为代表的国民党也日益动摇和反动。在这种情况下,许多革命者对国民党更加丧失信心,又纷纷议论另组一个新党的问题。在国民党左派代表人物邓演达提出组建第三党的想法后,谭平山自然积极响应,并参加了酝酿和讨论工作。谭平山虽然多次与很多人谈过组织第三党的问题,但他对邓演达所提出"共产党解散、国民党再次改组而组织第三党"的想法,是持否定态度的。谭平山特别强调中国共产党应该存在,应改组国民党,或另组第三党,因为怕第三党不能真正代表农工和小资产阶级,不得不拿共产党来推进这个第三党。邓演达也提出沿用国民党的名称,纳入共产党的纲领组建一个新党的设想,谭平山与他反复讨论。大革命失败后,邓演达去莫斯科,两人仍频频通信,保持联系,继续酝酿组建新党的问题。

1927年11月1日,宋庆龄、邓演达、陈友仁在莫斯科以"中国国民党临时行动委员会"的名义发表《对中国及世界革命民众宣言》,《宣言》

解读了"三民主义的真正意义";指出了"中国被压迫剥削的革命民众是工、农、手工业者、小商人及青年学生,其对抗的仇敌是帝国主义、封建军阀、地主、土豪绅士及与他们相勾结之高利资本家者";声明该委员会的责任是"宣告南京武汉的伪党部中央之罪过,以革命手段中止其受第二次大会委托之职权;并临时行使革命指导之机能",但这个临时行动委员会在当时并未形成一个实在的组织。尽管如此,但这仍足以表明邓演达等国民党左派代表人物组建一个新党的决心。《宣言》传到国内后,谭平山等受到了很大的鼓舞,谭平山利用自己在各方面的影响,开始出面进行联络,着手组建新党。

1927年底,谭平山在上海成立"国民党左派联合办事处",与章伯钧、季方等开始筹备重新组建"中华革命党"。1927年12月或1928年1月初,谭平山等人在上海一个外国人开设的旅馆里秘密地召开了中华革命党成立大会。谭平山主持了大会,会议宣告中华革命党的成立。会议推举了邓演达、谭平山、章伯钧、季方、郑太朴、朱蕴山、邓初民、李世璋、张曙时、马哲民等为中央领导机构成员;表示"继续奉行孙中山的三民主义,团结孙中山先生的真实信徒,去接受中国革命的历史使命向前奋斗"。中华革命党成立后,由于它既反对国民党蒋介石的独裁统治,又不赞成共产党的政治主张,当时在社会上被称为"第三党"。例如,上海黄叶书局1928年10月印行《第三党讨论集》一书,编者蓝玉光,该书"搜集各方面关于第三党所发表的论文",包括迪可《论第三党》等12篇文章;中国国民党河北省党务指导委员会宣传部1928年编印的"宣传丛书"之三即命名为《机会主义的第三党》(191页),收录关于第三党的文章14篇。

关于中华革命党成立的具体时间,学术上尚有争论。有的说是1927年冬,有的说是1928年春;有的说是1928年2月,有的说是1928年3月。根据有关文史资料推测,著者认为1927年与1928年之交,即1927年12月到1928年1月间成立的可能性最大。一方面,从主导者的背景和处境追源。要成立第三党和重组中华革命党的主导者是谭平山,1927年8月,因参与南昌起义,他被武汉国民党中央开除了国民党党籍;同年11月,他又因反对共产国际指示,被当时的"左"倾中共中央开除了共产党党籍,谭平山随即在《申报》上登出启事应对,并透露要草拟一个社会主义性质的党纲,由此加快了组党步伐。另一方面,从有关文史资料推测时间。在日本《国际》杂志上所刊登的第三国际执行委员会1928年2月25日的决议案中,提到"第三党是资产阶级的改良主义,将会变成反动派的工具",说明中华革命党是早于3月成立的;1928年1月出版的《顺直通讯》载有《第三党与托洛斯基派的本质与活动》一文,说明中华革命党的成立早于2月。另外,也有这种可能,即中华革命党从1927年冬到1930年春,延续了将近两年半时间,虽然有名称,有纲领,有组织,有活动,但它的名称在开展活动中并未统一采用,它的纲领经谭平山草拟后并未通过,它的组织一直处于萌芽状态或是筹备阶段,其政治团体并未正式成立。

邓演达于1927年8月出国,到1930年5月才从欧洲返回国内,期间,中华革命党领导人一直与他保持联系。1930年8月9日,邓演达在上海主持召开了有十几个省区代表参加的中华革命党全国干部会议(一干会),正式将中华革命党改为中国国民党临时行动委员会(临委会)。会议一致通过了邓演达起草的政治纲领——《中国国民党临时行动委员会政治主张》等一系列重要文件,提出建立以农工为重心的平民政权的政治主张。会议选举出党的中央领导机构,邓演达、黄琪翔、章伯钧、彭泽民、季方等25人当选为干事,组成中央干部会,邓演达被推选为总干事。

上海各大报纸虽同情中国国民党临时行动委员会,但惧于国民党蒋介石权势,不敢刊登有关会议消息。9月1日,只有两家日文报纸《上海每日》、《上海新闻》摘要刊登了《政治主张》。当时外界认为:中国国民党临时行动委员会是中华革命党改名而来,因此仍把中国国民党临时行动委员会称为"第三党"。邓演达批阅后十分不快,即派人前往报馆交涉更正。邓演达认为,蒋介石背叛了孙中山先生的主张,是应该清除的叛徒,不能代表国民党,中国国民党临时行动委员会才是真正革命的国民党!但第三党的称呼却因此在社会上很快传开了。

由于中国国民党临时行动委员会的活动范围及影响声势日益扩大,第三党逐步被公众所认识,"第三党"名称也被其后的中华民族解放行动委员会(解委会)和中国农工民主党所认可接受。例如:为配合解委会中央于1940年10月10日向全党发出《整党通知》,解委会中央发表了《怎样做一个第三党党员——告全党同志书》;在1947年2月召开的第四次全国干部会议上通过的《中国农工民主党党章》和《决议案》中,均有将第三党用作对中国农工民主党的注解。

中国国民党、中国共产党也常在正式场合使用第三党称呼。例如:1937年8月,蒋介石在拒绝邀请章伯钧参加于南京召开的国防参政会时,曾说:"邓演达被杀了,第三党已不存在。"1945年1月,周恩来在曾家岩50号周公馆宴请章伯钧、郭则沉、韩兆鹗、刘宗宽等人时说:"邓择生(演达)先生和我们是老朋友,今后我们希望同第三党的朋友加强联系,紧密合作,有事多商量。"直至1948年12月29日,中共中央统战部电示在香港的中共负责人方方、潘汉年、钱之光,明确指示:在香港列名响应"五一号召"的各民主党派人士及无党派人士均可参加新政协。并希望"即分别与民革、救国会、第三党(即农工党)及致公党接洽,推出代表,并设法护送他们到解放区来"。在此电文中仍用第三党称呼中国农工民主党。

二、第三党的简史

1931年春,蒋介石软禁胡汉民一事引起宁粤分裂。中国国民党临时行动委员会也趁势很快组织起以邓演达为首的军事委员会,讨论和制订了全国性武装起义计划。临委会的军事准备和组织、宣传工作对蒋介石政权造成极大威胁,导致邓演达被害。在邓演达被捕的同时,临委会的中央机关和联络点也遭到严重破坏。由于邓演达等被捕,全国性武装起义计划最终流产。邓演达的牺牲使临委会的领导层顿失核心,受到了很大打击,这是临委会经历最艰难的阶段。当时临委会领导层思想混乱,一部分人因失去邓演达,对临委会失去希望而脱离了组织;一部分人提出不能再戴着国民党的帽子而改党名为"中国农工民主党";一部分人力主按邓演达的遗志搞下去;黄琪翔则在上海以党务主持人身份继续按原有局面主持工作,出于多数党员对国民党的仇恨,将党名暂改为"中国革命行动委员会"。

1933年11月20日,国民党第十九路军将领陈铭枢、蒋光鼐、蔡廷锴,联合黄琪翔领导的临委会、李济深等国民党左派势力以及福建地方反蒋力量,在福州南校场召开"中国全国人民临时代表大会"。黄琪翔在大会上致开幕词,并宣读《中国人民临时代表大会人民权利宣言》,"福建事变"由此爆发。大会宣告成立"中华共和国人民革命政府"(即福建人民政府),定福州为首都,宣布脱离国民党,与蒋介石政府决裂。参加福建事变的领导人集体宣布退出国民党,决定组织"生产人民党",以陈铭枢为总书记。黄琪翔听从蔡廷锴意见,为了化解矛盾,团结对敌,说服第三党同志,为顾全大局,经反复磋商,12月11日,临委会策略地以"中国革命行动委员会中央干部委员会"名义,在福州《人民日报》登出《中国革命行动委员会宣告解散启事》和《第三党正式宣言解散,一致参加生产人民革命党》,宣告:解散中国革命行动委员会之原有组织,一致参加生产人民党。随后,"福建事变"在蒋介石的镇压之下失败。

　　临委会屡仆屡继,经历了一次次失败。为了迅速恢复党的组织,1935年秋,章伯钧从日本回到香港,与彭泽民等就重振组织的具体问题交换了意见,黄琪翔从德国来信赞成恢复组织。1935年11月10日,在香港九龙召开了第一次临时代表会议(二干会),集中解决了党的组织和政治路线问题。根据国内外形势的变化,会议决定将中国国民党临时行动委员会改名为中华民族解放行动委员会(解委会)。会议选出了由黄琪翔、章伯钧等19人组成的中央临时执行委员会,黄琪翔为总书记。会议通过了《中华民族解放行动委员会临时行动纲领》和《中华民族解放行动委员会告同志书》。抗日战争期间,为配合中国共产党打退国民党的第二次反共高潮,在解委会领导人联络建议下,各党派同意建立第三者性质的政治同盟,1941年3月19日,在重庆正式成立中国民主政团同盟。1944年9月19日,因国内外形势变化,中国民主政团同盟改名为中国民主同盟,由团体会员制变为个人会员制。

　　抗战胜利后,解委会从1945年秋开始,一方面在民盟中发挥作用,一方面进行了组织复原工作。1946年春,中央机关由重庆陆续迁回上海。1947年2月3日,解委会在中央机关举行了第四次全国干部会议。会议由章伯钧作《党务报告》;会议决定将解委会易名为"中国农工民主党";会议通过了《中国农工民主党党章》、《关于党的纲领、路线和基本方针的决定》等纲领性文件;会议选举了由25人组成的中央执行委员会和10人组成的中央监察委员会,章伯钧、彭泽民分别任委员会主席。第四次全国干部会议是一次"改造党、健全党、扩大党"的重要会议。1948年4月30日,中共中央郑重宣布由毛泽东亲自起草的纪念"五一"国际劳动节口号,5月5日,彭泽民代表农工党,与其他民主党派和无党派人士在香港联合致电中共中央主席毛泽东,响应中共"五一"号召,同日发表《响应中共"五一"号召的通电》。6月16日,农工党又单独发表《对时局宣言》,以示竭诚。

1949年6月15日至19日,新政治协商会议筹备会第一次全体会议在中南海勤政殿开幕,参加会议的有各民主党派、无党派民主人士及人民团体等23个单位共134人,对新的政治协商会议进行筹备。1949年9月21日至30日,中国人民政治协商会议第一届全体会议在北京中南海怀仁堂胜利召开,会议先后通过了《中国人民政治协商会议共同纲领》等纲领性文件,决定了首都、国歌、国旗和采用公元纪年。农工党首席代表彭泽民作大会发言,表示农工党接受中国共产党的领导,与共产党长期合作下去,努力参加实现《共同纲领》的工作。为了总结过去的经验和教训,确定今后的方向和工作,1949年11月14日至26日,中国农工民主党在北京召开了第五次全国干部会议。会议学习和传达了中国人民政治协商会议的有关文件;通过了《政治决议》、《党务总结报告》和《五干会议宣言》等文件;选举出中央执行委员会和中央监察委员会,章伯钧和彭泽民分别任主席。《政治决议》确立以《中国人民政治协商会议共同纲领》为中国农工民主党在社会主义建设时期的行动纲领。

三、如何写第三党

要科学地梳理、甄别、认识与撰写好第三党的历史,必须把握和运用好以下四个方面的方式方法:

(一)以中国近代史尤其是民国史为背景,历史地看待第三党的历史

全面分析人类阶级社会的发展,可以发现这样的规律:社会是由历史构成的,历史是由人民创造的,人民是按阶级或阶层划分的,阶级或阶层是由政党组织的,政党是由领袖领导的。而且,阶级社会越发展、越先进,这种递进规律的约束性或作用就越显著。由此可见,任何党派的历史都

脱离不了其所处历史阶段的时代印迹。同样的,第三党的历史也离不开中国近代史尤其是民国史而独立存在,第三党的历史是融入民国史的,是民国史乃至中国近代史的重要组成部分。所以,要认识和研究第三党的历史,必须以中国近代史尤其是民国史为背景,历史地看待第三党的历史。

在中国近代史中,从1840年到1905年的66年间,中国一直处于被列强侵略和掠夺之中,人民一直笼罩在列强侵华战争的硝烟之中。1911年10月10日,爆发了席卷全国的辛亥革命,作为辛亥革命的高潮和最重要的革命成果,1912年1月1日中华民国正式诞生,从而结束了在中国历经两千多年的帝制,开启了中国历史的共和时代。经过1926—1928年两次北伐,至1930年10月初中原大战取胜,蒋介石的南京国民政府才基本确立其在中国的正统地位。这是第三党产生的中国近代史和民国史的背景。

1905年8月,孙中山在日本东京发起成立资产阶级政党——中国同盟会,1912年8月25日,国民党在北京正式成立,它的组成仍然以同盟会为骨干。1924年1月20日到30日,中国国民党第一次全国代表大会在广州召开,它既标志着国民党改组为中国国民党的完成,也标志着国共合作的正式形成。1927年,因蒋介石"四一二"事变和汪精卫"七一五"分共,导致第一次国共两党合作宣告失败。大革命失败后,部分国民党左派和从共产党游离出来的人员,既反对蒋介石、汪精卫等背离孙中山的三民主义和从革命立场转向,也不赞同共产党的政治主张,因而独树异帜,开始重建中华革命党和组织中国国民党临时行动委员会,以实现孙中山的三民主义。这是第三党成立的党史渊源。

(二)以中国共产党和中国国民党为标杆,辩证地看待第三党的历史

中国近代史中的民国史,经历了38年(1912.1—1949.10),第三党在建国前的历史近23年(1926.11—1949.11),与民国史的后一半重叠融会。这一时期的历史,实际上就是代表广大劳苦大众根本利益的中国共产党同代表官僚阶级、剥削阶级利益的中国国民党就中华民族的独立、自由、解放、民主与统一等重大问题的既斗争又合作的历史。研究这段历史中的第三党,必须以中国共产党和中国国民党为标杆,辩证地看

待第三党的历史。第三党的主体是从国民党内分离而来的，经过近23年艰难历程，最终成为中国共产党领导的新中国的参政党——中国农工民主党。这是第三党历史的主线。

1927年4月12日，蒋介石在上海发动了"四一二"政变，进行反共清党活动；7月15日汪精卫追随蒋介石在武汉实行"分共"，第一次国共合作破裂，大革命失败。此时，国民党左派从国民党分离出来，开始重建中华革命党和筹建中国国民党临时行动委员会。此后10年，发生了国内土地革命战争，国民党残酷打压共产党、临委会和其他民主党派，临委会受到了严重破坏。"西安事变"和平解决之后，蒋介石答应"停止剿共，联合抗日"，并于1937年2月，召开了中国国民党五届三中全会，确定了和中国共产党重新合作的方针。在八年抗战期间，第三党做了大量工作，在各个方面都取得了重要业绩，为抗战胜利作出了重要贡献。抗日战争胜利后，中国共产党提出为实现国内和平，建立联合政府的主张。但1946年7月，国民党当局在美国支持下，悍然撕毁《双十协定》、政协决议和停战协定，发动全面内战。经过3年内战，国民党溃败，南京国民政府败亡。在解放战争期间，第三党始终站在中共一边，在各个方面支持人民的解放事业，并为中华人民共和国的创立作出了历史性贡献。

（三）以重要党史人物和历史事件为线索，系统地看待第三党的历史

相对而言，在民主革命时期，第三党不像中国共产党、中国国民党那样：政治鲜明，组织严密，机构健全，经济实力雄厚，军事强大。由于种种原因，第三党在政治上一直鲜有机会实践自己的政治主张，在组织上一直比较弱小，在机构建设上一直难以健全，没有建立过组织严密、层次分明的党务体系。此外，虽然它的创立者多出自于军队，但很少有自己独立掌管的武装。所以，研究和撰写第三党的历史，很难从政治、组织、机构、经济、军事等方面展开全面的整体叙述。对待具有特殊性的第三党的历史，必须以重要党史人物和历史事件为线索，系统地看待第三党历史。而年月时序则是第三党历史之系统性的外在表现，它有机地穿引着党史人物和历史事件。

邓演达是第三党的主要创始人，除谭平山外，他的继任者和追随者，如黄琪翔、章伯钧、彭泽民、季方等，为第三党的生存、发展和开展各项工

作作出了重大贡献。邓演达是著名的国民党左派领袖人物,第一次国共合作时,邓演达拥护孙中山与共产党合作改组国民党和事实形成的"联俄、联共、扶助农工"三大政策。蒋介石发动"四一二"反革命政变后,邓演达和宋庆龄、毛泽东等联合发表《讨蒋通电》,声讨蒋介石反共反人民的罪行。当汪精卫准备叛变时,邓演达曾多次与汪精卫斗争。1930年5月,邓演达经香港回到了上海,8月9日召集各地中华革命党代表举行了第一次全国干部会议,正式成立中国国民党临时行动委员会,通过了由他起草的《中国国民党临时行动委员会政治主张》,选出了中央干事会,他被推选为总干事。1931年8月17日,邓演达被蒋介石逮捕,同年11月29日,邓演达被秘密杀害于南京麒麟门外沙子岗,时年36岁。

解放前召开的4次全国干部会议和1949年11月召开的第五次全国干部会议,是第三党历史上的重大事件,其第一次、第四次、第五次全国干部会议具有里程碑意义。第一次全国干部会议正式建党,第四次全国干部会议正党名,第五次全国干部会议确定党在社会主义建设时期的行动纲领。福建事变、淞沪抗战、实施民主宪政斗争和参与新政协会议筹备、新中国成立等历史事件,是第三党历史的骨干内容。尤其是参与中华人民共和国的筹建,特别是参加中国人民政治协商会议,具有十分重要的历史意义,表明第三党紧跟中国共产党走,依靠人民和人民军队的力量,基本实现了"建立以农工为重心的平民政权,实行耕者有其田,通过国家资本主义过渡到社会主义"的政治抱负,间接地完成了第三党在民主革命时期的历史任务。

(四) 以相关史证资料和原始档案为依据,客观地看待第三党的历史

在正式建党之初,第三党是以中华革命党、中国国民党临时行动委员会的面目展现在世人面前的,是同国民党右派决裂的政党,虽秉承孙中山新三民主义衣钵,但同蒋介石为首的中国国民党有本质区别,同时也不同于中国共产党的政治主张,故史称"第三党"。在其后的民主革命时期,虽逐步地坚定站在中国共产党一边,但仍有其不同阶段的、鲜明的政治主张。所以,为实事求是地反映第三党历史的真实面目,必须以相关史证资料和原始档案为依据,客观地看待第三党的历史。

在史证资料方面,除了在档在编的资料外,近年来,为了记录第三党

在中国人民抗日战争和世界反法西斯战争中所作出的贡献,中国农工民主党中央研究室经过2年多时间,在2007年11月征集、整理和汇编了《抗日战争时期的中国农工民主党》,记述了第三党中央和地方组织在抗日战争各个阶段的政治态度、重大活动和抗日成果;为收集党史资料和配合纪念中共中央发布"五一号召"60周年,农工党中央研究室经过4年多时间,在2008年8月征集、整理和汇编了《解放战争时期的中国农工民主党》,记录了第三党在解放战争中所作的贡献;2010年,结合建党80周年纪念活动,中国农工民主党从中央到地方又征集、整理和汇编了一大批史料。所有这些,为客观反映第三党历史提供了大量的可资甄别的史料。

在原始档案方面,随着一些文史资料的逐步解密和重要历史人物日记的公开,加之农工党中央研究室对中央党史资料研究委员会编辑的《中国农工民主党历史参考资料》(第一至五辑)进行重印,均有利于帮助还原历史的本来面目。此外,近年来国内外在学术研究上也有大量新的研究成果发表(见书后参考文献的期刊部分),均可用以充实、完善、填补、佐证第三党的历史。特别是2010年中国农工民主党中央之"前进英才"基金资助出版的两本专著:樊振的《邓演达年谱会集》、韩斯疆的《中日邓演达研究》,为第三党早期活动的研究提供了大量的重要参考资料。

四、党史研究启迪

2011年,是非常具有历史纪念意义的年份:中国国民党创始人孙中山先生诞辰145周年、辛亥革命爆发100周年、中国共产党成立90周年和日本侵华"九一八"事变爆发80周年。再过不到2个月,还将迎来中华民国成立100周年。从1911年秋天武汉城头震惊世界的一声枪响,到今天中国大地日新月异的现代化图景,辛亥革命以来的100年中,中华民族从沉睡中苏醒,从备受欺辱奔向独立自由,从贫弱逐步走向富强,中华崛起的百年梦想正逐步变为现实。百年巨变,蕴涵丰富历史启示,具有深刻的现实意义,标明了中华民族走向未来的前进方向。

2011年,也是首次提出第三党创建问题的85周年和第三党领袖人物邓演达殉难80周年。回顾和研究第三党的历史,不仅可以使我们更

明晰地认清第三党与中国共产党殊途同归的民主革命史,还可以加深我们对以下两个启迪的认识:一是中国革命的胜利离不开中共与包括第三党在内的民主党派的团结合作;二是包括第三党在内的民主党派要自愿地接受中国共产党的领导。前者如同胡绳的观点:在讲民主革命历史时,单讲国民党和共产党是远远不够的,除了国共两个角色外,还应有第三个角色,这就是中间角色。革命能胜利,是因为我们党把中间势力拉过来了,所以中间势力很重要。1927年大革命为什么一下子失败了?就是中间势力大多偏向国民党。后者如同农工党中央主席桑国卫的观点,他在纪念中共中央发布"五一号召"60周年座谈会上的讲话中指出:农工党发展的历史,就是一部对中国共产党在认识上不断深化、政治上不断认同、行动上不断靠拢的历史;是一部在中国共产党的影响、帮助、指导下不断进步的历史;是一部逐步走向同中国共产党团结合作、走向接受中国共产党领导的历史。

正如中共中央总书记胡锦涛同志在2011年10月9日召开的纪念辛亥革命100周年大会上讲话指出的那样:"回首中华民族百年奋斗历史,我们无比自豪。展望中华民族伟大复兴光明前景,我们信心百倍。我们呼吁,全体中华儿女携起手来,坚定实现中华民族伟大复兴的理想,努力作出无愧于孙中山先生和辛亥革命先驱、无愧于我们伟大民族的贡献,在时代进步洪流中奋力实现中华民族伟大复兴!"今天,回顾、研究和撰写第三党历史,其目的就是为了能更好地理解和遵循"共产党领导,多党派合作,共产党执政,多党派参政"的政治格局,增强接受中国共产党领导的自觉性和坚定性,增强走中国特色社会主义政治发展道路的自觉性和坚定性,增强践行"同心同德,同心同向,同心同行"的自觉性和坚定性,团结一切可以团结的力量,共同融入为中华民族早日复兴崛起的伟大事业之中。

著者:王夫玉
2011年10月10日于南京

目　　录

第 1 章　第三党建党的历史背景(1911.10—1927.7) (1)
- 1.1　辛亥革命推翻帝制 (1)
  - 1.1.1　同盟会及其活动 (2)
  - 1.1.2　武昌起义 (10)
  - 1.1.3　黄孝战役 (15)
  - 1.1.4　南北议和 (17)
  - 1.1.5　辛亥革命的意义 (21)
- 1.2　民初西式民主实验 (22)
- 1.3　溯源中国国民党 (25)
- 1.4　五四运动唤醒民众 (29)
- 1.5　中国共产党成立 (32)
- 1.6　第一次国共合作失败 (36)

第 2 章　中华革命党(1927.7—1930.8) (46)
- 2.1　国民党党内外的抗争 (46)
- 2.2　提出创建第三党 (50)
- 2.3　酝酿成立新党派 (59)
- 2.4　重建中华革命党 (61)
- 2.5　《中华革命党宣言草案》 (63)
  - 2.5.1　中国革命之特质 (64)
  - 2.5.2　中国革命与劳动平民阶级的使命 (65)
  - 2.5.3　时论的批评 (65)
  - 2.5.4　国民党与共产党 (66)
  - 2.5.5　中华革命党之任务 (67)

2.5.6　中华革命党之主义 …………………………………… (67)
　　　2.5.7　中华革命党之政纲 …………………………………… (68)
　　　2.5.8　和各党派的关系 ……………………………………… (68)
　2.6　同各方面的论战 ……………………………………………… (69)

第3章　中国国民党临时行动委员会(1930.8—1935.11) ……… (72)
　3.1　临委会成立(第一次全国干部会议) ………………………… (72)
　　　3.1.1　邓演达出国考察 ……………………………………… (73)
　　　3.1.2　邓演达回国 …………………………………………… (76)
　　　3.1.3　会议准备 ……………………………………………… (79)
　　　3.1.4　临委会成立 …………………………………………… (84)
　3.2　《政治主张》 …………………………………………………… (86)
　　　3.2.1　中国社会的结构 ……………………………………… (86)
　　　3.2.2　中国社会的历史进程 ………………………………… (87)
　　　3.2.3　我们的争斗目的 ……………………………………… (87)
　　　3.2.4　我们的争斗手段 ……………………………………… (87)
　　　3.2.5　我们具体的方案 ……………………………………… (88)
　　　3.2.6　我们和共产党及改组派的分界 ……………………… (88)
　3.3　邓演达思想 …………………………………………………… (89)
　　　3.3.1　邓演达思想体系 ……………………………………… (89)
　　　3.3.2　平民革命思想 ………………………………………… (90)
　　　3.3.3　民族独立思想 ………………………………………… (92)
　　　3.3.4　军事思想 ……………………………………………… (93)
　　　3.3.5　社会主义思想 ………………………………………… (94)
　　　3.3.6　哲学思想 ……………………………………………… (96)
　3.4　临委会开展的工作 …………………………………………… (98)
　3.5　准备军事起义 ………………………………………………… (100)
　3.6　邓演达遇难 …………………………………………………… (104)
　3.7　发动"倒蒋抗日" ……………………………………………… (109)
　3.8　提议、策动"福建事件" ……………………………………… (115)
　3.9　临委会与中国共产党的关系 ………………………………… (120)
　3.10　响应《八一宣言》 …………………………………………… (125)

第4章　中华民族解放行动委员会(1935.11—1941.3) ………… (128)
　4.1　解委会成立(第二次全国干部会议) ………………………… (128)

4.2 推动建立抗日民族统一战线 …………………………………… (131)
4.3 参加抗日战争 …………………………………………………… (140)
    4.3.1 参加前线对日作战 …………………………………… (140)
    4.3.2 组织抗日游击武装 …………………………………… (143)
    4.3.3 积极开展抗日宣传 …………………………………… (144)
    4.3.4 加强与国共两党合作 ………………………………… (145)
4.4 第三次全国干部会议 …………………………………………… (149)
4.5 国民参政会中的斗争 …………………………………………… (154)
4.6 加强组织建设 …………………………………………………… (157)

第5章 中国民主政团同盟(1941.3—1947.2) ………………………… (161)

5.1 "皖南事变"后的联合斗争 ……………………………………… (161)
5.2 中国民主政团同盟成立 ………………………………………… (162)
5.3 争取民主与实施宪政 …………………………………………… (164)
5.4 中共七大和国民党"六大" ……………………………………… (168)
5.5 六参政员延安会谈 ……………………………………………… (171)
5.6 抗日战争胜利 …………………………………………………… (176)
5.7 拥护国共重庆和谈 ……………………………………………… (179)
5.8 为争取和平民主而斗争 ………………………………………… (181)
5.9 中国民主同盟成立 ……………………………………………… (183)
5.10 同国民党一党独裁作斗争 ……………………………………… (186)
    5.10.1 政治协商会议代表之争 ……………………………… (186)
    5.10.2 政治协商会议决议之争 ……………………………… (187)
    5.10.3 维护政治协商会议决议 ……………………………… (190)
    5.10.4 拒绝参加国民大会 …………………………………… (191)

第6章 中国农工民主党(1947.2—1948.5) …………………………… (195)

6.1 第四次全国干部会议 …………………………………………… (195)
6.2 四干会的《党务报告》 …………………………………………… (201)
    6.2.1 本党历史 ……………………………………………… (201)
    6.2.2 党名、党章、党纲 …………………………………… (202)
    6.2.3 组织工作的检讨和新的方针 ………………………… (203)
    6.2.4 宣传工作的检讨和新的方针 ………………………… (203)
6.3 四干会后的工作 ………………………………………………… (204)
6.4 农工党在香港坚持反蒋斗争 …………………………………… (206)

6.5 响应中共"五一号召" ·· (209)
　6.5.1 一九四八年上半年国内局势 ···························· (209)
　6.5.2 "五一号召"的起草 ······································ (211)
　6.5.3 "五一号召"的发布 ······································ (213)
　6.5.4 各民主党派的反应 ······································· (215)
　6.5.5 "五一号召"发布的意义 ································· (217)
6.6 农工党中央扩大会议 ·· (218)
6.7 拥护将革命进行到底 ·· (220)
6.8 配合中共开展反蒋军事斗争 ···································· (224)

第7章　参与创建中华人民共和国(1948.5—1949.11) ············ (227)
7.1 北上进入解放区 ·· (227)
7.2 参与筹备新政协会议 ·· (233)
　7.2.1 新政协会议诸问题协议的达成 ························· (233)
　7.2.2 新政协筹备会的召开 ···································· (237)
　7.2.3 新政协参加单位的审查与处理 ························· (240)
　7.2.4 代表名额与人选的协商和确定 ························· (243)
　7.2.5 筹备会第二次全体会议的召开 ························· (245)
7.3 参加中国人民政治协商会议 ···································· (246)
7.4 出席开国大典 ··· (252)
7.5 第五次全国干部会议 ·· (255)
7.6 新民主主义革命胜利的基本经验 ······························· (261)

第8章　第三党的历史贡献(1926.11—1949.10) ·················· (263)
8.1 创立平民革命理论 ··· (263)
8.2 重视武装军事斗争 ··· (265)
8.3 推动建立抗日民族统一战线 ···································· (267)
8.4 创造与中共紧密合作的典范 ···································· (270)
8.5 形成优良的革命传统 ·· (273)

附录一　中国人民政治协商会议共同纲领 ························ (275)
附录二　第三党大事记 ·· (284)
参考文献 ·· (297)
后记 ·· (307)

第 1 章　第三党建党的历史背景
（1911.10—1927.7）

中国是一个历史悠久的大国，中华民族曾以自己的勤劳与智慧创造了在世界上领先的灿烂文化和古代文明，对人类社会的进步和发展作出过巨大贡献。只是在18世纪末，中国因封建体制落后、对外故步自封、科技不被重视等原因而落伍了。

19世纪，中国历史进入到了一个特殊时期，之前，中华民族虽早已与外族有了联系，但那些外族都是文化、文明较落后的东方民族；而之后，外来的英、美、法、德诸国却是来自那个素不相识而且文化根本互异的西方世界，他们经济发达，工业先进，军事强大，对外扩张野心膨胀。特别是1840年，欧洲资本主义强国——英国急于向海外扩张，以保护鸦片等货物贸易为借口，发动了侵略中国的鸦片战争，用炮舰打开了长期闭关锁国的清朝国门，鸦片战争成为中国历史进程的转折点。其后，西方列强纷至沓来，穷凶极恶地发动一次又一次的侵华战争，迫使清王朝妥协就范，进而把中国一步步推入半封建半殖民地的深渊，中国历史从此进入了近代史阶段。

1.1　辛亥革命推翻帝制

从1840年到1905年的66年间，中国一直处于被帝国主义和资本主义列强侵略与掠夺的阴影之下，人民一直笼罩在侵华者挑起的战争硝烟之中。这些列强对中国不断加强军事、政治、经济、文化和精神等方面的侵略，通过一个比一个更苛刻的不平等条约，强迫中国丧权、辱国、割

地、赔款,贪婪地攫取在华特权和利益。到20世纪初,中国虽然在形式上仍然保持独立,但实际上已沦为几大列强共同宰割下的半殖民地,中华民族面临空前的严重危机。

1.1.1 同盟会及其活动

自从甲午中日战争失败以来,中华民族危机一天比一天严重,到1897年11月德国强占山东胶州湾后,日本和西方列强纷纷在中国划分势力范围,强占租借地,国土大面积被割占,而软弱的清政府却任凭列强宰割,无力反抗。正在此时,康有为①再次上书光绪帝哀求光绪帝行新政,免除亡国灭种的危机。一场变法运动在民族危机的刺激下被推上了历史的舞台。1898年6月11日至9月21日,清朝统治者开始了一项政治改革运动——戊戌维新运动。这次变法主张由光绪皇帝亲自领导,以康有为、杨锐、林旭、谭嗣同、刘光第等为首的一批缺乏政治斗争经验的书生参与,变法运动希望通过政治体制的变革,使中国走上君主立宪的近现代化道路。由于支持新政的光绪推行变革速度过快,变法引起保守势力反对,最后演变成为政变,维新派人物被捕遭杀,慈禧太后因此获得实权,维新运动失败。

在19世纪末,继资产阶级维新运动发轫之际,资产阶级革命派也开始了从事以推翻清王朝专制统治为目标的革命活动。1894年11月24日,伟大的中国民主革命先行者——孙中山先生在夏威夷檀香山创立了兴中会,在《檀香山兴中会章程》中写到"是会之设,专为振兴中华、维持国体起见",第一次喊出"振兴中华"的口号。1905年7月,孙中山从美国绕道欧洲到达日本,在日本友人的介绍下,拜访了华兴会会长黄兴②。两人虽初次见面,但慕名已久,志同道合,一见如故。他们围绕革命问题反复切磋商讨,孙中山提出兴中会与华兴会实行联合,共同致力于革命的建议,得到了黄兴的赞同和支持,经过两个多小时的会谈,最终达成了

---

① 康有为(1858—1927),又名祖诒,字广厦,号长素,汉族,广东南海人,人称"康南海"。清光绪年间进士,官授工部主事。近代著名政治家、思想家、社会改革家、书法家和学者。

② 黄兴(1874—1916),字克强,汉族,湖南省长沙府善化县人。武昌起义爆发后,黄兴由上海到汉口,就任战时总司令,亲赴前线指挥保卫汉阳、反攻汉口的战斗,为中华民国开国元勋。辛亥革命时期,以黄克强闻名当时,与孙中山常被时人以"孙黄"并称。

联合的决定,推举陈天华起草章程。

1905年8月20日,以兴中会和华兴会为基础,联合光复会等革命团体及其他革命志士,在日本东京正式成立中国第一个资产阶级政党——中国同盟会,孙中山被推举为中国同盟会总理,黄兴被推举为中国同盟会执行部庶务负责协理。中国同盟会确立"驱除鞑虏,恢复中华,创立民国,平均地权"的革命纲领[①],创办《民报》作为中国同盟会的机关报。不久,孙中山在《民报》"发刊词"中,将革命纲领概括为"民族、民权、民生"三大主义学说,简称三民主义。首次提出了以资产阶级民主共和国取代腐朽专制的清封建王朝的革命目标。《同盟会宣言》及《民报发刊词》是孙中山向世人初次公开的、正式的、救国救民族的革命方略,其革命纲领是三民主义,其建国方案是军法、约法、宪法三个时期,即以后所谓的军政、训政、宪政三个阶段。

【孙中山小传】孙中山(1866—1925),伟大的民族英雄,伟大的爱国主义者,伟大的中国近代民主主义革命的先行者,中华民国和中国国民党创始人,三民主义的倡导者,深受全国各族人民乃至全世界人民的尊崇和景仰。

孙中山名孙文,字载之,号逸仙。乳名帝象,学名文,字德明,号日新,后改逸仙。在日本时化名为中山樵,在长期奔走革命活动中曾多次改名。辛亥革命后始称孙中山,日本称孙文,欧美各国则称孙逸仙,在公文、函电中多自署孙文。

1866年11月12日,他出生于中国广东省香山县(今中山市)翠亨村农民之家。10岁时始进村塾求学,聪颖过人,仅3年就成为全家中最有文化的一员。当时与从上海回乡的陆皓东相识,并成莫逆之交。1879年,14岁的孙中山受长兄孙眉接济,随母亲乘轮船赴夏威夷檀香山,始见"沧海之阔,轮舟之奇"。在当地英国教会开办的用英语授课的小学"意奥兰尼书院"学习,他修读英语、英国历史、数学、化学、物理、圣经等科目。1881年,孙中山毕业,获夏威夷王亲自颁发的英文文法优胜奖。之后,他进入当地美国教会学校"奥阿胡学院"(相当中学)继续学业。在檀香山就学达5年之久。

1883年,由于孙中山有信奉基督教的意向,被兄长送回家乡。回国后,曾与陆皓东到村庙,见病者求神服食香灰,二人不满巫医骗人,遂分头将神像捣坏,因而出走香港。于同年冬天到香港,与陆皓东一同在公理会受洗入基督教,并就读于拔萃书屋,不久转学到广州博济医学院,结识了三合会首领郑士良。1884年,

---

① 在另外一些书报上,"创立民国"也表述为"建立民国"。例如:陈延武. 万水朝东——中国政党制度全景. 北京:生活·读书·新知三联书店,2011:14.

进入中央书院(今日之皇仁书院),1887 年,进入香港西医书院(香港大学的前身),在校学习期间,除学习本科外,对欧美各国的政治、经济、农业,乃至天文、地理知识,无不涉猎,被友人称之为"通天晓"。当时因深感清廷政治腐败,经常与同乡杨鹤龄以及陈少白、尤列等人共议国事,抨击朝政,时人认为此举为大不敬,称之为"四大寇"。

1892 年 7 月,以首届毕业生中第二名的成绩毕业,并接受当时港英政府总督威廉·罗便臣亲自颁奖。在医学院毕业后,曾在澳门、广州设馆行医,每天定时义诊赠药,故求医者门庭若市。在广州行医期间,常常与尤列、陈少白、杨鹤龄、陆皓东等人畅谈,批评国事,也常谈革命。1894 年春,在翠亨家中草拟了《上李鸿章书》,并偕同陆皓东远赴天津求见李鸿章,希望他接纳其"人尽其才,地尽其利,物尽其用,货畅其流"的宏图伟略,但不获接见,于是他转赴檀香山,在孙眉的帮助下,几经艰辛,发动广大华侨,于 11 月 24 日创立了中国第一个资产阶级革命团体——兴中会。该会的誓词鲜明地提出了"驱除鞑虏,恢复中华,创立合众政府"的主张,并即时筹集资金伺机起义。虽然他最初未言革命,但这一期间的社会活动,对他后来的革命事业,有着重要的实践意义。

1895 年,孙中山到香港,会见旧友陆皓东、郑士良、陈少白、杨鹤龄等人。2 月 12 日,孙中山在中环士丹顿街 13 号正式成立了"香港兴中会总会"。其时,杨衢云、谢缵泰等人已经以"开通民智、改造中国"为宗旨,先行创立了"辅仁文社"。因志业相近,孙中山遂与辅仁文社接洽,杨衢云等也欣然同意,举全社并入兴中会。其后租赁总会所一处,托名"乾亨行"。2 月 20 日,孙中山在香港大学作公开演讲时提到,他的革命思想源于香港。

1895 年 2 月 21 日,兴中会总会在香港正式成立,与会者皆以"驱除鞑虏,恢复中华,创立民国,平均地权"为誓,选出杨衢云为会办,孙中山为秘书。3 月 16 日,首次干部会议决定,先攻取广州为根据地,并采用陆皓东所设计之青天白日旗为起义军旗,随后即分工展开各种活动。

当时,杨衢云主持后方支援工作,孙中山主持前方发难任务。于是他进入广州,创农学会为机关,并广征同志,定 10 月 26 日(重阳节)为起义之日。可是,因为事先泄密,这次起义以失败告终,陆皓东等多位重要成员被捕处刑,孙中山则被清廷通缉,遭香港当局驱逐出境,流亡海外。同年 11 月,孙中山避往日本,并于此时起剪掉辫子,改穿西服。1896 年初,与其妻儿抵达夏威夷,再转往美国,希望在旅美华侨中发展兴中会及筹款。

1896 年秋,孙中山转往英国伦敦。10 月 11 日,在当地被清廷特务缉捕入中国使馆,成为国际事件。事件后来被称为"伦敦蒙难记"。10 月 18 日,孙中山被营救获释。孙中山被邀以英文写作出书,描述其遭遇,亦因此事而名声大噪。

1897年，孙中山经加拿大，转往日本，先结识宫崎寅藏、平山周，二人后来成为孙中山的长期支持者。透过宫崎及平山，孙中山再结识日本军政、帮会中人，包括犬养毅、大隈重信、山田良政等人，并一度接触梁启超等保皇派。

1900年，庚子国变引来八国联军，孙中山借机联系时任两广总督的李鸿章，希望能筹划南方诸省独立，成立类似美国的合众国政府，李鸿章也答应与其会见。但在日本友人协助下，却发觉一切不过是个清廷陷阱，而后李鸿章赴北京协调条约之事，此会面也无疾而终。同年9月，孙中山与日本友人及原兴中会骨干人物，先赴香港，被禁入境后转往台湾，得当地日本官员答允，支持在广东发动起义（称惠州三洲田起义），后因日本官员临时改变态度，起义失败，孙中山遂返回日本。

1903年夏，孙中山在日本青山开办革命军事学校，再度将"驱除鞑虏，恢复中华，创立民国，平均地权"设为革命誓词。同年9月，孙中山再赴檀香山，希望在华侨中发展革命。

1904年初，孙中山在檀香山加入洪门，成为致公堂"洪棍"。同年赴美国，一度被美国移民局扣留在旧金山，后得旧金山致公堂保释，代聘律师之后，方才免被遣返中国。接着，他又到美国东岸寻求华侨支持革命，并于纽约首度发表对外宣言，希望博得外国人士对革命的支持与好感，但并未取得甚大成果。年底收到中国旅欧学生资助，转往欧洲活动，在伦敦、巴黎、布鲁塞尔等地的中国留学生中，进行革命宣传，并从留学生中筹得款项。

1905年，孙中山再赴远东，7月抵达日本横滨，在宫崎寅藏的介绍下，与黄兴见面，并开始筹划联合各革命组织。1905年8月，在日本人内田良平的牵线下，结合孙中山的"兴中会"、黄兴与宋教仁等人的"华兴会"、蔡元培与吴敬恒等人的"爱国学社"、张继的"青年会"等组织，在日本东京成立"中国同盟会"。孙中山被推为同盟会总理，再度将"驱除鞑虏，恢复中华，创立民国，平均地权"确定为革命政纲，并将华兴会机关刊物《二十世纪之支那》改组成为《民报》，他在发刊词中首次提出"三民主义"学说，即"民族、民权、民生"，与梁启超、康有为等改良派激烈论战。继而编定"同盟会革命方略"，正式宣示进行国民革命，力图创立"中华民国"，并定"军法之治、约法之治、宪法之治"三程序。

1906年，孙中山由法国到日本，中途逗留新加坡，抵日后又重返新加坡。同年6月，孙中山在晚晴园内主持成立同盟会新加坡分会，新加坡由此成为革命党人在南洋的活动中心。

1907年，日本政府受清廷压力，以1.5万元请孙中山离开日本。孙中山收款后，于3月离开日本。由于此事未经同盟会内部商议，于是引起会内分裂。孙中山赴南洋后，在胡汉民、汪精卫等支持下，在南洋另成立同盟会总部。1907年5月22

日,由孙中山指派许雪秋及同盟会嘉应州主盟人何子渊发动的潮州黄冈起义爆发,因寡不敌众,力战6日而败,27日下午,起义军宣布解散,总指挥陈涌波、余既成被迫走避香港。

自1907年7月至1911年,孙中山多次授命其他革命同志,在全国各地发动起义,甚至经越南亲赴广西主持镇南关起义,最终被法国当局拒绝入境,一直至辛亥革命成功以后,才再度踏足中国国土。

1909年至1911年间,孙中山大部分时间花在旅途之上,多次在各国华侨、留学生中筹划革命经费及外国政府支持,然而所得极为有限。与此同时,同盟会及其周边组织快速扩张规模,并于1910年1月,成立同盟会美洲地区总会,期望能吸收更多海外华侨参与革命。直至1911年10月10日(农历八月十九日)的武昌起义,革命才取得第一次成功,武汉当日光复,各省同志纷纷响应。当时,孙中山在国外,后来,他在美国的报纸上得知武昌起义胜利的消息,即绕道英、法,争取外交支持。12月25日,孙中山回国抵上海。后各省代表在南京推举孙中山为中华民国临时大总统。

1912年1月1日,孙中山在南京宣誓就任临时大总统,宣告中华民国临时政府成立,以中华民国为纪元,改行阳历。孙中山在临时大总统就职宣言中表示,一定要"能尽扫专制之流毒,确定共和,普利民生,以达革命之宗旨,完国民之志愿"。"临时政府成立以后,当尽文明国应尽之义务,以期享文明国应享之权利"。临时政府对外要洗雪清朝反动政府的"辱国之举措"。

1912年8月,同盟会联合其他党派改组成立国民党,孙中山被推举为理事长。1913年3月20日,袁世凯指使特务暗杀热衷于议会民主的国民党领袖宋教仁,袁世凯为掩盖罪行真相,还装腔作势,要严惩凶手,但调查结果表明,谋杀的指使人就是袁世凯,真相大白,全国舆论哗然。这时,孙中山从日本回到上海,他看清了袁世凯的反动面目,认识到"非去袁不可",极力主张出兵讨袁,发动"二次革命"。袁世凯一方面阻挠宋教仁案的司法审判,一方面与英、法、德、日、俄五国银行集团达成了2500万英镑的大贷款,以充实军费。由此,袁世凯的胆子更大了,先后罢免了李烈钧、胡汉民、柏文蔚的都督职务,同时命令事先已集结在九江、南京附近的军队发起进攻。9月1日,南京被攻占,原来宣布独立的各省,在战争失利的情况下,先后撤销独立。"二次革命"不到2个月时间就失败了。

1914年7月8日,中华革命党在东京召开第一次代表大会,孙中山被选举为总理。1917年9月在广州召开国会非常会议,组织护法军政府,孙中山当选为陆海军大元帅,宣告与北京袁世凯政府对立。1918年5月,因受西南桂系和政学系军阀的挟制,孙中山被迫辞去大元帅之职。1919年10月,孙中山将中华革命党改组为中国国民党,并发表所著《孙文学说》、《建国方略》。1921年4月,在广州重组军政府,担任非常大总统,正式组织第二次广州政府。

1922年6月16日,陈炯明武装叛变,炮轰总统府,孙中山被迫退居上海,1月1日,发表《中国国民党宣言》;1月2日,公布《中国国民党党纲》;次日,又公布了《中国国民党总章》,至1923年2月陈炯明被驱逐后,于3月2日才回到广州重建大元帅府,称为"中华民国陆海军大元帅府(大本营)",就大元帅职。

1924年1月4日,在大本营召开重要会议,决定成立中华民国政府,1月20日,以总理身份担任中国国民党主席。1月20日至30日,在广州召开中国国民党第一次全国代表大会,发表改组国民党宣言;事实确定了"联俄、联共、扶助农工"的三大政策;通过新党纲、新党章,把旧三民主义重新解释为新三民主义;将中国国民党改组为包含工人、农民、小资产阶级和民族资产阶级的革命联盟,从而实现了第一次国共合作。2月6日,设立黄埔军校筹备处于广州南堤,5月2日,任命蒋介石为黄埔军校校长。

1924年5月,从1200名考生中正式取录学生350名,备取120名,5月5日开始入学。孙中山对黄埔军校抱有无穷希望,在6月16日开学典礼上,孙中山到会场给青年作了热情洋溢的演讲,他说:"今天开这个学校的希望,就是要从今天起,把革命的事业从新创造,要这个学校的学生来做根本,成立革命军。诸位学生,就是将来革命军的骨干。""要从今天起,立一个志愿,一生一世,都不存在升官发财的心理,只知道做救国救民的事业。"孙中山还宣布训词:"三民主义,吾党所宗,以建民国,以进大同,咨尔多士,为民前锋,夙夜匪懈,主义是从,矢勤矢勇,必信必忠,一心一德,贯彻始终。"此训词其后成为国民党党歌及军校校歌,并由陈祖康谱曲,该校歌从黄埔五期开始传唱。

1924年10月23日,冯玉祥在北京发动北京政变,推倒大总统曹锟。11月2日,应冯玉祥电请北上"讨论国是",11月13日,孙中山偕夫人宋庆龄以及随行人员汪精卫、李烈钧、陈友仁、邵元冲等30多人,在长堤天字码头登上永丰舰,离粤北上。在北上途中重申了反对帝国主义和封建军阀主张,并提出召开"国民会议"和废除不平等条约的口号。当时孙中山在天津肝病发作,但仍扶病于31日自津进京,受到北京各界群众10万人的热烈欢迎,并发表了《入京宣言》。在病重中,孙中山仍然领导国民党筹划召开国民会议。当时,国民党中央政治委员会委员只有汪精卫一人在京,孙中山决定加派于右任、李大钊、陈友仁、吴稚晖、李石曾5人为委员,并手谕设立北京政治局委员会,负责处理日常事务。

1925年3月12日,孙中山在北京不幸病逝,终年59岁。临终前在遗嘱里指出"革命尚未成功","必须唤起民众,及联合世界上以平等待我之民族,共同奋斗"。

(摘编自尚明轩的《孙中山传》、杨雪舞《民国总统档案》之《帝制终结者孙中山》和吴志菲的《孙中山与香港的不解之缘》)

正值孙中山在日本组建同盟会之时,留学于日本东京政法大学的居正[①],即参加该组织,与黄兴、宋教仁[②]、谭人凤、陈其美等人共同成为孙中山的得力助手和同盟会的重要领导人。同盟会成立后,同盟会成员便开始进行广泛的革命宣传和鼓动工作,宋教仁任《民报》庶务干事兼撰述员,致力于革命宣传工作,发表陈天华的《中国革命史论》、《论中国宜改创民主政体》等宣传革命的重要文章,推动民族民主革命运动走向高潮。1908年,居正赴新加坡,协助田桐主持《中兴日报》,与保皇党《南洋总汇报》论战,后往缅甸仰光,主持《光华日报》,并组织中国同盟会支部。居正利用报纸作为阵地,宣传革命思想,发展革命组织。

在进行广泛革命宣传和鼓动工作的同时,同盟会的成员及反清的仁人志士(即时称的革命党人)还积极联络会党、新军等组织或军队,先后在各地频繁组织和发动了一系列武装起义,如潮州黄冈起义、钦州防城起义、三洲田起义、惠州七女湖起义、广州新军起义、广州黄花岗起义[③]、自立起义、萍浏醴起义、滦州兵变等,但这些起义都失败了。革命党人邹代藩对这些起义作了一番总结分析,认为不同地方的起义会产生不同的作用效果,特写出了一个报告说:边疆起义对清廷没有什么威胁,影响不大,最后又总是被清军击败;东三省或直隶起义直接威胁京师,或能有一劳永逸的效果,但面临强大的北洋军,取胜太难;而在长江流域各省起义,不但因为这些地方富庶,还因为这地段对南北均有辐射力,发展空间很大。

革命党(同盟会与其他反清组织的统称)的领袖们研究了邹代藩的报告后,认为接下来的起义宜放在长江中下游省份最好,特别是湖北新军,在经过革命党人策反工作后,已颇具革命倾向,是其他各省不能与之媲美的一大优势。湖北新军是清末洋务运动重要人物张之洞为顺应时

---

① 居正(1876—1951),字觉生,号梅川,汉族,湖北省广济(今武穴)县人。中国当代著名民主革命家、政治家、军事家、法学家。年轻时赴日学习,加入中国同盟会,参与组织共进会,武昌起义指挥者之一,辛亥革命元勋。

② 宋教仁(1882—1913),字遁初,号渔父,汉族,湖南桃源人。宋教仁是国民党三元首之一,民主革命的先行者,是中华民国初期倡导内阁制的政治家。

③ 1911年4月27日下午5时30分,黄兴率120余名敢死队员直扑两广总督署,发动了同盟会的第十次武装起义——广州起义。起义失败后,其中72人的遗骸葬于广州东郊红花岗,红花岗随即改名为黄花岗,这次起义因而被称为"黄花岗起义"。

代潮流所创办的近代陆军,其招收的兵员大都是当时有一定文化的青年,正是因为这些青年有一定的文化素质,他们的思想在当时相对活跃,更具理想主义色彩,极易接受革命思想,更易为革命学说所倾倒,汹涌出一腔革命热血,当革命到来时,便能积极投入其中。

1910年,居正与宋教仁、谭人凤等筹备中国中部同盟会,拟在长江流域开始秘密组织活动,发展同盟会会员,谋划在长江流域发动起义。1911年初,居正来武汉与革命党人联系,策动起义。7月31日,宋教仁、谭人凤等在上海成立中国同盟会中部总会,居正任中部同盟会湖北分会负责人,负责联络两湖革命,并在他的家乡武穴发展了一百余名同盟会员。不久,居正接到黄兴的来信,信中说:"吾党举事,须先取得海岸交通线,以供输入武器之便,现钦廉虽失败,而广州大有可为,不久发动,望兄在武汉主持,结合新军速起响应。"居正看准了这一点,在接信后便马上通知武汉革命党人,重点对新军展开了串联和发动工作。

首先,居正组织将《大江报》偷运进入军营,加强革命思想的宣传。该报由革命党人詹大悲、何海明主编,居正亲自阅文,送进军营后供士兵阅读。"每每士兵交头接耳之议题,必《大江报》所登之话题",这成为湖北新军中众所周知的秘密。同时居正和宋教仁、胡瑛、张难先、孙武、熊十力、季雨霖、宛思演等革命党人,还利用周末的时间在文华书院向士兵及学生宣讲世界革命史,并散发有关革命的书刊,通过各种交流手段启发士兵的觉悟。居正还在新军来往最多的地方——黄土坡开设了一家酒馆,由革命党人邓玉麟当老板,专门招待军人,效法梁山朱贵酒家,联络革命党,积极进行宣传、联络和组织工作。

当时在湖北新军中建立的革命团体有群治学社、振武社、黄冈军学界讲习社、共进会与文学社等,都是湖北同盟会的骨干团体,它们遵照中国同盟会的宗旨,积极组织发展革命力量。1909年4月,设立起义总机关于汉口租界,武昌设立分机关,联络会党策划长江流域江南地区数次起义,均未成。在这些团体中,有两大革命党人的组织影响甚大,一个是文学社,一个是共进会。文学社的前身依次是:1904年夏的科学补习所、1906年的日知会、1908年冬的群治学社、1910年秋的振武学社,1911年1月改组为文学社,总部设在武昌小朝街85号,由蒋翊武任社长,文学社深受同盟会影响,遥戴孙中山为总理,以同盟会纲领为纲领。

共进会是同盟会的外围组织,由一部分同盟会会员于 1907 年 8 月 18 日在日本东京清风亭成立,尊孙中山为领袖,也以同盟会纲领为纲领,只是将"平均地权"改为"平均人权"。它的主要成员孙武、刘公、焦达峰等从日本回国后,于 1909 年 4 月在汉口长清里 98 号设立了总部秘密机关,刘公为会长,孙武为都督,从事革命活动。① 文学社和共进会在湖北新军中进行了长期的革命宣传组织工作,新军中参加这两个组织的多达数千人,特别是在黎元洪②统领的第二十一混成协③中,革命党人的势力最大,这其中,在很大程度上得益于黎元洪对部下的宽厚包容。此外,文学社和共进会在其他社会力量中,也有一定基础。

1.1.2 武昌起义

20 世纪初,四川人民为了反抗帝国主义掠夺中国铁路主权,由四川省留日学生首倡,经四川总督锡良奏请,1904 年在成都设立"川汉铁路公司",第二年改为官商合办,1907 年改为商办有限公司。采取"田亩加赋",抽收"租股"为主的集股方式,自办川汉铁路。1911 年 5 月 20 日,清政府以铁路修筑权为抵押,派皇族内阁邮传部大臣盛宣怀为代表,与英、法、美、德四国银行团正式签订了粤汉铁路和川汉铁路的借款合同,总额为 600 万英镑,将这两条铁路的修筑权出让给外商。铁路干线国有政策的消息传开后,激起了川、鄂、湘、粤各省人民的强烈反对,从而掀起了大规模的保路运动,尤其在四川,保路运动的斗争愈演愈烈,清政府下令调兵镇压。

四川保路运动的爆发,加之各地纷纷响应,全国民情激越,对其力量正在蓬勃增长的湖北革命党人的影响很大,"许多同志摩拳擦掌,按捺不

---

① 陆茂清.共进会与文学社述略.团结报,2011-11-10.

② 黎元洪(1864—1928),字宋卿,汉族,湖北黄陂人。1883 年考入天津北洋水师学堂,1888 年入海军服役,1894 年参加中日甲午海战后,投奔署理两江总督张之洞,参与建立和训练湖北新军。袁世凯死后,由副总统继任总统。1922 年,他在直系军阀支持下,复任总统。见:杨雪舞.位高权轻的黎元洪//民国总统档案.北京:人民日报出版社,2011:113-156.

③ 1905 年,清政府统一了全国新军的番号,其编制是:计划全国编练新军 36 镇,每镇兵员为 12 500～12 600 人;每镇辖步兵 2 协(每协 4 038 人)、马标(1 117 人)、炮标(1 836 人)、工兵营(667 人)、辎重营(764 人)和军乐队(51 人);每协辖 2 标,每标 2 005 人;每标辖 3 营,每营 659 人;营分 4 队,每队 3 排,每排 3 棚,每棚 14 人。实际编制与此有出入。

住欲响应"。居正奔走于武汉三镇,努力劝说革命党人不要暴露力量,结果清廷以为武汉地区平安无事,下令抽调湖北新军中革命党人最多的第三十二标,去四川镇压保路风潮。第三十二标在接到命令后,不愿赴四川镇压百姓,经过秘密串联,他们准备在行军到荆州和宜昌之间时,杀掉清廷督军大臣端方,就此起事。居正得报后,感到这样做易使革命力量过早暴露,会引来清廷镇压,导致革命力量受到损失。于是,他通过各种途径力劝新军革命党人不要轻举妄动,确保了好不容易积攒的革命力量不受损失,同盟会在湖北的这些工作,终于使革命党人的力量成功地隐蔽下来,后来才有"楚人振臂一呼,天下响应"的革命壮举,打响了辛亥革命的第一枪。

当清政府急于增调湖北新军入川镇压保路运动时,湖北革命党人认为时机已经成熟,不能坐视大批革命骨干随新军调入四川,削弱湖北革命力量。在同盟会的影响下,1911年9月14日,共进会和文学社联席会议决定组成统一的起义领导机构,随即组建了湖北革命军总指挥部,推举文学社领导人蒋翊武为湖北革命军总指挥(总司令),刘公任政筹处总理,共进会领导人孙武为参谋长,张振武为副总指挥,徐万年为革命军总联络员,刘复基、彭楚藩等为军事筹备员,决定于农历中秋节(10月6日)举行起义,同时派人去上海迎接同盟会领导人黄兴、宋教仁等前来主持大计。但因准备不及,后又决定改在10月11日起义。

1911年10月10日,湖北革命团体文学社、共进会在同盟会的推动下,以湖北新军为主力,在武昌发动起义。起义之前的10月9日正午[①],孙武与刘公、李白贞等在汉口俄租界宝善里14号总机关装配炸弹,不慎爆炸,孙武受伤。俄国巡捕闻声赶至,人员虽然逃脱,但总机关被破坏,把准备起义用的炸药、旗帜、符号、文告、印信全部抄走,起义计划暴露。蒋翊武以临时总司令(指挥)名义发布命令,在当晚12时起义,由于命令传达不到位,起义落空。然而,在当晚12时以前,军警突至武昌小朝街85号起义军总指挥部,刘复基在投掷炸弹时受伤被捕,彭楚藩、杨宏(洪)胜也一同被捕,刘复基、彭楚藩、杨宏胜3人于次日凌晨英勇就义,

---

① 有文献显示为10月8日,见:黄飞英,黄建东.辛亥革命百年祭.团结报,2011-05-12. 也有材料认为是9月25日,见:辛亥革命大事记.新华日报,2011-10-10.

后被誉为辛亥革命三烈士。

10日晨,湖广总督瑞澂下令全城戒严,封锁新军营门,收缴士兵子弹,张廷辅被捕,刘公寓所、同兴学社等革命机关相继被抄,清军开始按查获的名册搜捕革命者,被捕人数已达32人,情况已万分危急,形势顿显严峻,革命党人苦心经营多年的力量面临一朝倾覆的危险。在起义面临失败的危急关头,革命党人和士兵在"群龙无首"的情况下,徐万年即以总联络员的身份[1],挺身而出,只身冒死进入武昌城后,命令冯征远到湖北新军各标,传达于10日晚上10点,以枪声两响为号,各标发动起义的命令,毅然发动了武昌起义。10月10日晚10点,驻中和门内的湖北新军第八镇工程第八营代表熊秉坤,举枪发射两响,革命党人打响了起义第一枪。在革命党人熊秉坤、金兆龙带领下,起义军冲出营房,杀死阻拦起义的排长、队官、代理管带,一举占领了楚望台军械库,夺取弹药。接着,步兵、炮队、辎重各营和军校的学生群起响应,向楚望台集中。他们推举原日知会会员、队官(连长)吴兆麟为指挥,并宣布起义部队为湖北革命军。

随后,第二十九标、第三十标跟进发难。当时,四十一标和三十一标留守共300多人,新军第二十一混成协统黎元洪令严防士兵起事。一名士兵前来通知起义,黎元洪立杀之;士兵邹玉溪欲出门响应,被黎元洪手刃。这时蛇山炮响,黎元洪大惧潜逃,四十一标方参加起义。清军驻武昌城内外的兵力约20个营,共计9 000余人,相继起义的达三四千人。接着,起义队伍又分3路进攻总督府,革命军连续发起3次进攻,经一夜血战,到东方黎明时占领督署,湖广总督瑞澂逃走,武昌全城克复,满城都是臂缠白巾的革命军,一面醒目的铁血十八星大旗,在黄鹤楼顶迎风招展。武昌起义成功后,由湖北陆军小学堂和武昌第三陆军中学堂的学员自发建立学生军,负责武昌城警卫任务,维持秩序。[2] 11日、12日,驻汉口、汉阳的新军相继起义,经两天激战,武汉三镇全部被革命党人所控制。

10月11日上午,武昌枪声停息,革命党人聚集商议建立军政机构,

---

[1] 李保铨.辛亥革命甲级功臣徐万年.团结报,2011-10-13.
[2] 刘肃勇.学生军与武昌首义.团结报,2011-09-08.

欲推一德高望重、为全国所知的人为领袖。他们找议长汤化龙①,汤化龙不受,推荐黎元洪。此时,黎元洪已换上便衣,躲藏在心腹高参刘文吉家里,找到他时,他吓得浑身打颤,被胁持送到谘议局,与会诸人鼓掌欢呼。当告知要他出任都督时,黎元洪面色惨白,仍坚拒不肯,满座哗然。当起义的革命党人要黎元洪在一份安民告示上签字,黎元洪瑟缩不签,李翊东(西屏)干脆拿起笔签了一个"黎"字,于是《中华民国军政府鄂军都督黎布告》,贴遍全城。11日下午,还推举了各种职事人员,汤化龙被任命为总参议。其他如参谋部、民政部、交通部、外交部、庶务部、书记部、军需部等,也都纷纷成立。革命党人蔡济民、吴兆麟、胡瑛等15人组织谋略处,于11日晚开始办公,作出决定:(1)湖北革命领导机关定名为中华民国军政府湖北都督府,设于谘议局;(2)称中国为中华民国;(3)以本年为黄帝纪元四千六百零九年;(4)都督暂用黎元洪名义,布告地方及通电全国;(5)革命军旗为十八星旗。

10月12日晨6时,武昌电讯已恢复。革命党人以黎元洪的名义督促居正、黄兴、宋教仁等人来鄂;并请转电孙中山从速回国主持大计;同时通电全国,告以武昌光复,请即同时响应。当日,蒋翊武、蔡济民劝黎元洪剪去发辫,黎元洪同意。13日下午,黎元洪当众宣布:"我前天未决心,昨天也未决心,今日上午还未决心,这时是已决心了,无论如何我总算是军政府的人了,成败利钝,死生以之。"14日,居正自上海来,参与筹组湖北军政府和修改由汤化龙等人起草、经过黎元洪首肯的《都督府暂行组织条例》。

湖北军政府成立后,宣布废除宣统年号,定国号为"中华民国",颁布《鄂州临时约法》②,下令永远裁撤除海关以外的税关和取消除盐、烟、酒、糖等税捐以外的所有税捐,免征本年和积欠的田赋。军政府决定招募新兵,扩充革命武装。军政府还照会驻汉口各国领事,申明"所有清国前此与各国缔结之条约,皆继续有效","赔款外债照旧担任","各国既得

---

① 汤化龙(1874—1918),字济武,汉族,湖北蕲水(今浠水)人。时任湖北省谘议局议长、湖北省军政府民政总长。与立宪派首领梁启超关系往来密切,民国初著名立宪派头面人物。

② 即《中华民国鄂州临时约法》,为宋教仁10月中旬抵达武昌后主持起草的宪法性文件,11月9日,经"公同审订",由湖北军政府颁布。(刘炎迅.宋教仁:为宪法流血第一人.南京晨报,2011-10-05.)

利益亦一体保护",表示革命"并无丝毫之排外性质"。

10月16日,胡瑞霖劝黎元洪登坛誓师,得到同意。17日,黎元洪全身军服,腰悬军刀,威武地被拥护登台。台上放着黄帝牌位,剑、旗分立两侧。由谭人凤授旗、授剑,居正宣讲革命意义,黎元洪宣誓,宣读由舒礼鉴起草的《祭告天地文》:"元洪投袂而起,以承天麻,以数十年群力呼号,流血所不得者,得于一旦,此岂人力能及哉!"黎元洪顿成"开国元勋"。阅马场上,"欢声雷动","兵士对都督之爱戴,亦大有加"。

10月10日的武昌起义,震惊了清政府,清政府迅速作出反应。12日,清政府撤销了瑞澂的职务,命他戴罪立功,暂时署理湖广总督;停止永平(今河北卢龙县)秋操,令陆军大臣廕昌(荫昌)迅速赶赴湖北,所有湖北各军及赴援军队均任由其节制;令海军提督萨镇冰率领海军和长江水师,迅速开往武汉江面。14日,清政府编组一、二、三军,以随廕昌赴湖北的陆军第四镇及混成第三协、十一协为第一军,廕昌为总统官;以陆军第五镇为第二军,冯国璋①为总统官;以禁卫军和陆军第一镇为第三军,载涛为总统官。10月15日,面对这一形势,湖北军政府决定:首先扫荡汉口敌军,然后向北推进,以阻止清军南下。清廷三军迅速向汉口附近集结,18日双方投入了战斗。

10月27日,袁世凯②替代廕昌,指挥清军作战。革命军在前期作战失利的形势下,黄兴于10月28日从上海赶到武昌,次日,即赴汉口前线督师。11月3日,黎元洪代表湖北军政府在武昌阅马场举行拜将仪式,黄兴临危受命,13日任战时总司令,布置汉阳和武昌的防务,率领参谋长李书城、秘书长田桐赶往汉阳,在古琴台(今汉阳琴台风景区)设立革命军总司令部,后来转移到昭忠祠,在归元寺内设粮台(粮秣装备供应储存处),接手指挥抵御清军之战。从10月18日初战汉口,到11月27日

---

① 冯国璋(1859—1919),汉族,河北河间人。直系军阀,历任统制和第一军总统官。辛亥革命时率领北洋军镇压武昌起义。反对袁世凯称帝。袁世凯死后,黎元洪继任大总统,经过国会补选冯为副总统,在南京办公。黎元洪辞职,冯国璋进京任代理总统,段祺瑞复任国务总理。(杨雪舞. 做和平梦的冯国璋//民国总统档案. 北京:人民日报出版社,2011:157-203.)

② 袁世凯(1859—1916),字慰亭(又作慰庭),号容庵,汉族,河南项城人。是最具争议的一个历史人物,清廷内阁总理大臣,中华民国第一任大总统。(杨雪舞. 一代枭雄袁世凯//民国总统档案. 北京:人民日报出版社,2011:65-112.)

汉阳失陷,前后战斗41天,双方死亡人数超过5 000人,其中,革命军阵亡将士4 200人。史称这次战役为"阳夏战争"、"阳夏保卫战"或"汉口、汉阳保卫战"。

1.1.3 黄孝战役

武昌起义后,清廷第一军、第二军南下,与得到湖南革命军三个协及一个独立标支援的湖北革命军①进行了一个多月激烈交战,史称"阳夏保卫战",清军以大量人员和弹药消耗夺得了汉口(11月2日)和汉阳(11月27日)两重镇,而后他们实施了短暂的休整并进行了攻击武昌的准备。革命军虽然在汉阳、汉口交战中损失较大,但湖北革命军骨干尚存,全国各地在澎湃的革命激情中仍有大量军队向湖北开进,为了夺取革命的最终胜利,各地此次派出的都是其省内的最强劲旅。

经过一个月的联系、集结和准备,12月30日,根据黎元洪的总命令,湖北革命军战时总司令吴兆麟下达作战命令,12月31日凌晨一点整,行动开始,黄(陂)孝(感)战役打响。此役,革命军方面投入了来自湖北、湖南、江西、江苏、广西、安徽、浙江、上海、广东等省市的精兵3个军、3个支队、1个舰队共10万余人;清军方面投入了其最精锐的北洋6个镇的主力组成2个军数万人。首日战事有相当进展,1912年1月1日,革命军继续扩大战果,形势十分有利。然而,作战部队此时接到上海方面由湖北都督府转发的停战15天的消息,黎元洪下令各军停止进攻,巩固已占领阵地。黄孝战役初战告捷。

借停战之机,清军于1月5、6日撤往黄陂孝感地区。摆脱了被革命军合围的威胁后,在南北议和谈判中,态度日趋强硬,清廷内阁驳回了革命军的全部要求。1月10日,段祺瑞②亦将清军总司令部转移到孝感,以此完成清廷内阁指示;同日,黎元洪下令各军,停战结束,于1月16日按计划发起总攻。1月15日,湖北军政府以黎元洪的名义下达作战命令,命令下达不久,湖北军政府接到南京孙中山临时大总统的来电,孙总

---

① 时清廷北洋内阁称革命军为民军。
② 段祺瑞(1865—1936),原名启瑞,字芝泉,晚号正道老人,汉族,安徽六安县太平集(今肥西县金桥乡)人。民国时期政治家,"北洋三杰"之一,皖系军阀首领。

统下令停战期经双方同意再延续14天。1月16日凌晨下达撤销命令时,革命军第二军、第三军已投入了战斗,形成了事实上的突击。第二次突击尽管因孙中山命令停止较快,但仍对以隆裕太后为首的清廷决策者施以重压。

1月18日,革命军与清廷再次谈判,清廷谈判代表仍坚持开国会以公决决定国体,拒绝共和制度。此时,清军在阳店、孝感方向不断巩固阵地,积极备战。于是,革命军也开始了行动,第一、二、三军接令按前期命令,准备作战,各省革命军源源不断开往湖北,弥补第一、二、三军前进留出的空隙。1月27日,汉阳一千多名留守清军义举独立。

1月28日,湖北军政府以中华民国陆海军大元帅黎元洪的名义发布了总攻击令,1月29日,革命军各部队展开全面突击,尤其以第三军最为顺利,并向孝感发起了攻击,迫使清军派代表要求革命军停战,表示赞同共和制度,但其军队没有易帜,革命军于30日继续猛攻。同日,南京临时政府电令湖北军政府停止进攻,湖北军政府开始制止各军突击。1月31日,第三军、第二军抵抗命令继续推进,引起段祺瑞在2月1日发电北方议和代表唐绍仪,表示抗议,唐绍仪也向南方议和代表伍廷芳提出抗议。2月1日,第三军、第二军在完成既定战役目标后,终于暂时停止进攻。2月2日,革命军收复武汉三镇。至2月9日,清军主力在湖北战场上彻底失败。

黄孝战役历时2个多月,双方投入兵力近20万人,黄孝战役是辛亥革命中最大的一次会战。这一战役,双方投入的兵力大大超过此前的汉阳、汉口保卫战和革命军攻克南京的作战。这一战,是革命军最精锐兵团和清军最精锐兵团的一次决定性会战,此役革命军将清军最强大的主力兵团第一军从武汉击退到黄陂、孝感以北,迫使该部全线退却至河南。它与全国各地的战役配合,最终决定了清王朝的覆灭。①② 武昌起义后,革命军磅礴的进攻势头,及其身后已觉醒的民众为反抗民族压迫、反抗封建制度、反抗帝国主义源源不绝的支持,极其有力地配合了南北和谈,导致了清政府的垮台,推进了中国历史的进程。

---

① 刘剑. 辛亥革命中的黄孝战役(上). 团结报,2011-09-15.
② 刘剑. 辛亥革命中的黄孝战役(下). 团结报,2011-09-22.

1.1.4 南北议和

武昌起义胜利后,各省纷纷响应,进而掀起席卷全国的革命风暴。武昌起义打响后,四川江津人朱芾煌立即由东京返国,奔走于平津一带,一面会同革命党人,策划北方革命运动,一面利用与袁世凯之长子袁克定的私交关系,携袁克定书信,只身前往河南彰德面见袁世凯,朱芾煌剖析时局,释之合作条件,袁世凯终为所动,进而出山后一反清廷"懵然主剿"的策略为"剿抚兼施"。自此,革命党人与袁世凯之间有了一条秘密沟通的渠道,南北议和得以顺利推进。① 1911年10月14日,经奕劻、徐世昌等保举,监国摄政王醇亲王载沣任命两年前被罢黜的、现在彰德养病的袁世凯为湖广总督,袁世凯托病不就。10月22日,湖南独立。10月23日,江西九江独立。10月27日,清廷任命袁世凯为钦差大臣,袁世凯才督师到鄂,驻节孝感萧家港,统率北洋军向武汉进攻。10月29日,山西独立;同日,新军第二十镇在直隶境内发动滦州兵谏。由于内阁总理大臣奕劻称病上奏辞职,11月1日,摄政王载沣被迫解散皇族内阁,任命袁世凯为内阁总理大臣组阁。11月2日,在北洋军攻下汉口之后,袁世凯便按兵不动,开始暗中与南方议和。11月3日,清政府颁布《宪法重大信条十九条》。11月6日,宣统帝下罪己诏,释放革命党刺客汪精卫②、黄复生。11月13日,袁世凯带卫队抵京任内阁总理大臣。11月16日,组成袁世凯内阁。

1911年11月26日,在清军即将攻陷汉阳(27日)之际,袁世凯认为和谈时机成熟,遂请英国公使朱迩典爵士(1852—1925)电令英国驻汉口总领事葛福(1870—1939)向湖北军政府和各省代表提出议和三条件:停战、清帝退位和选袁世凯为总统。11月29日,袁世凯指使袁克定密遣朱芾煌携汪兆铭函到武昌,主张联袁倒清,南北联合,与南方革命党达成共识,湖北军政府同意和谈。11月30日,袁世凯再一次派他的密使刘承恩、蔡廷干跨过长江,与黎元洪谈判。

---

① 解可文.朱芾煌:南北议和的关键人物.团结报,2011-09-01.
② 汪精卫(1883—1944)原名汪兆铭,字季新,号精卫,汉族,广东三水人。国民党早期领导人,在民主革命的初期,汪精卫是有功绩的,抗日战争期间投靠日本,沦为汉奸。

11月30日，各省代表由上海来到武汉，因武昌陷于清军炮火之下，于是借汉口英租界顺昌洋行为会场，召开独立各省第一次代表会议。英国驻汉总领事葛福表示，黎元洪须能代表各省，方可开议。代表会议当日议决：以鄂军政府为中央军政府，请黎元洪以大都督名义，执行中央政务。12月1日，湖北军政府代表蒋翊武、吴兆麟和北洋总理大臣袁世凯代表刘承恩、蔡廷干在武昌宝通寺签订停战协议。南北双方首先签订了《武汉地区停战协定》，武汉地区于12月3日上午8时至12月6日上午8时停火3天。12月3日①，武汉地区停火，进行休战谈判。

南北双方停火休战，南北议和迈出了重要的第一步。12月7日，清廷任命袁世凯为议和全权大臣，袁世凯奏派唐绍仪为全权代表南下，双方商定在上海举行谈判。12月8日，袁世凯派唐绍仪为总理内阁大臣的全权代表。②12月9日，唐绍仪等离京奔赴武汉。同日，各省代表齐聚汉口英租界，由英领事葛福安排在顺昌洋行（英商轮船公司），经议，各省代表正式推举伍廷芳为民军议和全权总代表，并组织议和代表团，温宗尧、汪兆铭、王宠惠、钮永建为参赞，胡瑛、王正廷为湖北特派代表。12月11日，唐绍仪抵汉口，第二天过江到武昌会晤黎元洪，被告之，要他到上海谈判。原来伍廷芳受张謇、赵凤昌等人劝阻，委托英驻沪总领事请朱迩典爵士向袁世凯说项，建议袁世凯令唐绍仪赴沪议和。于是，袁世凯12月13日电令唐绍仪"赴沪讨论"。

12月6日，袁世凯迫使醇亲王载沣辞去监国摄政王职位，退归府邸。12月16日，调冯国璋来接替禁卫军总统官，解除良弼禁卫军第一协协统职，调禁卫军炮队支援围剿山西革命军，分散禁卫军力量，又用准备出征的名义把禁卫军调出城外，委派段芝贵重编拱卫军，驻扎城里。这样，北京完全被袁世凯所控制。到12月18日南北议和谈判开始之前，当时关内18省都发生武装起义，并宣布独立，只有直隶、河南、甘肃、山西、山东5省在袁世凯控制下，其中山西、山东、甘肃境内和宁夏地区曾宣布独立，后被袁军控制。

---

① 有12月2日双方停火一说——著者注。

② 有资料认为：12月4日，各省代表会议决定议和条款4条，以伍廷芳为代表与袁世凯和；12月5日，清廷授袁世凯为议和全权大臣，袁世凯次日派唐绍仪为全权代表南下议和。（辛亥革命大事记.新华日报，2011-10-10.）

12月18日，在上海英租界南京路工部局市政厅，南北议和会议开幕。参加会议的除南北议和代表外，还有英、日、美、德、法、俄6国驻沪总领事及外商代表李德立。清廷代表唐绍仪与革命军代表伍廷芳在市政厅举行第一次会议时，伍廷芳代表革命军方面提出：清朝皇帝退位、选举总统、建立共和政府等条件；唐绍仪代表袁世凯向革命军进行要挟。与此同时，英国、美国、德国、俄国、日本、法国等帝国主义对议和施加压力，声称"中国的战争若持续下去，将有危于外人的利益与安全"，促使双方尽快达成协议。这时，混入革命阵营内的旧官僚和立宪派也竭力把南方引向拥袁的道路。为了防止新生的共和政体遭到内战或外国军队可能的入侵而夭折，孙中山同意袁世凯提出的把中国统一到以袁世凯为首的北京政府之下的要求。12月20日，在袁氏父子的授意安排下，唐绍仪与伍廷芳签署5条草约，主要内容为：召开国民会议，确定共和政体，优待清室，先推覆清政府者为大总统等。

1911年12月25日上午9时45分①，孙中山乘"地弯夏"号邮轮在绵绵细雨中抵达上海，同行的有胡汉民②等人，还有美国人荷马·李夫妇及6名日本友人，黄兴、陈其美等前往码头迎接，下榻静安寺路哈同花园（即爱丽园）。12月26日，孙中山和同盟会中部总会领导人黄兴、宋教仁、陈其美、居正、汪精卫等人在哈同花园密商组建以革命党人为主体的中央政府事宜，宋教仁竭力主张实行责任内阁制，与孙中山力主临时政府实行总统制发生了激烈冲突，与会者多数同意孙中山的意见，后经黄兴调解，待南京与各省代表商决。27日，黄兴受孙中山派遣，前往南京的江苏谘议局，出席各省代表会议，尽管在讨论国体问题时，宋教仁主张再引激烈争论，会议仍通过了民国改用阳历、改用中华民国纪元和实行总统制三项议案，正式通过了《中华民国临时政府组织大纲》。12月29日上午9时，17省代表再次聚首南京丁家桥的江苏谘议局，正式召开临时大总统选举大会，在孙中山、黄兴、黎元洪三位候选人中选举临时

---

① 张大椿回忆：孙中山是12月26日乘英国邮船行抵上海吴淞口。[张大椿.1911年我与孙中山同舟返国.世纪,2011(5):4-7.]

② 胡汉民（1879—1936），原名衍鸿，字展堂，号不匮室主，汉族，广东番禺人。中国国民党元老和早期主要领导人之一，也是国民党前期右派代表人物之一。1905年9月加入中国同盟会，被推为评议部评议员，稍后又由孙中山指定任本部秘书，从此成为孙中山主要助手之一。

大总统,结果孙中山得 16 票,获 17 省三分之二票(每省一票)以上当选中华民国临时政府临时大总统。在这次会上,正式宣布国号为"中华民国",定公元 1912 年为中华民国元年。12 月 31 日,各省代表会议更名临时参议院,通过了《临时政府组织大纲》修正案。①

1912 年 1 月 1 日,孙中山从上海赶往南京,晚 11 时整,中华民国临时大总统就职典礼在清两江总督署大堂正式开始。孙中山宣誓就任临时大总统,宣告中华民国临时政府成立,以中华民国为纪元,改行阳历。中华民国的成立,使章炳麟(太炎)②提出和论证的"中华民国"政治概念成为现实。次日,南京临时政府正式成立,在孙中山组阁的中华民国临时政府中,革命派占绝对优势,但也吸收了一些旧官僚、立宪派。在 9 名国务部长中,同盟会员 3 名,他们是陆军总参谋长黄兴,外交部长王宠惠,教育总长蔡元培。1 月 2 日,袁世凯得知孙中山就任临时大总统后,撤销唐绍仪和谈代表的资格,议和谈判暂时中断。1 月 16 日,袁世凯在下朝的路上,在东华门丁字街拐角处,遭到同盟会京津分会组织的革命党人从楼上投下的炸弹暗杀,炸死袁世凯卫队长等 10 人,袁世凯幸免于难,17 日,袁世凯派人向革命党人表示拥护革命,希望革命党人不要再对他进行暗杀活动。

1 月 20 日,南京临时政府向袁世凯正式提出清帝退位优待条件。1 月 22 日,在内外胁迫下,革命势力作出让步,孙中山发表声明,表示只要清帝退位,袁世凯赞成共和,即举袁世凯当大总统。袁世凯得到这个保证后,于 1 月 25 日通电支持共和。同时,他加紧了逼宫的进程。袁世凯以利害游说和买通庆亲王奕劻和那桐,并以金钱贿赂隆裕太后身边受宠的太监张兰德(人称小德张),威吓隆裕太后:大势已去,如果革命军杀到北京,则皇室生命难保,而若同意让位,则可有优待条件。

1 月 26 日,在袁世凯授意下,段祺瑞率北洋将领 47 人联名致电内阁、军咨府、陆军部和各王公大臣,提出民军已答应对清朝皇室、王族及满蒙回藏各族的优待条件,陈情"即此停战两月间,民军筹饷增兵,布满

---

① 刘小宁. 孙中山就任临时大总统前后. 钟山风雨,2011(4):4-8.
② 章太炎(1869—1936),名炳麟,字枚叔,号太炎,汉族,浙江余杭人。清末民初民主革命家、思想家、中国近代著名朴学大师。著名学者,著述甚丰。

各境,我军皆无后援,力太单弱,加以兼顾数路,势益孤危",要求"恳请涣汗大号,明降谕旨,宣示中外,立定共和政体"。1月26日晚,强硬派宗社党首领良弼在住宅门口被京津同盟会分会刺客彭家珍炸成重伤,3天后死亡,彭家珍当场牺牲。革命党人在北京刺杀袁世凯和良弼的行动,对顽固派起到了极大的威慑作用,在京满族权贵惶恐不安,宗室贵族闻风丧胆,纷纷逃离北京,宗社党顿时土崩瓦解,促使清廷迅速退位。①

1月29日,清廷御前会议召开,会上决定推诿,以取得革命党人的优待条件。2月3日,隆裕太后授予袁世凯全权,与南京临时政府商定清朝皇帝退位条件。2月6日,南京参议院通过清室退位《优待条例》和《清帝退位诏书》。2月12日,在清朝内阁总理大臣袁世凯等大臣的劝说和逼迫下,宣统帝溥仪的母后隆裕太后接受清室《优待条件》,发布《退位诏书》,宣布刚做了3年幼帝的清宣统皇帝溥仪退位,并授权袁世凯组织临时共和政府。至此,大清帝国正式终结,并被中华民国取代与继承。统治了中国268年的清朝正式宣告灭亡,中国两千年来的帝制也宣告灭亡。

1912年2月12日,宣统退位。2月13日,孙中山提出辞呈,向临时参议院推荐袁世凯接任。2月15日,南京参议院举行正式会议,选举袁世凯接任孙中山为中国民国临时大总统,设都南京。袁世凯以北京兵变为由,迁都北京。3月8日,临时参议院又通过《中华民国临时约法》,以限制临时大总统袁世凯的权力。3月10日,袁世凯在北京宣誓就职中华民国第二任临时大总统,南北议和结束。

南北议和,促成了清帝退位和共和制度的确立,实现了政权更迭,最大限度地减少了战争带来的流血和破坏,保证了国家的完整和统一。同时,由于革命势力对袁世凯的妥协退让,也导致了辛亥革命成果的丧失。

1.1.5 辛亥革命的意义

武昌起义因发生在农历辛亥年间,故史称辛亥革命。辛亥革命的发端是1894年11月兴中会的建立,辛亥革命的先导、序幕是1911年4月的广州黄花岗起义,辛亥革命的导火索是1911年6月在四川兴起的保

---

① 孙书文.辛亥年间北京的革命行动.团结报,2011-10-13.

路运动。① 1911年10月10日,武昌起义爆发,掀起了席卷全国的辛亥革命。辛亥革命推翻了清王朝,建立了中华民国,从而结束了在中国历经两千多年的帝制,开启了中国历史的共和时代。

辛亥革命是20世纪中国所发生的第一次历史性巨变,它是在清王朝日益腐朽、帝国主义侵略进一步加深、中国民族资本主义初步成长的基础上发生的资产阶级革命,是一次比较完全意义上的反帝反封建的民族民主革命,也是亚洲乃至世界历史上的一次真正的革命,是殖民地半殖民地民主革命的伟大先导。辛亥革命的目的是推翻清朝的专制统治,挽救民族危亡,争取国家的独立、民主和富强。这次革命不仅推翻了清王朝的封建统治,而且结束了中国长达两千多年的君主专制制度,传播了民主共和的理念,以巨大的社会震撼力和深刻的政治影响力推动了近代中国的历史变革,是一次伟大的、具有典范意义的民族解放运动。

由于历史进程和社会条件的制约,辛亥革命虽然没有改变旧中国半殖民地半封建的社会性质,没有改变中国人民的悲惨境遇,没有完成民族独立、人民解放的历史任务,但它开创了完全意义上的近代民族民主革命,在中国的大地上树起民主共和国的大旗,打开了中国进步的闸门,它在政治上、思想上给中国人民带来了不可估量的解放运动,从而有力地促进了中华民族的觉醒,为中华民族发展进步探索了道路。辛亥革命永远是中华民族伟大复兴征程上一座巍然屹立的里程碑!

1.2 民初西式民主实验

1912年1月1日,作为辛亥革命的高潮和最重要的革命成果,中华民国正式诞生了,从而结束了在中国历经两千多年的封建帝制,开启了中国历史的共和时代。对此,不仅革命者为之欢呼,广大民众也抱有希冀与憧憬。然而,历史的演进并不如革命党人设想的那样简单。孙中山在南京出任临时大总统后,形成了与北京清政府南北对峙的政治格局,而北京清政府的实际权力此时已落入北洋系军事首领袁世凯的手中,他以军事强人的身份逐渐掌握和控制了形势发展,运用多年从政的纯熟手

---

① 张磊.孙中山和辛亥革命带来了什么.新华日报,2011-09-21.

腕和广泛的人脉关系,内以革命党声势逼清廷退位,外借清廷余力压革命党让步,纵横捭阖,极尽权谋,通过南北议和,最终窃取了辛亥革命的胜利果实。

1912年2月12日,袁世凯终于逼清廷退位。2月15日,袁世凯被南京参议院选为临时大总统。其后,袁世凯又以"维持秩序"为借口,以北京兵变向革命党人施压,推翻了孙中山在推举其出任临时大总统时提出的"将临时政府设于南京及临时大总统到南京就职"等条件,一意孤行,将首都设在其势力中心的北京,为建立其个人专制统治预留了地步。3月10日,袁世凯在北京举行临时大总统就职仪式。4月1日,孙中山卸去临时大总统职务,南京临时政府结束,南北统一告成。

袁世凯当政之始,虽然出于加强其个人专制统治权力的需要,与革命党人不断发生矛盾冲突,但此时革命的余波仍在各地荡漾,革命党人在中央和地方仍掌有一定的权力,责任内阁制与立法、行政、司法三权分立的制度刚刚实行,在清廷过去严厉的控制骤然崩解之后,舆论开放,思想活跃,革命、共和、民主、自由的思潮四处激荡,各色政治力量亦因时而兴,袁世凯的权力受到各方制约。由于这种政治格局较为均衡,一时出现了蓬勃发展的西式民主景象,其突出表现就是政党林立及政党政治的勃兴。据研究,民国初年有312个政治性党派,但具有健全政纲或具体政纲者不过35个。在这些党派中,组织与纲领比较健全、在全国比较有影响的主要有:代表革命派的同盟会——国民党和分别代表前清立宪派、绅商、有产者利益的统一党、共和党、民主党及后三党进而合并而成的进步党。

国民党的前身是同盟会,前清时期,它是坚持反清革命的地下秘密团体。1912年3月3日,同盟会在南京召开改组会议,宣布改组为公开政党,选孙中山为总理。4月25日,同盟会总部迁至北京,但其改组后仍没什么起色。极具政治抱负的宋教仁,辞去北京内阁农林总长后,即全力投入同盟会的会务工作,7月21日出任总务部主任,积极推动同盟会的再次改组。宋教仁致力于组建国民党,是为了制定真正的共和宪法和确立纯粹的政党内阁之目标,以实现其民主宪政的崇高理想。[①] 为了

---

① 王凯."海门潮正涌,我欲挽强弓"——宋教仁的宪政理想.团结报,2011-05-19.

壮大力量,宋教仁希望合并其他党派,共同组成一个大党。经过谈判协商,于1912年8月25日国民党在北京正式成立,其组成成分仍以同盟会为骨干,合并了统一共和党、国民公党、国民共进会、共和实进会和全国联合进行会,是当时革命派在政治上的主要代表力量。国民党成立时,选举孙中山、黄兴、宋教仁等9人为理事,推孙中山为理事长。

统一党源于中华民国联合会,章炳麟(太炎)任会长;于1912年3月1日在上海发布通告,宣布改名为统一党,推举章炳麟等为理事;其立场站在拥护袁世凯方面,几被袁控制和收编,成为袁与革命党人斗争时可利用的力量。共和党于1912年5月9日在上海正式成立,选举黎元洪为理事长;它由5个党派合并组成,即民社、国民协进会、民国公会、国民党(同名异党)和统一党,国民共进会的部分成员也参加了共和党;持拥护袁世凯立场,专与国民党对抗。民主党于1912年9月27日在北京正式成立,选举汤化龙为干事长;它是由共和建设讨论会、国民协会以及国民新政社、共和统一会、共和促进会、共和俱进会合并而成。1913年5月29日,统一党、共和党、民主党三党在北京举行了合并组党大会,正式合并组建新党,并定名为进步党,以黎元洪为理事长。

民国初年的政党数量虽多,林立海内,然其实际大多为利益所驱使,而非主义与信仰的结合。其特色是:党员跨党较多;党纲不过是空洞的招牌;这些党派都没有民众作基础。因此,民众对这些党派的兴衰命运也淡薄不问。当政治环境变化之后,在袁世凯政府的高压之下,这些党派毫无抵抗的能力,很快星散四方,销声匿迹,其衰之速与其兴之勃均令人感叹,西式政党政治的民主实验真正成了昙花一现。

与政党勃兴和政党政治相对应,民国初年的政坛在一定程度上表现出立法、行政、司法三权分立的西式民主格局,其中尤以责任内阁制的实行和立法机构的活跃为表征。1913年3月20日晚,笃信西式政党竞争理念的宋教仁以国会多数党领袖的身份从上海出发赴京,谋求组织国民党内阁,在上海火车站被袁世凯派人刺杀,22日不治身亡,引发南北决裂,革命派和北洋派两者用于解决矛盾的方式从国会政争转而使用武力对决,形成二次革命。1913年7月12日,江西讨袁军的林虎部队与北洋军的张敬尧部队在湖口接战,打响了讨袁第一枪。革命派发动的二次革命以"湖口举义"为爆发之标志,至9月11日重庆之战失守而告结束。

随之,国民党被逐出国会,国会在选举袁世凯为正式大总统后即被袁世凯抛弃,又成民国初年西式民主政治实验之昙花一现。

民国初年西式民主实验的又一昙花一现的表现是以报业为传媒业之大兴。报业在反清革命宣传中曾经起到了重要作用。民国成立后,过去对报纸言论的许多政治禁条被解除,言论自由度有了很大改观,而且众多政党社团的出现,也需要以传媒为宣传媒介,对外宣传自己的主张。因此,"一时报纸,风起云涌,蔚为大观"。据统计,民初出版报纸的总数超过500种,以北京最多,独占五分之一,上海则是另一个报纸出版中心。"二次革命"失败后,袁世凯政府立即对报界变脸,采取高压政策钳制舆论,封禁报馆。直至北京余剩20家,上海仅余5家。传媒的自由表达由此受到政治高压的控制,不复民国初年之兴盛局面。

民国初年,西方民主思潮及其实践一度盛行。然而,依靠军事实力和政治权谋而成为北京政府大总统的袁世凯,一心谋求个人专制统治,与寄希望于民主政治的革命派产生了尖锐的矛盾,在革命派发动"二次革命"失败后,他和北洋军阀独掌北京政府,逐步废弃了辛亥革命后建立的各项民主制度,使民国初年的西式民主实验成为特定历史情境下昙花一现的罕有个案,为后人留下了一份非常值得研究总结的、令人深长思考的政治遗产。

1.3 溯源中国国民党

1919年10月10日,孙中山将中华革命党改组为中国国民党,中华革命党重组于国民党(前没有"中国"二字),国民党的历史又可以追溯到19世纪末成立的兴中会。其历史形成线路可以溯源如下:

1894年夏,孙中山上书李鸿章要求改革被拒绝后,于秋季出国,前往他早年曾求学的檀香山。这时中日甲午战争爆发已3月余,中国的海陆军连遭败绩,日军已侵入中国东北。怀抱"改良祖国"大志却痛感报国无门的孙中山,愈益忧愤,遂在华侨中揭露清王朝的腐朽残暴,倡议集结团体,共谋救国大计。11月24日,20多个赞同孙中山主张的进步华侨,在檀香山聚议成立兴中会,通过了孙中山草拟的《兴中会章程》,标志兴中会成立,宗旨是"驱除鞑虏,恢复中华,创立合众政府"。兴中会已完全

不同于反清的旧式会党,而是一个以在中国开展资产阶级民主革命为职志的政治集团。

　　1895年2月21日,孙中山等与香港辅仁文社的杨衢云、谢缵泰达成联合协议,成立兴中会总会,设机关于香港中环士丹顿街13号。10月10日,总会决定在广州举行起义,总会几次集会,先后议决:定九月初九的重阳节(10月26日)举义;推杨衢云为会长,约定起义者臂缠红带。重九前夕,清两广总督谭钟麟得英国当局电报,又有知情者告密,获悉兴中会起事消息,于是出动军队、差弁搜查起义据点,四处缉捕,重九至十一日(26—28日),先后捕去70余人。事泄后的次日晚,孙中山逃离广州,携陈少白、郑士良东渡日本,创立兴中会横滨分会。不久,孙中山取道檀香山去美国。1896年,杨衢云创立兴中会南洋分会。1897年,陈少白创立台湾分会,1899年,他又在香港筹办《中国日报》,年底创刊,成为最早宣传反清革命的报纸。1900年1月,杨衢云辞去兴中会会长职务,兴中会和三合会、哥老会代表在香港开会,共推孙中山为总会长,别名为"兴汉会"。到1905年与华兴会、光复会合并为同盟会之前已经多次发动起义,均以失败告终。

　　1905年7月,在日本黑龙会领袖内田良平的牵线下,孙中山返回日本东京,倡导筹备成立中国同盟会。8月20日,在东京赤坂区中国革命同盟会成立,为避免日本政府反对,后改名为中国同盟会。当天,还选举了总部的主要干部,总理是最高领导人,孙中山被一致推选为同盟会总理,黄兴被推为负责执行部的庶务。同盟会的本部设在日本东京。除制定了《军政府宣言》、《中国同盟会总章》和《革命方略》等文件,并决定在国内外建立支部和分会,联络华侨、会党和新军,成为全国性的革命组织。同盟会确认其政纲是孙中山提出的"驱除鞑虏,恢复中华,创立民国,平均地权"十六字纲领;发行《民报》作为机关刊物。中国同盟会与孙中山设想的一个中华民国的政府组织一致:在总理下设行政、立法和司法三个部,这实际上是三权分立的原则。继宋教仁之后,《民报》在章炳麟、陶成章等主编下,由胡汉民、汪精卫等执笔,与主张保皇的由康有为、梁启超执笔的《新民丛报》展开激烈论战,成为革命思想的重要阵地。

　　同盟会在1907年一度分裂。因孙中山未经众议收受日本政府资助离开日本,光复会退出。孙中山与汪精卫、胡汉民等于南洋另组总部;而黄兴则继续支持孙中山。中国同盟会曾在中国多处组织起义,试图推翻清政府,但都没有成功。其中1906年萍浏醴起义是同盟会成立后发动的第一次大规模的武装起义,是太平天国以后中国南方爆发的范围最大的一次反清革命斗争,牺牲义军将士及其亲属逾万人;黄花岗起义参与及牺牲者多为同盟会骨干成员。1911年10月爆发的武昌起义,虽然有中国同盟会的成员参加,但中国同盟会本部并未起直接的领导作用。

武昌起义之后爆发了全国规模的辛亥革命,同盟会本部由日本东京迁至上海;南京临时政府成立后,再迁南京。同盟会在武昌起义之后开始出现分裂,有一些人并不赞同孙中山的三民主义,有人反对孙中山提出的平均土地,章炳麟等与黎元洪组建共和党,到1912年中国同盟会已经四分五裂了,南京临时政府的9个成员中只有3个是中国同盟会的成员。在宋教仁的组织下,1912年8月25日,同盟会、统一共和党、国民公党、国民共进会和共和实进会等联合在北京组成国民党,旨在通过"议会道路"实现"革命理想"。推举孙中山为理事长,宋教仁为代理事长。

1913年初,国会选举国民党大胜,宋教仁欲以党魁身份组阁,不料3月20日宋教仁遇刺,3月22日死于上海。宋逝世后,自7月12日起,国民党李烈钧、黄兴等人在江西、江苏等地发动了反对袁世凯的"二次革命",结果失败,袁世凯于同年11月4日下令将国民党强行解散,国民党四分五裂。"二次革命"失败后,孙中山逃亡到日本。他从"二次革命"的失败中深切感到:国民党内部思想混乱,组织严重不纯,"非袁氏兵力之强,乃同党人心涣散",已不能领导革命继续前进。于是,他决心从整顿党务入手,重组新党——中华革命党,拯救革命。9月27日,孙中山亲自拟定入党誓约,规定入党者须绝对服从其领导,无论资格多老,皆须重立誓约,并按指印;并接受遵约履行手续的王统等人为新党首批党员。1914年5月10日,孙中山创办《民国》杂志,作为新党机关刊物。7月8日,在东京举行大会,正式宣告中华革命党成立。

中华革命党把武装讨袁放在首位。自1914年6月至1915年12月,在湖南、江苏、广东、江西、上海等省市先后发动大小武装起义40多次,进行刺杀龙济光、郑汝成等4次暗杀活动。护国战争爆发后,在广东、四川、湖南、湖北、江苏、安徽、山东等省全面展开军事讨袁活动,在全国范围内牵制了袁世凯的军事力量。1916年元旦,袁世凯宣布称"洪宪

皇帝",遭到全国反对,云南都督唐继尧、护国军第一军总司令蔡锷以及孙中山等先后发表讨袁通电。袁世凯被迫于3月22日宣布撤销帝制,6月6日,众叛亲离的袁世凯在全国人民唾骂声中一命呜呼。1916年7月,护国运动结束后,黎元洪继任大总统,段祺瑞当上了国务总理,国会恢复。7月25日,中华革命党本部向各分、支部宣告了中华革命党的结束。1918年6月护法运动失败,孙中山总结教训,认识到南北军阀"如一丘之貉","救亡之策,必先事吾党之扩张,故亟重订党章,以促使党务发达"。此后,孙中山积极着手改组中华革命党。

1919年10月10日,孙中山改组中华革命党为中国国民党(注:以后文中出现的国民党即中国国民党),并公布《中国国民党规约》。《规约》规定:"本党以巩固共和、实行三民主义为宗旨";"凡中华民国成年男女,与本党宗旨相同者,由党员二人介绍,并具自愿书于本党,由本党以给证书,始得为本党党员";"从前所有中华革命党总章及各支部通则,一律废止;所有印章图记,一律照本规约所定,改用中国国民党名义,以昭统一"。新党章第四条规定:"凡中华革命党党员,皆得为本党党员,以中华革命党证书,领取本党证书。"中国国民党的组织制度为总理制,设立总理1人,代表全党总揽党务;党本部设立总务部、党务部、财务部;本部设在上海,下设总支部、支部、分部。10月13日,原中华革命党本部事务主任居正呈请任命中国国民党各部主任,孙中山以总理身份当即批令,委居正为总务主任、谢持为党务主任、廖仲恺①为财政主任。

"国民党"名字之前再加上"中国"二字,是以区别于民国初年的旧国民党。旧国民党由五党团合并而成,中国国民党则直接由中华革命党改组而来。为广泛吸收党员,中国国民党放弃了中华革命党的秘密组织形式,转为公开。同时,新党章放宽了入党条件,规定凡赞成党的宗旨,经党员两人介绍,交纳党费10元者即可入党;放弃了中华革命党所规定的入党须按指模,并宣誓服从孙中山个人等带有帮会性质的苛刻条件,并大量吸收青年入党。

---

① 廖仲恺(1877—1925),原名恩煦,又名夷白,字仲恺,广东归善(今惠阳县)人。生于美国旧金山华侨家庭,近代民主革命家。他是一位伟大的爱国主义者、中国国民党左派领袖、我国民主主义革命的先驱。

1.4 五四运动唤醒民众

以袁世凯为首的北洋军阀,是一个代表大地主、大资产阶级利益的庞大的军事政治集团。武昌起义后,袁世凯窃取了辛亥革命的胜利果实,举着中华民国的招牌,以北京为首都建立起北洋军阀的反动统治。1916年3月22日,做了83天"中华帝国"皇帝的袁世凯,在全国人民的强烈反对下,宣布取消帝制,恢复"中华民国"年号,启用段祺瑞为政事堂国务卿兼陆军总长。6月6日,袁世凯因尿毒症病死后,北洋军阀集团分裂,中国大地上大大小小的军阀们随即展开了对权力的激烈争夺,他们拥兵自重,互相攻伐,争权、复辟、割据、混战接连不断,使国家陷于长期的分裂和动乱之中,并加剧了对人民的政治压迫和经济掠夺,中国进入了在帝国主义列强支持下的北洋军阀的黑暗统治时期。

资产阶级革命派希望在辛亥革命后建立资产阶级民主制度。为此,孙中山以西方国家的社会政治制度为蓝本,创立了民族、民权、民生三大主义,在中国历史上第一次提出比较完整的资产阶级共和国方案,并将其付诸实践;民国初年,从西方学来的一套内阁制、多党制、议会制等形式制度,也曾实行过;凡此种种所实施的措施,其结果都没能解决中国的任何实际问题,中国的仁人志士陷入了苦闷和彷徨之中。惨痛的教训促使人们对如何学习西方的民主政治制度进行了反思,认识到要从根本上改造中国,还要有文化的觉醒和思想的启蒙。

最先倡导并吹响思想启蒙号角的是后来被誉为五四运动总司令的陈独秀。1915年9月,陈独秀在上海创办《青年杂志》,一年后,改为《新青年》,在思想文化领域掀起一场以民主和科学为旗帜,向传统的封建思想、道德、文化宣战的新文化运动。此外,积极提倡新文化、传播新思想的报刊,还有《每周评论》、《国民》、《新潮》、《少年中国》、《晨报》等。以《新青年》的出版为标志兴起的新文化运动,使20世纪初的中国开始经历一场深刻的思想革命。新文化运动对中国传统文化的勇猛冲击,形成一场前所未有的启蒙运动和空前深刻的思想解放运动,唤醒了一代青年,使中国的先进分子受到了一次西方民主和科学思想的洗礼,从而打

开了遏制新思想涌流的闸门,在中国社会上掀起一股生气勃勃的思想解放的潮流。

【陈独秀小传】 陈独秀(1879—1942),原名庆同,官名乾生,字仲甫,号实庵,汉族,安徽省安庆市人。新文化运动的发起人和旗帜,中国文化启蒙运动的先驱,五四运动的总司令,中国共产党的主要创始人及首任总书记,中共一大至五大期间党的最高领导。

1879年10月9日,陈独秀出生在安徽省安庆市城北的一间小平房里。早年毕业于求是书院,1901年留学日本。1903年参加拒俄运动。1905年创建安徽第一个资产阶级革命组织岳王会,任总会长,在芜湖创办《安徽俗话报》,曾参加反对清王朝和反对袁世凯的斗争。1915年9月,创办《青年杂志》(后改名《新青年》),以进化论观点和个性解放思想为主要武器,大力提倡新道德,反对旧道德,提倡新文学,反对旧文学,举起民主与科学的旗帜。

1916年,陈独秀任北京大学学长(相当于系主任)。1918年,陈独秀和李大钊创办《每周评论》,提倡新文化,宣传马克思主义,俗称"南陈北李",是五四新文化运动的主要领导人之一。陈独秀是五四运动时期的总司令,整个运动实际上是他领导的,五四运动为中国共产党的成立准备了干部队伍。1920年,在共产国际帮助下,首先在上海建立中国共产党发起组织,进行建党活动。7月,在上海举行的中国共产党第一次全国代表大会上,被选为中央局书记,后被选为中共第二届、第三届中央执行委员会委员长、第四届、第五届中央委员会总书记。

在1925年到1927年的中国大革命中,陈独秀多次反对共产国际关于要求共产党员留在国民党内的国共合作指示,但是由于缺乏系统的、独立的阶级纲领指导,陈独秀等一次次被共产国际错误的行政指令压下去。最激烈的一次是在1926年中山舰事件后,陈独秀在党报上发表公开信,单方面宣布退出国民党,引起党内外轰动,因为共产党员留在国民党内是共产国际为确保国共合作的既定战略路线的中心政策。值得一提的是,除了陈独秀等少数共产党人的异议外,其他大多数中共党员都没有对共产国际指令提出哪怕一鳞半爪的反对意见和公开质疑。这就导致了中国共产党虽然是中国革命的实际领导者,却实为国民党做苦力的政治局面。

1927年大革命失败,对中国共产党造成了强烈冲击,大批优秀干部在反革命屠杀中丧失,1927年到30年代初的失败浪潮使中共在城市工人中的影响力严重削弱。对这次革命失败负有第一责任的共产国际领导层,却把全部责任推卸在它的中国支部——中共的头上,当时的中共又把主要责任推卸在总书记陈独秀头上,指责陈独秀犯了"右倾机会主义"错误,在1927年"八七"会议上,撤销了陈独秀的总书记职务。其后,陈独秀在苦闷中反思,开始接受国际托洛茨基派的观点,要求中共中央接受托派路线,即反对斯大林主义的"左"倾暴动路线,同时也反对盲目向农村发展力量甚至把游击队高抬为红军,而主张以国民会议为中心,主张从民权民主斗争开始重新聚集力量。

1929年11月,因为中东路事件,共产国际远东局从一开始就明确要求中共中央要提出"武装保卫苏联"的口号,并组织大规模的反对国民党和拥护苏联的群众示威。对此,中共中央毫不犹豫地做出了积极的响应和行动。对于中共中央的做法,陈独秀专门致信中共中央提出批评,主张在这个时候片面宣传"拥护苏联"、"于我们不利",绝不能简单地认为"广大群众都认同苏联是中国解放的朋友"。为此,鉴于陈独秀等人事实上根本反对中共中央的政治路线,中共中央很快正式决定将陈独秀等人开除出党。中共中央明确认为,陈独秀等人在中东路问题上的意见,"是党内一些动摇的机会主义分子的立场的最露骨的表现"。陈独秀被开除出中国共产党后,与彭述之等81人在12月发表《我们的政治意见书》,攻击中国共产党的机会主义领导层。同时,在上海建立托派组织"无产者社",出版《无产者》刊物,宣传托派观点。

1937年,在上海淞沪会战中,陈独秀支持抗战,谴责蒋介石卖国独裁,被国民党政府逮捕。1937年8月出狱,拥护国共合作和国民党领导抗日,在武汉联络民主人士和抗日军队,试图组织"不拥国、不阿共"的第三势力。此时的陈独秀已偏离了托派纲领,并遭到多数中国托派的反对,但仍与托派组织保持关系直至逝世也未曾脱离过这种组织及其思想、政治关系。1938年,陈独秀被王明、康生诬陷为日本间谍,从此与中共彻底决裂。晚年陈独秀最终的立场是要求建立民主的政权,开始对共产主义理论进行反思。

1942年5月27日,陈独秀病逝于四川江津。主要著作收入《独秀文存》、《陈独秀文章选编》等。

(摘编自"百度百科"、光明网《陈独秀评价之变迁》和朱文华的《陈独秀传》)

1919年的五四爱国运动,是为了反对帝国主义列强在巴黎和会上损害中国主权、反对北京政府的卖国政策而爆发的,其思想源流则来自于先前的新文化运动。1918年11月11日,历时4年有余的第一次世界大战以德、奥同盟国阵营失败而结束,为解决其善后问题,国际和平会议于1919年1月18日在法国首都巴黎正式开幕,巴黎和会作出将德国的山东权益交与日本的决定,消息传回国内并经《晨报》等报道后,引起国民群情激昂,导致五四运动爆发。运动从5月4日下午北京大中专学生向天安门集会开始,到6月28日中国代表终于没有出席和会的签字仪式为止,历时55天。在6月5日上海工人率先举行的全国工人罢工浪

潮的强有力支持下,实现了北京大学等13所大中专学校3 000多名学生提出的"外争主权、内除国贼"要求,罢免了亲日派卖国贼曹汝霖、张宗祥、陆宗兴的职务,拒绝了在和约上签字。这样,五四运动突破学生、知识分子的狭小范围,发展成为有工人阶级、小资产阶级和资产阶级参加的全国范围的群众性反帝爱国运动。

五四运动是近代中国历史上,第一次由学生、工人和其他群众掀起的反对帝国主义、反对军阀卖国的全国规模的革命斗争。运动中涌现出一批为追求民族独立和国家富强而积极探求救国救民真理的新的先进分子,陈独秀、李大钊①成为这一运动的著名领袖人物。运动期间,中国工人阶级以巨大的声势参加了反帝爱国斗争,工人阶级以其特有的组织性和斗争的坚定性,发挥着主力军的作用,开始作为一支独立的政治力量登上中国历史舞台。五四运动具有划时代的历史意义,成为近代中国由不断沉沦的半殖民地半封建社会,向着实现完全的国家独立、民族自由、人民民主、民生富强的上升趋向的转折点。五四运动的爆发,标志着一场新的反帝反封建斗争的开始,并由此引发了一场广泛的深层次的马克思主义传播运动。

1.5　中国共产党成立

经过五四爱国运动的洗礼,中国人民有了新的觉醒,得其助力,新文化运动继续发展,各类宣传报刊如雨后春笋,增加很多,各种新思潮来势汹汹,冲破传统思想的禁锢,但其主导趋向却有了明显变化,对马克思学说的介绍及马克思主义的传播蔚为潮流。究其原因,主要是:1917年11月7日,俄国爆发"十月革命",推翻沙皇政府,成功地建立起苏维埃国家政权,并于五四运动后两次对华"宣言",与列强在巴黎和会上的对华压迫态度迥然不同,得到了中国社会舆论的广泛好评,扩大了苏俄在华影响,也有助于马克思、列宁主义在中国的传播。

陈独秀、李大钊、李达等先进分子以《新青年》、《民国日报》等报刊为

---

① 李大钊(1889—1927),字守常,汉族,河北省乐亭县人。中国共产主义的先驱,伟大的马克思主义者、杰出的无产阶级革命家、中国共产党的主要创始人之一。

阵地,传播马克思主义,主张向俄国十月革命学习,并推动马克思主义与中国工人运动的结合,这为中国共产党的创建准备了思想条件。经过学习、宣传马克思主义以及"与劳工为伍"的实践,一批先进分子相继从激进民主主义者转变为马克思主义者,这为中国共产党的创建准备了干部条件。面对这种形势,1920年初,陈独秀、李大钊等开始了建党的探索和酝酿。4月,俄共(布)西伯利亚局派维经斯基等一行来华,了解中国情况,考察能否在上海建立共产国际东亚书记处。他们先在北京会见了李大钊,后由李大钊介绍到上海会见陈独秀,共同商谈讨论了建党问题,促进了中国共产党的创立。

从5月开始,陈独秀邀约李汉俊、李达、俞秀松等人多次商谈建党的问题。8月,陈独秀在上海成立了中国共产党的发起组。10月,李大钊在北京建立了共产主义小组。接着,在湖南、湖北、山东、广东等地相继建立了党的早期组织。在俄共的帮助下,从1920年8月到1921年春,国内先后有上海等6个城市建立起共产党早期组织。同时,在法国和日本也由留学生中的先进分子组成了党的早期组织。这些组织当时叫法不一,有的叫共产党,有的则称共产党小组或支部,由于它们性质相同,因此,后来统称它们为各地共产主义小组。

各地共产主义小组建立以后,开展了多方面的革命活动。为了广泛传播马克思、列宁主义,统一建党思想,1920年9月,上海发起组把《新青年》杂志(从八卷一号开始)改为党的公开刊物;同年11月,又创办了《共产党》月刊,在全国主要城市秘密发行,这是中国共产党历史上第一个党刊。新青年出版社还翻译出版了《共产党宣言》、《国家与革命》等马克思、列宁主义经典著作,以及多种宣传马克思主义的通俗小册子。各地共产主义小组又创办了一批面向工人的通俗刊物,在上海有《劳动界》,北京有《劳动音》和《工人月刊》,济南有《济南劳动月刊》,广州有《劳动者》等,对工人进行阶级意识的启蒙教育。在此基础上,各地共产主义小组积极深入工人群众,举办工人夜校,建立工会组织。各地还建立了社会主义青年团,发展了一批团员,青年团成为党的有力助手和后备军。

1921年3月,在俄共远东局和共产国际的建议和支持下,召开了各共产主义小组的代表会议,发表了关于党的宗旨和原则的宣言,并制定了临时性的纲领,确立了党的工作机构和工作计划,表明了党组织对社会主义青年团、工会、行会、文化教育团体和军队的态度。这次会议为党的成立作了必要的准备。维经斯基回国不久,1921年6月,共产国际派马林①等到上海,并与上海的共产党早期组织成员李达、李汉俊建立了联系。几经交谈,他们一致认为应尽快召开党的全国代表大会,正式成立中国共产党。李达、李汉俊同当时在广州的陈独秀、在北平的李大钊通信商议,决定在上海召开中国共产党第一次全国代表大会。上海党的发起组在李达的主持下,进行了全国代表大会的筹备工作,并向各地党的组织写信发出通知,要求各地选派两名代表出席大会。7月23日,来自北京、汉口、广州、长沙、济南和日本的各地代表全部到达上海。

中国工人阶级的成长、马克思主义理论的传播、接受理论的先进分子的组织活动,使马克思主义在中国由理论传播转入具体实践有了现实的可能。在这种情况下,马克思主义在中国进入实践过程的发端及其组织保证——中国共产党的建立则为水到渠成之举。在共产国际等代表帮助下,经过陈独秀、李大钊、李达、李汉俊等酝酿筹备,创立中国共产党的第一次全国代表大会,于1921年7月23日至30日,在上海法租界贝勒路树德里3号(后改称望志路106号,现改兴业路76号)李汉俊兄长李书城的住宅内召开②,会议最后一天③④,在浙江嘉兴南湖游船结束。出席代表13人,他们是:上海小组的李达、李汉俊,武汉小组的董必武、陈潭秋,长沙小组的毛泽东、何叔衡,济南小组的王尽美、邓恩铭,北京小组的张国焘、刘仁静,广州小组的陈公博,旅日小组的周佛海。参加会议的还有武汉小组的包惠僧(他是在广州与陈独秀商谈工作期间,受陈个人委派参加会议的)。他们代表着全国50多名党员。当时,对党的创立作出了重要贡献的陈独秀、李大钊各在北京和广州,因工作脱不开身,而

---

① 马林(1883—1942),荷兰人。1902年参加荷兰社会民主党,1920年被共产国际第二次代表大会选为共产国际执行委员会的成员,1921年任共产国际驻中国代表。

② 最新研究显示中共一大的开幕式是在上海太仓路127号(原白尔路389号)博文女校内举行的。(苗体君.中共"一大"开幕式召开的地点.团结报,2011-10-13.)

③ 目前史学界对中共一大闭幕日期有7月30日、7月31日、8月1日、8月2日、8月5日等几种不同说法。[中共中央党史研究室著.中国共产党历史(第一卷)(1921—1949,上册).北京:中共党史出版社,2011:68.]

④ 周子信.关于中共"一大"闭幕日期的几点考据.团结报,2011-07-07.其最新考证为8月5日。

没有出席大会。共产国际派马林和赤色职工国际代表尼克尔斯基(俄国人)出席了会议。

党的第一次全国代表大会,前后共开了7次会议。共产国际代表马林和尼克尔斯基出席了第一天的会议(马林后来又出席了第六次会议)。他们代表共产国际对会议的召开表示热烈的祝贺,马林还介绍了共产国际的情况。接着拟定了会议日程,会议议程有四项:一、讨论和通过《中国共产党成立宣言》;二、讨论和通过党纲(章);三、讨论和通过今后工作方针;四、选举。在24日的会议上,各地代表汇报了工作,并交流了经验。25日至26日,大会休会,由党纲起草委员会起草中国共产党纲领和今后工作计划。27日至29日,大会继续进行,连续3天详细讨论了党的纲领和工作计划。各地代表在党的性质、纲领和组织原则等主要问题上取得了基本一致的意见。30日晚,举行第六次会议时,突然有一陌生男子闯进了会场,当询问他时,他答称走错了地方,其实这个人是法租界巡捕房的一个暗探,他的行动引起了马林的警觉。① 马林建议会议立即中断,代表们迅速分头离开。不一会儿,法国巡捕赶来,包围并搜查了会场,但一无所获。当晚,代表们商量改换会议地点,在李达夫人(她是浙江嘉兴人)的提议下,决定到嘉兴南湖去开完最后一次会议。会议最后一天,代表们来到嘉兴南湖,在一艘游船上举行了第七次会议。会议通过了《中国共产党党纲》、《关于当前实际工作的决议》,选举了党的领导机构。

大会通过了中国共产党的《第一个纲领》、《第一个决议》,纲领规定:党的名称是"中国共产党";党的性质是无产阶级政党;党的奋斗目标是推翻资产阶级,废除资本所有制,建立无产阶级专政,实现社会主义和共产主义;党的基本任务是从事工人运动的各项活动,加强对工会和工人运动的研究与领导。大会选举产生党的领导机构——中央局,陈独秀、

---

① 吴基民撰文说:这个法租界巡捕房侦探叫程子卿,由于马林被认为是"危险分子",他到中国后,法租界巡捕房已接到欧洲警察通知,要求对他注意跟踪。程子卿称因怕这个"外国赤佬"来扔炸弹,出于保护才去会场查看的。[吴基民.中共一大会议一段史实存疑.世纪,2011(5):41-45.]

张国焘①、李达为中央局成员。陈独秀为书记,张国焘负责组织,李达负责宣传。《纲领》宣示将以无产阶级革命军队推翻资产阶级政权,建立无产阶级政权,废除所有制。中国共产党成立之初,在领导工人运动争取自身利益方面做出了不少努力,表现出是工人阶级的政治代表。

中国共产党第一次全国代表大会宣告中国共产党正式成立。中国共产党成立之初,人数少,实力小,在中国的政治版图中尚不被人注意,但以后的历史发展表明,它的成立对近代中国所走的历史道路产生了根本性的影响。中国共产党为根本改变中国各族人民被剥削、被压迫的状况,实现民族独立、人民解放和国家富强,开始了不屈不挠、艰苦卓绝的斗争历程。历史证明,中国共产党的成立,开创了中国历史的新篇章,是开天辟地的大事件,是近代中国革命历史上划时代的里程碑。

1.6 第一次国共合作失败

在中国历史上,没有私有军队,有之则从湘军起,其组织与精神传给了淮军,淮军又传给了北洋军,以至于流毒祸害于民国。湘军、淮军都随着他们的领袖效忠于清朝,故没有引起内乱。到了民国,皇帝没了,北洋军就转而效忠袁世凯。袁世凯败亡后,靠利禄结合的北洋军当然四分五裂,形成大小集团,遍地军阀。后来,北洋军阀逐渐分化为皖、直、奉三系,分别由军阀段祺瑞、吴佩孚、张作霖把持。奉系在关外,皖系则基本控制着北京中央政府。1920 年 7 月 14 日,全面爆发直皖战争后,皖系败北,北京政局转入了直系、奉系角逐时期。1922 年 4 月 29 日,第一次直奉战争正式拉开大幕,战争的结果是直系胜利、奉系败北,直系由此独自控制了北京政府。第二次直奉战争于 1924 年 9 月 15 日爆发,奉系胜,并随之控制了北京政权。因连年征战,财政困难,加之灾荒频发,匪患四起,导致社会动荡,民不聊生。

---

① 张国焘(1897—1979),又名特立,汉族,江西萍乡人。中国共产党早期领导人之一,1938 年被开除党籍。

根据史料归纳①,到了1926年夏,中国的政治版图被分割为七大块:第一,东北四省和河北、山东属于北洋军阀奉系的巨头张作霖,他在北京自称大元帅,算是中华民国的元首;第二,长江下游的江、浙、皖、闽、赣五省是北洋军阀直系孙传芳的势力范围,孙传芳原是吴佩孚的部下;第三,湖北同河南仍属于直系巨头、曾拥戴曹锟为总统的吴佩孚;第四,山西仍属于北洋之附庸而保持独立且专事地方建设的阎锡山;第五,西北算是吴佩孚的旧部而倾向革命的冯玉祥的势力范围;第六,西南的四川、云南、贵州,属于一群内不能统一、外不能左右大局的军阀;第七,广东、广西、湖南三省是革命军的策源地。

国民党原是一个成分复杂、组织松散的资产阶级政党,孙中山经过一番审慎的思考和筹备,于1919年10月10日恢复国民党组织,由国民党改名中国国民党,其章程规定"本党以巩固共和,实行三民主义为宗旨"。孙中山多年以广东为革命活动的主要基地,依托广州革命政府,一直坚持进行北伐统一,但却屡遭挫折,然其并不灰心,开始思考新的道路,重新开启革命征程。在与苏俄、共产国际和中国共产党代表多次磋商后,1923年10月25日,在广州召开了国民党改组特别会议,孙中山决心同苏联政府合作,同中国共产党人合作,并且整顿和改组中国国民党,同意共产党员以个人身份加入国民党,实现了国共合作由党外合作到党内合作的转变。1924年1月20日到30日,中国国民党第一次全国代表大会在广州举行,165名代表中有20多名共产党员。会议对三民主义做了重新解释,赋予了其新的内容和新的革命精神,史称新三民主义,新三民主义的纲领成为国共合作的共同纲领,事实上确立了联俄、联共、扶助农工的三大政策。这次会议的召开,既标志着国民党改组的完成,也标志着国共合作的正式形成。

国共合作正式开始以后,革命力量从全国四面八方汇集广州,形成反对帝国主义和封建军阀的革命新局面。广州革命形势的迅猛发展,迫切要求建立一支可靠的革命武装力量,在共产国际代表的建议和帮助下,国民党一大决定创办陆军军官学校——黄埔军校。1924年5月,黄埔军校开学,孙中山自任军校总理,委任蒋介石为校长。在6月16日的

---

① 蒋廷黻.中国近代史.上海:上海古籍出版社,2011.

开学典礼上,孙中山指出:要用这个学校的学生作根本,成立革命军,把革命的事业重新来创造。此后,黄埔军校为中国革命培养了大批军事政治人才,在反帝反封建、争取国家统一与民族独立的斗争中立下了赫赫战功。黄埔军校是一所国共合作的学校,中国共产党从事军事活动也是从这里开始的。

1925年初,广东军阀陈炯明乘孙中山北上病重之机,举兵进犯广州,广州国民政府组织了包括黄埔军校的3 000名学员在内的东征军,两次东征,并南征军阀邓本殷部。1925年,爆发了震惊中外的五卅运动,它使中国革命形势有了突飞猛进的发展,预示着大革命高潮的到来。1925年7月1日,广州大元帅府被正式改组为中华民国国民政府,汪精卫任国民政府主席。1926年初,军校师生东征、南征取得最后胜利,广东统一,并成为全国唯一的革命根据地,为举行北伐战争准备了比较巩固的后方基地。

当时北洋军阀直系吴佩孚军约30万人,控制湘、鄂、豫等省和直隶(河北)保定一带;从直系分化出来而自成一派的孙传芳军约20万人,盘踞赣、闽、浙、皖、苏五省;奉系张作霖军约35万人,占据东北三省、热河、察哈尔、京津和山东等地;孙传芳在赣、闽伺机行动。在北方,吴、张勾结,控制北洋政府,向南口、多伦等地倾向革命的国民军进攻;在南方,吴佩孚增兵入湘,企图联合西南军阀,进攻广东革命根据地。

为推翻帝国主义支持下的北洋军阀的反动统治,实现中华民族的独立、自由、民主和统一,国民政府顺应民意,于1926年7月9日集结誓师,开始了北伐战争,国民革命军8个军10万余人(战争过程中发展到40多个军近百万人),蒋介石任总司令,李济深[①]任总司令部参谋长,白崇禧[②]任参谋次长代理参谋长,邓演达任政治部主任。何应钦[③]、谭延

---

① 李济深(1885—1959),原名济琛,字任潮,原籍江苏,汉族,广西苍梧人。北伐战争期间,任国民革命军总司令部参谋长、广东省政府主席、国民革命军第八路总指挥,留守广州。1935年任桂系军政府主席。1948年就任中国国民党革命委员会主席。

② 白崇禧(1893—1966),字健生,回族,广西临桂县人。中华民国国民革命军一级上将,军事家,有"小诸葛"之称。属国民党"桂系",地位仅次于李宗仁、黄绍竑。

③ 何应钦(1889—1987),字敬之,汉族,贵州省兴义人。国民党政治家、军事家、国民党一级上将,黄埔系仅次于蒋介石的第二号人物。

阎、朱培德、李济深、李福林、程潜、李宗仁①、唐生智分任第一军至第八军军长;缪斌、李富春(共产党员)、朱克靖(共产党员)、廖乾吾(共产党员)、李朗如、林伯渠②(共产党员)、黄绍竑、刘文岛分任第一军至第八军党代表或副党代表。除第八军驻湖南衡山、安仁地区,第七军驻广西外,其余6个军驻广东。国民革命军总司令部在以 B.K. 布柳赫尔(化名加伦)③为首的苏联军事顾问建议下,根据敌我双方军事力量对比和军阀之间的矛盾,制定了集中兵力、各个击破的战略方针,首先消灭吴佩孚军,然后歼灭孙传芳军,最后消灭张作霖军。部署以主力进军湘、鄂,另以第一军大部在广东汕头、梅县地区对闽警戒,第一军、第四军各一部和第五军大部留守广州。

在"打倒列强,除军阀"号召下,国民革命军英勇杀敌,北伐胜利进军,革命势力迅猛发展,北洋军阀势力分崩离析。北伐军进入湖北后,经过浴血奋战,1926年8月下旬攻下汀泗桥、咸宁和贺胜桥,击溃吴佩孚主力。9月,北伐军相继克复汉阳、汉口、武昌,蒋介石在9月18日召开的国民党中央政治会议第22次会议上提议广州国民政府北迁武汉。11月7日,北伐军攻克南昌,9日,蒋介石将国民革命军总司令部迁移至南昌。11月26日,国民党中央政治会议正式作出中央党部和国民政府北迁武汉的决定,12月7日动迁,国民政府外交、司法、交通、财政部四位部长及鲍罗廷④等一行于10日抵达武汉。12月13日,在鲍罗廷的提议下,宣布成立"中国国民党中央执行委员会暨国民政府委员临时联席会

---

① 李宗仁(1891—1969),字德邻,汉族,广西临桂人。中国国民革命军陆军一级上将,中国国民党内"桂系"首领,曾任中华民国首任副总统、代总统。(杨雪舞."末代总统"李宗仁//民国总统档案.北京:人民日报出版社,2011:335-375.)

② 林伯渠(1886—1960),原名林祖涵,字邃园,号伯渠,汉族,湖南省安福(今临澧)人。早年加入同盟会,1921年加入中国共产党。参加南昌起义、长征等革命活动,任陕甘宁边区政府主席。建国后,任中央人民政府秘书长,中国共产党重要领导人之一。与董必武、徐特立、谢觉哉和吴玉章并称为"延安五老"。

③ 加仑(1889—1938),苏联人,1916年参加俄国社会民主党,1921—1922年任远东共和国军事部部长、人民革命军总司令。1924年10月至1927年8月,两次来华工作。

④ 米哈伊尔·马尔科维奇·鲍罗廷(1884—1951),苏联威特比斯克省人。出席了共产国际一大和二大,并于1921年1月出任共产国际驻柏林特使。1923—1927年,为共产国际驻中国代表和苏联驻中国国民党代表、国民政府高等顾问。

议",代行最高职权,委员有孙科①、吴玉章②、宋庆龄③、邓演达等14人,蒋介石不在其列,以徐谦为主席,叶楚伧为秘书长,鲍罗廷为总顾问。12月19日、20日,蒋介石两电湖北政务委员会主席、国民革命军总政治部主任邓演达表示同意决议案。

此后,蒋介石顾虑以左派为中心的武汉临时联席会议代行最高职权的危险性,于1927年1月3日乘国民党中常会代理主席张静江、国民政府代理主席谭延闿等中央执行委员路过南昌之机,召开中央政治会议第六次临时会议,劝说与会者同意将中央党部及国民政府暂驻于他所直接掌控下的南昌,迁都问题以后再议。蒋介石将中央政治会议滞留南昌,挟天子以令诸侯,形成与武汉临时联席会议对峙抗衡的局面,俨然形成两个中央,一方坚持以临时联席会议代行最高职权,一方坚持以中央政治会议行使最高权力。国民党中央党部机关也一分为二,武汉方面掌握宣传部、农民部、工人部、妇女部和海外部,南昌方面则掌握组织部、青年部和秘书处,双方形成分庭抗礼之势。由于中央委员多站在武汉方面,又有唐生智等一批北伐将领支持武汉政权,加之财政部长宋子文在武汉掌握着蒋介石所需的军费。所以,比较南昌、武汉双方形势,武汉方面具有一定的优势。

南昌、武汉双方僵持不下,武汉方面想通过召开中央全会来限制蒋介石的权力。2月9日,部分在武汉的国民党高级干部集会,决定由徐谦、吴玉章、邓演达、孙科、顾孟余5人组成一个行动委员会,研究和从事党权集中工作。3月6日,谭延闿、何香凝等逗留江西的中央委员赴鄂,南昌中央寿终正寝。3月10日至17日,国民党在汉口召开了有

---

① 孙科(1891—1973),字哲生,汉族,广东中山人,孙中山独子。1910年加入同盟会,1917年任第一任广州市长,1923年、1926年两次再任广州市长,1931年任南京政府行政院长,1932年任立法院长,主张速行宪政联共抗日,1947年任南京政府副主席,1949年辞职旅居中国香港、法国、美国等地。

② 吴玉章(1878—1966),原名永珊,字树人,汉族,四川省自贡市荣县人。自小忠厚笃诚,坚韧沉毅,喜读史书,学识渊博,有"金玉文章"之誉。他历经戊戌变法、辛亥革命、讨袁战争、北伐战争、抗日战争、解放战争、新中国建设而成为跨世纪的革命老人。

③ 宋庆龄(1893—1981),女,汉族,祖籍海南省文昌县,出生在上海。孙中山夫人,中国国民党左派领导人。她是伟大的爱国主义、民主主义、国际主义和共产主义战士,举世闻名的20世纪的伟大女性。

共产党人参加的以提高党权为中心议题的二届三中全会,会议由鲍罗廷和国民党左派势力控制,会议形成五项决议,蒋介石原来的职位如中常会主席、中央组织部部长、军人部部长,均被撤销或被代替,只保留国民革命军总司令一职,而总司令的权限,又被二届三中全会通过的条例加以限制。全会大大削弱了蒋介石的权力,但亦因此成为蒋介石大踏步走向清党反共的转折点。蒋介石认为武汉中央的种种做法都是由鲍罗廷和中共幕后操纵,故而对鲍罗廷和中共埋下了深深愤恨,其后蒋介石仇恨工农、反对共产党的本质迅速暴露,逐步走上了军事独裁的道路。

【蒋介石小传】蒋介石(1887—1975),名中正,字介石,学名志清。中国国民党当政时期的党、政、军主要领导人,中国国民党总裁,中华民国总统。

1887年10月31日,蒋介石生于浙江奉化县溪口镇。1906年初,蒋介石从龙津中学堂肄业,4月东渡日本,入东京清华学校,结识陈其美等人,受到反清思想的影响,年末回国。1907年,考入保定全国陆军速成学堂,习炮兵。1908年春赴日,入东京振武学校。其间由陈其美引入同盟会,参与反清革命活动。1910年冬毕业后,入日本陆军第十三师团第十九联队为士官候补生。

辛亥革命爆发后,蒋介石回上海,受陈其美指派,率先锋队百余人至杭州,参加光复浙江之役;嗣后在沪军都督陈其美部任沪军第五团团长,与陈其美、沪军第二师师长黄郛结拜为"盟兄弟"。1913年夏,二次革命起,在上海参加攻打江南制造局,事败后隐居上海,10月加入筹建中的中华革命党,11月再渡日本。

1914年7月,孙中山在东京宣告中华革命党正式成立,蒋介石被派往上海、哈尔滨协助陈其美从事反对袁世凯的革命活动。1916年5月,陈其美被刺后,蒋介石奉孙中山命去山东潍县任中华革命军东北军参谋长。1917年7月,孙中山南下"护法"建立中华民国军政府,1918年3月,蒋介石任粤军总司令部作战科主任,半年后任粤军第二支队司令,驻闽。因受粤军将领排挤,常离职滞居上海,曾与张静江、陈果夫、戴季陶等合伙做交易所投机生意。

1922年6月,粤军总司令陈炯明叛变,孙中山避难于永丰舰,蒋介石去广州登舰侍护40余日,取得孙中山的信任和器重。同年10月,被孙中山派任东路讨贼军第二军参谋长。1923年2月,被任命为大元帅府大本营参谋长,8月,奉派率领"孙逸仙博士代表团"赴苏考察学习军事、政治和党务。

1924年1月,国民党第一次全国代表大会决定建立陆军军官学校,训练革命军队,被孙中山任命为军校校长兼粤军总司令部参谋长。他组织和领导黄埔军校师生参加1924年10月镇压广州商团叛乱,1925年2月东征讨伐陈炯明、6月平定

杨希闵、刘震寰叛乱等战役，战果卓著，因此获得声誉，先任潮汕善后督办，后兼广州卫戍司令。

1925年8月，黄埔军校两个教导团编为国民革命军第一军，蒋介石任军长。10月，率师第二次东征，全歼陈炯明叛军。在1926年1月召开的国民党第二届全国代表大会上，当选为中央执行委员、中央常务委员；2月，兼任国民革命军总监。孙中山逝世后，蒋介石对三大政策日益怀疑，忌恨国民党左派和共产党员合作共事，疑惧苏联顾问的工作。1926年3月20日，他一手制造"中山舰事件"，5月，又在国民党二届二中全会上提出"党务整理案"，打击和排斥了在第一军和中央党部工作的共产党员。他相继取得了军事委员会主席、国民党中央组织部部长、军人部部长、国民革命军总司令以及国民党中央常务委员会主席等要职。

1926年7月，北伐战争开始后，蒋介石率总司令部奔赴前线指挥作战。在工人、农民支援下，国民革命军打垮了北洋军阀吴佩孚、孙传芳，湘、鄂、赣、闽四省获得完全光复。12月，国民党中央党部和国民政府自广州迁往武汉，但蒋坚持要迁都南昌，冀图直接控制。1927年3月，国民党二届三中全会通过《统一党的领导机关决议案》等一系列提高党权、防止个人独裁和军事专制的决议，取消了蒋介石的中央常务委员会主席和军人部长职务。于是，蒋介石蓄意破坏三大政策，纵容和唆使暴徒在江西、安徽制造一系列反共事件，在英美帝国主义和江浙财阀的支持下，在上海发动了"四一二"反革命政变，残酷屠杀共产党员和革命群众，并在广东和东南各省"清党"，从而破坏了第一次国共合作。

1927年4月18日，蒋介石在南京另立"国民政府"，与武汉国民政府对峙。6月，蒋介石与冯玉祥在徐州开会，取得合作反共协议。由于蒋介石在和汪精卫、李宗仁等派系的矛盾和斗争中孤立无援，被迫于8月下野，10月，出访日本寻求支持。回国后，离弃妻妾，与宋美龄于12月1日结婚，从此与宋子文、孔祥熙联姻，通过他们加强与美国的联系。1928年1月，重任总司令职，2月，主持国民党二届四中全会，全面改变孙中山的革命政策；会上被举为中央政治委员会主席和军事委员会主席。4月，与冯玉祥、阎锡山、李宗仁组成四个集团军合力北进，战胜了奉系军阀张作霖，结束了北洋军阀的统治。10月，任国民政府主席兼陆海空军总司令，改组国民政府，实行"以党治国"的"训政"。蒋介石凭借帝国主义和江浙大资产阶级的支持，一一战胜了各派武力，他还击败了汪精卫、胡汉民、孙科等派系的对抗，从而巩固了自己的独裁统治。

1930年12月至1931年9月，蒋介石调集大量军队，对江西、湘鄂西、鄂豫皖及其他革命根据地的工农红军连续发动了三次军事"围剿"，均以失败告终。"九一八"事变发生后，他奉行不抵抗政策，阻挠军队和人民抗击日本侵略，致使东北三省迅速沦丧。日本侵略者又于1932年初在上海挑起"一·二八"事变，十九路军奋起英勇抗击,但是蒋介石屈服于日本帝国主义的压力,同意签订《淞沪停战协定》。蒋介石顽固采取"攘外必先安内"的方针,在1932年6月对工农红军发动的第四次军事"围剿"失败后,又于1933年10月进行第五次军事"围剿"。经过一年的鏖战,红军因战略指导的错误而失利,离开江西等根据地,被迫出发长征。蒋又调几十万军队围追堵截,同时对革命根据地继续"清剿"。

1935年11月,日本帝国主义策动"华北自治",扩大对中国的侵略,民族危机空前严重。中国共产党呼吁"停止内战,一致抗日",并将反蒋抗日方针改变为"逼蒋抗日"。在全国人民抗日救亡运动推动下,蒋介石和国民党决定调整其内外政策,表示要保持领土主权的完整。被蒋介石部署在西北"剿共"的张学良、杨虎城,决心联共抗日,1936年12月12日,他们毅然发动"兵谏",在西安扣押了蒋介石,"西安事变"爆发。在中国共产党调停和各方面的努力下,西安事变获得和平解决,蒋介石被迫停止"剿共"政策。

"西安事变"后,蒋介石被迫结束十年内战,与共产党实行第二次合作。1937年,"七七"事变后,终于建立了国共合作抗日民族统一战线,蒋介石开始部署和指挥中国军队开赴华北和淞沪前线,抗御日本侵略军,他先后指挥了淞沪会战、太原会战、徐州会战、武汉会战等重大战役。广大爱国将士奋勇杀敌,至1938年10月,使日军伤亡45万余人,粉碎了日本帝国主义妄图速战速决、迅速灭亡中国的战略计划。但由于蒋介石实行片面抗战路线和单纯军事防御的战略战术,又幻想并等待国际"调停"制止日本侵略,因而不能抵御占有很大优势的日本侵略军,华北、东南和华中大片国土相继沦陷。

武汉保卫战结束后,抗日战争由战略防御阶段转入战略相持阶段。蒋介石表示了继续抗战的决心,汪精卫等人则对抗战前途完全失望,叛国投敌。1939年1月,蒋介石任国防最高委员会委员长。他对中国共产党和人民武装力量在抗战中迅速发展壮大忧心忡忡,开始实行其"容共、防共、限共、反共"的方针,不断制造反共摩擦。

1941年12月,太平洋战争爆发后,蒋介石积极开展外交活动,与美、英同盟,任中国战区最高统帅,得到了美国的物资和财政援助。他派中国远征军去缅甸,与英美联军联合作战,打通了中印公路。1943年11月,蒋介石出席开罗会议,与美国总统罗斯福、英国首相丘吉尔会谈对日联合作战方略及战后和平条件。1945年6月,蒋介石派宋子文等去苏联会谈,8月,两国外长签署了《中苏友好同盟条约》及有关协定。

抗日战争胜利后,蒋介石在美帝国主义支持下,一面派出军队抢占胜利果实,大量收编伪军;一面与中国共产党中央委员会主席毛泽东在重庆进行会谈,签订了《会谈纪要》。但他随即指挥80万军队进攻解放区,对1946年1月政治协商会

议达成的各项决议拒不履行，顽固坚持"军令政令统一"的独裁专政。1946年6月，蒋介石悍然发动全面内战，妄图在3至6个月内消灭共产党和人民武装。在遭到人民解放军的坚决还击后，次年3月被迫改为对陕北和山东解放区的重点进攻；在屡遭失败后，由战略进攻转为战略防御；最后蒋介石被迫下令收缩防线，实行重点防御。

1946年11月，蒋介石在南京召开"国民大会"，制定了一部"宪法"，宣称要"实施宪政"，"还政于民"，"改组政府"，实际上仍是以他为首的国民党统治集团独裁专政。经过1948年春"行宪国大"的选举，他任"总统"，并攫取不受"宪法"限制的"紧急处置的权力"，使他的独裁统治披上了合法外衣。对于爱国学生的反内战、反饥饿、反迫害运动和工农群众的斗争，他下令整饬，派出特务宪警凶残镇压。

经过发生在1948年秋冬的辽沈、淮海、平津三大战役的战略决战，蒋介石赖以发动内战、维系其反动统治的主力部队基本上被消灭。1949年1月，蒋介石发表元旦声明，建议和平谈判，但提出了保存"宪法"、"法统"和军队的条件，受到中国共产党的批驳。1月21日，蒋介石被迫宣告"引退"，回到奉化，但仍幕后操纵党政军大权，破坏和平谈判。4月20日，国民党拒绝在《国内和平协定》上签字。人民解放军渡过长江，向全国进军。中华人民共和国于1949年10月1日宣告成立，蒋介石在中国大陆的独裁统治至此终结。

1949年12月，蒋介石撤至台湾，收集残部，负隅孤岛。1950年3月，他"复职"重任"总统"，此后一再连任四届，并连续当选国民党总裁。1975年4月5日，蒋介石病逝于台北。

（摘编自中国网之《国民党党政军领导人蒋介石生平简介》、乔纳森·芬比的《蒋介石传》和《民国总统档案》之《众说纷纭的蒋介石》）

北伐军进抵长江流域后，帝国主义列强感到在华利益进一步受到威胁，一方面继续拉拢蒋介石，一方面加紧准备进行武装干涉，软硬兼施促使蒋介石"维持秩序"、"镇压暴行"，并帮助蒋介石巩固地位。1927年4月12日，蒋介石在上海发动反革命政变，4月18日，在南京另立国民政府。其后，全国许多地方以"清党"为名，对共产党人和革命人士进行大肆屠杀，大革命开始走入低潮。6月1日，武汉国民政府的北伐军与冯玉祥①所部在郑州会师，第二次北伐顺利结束。随后，冯玉祥完全倒向

---

① 冯玉祥（1882—1948），原名冯基善，字焕章，汉族，祖籍安徽巢县（今安徽省合肥市巢湖）人，寄籍河北保定。国民革命军陆军一级上将，蒋介石之结拜兄弟。民国时期著名军阀、军事家、爱国将领、著名民主人士。

蒋介石一边,加速了汪精卫反共靠蒋步伐。6月中旬,汪精卫开始煽动"分共",并支持唐生智的主力部队调转枪口,镇压工农运动,武汉地区反革命的气焰嚣张。

1927年7月12日,根据共产国际指示,中共中央进行改组,陈独秀从此离开中共中央最高领导岗位,翌日,中共中央发表对政局宣言,谴责武汉国民党中央和国民政府的反动行径,宣布撤回参加国民政府的共产党员。7月13日,国民党左派邓演达公开发表辞职宣言,强烈谴责汪精卫一伙"故意曲解三民主义;对农工阶级加以压迫;向蒋图谋妥协,并与共产党相分离,而残杀农工"的行为,决心"遵奉先总理遗嘱,根据三民主义努力作真正之革命",随即启程前往莫斯科。7月14日,宋庆龄发表声明,坚决抗议武汉国民党中央违背孙中山的革命原则和革命政策,推行反革命的所谓"新政策"。7月15日,汪精卫等控制的武汉国民党中央召开"分共"会议,决定同共产党决裂,彻底背叛了孙中山制定的国共合作政策和反帝反封建纲领。随后,汪精卫集团对共产党员和革命群众实行大逮捕、大屠杀。至此,第一次国共两党合作宣告失败。

第2章 中华革命党

(1927.7—1930.8)

1928年2月2日到7日,国民党二届四中全会在南京召开,会议全面背叛孙中山的三大政策,通过《整理各地党务案》、《制止共产党阴谋案》等决议,进一步镇压共产党人。全会组成了以蒋介石为主席的军委会和任组织部长的中央党部,从而加强了蒋介石的独裁地位。8月8日至15日,国民党又在南京召开二届五中全会,通过《政治问题决议案》和《整理军事案》,任命蒋介石为国民政府主席,并决定加强中央集权。从此,以蒋介石为首的国民党控制了国家政权,建立起代表大地主、大资产阶级利益的一党专政。国民党归于统一后,二次北伐得以实施,至12月29日张学良①宣布易帜,奉军正式归属国民革命军,中国自辛亥革命以来第一次在形式上实现了统一。

2.1 国民党党内外的抗争

蒋介石在谋求建立和巩固国民党南京政权的过程中,不仅引起了共产党人的武装反抗,而且其最初残酷的镇压手段和专制特点,也一度在国民党党内以及中间阶层中遭到了相当广泛的怀疑和抵制。

中共的抗争方面。第一次国共合作失败后,为了使革命走向复兴,

---

① 张学良(1901—2001),字汉卿,号毅庵,汉族,籍贯辽宁海城,祖籍河北大城。人称"少帅",奉系军阀首领张作霖的长子,陆军一级上将,东北军首领,曾发动震惊中外的"西安事变"。周恩来对其评价是:"民族英雄,千古功臣"。

1927年8月1日,在以周恩来为首的前委领导下,由国民党左派参与,贺龙[1]等率领在中国共产党直接掌握和影响下的国民革命军2万余人,举行南昌起义。从7月25日起,国民革命军第二方面军的第11军一部、第20军分别在叶挺[2]、贺龙指挥下,陆续由九江、涂家埠(今永修)等地向南昌集结。7月27日,周恩来等到达南昌,组成前敌委员会,领导加紧进行起义的准备工作。此时,国民党武汉政府的第五方面军(总指挥朱培德)第3军主力位于樟树、吉安、万安地区,第9军主力位于进贤、临川地区,第6军主力正经萍乡向南昌开进;第二方面军的其余部队位于九江地区;南昌市及近郊只有第五方面军警备团和第3军、第6军、第9军各一部共3 000余人驻守。8月1日凌晨2时,在周恩来、贺龙、叶挺、朱德[3]、刘伯承[4]的领导下,南昌起义开始。按照中共前委的作战计划,第20军第1师、第2师向旧藩台衙门、大士院街、牛行车站等处守军发起进攻;第11军第24师向松柏巷天主教堂、新营房、百花洲等处守军发起进攻。激战至拂晓,全歼守军3 000余人,缴获各种枪5 000余支(挺),子弹70余万发,大炮数门。

　　8月1日上午,召开了由国民党中央委员、各省区特别市和海外党部代表参加的联席会议,成立了中国国民党革命委员会,推举邓演达、宋庆龄(二人均未到南昌)、何香凝[5]、谭平山、吴玉章、贺龙、林祖涵(林伯

---

[1] 贺龙(1896—1969),原名贺文常,字云卿,汉族,湖南桑植人。1926年夏,他担任国民革命军第九军第一师师长时,已成为北伐军中著名的左派将领。1927年6月,升任国民革命军第二十军军长。中国人民解放军的创始人和主要领导者之一,中华人民共和国元帅。

[2] 叶挺(1896—1946),原名叶洵,字希夷,汉族,广东惠阳客家人。1921年,任孙中山陆海军大元帅府警卫团第二营营长,1925年,担任国民革命军第四军(粤军)12师36团团长,独立团团长;北伐战争中,随第四军12师师长张发奎参加湖北汀泗桥和贺胜桥等战役,获"北伐名将"之美誉,北伐军占领武汉后,升任第十一军第二十四师师长。

[3] 朱德(1886—1976),字玉阶,原名朱代珍,曾用名朱建德,汉族,四川省仪陇县人。1917年7月,任滇军旅长,1927年初,到江西南昌创办国民革命军第三军军官教育团,参加领导八一南昌起义。中国人民解放军和中华人民共和国的主要缔造者和领导人之一,中华人民共和国十大元帅之首。

[4] 刘伯承(1892—1986),原名明昭,汉族,四川开县张家坝人。参加领导八一南昌起义,中华人民共和国元帅,中国人民解放军创始人和领导人,现代军事家。

[5] 何香凝(1878—1972),女,号双清楼主,原名瑞谏,又名谏,汉族,广东南海(今广州市芳村区)人。她是国民党领袖廖仲恺的革命伴侣,无产阶级革命家廖承志的母亲。中国民主革命的先驱,著名的国民党左派,民革主要创始人之一,妇女运动的领袖,画坛杰出的美术家。

渠)、叶挺、周恩来、张国焘、李立三、恽代英、徐特立、彭湃、郭沫若等25人为委员,宋庆龄、邓演达等7人组成主席团,并以宋庆龄等人名义发表《中央委员会宣言》,指出蒋介石、汪精卫等曲解三民主义,已成为孙中山事业的罪人。革命委员会任命吴玉章为秘书长,刘伯承为参谋团参谋长,郭沫若为总政治部主任,章伯钧任政治部副主任,并决定起义军仍沿用国民革命军第二方面军番号,贺龙兼代方面军总指挥,叶挺兼代方面军前敌总指挥。8月2日,南昌市各界群众数万人集会,庆祝南昌起义的伟大胜利和革命委员会的成立。章伯钧参加了《"八一"起义宣传大纲》、《土地革命宣传大纲》的起草和南昌市各界群众庆祝大会的筹备工作。

南昌起义后,汪精卫急令张发奎、朱培德等部向南昌进攻。8月3日起,中共前委按照中共中央原定计划,指挥起义军分批撤出南昌,沿抚河南下,计划经瑞金、寻邬(今寻乌)进入广东省,先攻占东江地区,发展革命力量,争取外援,尔后再攻取广州。起义部队且战且撤,一路南下。至10月3日,起义军主力在流沙(今普宁市)与由潮汕撤出的革命委员会会合,继续向海丰、陆丰地区撤退,在经过流沙西南钟潭村附近的莲花山时,再次遭到由广东李济深所属陈济棠、薛岳部3个师组成的东路军截击,激战不胜,部队大部溃散。革命委员会和起义军领导人分散转移,余部1300余人进入海陆丰地区。驻守三河坝的第四军第25师,在给钱大钧部以重大杀伤后,向潮安转移,10月5日,在饶平县境同由潮汕撤出的第二十军第3师一部会合。此后,这两支部队在朱德、陈毅①率领下,转战闽粤赣湘边,最后保存起义军约800人,参加了湘南起义,并于1928年4月到达井冈山革命根据地,同毛泽东领导的湘赣边界秋收起义部队会合。

中间阶层的抗争方面。以胡适为首的自由派知识分子发起的人权运动,直截了当地揭露和批评了国民党及其南京政府践踏人权、无视法治的专制统治本质。随后,宋庆龄公开打出了由大批社会名流组成的中

---

① 陈毅(1901—1972),名世俊,字仲弘,四川乐至人。1938年1月,新四军军部在武汉宣告成立,陈毅就任中共中央军委新四军分会副书记、第1支队司令员。1941年皖南事变后,中共中央任命陈毅为新四军代理军长,在苏北盐城重建新四军军部。中国人民解放军的创建者和领导者之一,中华人民共和国元帅。

国民权保障同盟的大旗反蒋。但真正敢于公开地同国民党的专制统治抗争的,还是以马克思、列宁主义理论武装起来的左翼文化运动的这股力量,左翼文化运动由左联发起和领导。左联是中国左翼文学作家联盟的简称,1930年3月2日在上海成立,1936年解散。主要发起人有鲁迅、沈端先、冯乃超等,鲁迅在成立大会上作了著名的《对于左翼作家联盟的意见》的演讲,并将其作为纲领。主张用马克思主义批评方法去评判现存的文学现象,强调对社会黑暗面的暴露和批判,强调作家的世界观和作品的真实性。

在国民党内的抗争方面。主要包括汪精卫领导的国民党改组派和由邓演达实事发起的被称作"第三党"的组织。

轰轰烈烈的国民革命失败后,一些参加过革命的上层小资产阶级、民族资产阶级及其知识分子,在蒋介石政权的反动统治下,继续受到压迫和排斥,其政治主张根本无法实现,因而对国民党、蒋介石产生不满。与蒋介石集团争权受挫的国民党汪精卫集团,不甘心失败,针对当时部分小资产阶级、民族资产阶级的心态,打出了反蒋、反共的旗号,进行所谓"夹攻中的奋斗",即举起一只手打倒蒋介石新军阀,举起另一只手反对中国共产党,企图走改良道路。并于1928年冬,纠集了一批失意的政客军人、苦闷的知识分子和青年学生等,在沪成立了"中国国民党改组同志会"总部,捧汪精卫为"领袖",掀起所谓"恢复十三年改组精神,改组国民党"的改组运动,从而正式形成了改组派这一政治集团。

在对外方面,改组派认为中国不能自由平等,完全是由于国际帝国主义的压迫和侵略所致,帝国主义不去,中国无法生存。认为"帝国主义为保障殖民地之故,决然妨害中国国民革命",故决然"反对帝国主义,并扩大反帝国主义的行动"是"本会继续的坚强的纲领"。同时,改组派宣称第三国际"是一个支配中国的反动力","与帝国主义妨害国民革命则无异致";"它一贯的目的,是使中国人民破产,而造成恐怖社会,借以搅乱国民革命战线,以便它硬干其杀人放火式的共产革命"。改组派声言要"暴露其指使中国共产党破坏中国国民革命之罪恶","指摘其东方政策之错误"。

在对内方面,改组派千方百计利用各种方式,揭露和谴责蒋介石及国民党南京政权对外妥协投降、对内独裁专制的罪恶,要求其下台。改组派认为,现时的"中国国民党已被军阀、官僚、政客买办、劣绅、土豪所侵蚀盘踞、盗窃、把持",内部充满了"右倾、腐倾、恶倾"势力,南京"已成为一切反动势力的大本营";而蒋介石更是代表残余封建势力,比历史上任何军阀更狡猾、毒辣、凶狠;蒋介石挂国民党的招牌,冒充革命的名义,冠冕堂皇地去干他个人的勾当,企图满足主宰全国的迷梦。因而公开号召:打倒新军阀领袖的蒋介石!打倒勾结帝国主义的蒋介石!

在抗争国民党的同时,改组派也反对中国共产党及其领导的革命。攻击中共"贩卖舶来品"的革命理论,根本不适合中国国情;称"代表流氓屠杀民众的共产党,本党旨应努力扫除之"。叫嚷"对其团体尽量反对,并严厉制止其活动。对其主义与政策尽量指摘与批评。对其分子,在可能范围内,予以自新,使其脱离共产党之组织"。

在抗争国民党过程中,改组派也同遭厄运。1930年2月,蒋介石派特务捣毁了改组派的上海中央总部,打死总部负责人王乐平等人,打伤逮捕多人;同时,下令撤销了北平、福建等10多个省市的改组派党部,先后查封了其喉舌《革命评论》等刊物。另外,蒋介石同时对一些人实施利诱、收买的政策。在蒋介石一打一拉的手段面前,改组派日趋衰微。1930年,北平"扩大会议"后,改组派上层也被蒋介石打得七零八落。国民党改组派主张国民党改组,并成功劝说桂系等反蒋,遭蒋介石镇压,为换取谅解,1931年1月,汪精卫在香港公开发表宣言,宣布解散改组派。"九一八"事变后,蒋汪合作,改组派上层分子纷纷出任南京政府的高官,至此,改组派也不复存在了。

2.2 提出创建第三党

在国民党内对蒋介石反革命独裁统治的抗争方面,除了由汪精卫领导的国民党改组派势力以外,由邓演达事实发起的、谭平山实际运作的被称为"第三党"的组织,是一支不容忽视的反抗力量。

1926年11月,共产国际执委会在莫斯科召开第七次扩大会议,中心议题是讨论中国革命问题。当时作为中共中央执行委员的谭平山出席了会议。他在会上的报告和发言中提出了第三党的问题,并作了全面探讨,第三党的问题就这样第一次被正式提出来了。谭平山在共产国际第七次执委扩大会议上提出的所谓"第三党"问题,一直受到误解,当时在共产国际中几乎没有人能弄清楚谭平山提出"第三党"的真实含义,但却把"第三党"作为他的一条重要罪状。

第三党的提出是有思想起源和历史背景的。据旅日学者周伟嘉研究[1]：提出第三党的思想起源与共产国际使国民党革命化的策略有很大关系。共产国际力促国共两党实行党内合作的重大目的之一,是使中共党员加入中国国民党,这样既可以谋求革命实力的团结,又可利用左翼去改造国民党,使国民党革命化。实践证明,第一次国共合作确实促进了国民党向革命化方向发展,也带来了中国大革命的高潮。为此,1924年召开的共产国际第五次代表大会高度评价中国革命形势并表示支持。同时,也得到了斯大林的认可,他在1925年5月28日东方民族大学集会上强调：国共联盟可以采取统一政党的形式,即像国民党这样的工农党形式。可见,共产国际试图通过国民党这样的改组形式领导中国革命,并使其发展成"工农党"。

中共和国民党左派的联合成为当时国民党革命化的中心工作。1926年3月20日"中山舰事件"发生后,围绕国共合作形式的争论又达到了高潮。在共产国际及其中国代表内部,以托洛茨基派为首的反对派竭力主张退出国民党,在中共党内也争论强烈,一些人要求退出国民党,一些人则主张组织第三党来代替国民党。第三党的问题就是在这样的历史背景下提出的。1926年11月4日,陈独秀在中共中央政治局和共产国际代表联席会上作报告中指出"另组以民族革命的党皆不可能"。同年,谭平山在共产国际执行委员会第七次扩大全会上的发言和提交的《关于中国问题书面报告》中,提出："要么在现在的国民党中组织无产阶级的领导和控制,清除国民党与帝国主义的联系；要么不要国民党而成立新的第三党,例如工农党或联合党等。"在这次会议上,谭平山还分析了成立第三党的方案,谭平山本人也得到了斯大林的欣赏和重视。但是,此时斯大林派与托洛茨基派论战十分激烈,斗争已进入到白热化程度,中共问题更是主要焦点之一,托洛茨基强烈主张退出国民党,斯大林

---

[1] 周伟嘉.第三党思想的起源与邓演达//韩斯疆.中日邓演达研究.长春：吉林大学出版社,2010：463-470.

则坚决反对中共退出。第三党的主张已与当时政治气氛不一致了。所以，谭平山在大会上的发言转而指责中共退出国民党或组织第三党"这只能意味着解散统一战线"。

谭平山提出的第三党问题，实际上是国共合作行将破裂时，对国民党革命化策略的一种选择。其后，他的观点虽有变化，但从他与陈公博谈话以及南昌起义中有关第三党的宣传，到中华革命党成立，谭平山的基本政治主张有着一贯的联系。因此，可以说这是第三党思想的源流之一。

第三党思想的另一股源流是来自邓演达为代表的坚持革命立场的国民党左派。北伐战争期间，武汉政府成立不久，相继发生了蒋介石等制造的一系列反共事件，使国共合作面临深刻危机，为了挽救国民革命，这时第三党的主张又开始出现。当时主张第三党的有两派，邓演达代表国民党的那一派，谭平山代表共产党的那一派，后者主张以亲共的国民党员和共产党合组第三党，而邓演达主张容纳共产党的纲领，改组国民党，更着重在共产党的"国民党化"和国民党的"民主化、革命化"。两者主张虽有区别，但都主张中共和国民党革命分子的力量重新组合，以加强革命的力量，挽救国民革命。这是国共合作面临破裂之危险关头所能进行的一种选择，也是共产国际的使国民党革命化的策略相近的。由此导致：在武汉政府分裂以及南昌起义失败后，赞成邓演达和谭平山政治主张的一部分脱离了中共的人士和国民党左派在上海恢复成立了中华革命党，标志这两股源流的正式汇合。

【谭平山小传】谭平山(1886—1956)，号鸣谦，汉族，广东高明人。1886 年 9 月 28 日，生于广东省高明县明城新元坊的一个裁缝家中。1909 年，加入同盟会，1911 年 1 月，转入国民党，成为国民党较早党员之一。1917 年，考入北京大学文科哲学部学习，参加了新文化运动和五四运动，开始接触马克思主义。1920 年夏，谭平山从北京大学毕业后回广州开展革命工作，在陈独秀的启发教育下，于 1921 年春在广东建立共产党早期组织，不久，成立中国共产党广东支部，1921 年 9 月，接替陈独秀任中共广东支部书记。

20 世纪 20 年代，谭平山在中共中影响非常大，有"南谭、北李、中间陈"的说法，很多人是因他而加入共产党的。因此，孙中山愿意与共产党合作，被孙中山任命为国民党临时中央执行委员会委员，负责办理国民党改组事宜，推进国共两党第一次合作。1924 年 1 月，国民党顺利改组，在广州召开了第一次全国代表大会，会上,谭平山被推举为中央执行委员会常委,与廖仲恺、戴季陶一起组成中央执行委员会常务委员会,兼任国民党中央组织部部长。从此,谭平山成为国民党内部举足轻重的人物。

1925年3月,孙中山逝世后,国民党右派分子开始了猖狂反共。1927年,"七一五"反革命政变,标志国共两党正式决裂,谭平山发表辞职书,退出了国民党。7月20日,谭平山在九江主持召开座谈会,会议分析了当时的形势,并决定实施"南昌暴动",为此,他联合贺龙、周恩来、邓中夏、恽代英、李立三等人投入紧张的起义准备工作之中。1927年8月1日,南昌起义爆发,起义部队撤离后,谭平山辗转流落香港,后赴澳门。1927年11月,被中共开除党籍。

大革命失败后,许多国民党左派和一部分失去组织关系的共产党员纷纷云集上海。谭平山尽管此时被开除出共产党,内心苦闷,无所适从,但作为国共两党内有影响的人物,他认为自己有义务将这些人员组织起来,首先成立国民党左派办事处,后又改称中华革命党。1930年,中华革命党改组为中国国民党临时行动委员会后,谭平山出走香港,后移居欧洲。

抗日战争爆发后,谭平山来到武汉。1938年3月,国民党临时全国代表大会恢复了谭平山的国民党党籍,被蒋介石安排在军事委员会政治部,担任指导委员和设计委员。后被委任为三民主义青年团中央干事,担任法制委员会主任。几个月后,在周恩来、董必武等人帮助、鼓励下,谭平山又回到了中国共产党的阵营。1943年,发起成立三民主义同志联合会(民联)。1947年,再度与国民党决裂。1948年,在香港参加了中国国民党革命委员会(民革),后响应"五一号召",参加了新政协的筹备工作。

中华人民共和国成立后,历任中央人民政府委员会委员、政务院政务委员兼人民监察委员会主任、中国国民党革命委员会副主席等职,是中共第三届、第四届、第五届中央委员,第一届全国人民代表大会常务委员会委员。

1956年4月2日,谭平山在北京逝世。

(摘编自《共和国人物档案》丛书之《共和国第一届全国人大常委》)

在国共合作开展的大革命后期,邓演达关于第三党的设想一直立足于改组国民党,试图通过党的革命推动国民革命。1927年初,邓演达在江西开会期间曾与蒋介石进行长谈,对国共合作问题、军事发展后政治上设置问题、农民问题、党的组织和领导问题等进行了剖析,但均未被蒋介石采纳。因而,使他忧虑革命发展的方向,于1927年2月在《汉口民国日报》发表《现在大家应该注意的是什么?》,明确陈述了自己的观点:"党目前的矛盾问题,不是中国国民党与共产党的问题,

而是我们中国国民党自身的矛盾问题。""如果中国国民党丢弃了他应有的使命民主化、革命化,丢弃了他社会的主要基础农工,就无异他自己宣告自己的死亡。"他随后在武汉与彭泽民、谭平山、施复亮一起探讨第三党的有关问题,试图通过组织第三党,挽救中国革命的危局。他认为组织第三党的途径是"对国民党实行第三次改组,解散共产党的组织,统一国民革命的领导权,集中一切革命的势力,并确定向非资本主义的道路前进的具体纲领"。当时,谭平山虽然同意邓演达组织第三党的主张,但他认为共产党应该存在,主张通过改组国民党或另组第三党。

1927年4月12日,蒋介石在上海悍然发动反革命政变,疯狂地捕杀共产党人和工农运动的积极分子,激起共产党人和国民党左派人士的极大愤慨。不久,武汉政府中以汪精卫为代表的国民党也日益动摇和反动。1927年6月,邓演达在《我们现在又应该注意什么呢?》一文中发出警告:"中国的国民革命是实现三民主义的革命,领导国民革命的中国国民党是革命的政党,如果舍弃了革命的群众而空谈革命,那必然招致了失败的结果。"在这种情况下,许多革命者对国民党更加丧失信心,又纷纷议论另组一个新党的问题。谭平山自然积极地加入讨论,他和许多人谈过组织第三党问题,而且从武汉一直谈到南昌。这时,国民党左派代表人物邓演达也提出沿用国民党的名称,纳入共产党的纲领组建一个新党的设想,谭平山与他反复讨论。大革命失败后,邓演达去莫斯科后,两人仍"频频通信,继续保持联系",继续酝酿组建新党的问题。

1927年,蒋介石"四一二"事变和汪精卫"七一五"分共之后,部分国民党左派和从共产党游离出来的人员,既不赞同共产党的激进革命,也不赞同蒋介石、汪精卫等背离孙中山的三民主义,从革命的立场转向,因而独树异帜,以宋庆龄、邓演达、陈友仁①于1927年11月1日在莫斯科联名发表了《对中国及世界革命民众宣言》为标志,开始组织

---

① 陈友仁(1875—1944),祖籍广东兴梅,生于西印度群岛的特立尼达。1913年任交通部法律顾问、英文《京报》总编辑。1922年起任孙中山外事顾问、英文秘书。1926年被选为国民党第二届中央委员,任国民政府外交部长。

中国国民党临时行动委员会,自主代行第二届中央执行委员会职权,筹备第三次全国代表大会,准备选举正式中央执行委员会,建立以农工为中心的平民政权,以实现孙中山的三民主义。邓演达即为该组织事实上的领导人。

【邓演达小传】邓演达(1895—1931),又名策成、仲密,字择生,化名石生登,广东省惠阳县人。邓演达是伟大的爱国主义者,杰出的中国民主革命的活动家、思想家、政治家、军事家,国民党左派领袖人物,中国国民党临时行动委员会的创始人。

1895年3月1日,邓演达出生于广东惠阳县(现惠州市惠城区)永湖乡(墟、圩)鹿颈村。父亲邓郁赞,字镜人,是清光绪年间秀才,母亲叶氏。1905年,邓演达10岁,随父亲离开农村到淡水镇读书。淡水是惠阳县的第二大城镇,毗邻港澳,文化比较发达。在父亲的启蒙下,邓演达开始接受新思潮教育。

1909年,邓演达入广东陆军小学第四期就读。这所学校虽为清政府设立,但中国同盟会已渗入其中,广东陆军小学堂的监督赵声和学长邓铿都是秘密进入学校的中国同盟会会员。"陆小"每次招生,同盟会都选择有关人士的子弟通过关系吸收入学,以培养革命人才,为革命积聚力量。"陆小"在1909年招收的学生中,邓演达的年龄最小,但学习成绩最好,是全班的尖子,邓铿对他十分器重,经常表扬奖励。学堂学长邓铿是邓演达父亲的好友,1911年,由邓铿介绍,邓演达、陈济棠、李仙根等以陆军小学堂学生会的名义秘密到香港集体加入中国同盟会,宣誓时还打上手指模。同级好友郭冠杰也为同盟会会员,曾被派往潮州参加辛亥革命。

1912年,邓演达与郭冠杰一起考入广东陆军速成学校步兵科做插班生,1913年毕业,任邓铿策划的北伐军兵站总监部卫队营第三连连长,投入北伐准备工作。1914年,邓演达考入武昌陆军第二预备学校(原陆军中学堂),后派往部队见习,1916年冬,邓演达以优等生资格毕业。1917年春,和黄琪翔、叶挺等一起,直接升入保定陆军军官学校第六期,学习工兵科,还致力于政治、经济等社会科学的研究;1918年11月,与郑立真在家乡结婚;在校期间,和同学严重、陈式恒发起成立断金学会,季方、丘哲等都是其成员;1919年2月毕业,被派往西北边防军见习,任排长。

1920年初,应粤军参谋长邓铿急召,赴福建漳州援闽粤军总司令部任宪兵连连长一职,开始追随孙中山从事民主革命。同年11月,孙中山命邓铿创建粤军第一师,邓演达被任命为该师少校编练参谋兼步兵独立营营长,从此他成为孙中山的积极追随者。1921年5月5日,孙中山在广州就任非常大总统,为出师北伐,孙中山下令把粤军扩编为两个军,第一军军长陈炯明,参谋长邓铿兼第一师师长;第二军军长许崇智,参谋长蒋介石。1921年秋,邓演达任第一师新成立的工兵营营长。1922年3月21日,陈炯明暗杀邓铿(仲元),窃取第一师师长职位,第一师即面临被分化瓦解的危险。1922年6月,陈炯明炮轰总统府,公开叛变,邓演达奉令联络第一师的其他各部,东下讨陈,并自任前锋,重新占领广州。1923年2月21日,孙中山重返广州,亲掌党政大权;3月1日,第一师扩编为第四军,邓演达出任第一师第三团团长;4月,参与对沈鸿英在肇庆叛变的平叛。

他竭诚拥护孙中山先生"联俄、联共、扶助农工"三大政策,受到孙中山先生的器重。1923年6月,因屡建奇功,孙中山授予28岁的邓演达为少将参军职务,负责拱卫大元帅府,并赠亲笔题字、照片及手书对联:"养成乐死之志气,革去贪生之性根。"

1924年1月24日,孙中山设立中国国民党陆军军官学校(黄埔军校)筹备委员会,邓演达是黄埔军校7位筹委之一(教练部临时主任),先后担任该校的教练部副主任兼学生总队队长、教育长,与共产党人周恩来、聂荣臻、叶剑英等密切合作。他办事认真,雷厉风行,为人师表,住在校内,与学生朝夕相处,打成一片,其品德与学识深为学员敬重。1924年冬,辞去黄埔军校的职务,1925年1月从上海经莫斯科到德国留学。在柏林和朱德、章伯钧、孙炳文交流,是年12月,经莫斯科回国抵达广州。

第一次国共合作时,邓演达拥护孙中山与共产党合作改组国民党,制定"联俄、联共、扶助农工"三大政策,并在所部第三团首先接受新的政治训练,积极协助孙中山创办黄埔军校,任教练部副主任兼学生总队长,1926年1月8日,任黄埔军校教育长,随后主持校务。在1926年1月召开的国民党"二大"上,邓演达当选为国民党第二届候补中央执行委员、政治委员会委员、农民部长、军事委员会委员。2月,被委任为黄埔军校改组筹备委员,随即任中央军事政治学校教育长。1926年3月20日,蒋介石制造"中山舰事件"作为反共借口,邓演达挺身斥蒋失去革命立场,劝其立即停止军事行动,遂遭蒋排斥,被调离黄埔军校,任潮州分校教育长兼第一军政治部主任。

1926年7月9日,广东国民政府誓师北伐。7月23日,国民革命军总司令部机关出发,开赴北伐前线。邓演达担任国民革命军总司令部政治部主任,在各个军、师也设立政治部,在国民革命军8个军中,除第一、五军外,其余全部由共产党员任党代表或政治部主任。邓演达创办了政治部机关报《革命军日报》,郭沫若兼任主编。在北伐战争中,邓演达担任国民革命军总政治部主任,时常邀请周恩来、恽代英、郭沫若等以个人身份参加讨论组织、宣传上的各种计划。北伐途中,除领导政治工作外还兼军事指挥,参加了担任前锋的第四军军部指挥工作,参加指挥汀泗桥、贺胜桥等著名战役,亲临武昌城下,与攻城部队司令统筹破敌之策,表现出优秀政治工作者和军事指挥者的卓越才干。10月10日,攻克武昌后,邓演达兼任湖北省政务委员会主任。国民革命军的总司令部移驻南昌后,又兼任总司令部武汉行营主任。12月13日,同徐谦、陈友仁、孙科、宋庆龄、吴玉章等成立国民党中央执行委员会暨国民政府委员临时联席会议,在国民政府正式迁都之前,代行中央党政机关最高职权。

1927年2月9日,邓演达同徐谦、吴玉章、孙科、顾孟余等5人在武汉成立五人行动委员会,领导提高党权运动,与搞分裂活动的蒋介石进行斗争。北伐军主力、铁军——第四军扩编为第四军和第十一军时,邓演达主持了扩编事宜和人事分配,张发奎、陈铭枢分任军长,黄琪翔提升为第四军第十二师师长,叶挺提升为第十一军第二十四师师长。3月10—17日,在国民党二届三中全会上当选为中央执行委员会委员、中央政治委员会委员、中央军委会委员和主席团成员,被任命为中央农民部部长,并重新任中央军事委员会总政治部主任。在他的建议下,中央成立了土地问题委员会;他与毛泽东一起在武昌举办了中央农民运动讲习所。这时,邓演达已成为著名的国民党左派领袖人物。

蒋介石发动"四一二"反革命政变后,通缉邓演达。4月17日,邓演达和宋庆龄、毛泽东等联合发表《讨蒋通电》,声讨蒋介石反共反人民的罪行。4月23日,邓演达主持了在武汉举行的由30多万人参加的群众大会,谴责蒋介石政变、残杀工农群众的罪恶活动。当汪精卫准备叛变时,邓演达又多次与汪精卫斗争。当他感到大革命的失败已无可挽回、自己必须和汪精卫划清界线时,于6月30日写了《告别中国国民党的同志们》的告别书,严厉谴责汪精卫的反革命叛变行径,随即辞职去苏联。

在武汉政府时期,邓演达兼任国民党中央农民部部长、国民革命军总司令部武汉行营主任及湖北省政务委员会主任。在主持武汉工作期间,邓演达做了几件有历史意义的大事。

第一,收回英租界,一雪百年之耻。为保持在中国的侵略利益,北伐军进抵武汉时,英国舰艇云集汉口江面,配合吴佩孚炮击北伐军,当时在中国领海内的外国军舰达170余艘。英租界内设置沙包、电网、机关枪,与革命为敌,激起中国人民的极大义愤。邓演达冲破中国武装不准进入租界的禁令,以迅雷不及掩耳之势,闯入江汉关英租界。经努力,汉口、九江英租界相继收回。这是中国人民近百年来反帝斗争的一次空前壮举,维护了国家主权,为中国人民反帝斗争史写下了光辉的一页。

第二,支持农民运动。作为中国国民党中央农民部部长,邓演达倡议成立了中华全国农民协会临时执行委员会、土地委员会,筹建了中央农民运动讲习所,并以

百忙之身,亲任所长,聘请毛泽东为副所长。邓演达关于农民问题的理论,和毛泽东基本一致,毛泽东说:"大革命时期搞农民运动,陈独秀、彭述之不与我合作,倒是邓演达肯同我合作。"周恩来也说过:"当他(邓演达)从苏联回来,在讨论土地问题时,他同毛泽东同志的意见一致。他积极主张摧毁封建势力。"

第三,反对蒋介石独裁统治。蒋介石与武汉国民党左派(包括一些共产党人在内)争夺大革命时期的党权、政权以及军权,达到以军制党、以军制政的目的。邓演达旗帜鲜明、坚决反对蒋介石独裁。邓演达和吴玉章、徐谦等5人组成行动委员会,作为同蒋介石斗争的领导机关,提出了实行民主,反对独裁,提高党权,扶助工农运动等方针。在共产党的推动下,邓演达和宋庆龄、何香凝等共同努力,在国民党二届三中全会上通过一系列决议案,大大削弱了蒋介石的权力。

1927年11月1日,他在莫斯科与宋庆龄、陈友仁发表了《对中国及世界革命民众宣言》,明确阐述了三民主义的意义,提出组织"中国国民党临时行动委员会",继续与新旧军阀作斗争。之后,赴欧、亚十几个国家游历考察,寻求中国革命的道路。

1930年5月,邓演达从国外回到上海。8月9日,召集各地代表举行了第一次全国干部会议,正式成立中国国民党临时行动委员会(即中国农工民主党前身),通过了由他起草的政治纲领——《中国国民党临时行动委员会政治主张》,选出了中央干事会,他被推选为总干事。组党后,他一面策划军事倒蒋,一面主编《革命行动》半月刊,撰文揭露和抨击蒋介石集团以及帝国主义和封建势力。

1931年8月17日,邓演达在上海英租界愚园坊20号给干训班学员讲课,因叛徒陈敬斋出卖,被蒋介石逮捕,旋即解往南京。在狱中,蒋介石软硬兼施,要他放弃自己的主张,宣布解散组织,并许以高官厚禄,拉拢、软化他。但邓演达以"我要维护中华民族的正气"严词拒绝了。同年11月29日,邓演达被秘密杀害在南京麒麟门外沙子岗,时年36岁。

(摘编自《北伐骁将邓演达》、《一代英豪邓演达》、《邓演达瑰奇的一生》和樊振的《邓演达年谱会集》)

在"四一二"事变之前,邓演达就公开表示了对蒋介石一系列言行的批评态度。事变发生后,邓演达和其他在武汉的国民党中央委员、国民政府军事委员会委员40人联名发表了《讨蒋通电》,武汉国民党中央下令开除蒋介石的党籍,免去其本、兼各职,要求"拿解中央,按反革命罪条例惩治"。与此针锋相对的是南京国民政府发出"秘字第一号令",将邓演达等国民党左派与共产党人及其他著名活动家197人被列入"通缉"名单。"四一二"事变之后,他是在武汉政府当中最坚决维护国共合作和农工政策的领导人之一,注意到汪精卫开始排斥农工政策和共产党,他因无力回天又不愿听任武汉国民党走向反共,一怒之下去了苏联。出国前夕,他专门给武汉国民党中央执行委员会写了一封语重心长的告别信,强调"总理的三民主义是我们革命的张本,照着总理的三民主义去做,必然得到大多数民众——尤其是农工群众的拥护,可以完成国民革命",任何倒行逆施,"不独党的革命意义和权威被消灭,而且必然招致反革命的结果"。

2.3 酝酿成立新党派

1927年6月9日,军阀何键发出反共"清党"训令,邓演达感到革命已无可挽回地失败了。6月30日,写了《告别中国国民党的同志们》的告别信,谴责蒋介石、汪精卫背叛孙中山的三民主义,"屠杀工农群众,屠杀忠实党员"的罪行,说明自己的辞职是"希望我们党的领袖们的反省"。并且"一面准备着争斗,一面准备着如果我们的中央确固了革命纲领,立刻回来工作"。7月15日,当汪精卫举起屠刀向革命者猛扑过来的时刻,他怀着沉痛的心情,化装成检查电线杆的工人,秘密离开武汉,徒步沿平汉路到郑州,西出潼关,赶上苏联顾问鲍罗廷等人归国的汽车队。经过榆林、包头后,邓演达、鲍罗廷一行途经陕甘蒙古沙漠、大戈壁,穿越西伯利亚,于8月15日到达莫斯科。① 邓演达到达莫斯科后,受到共产国际的热情接待,在8月17日的欢迎会上,他作了《中国革命最近的严重局势之由来》的报告。接着,他与9月6日到达的宋庆龄、陈友仁等商量,决定成立一个临时性的革命领导机关——中国国民党临时行动委员会。由邓演达起草的《对中国及世界革命民众宣言》(即莫斯科宣言),宋庆龄、邓演达、陈友仁3人署名,以中国国民党临时行动委员会名义,于1927年11月1日在莫斯科发表。《对中国及世界革命民众宣言》严厉批评蒋介石、汪精卫"实已成为旧势力之化身,军阀之工

---

① 关于邓演达到达莫斯科的具体时间,有关农工党党史资料反映不一,具体日期有8月间、8月15日、9月6日、9月15日、10月、10月底等几种不同说法。若根据邓演达是追随鲍罗廷一起回莫斯科之史实推断,他到达莫斯科的时间应是10月6日,因为鲍罗廷是10月6日回到莫斯科的。见:乔纳森·芬比.蒋介石传.陈一鸣,译.北京:中国青年出版社,2011:130.

具,民众之仇敌",公开表示有必要组织"中国国民党临时行动委员会",代行第二届中央执行委员会职权,筹备第三次全国代表大会,选出正式的中央执行委员会,以实现孙中山三民主义的革命纲领。与此同时,谭平山、章伯钧、季方、彭泽民等则在与邓演达秘密联络后,率先在国内与从国民党里游离出来的激进分子以及个别共产党的脱党分子秘密筹组新党。

邓演达等认为,1924年以后改组的国民党依然是一个多阶级的政党,党内各分子各本其阶级的利益,发挥其各阶级的属性,故改组开始即起纠纷,革命发展,更呈分化。中国革命要成功,必须创立一个建筑于伟大的革命阶级,即劳动平民阶级之上的政党。只有在中国建立起一个"劳动平民阶级的政党",才能领导革命走向胜利。1927年5月至6月间,国民党左派领导人之一邓演达鉴于蒋介石已经叛变,而以汪精卫为首的国民党假左派也很快要公开叛变革命,为了继续领导国民革命,他同共产党人谭平山讨论了另组一政党(即第三党)的问题,其后,他们又分别与章伯钧、郑太朴和施复亮、陈公博等谈组党事宜。邓演达提出了"国民党实行第二次改组,解散共产党的组织,实现革命指导权的统一,集中全部的革命势力,订立一条走非资本主义道路的具体纲领"等建党主张。这一主张与谭平山"新党设立由国民党左派和共产党组成"的见解有明显分歧。施复亮把他的主张向当时的中共中央总书记陈独秀作了汇报,由于陈独秀的坚决反对,加上当时形势发展很快,这一主张没有实现。

1927年冬,或从武汉出走,或参加南昌起义下来的一部分国民党左派和一部脱离了共产党的人士,以及一部分爱国反蒋而又彷徨歧途的知识分子,如谭平山、章伯钧、朱蕴山、李世璋、郑太朴、张曙时、季方、马哲民、邓初民、王枕心、肖炳章、连瑞琦、丘学训、包惠僧、黎明、孙靖华、黄慕颜、江董琴、赵舒、张申府、丘萼华、戴盆天、陈豹隐等陆续来到上海。他们既反对国民党叛变革命,又不赞成中国共产党当时组织工农起义建立农村根据地的做法,不愿跟着共产党去冒生命危险,但都有振兴中华的愿望和继续革命的意志,要求民族解放,寻找革命出路,因而共商成立新党。因感到有把大家组织起来的必要,尤以谭平山和章伯钧最为积极,为此多方奔走联络。1927年底,在商议组建新党的同时,谭平山等即以

《科学的三民主义》为号召,主张用辩证唯物主义和历史唯物主义解释三民主义,对新三民主义和三大政策加以发挥,编印成辑,在知识分子中秘密流传,产生影响。

2.4 重建中华革命党

邓演达等人的《莫斯科宣言》发表后,很多人受到鼓舞,感到"有了希望","有了法宝"。从此相互间的往来更加频繁,几乎每周周末都有数人相约议论。谭平山以中华革命党的名义制定了《党纲》和《政纲》,《党纲》提出中华革命党是代表平民利益的政党,因为国民党的招牌已被反动势力所劫夺,所以要本着孙中山的行动准绳,重新建立中华革命党,团结孙中山的真实信徒,进行民族和社会革命;《政纲》确定了对外政策、政治制度、经济政策、文化政策和社会政策等方面的一系列原则和措施。据此,于1927年12月或1928年1月初,在上海一个外国人开设的旅馆里秘密地召开了中华革命党成立大会,重新建立中华革命党。谭平山主持了大会,会议宣告中华革命党的成立。会议推举了邓演达、谭平山、章伯钧、季方、郑太朴、朱蕴山、邓初民、李世璋、张曙时、马哲民等为中央领导机构成员,邓演达则被选为中央总负责人,邓演达回国前由谭平山暂代。

中华革命党(第三党)成立后,却一度处于"四面受攻"的难堪境地。国民党将其置于非法的、被镇压的地位是必然的,问题是,中国共产党一时也没有认清第三党的性质。中共的认识来自共产国际,1928年2月,第三党刚刚面世,共产国际执委会第九次全会(2月9日开幕)在其通过的,并经斯大林审阅过的《关于中国问题的决议》中,就武断地将其宣布为"孟塞维克的反工农的党,做蒋介石及其他工农刽子手的走狗",并且指名道姓地要求中国共产党对谭平山等组织"新党"的活动"进行无情的斗争"。2月29日会议结束后,米夫又在3月1日的《真理报》上发表文章说:"对于这个党我们还没有详细的、充分可靠的材料,只知道……现在他们正在着手制定纲领,建立组织机构。但是不管怎样,这个党只能是反动派手中的工具。因此,消除它的影响,揭露其反革命本质就成了中国共产党的任务之一。"于是,中共对第三党的认识及态度的基调就这样被敲定了。

共产国际执委第九次全会的《关于中国问题的决议案》，于1928年4月下旬到达中国，中共中央政治局接到决议案后，立即进行了讨论，并于4月30日发出《关于共产国际决议案的通告》，宣布"接受这一决议案之一般方针"，"切实执行这决议案必要的具体步骤"。接着，又于5月11日发出了第46号《中央通告》，这个按照共产国际决议精神正式表明"对第三党的认识和态度"的专门文件认定："第三党没有成为独立政党的可能"，而只能是如"国际决议案指示出来"的那样，"是反工农暴动、效忠于豪绅资产阶级的蒋介石走狗"。强调"我们的任务"就是要"从群众斗争中揭破他们的假面具，把他们驱逐出去"。这样，按照共产国际决议案所定的调子，中共开始了一个相当长时间的对于第三党的批判和抨击。

中华革命党成立之后，以谭平山为首成立党的"指挥部"，中央秘密机关设在上海法租界福煦路国民里（今延安中路507弄）14号。为了宣传自己的政治主张，并同各方面进行论战和加强青年工作，先后创办了《突击》和《灯塔》两个周刊，季方负责在上海、北平、江苏、江西、四川等地发行，产生了广泛影响。《突击》是中央机关刊物，于1928年5月26日创刊，由丘学训主编，它阐明了中华革命党的反蒋立场，还就"济南惨案"连续发表文章反对日本帝国主义在中国的暴行，激发人民反帝的热情。《灯塔》是青年杂志，于1928年6月1日创刊，由曹霄青、孙靖华主编，旨在指导革命青年，成为青年前进的灯塔，并号召重建革命的基础，巩固农工与小资产阶级的革命同盟，铲除封建势力，打倒帝国主义。中华革命党在谭平山的领导下，十分艰难地开展革命斗争。由于中华革命党的主张既不同于国民党，也不赞成当时中共的一些"左"倾政策，这也招致了国共两党的不满和打击。以蒋介石为首的国民党攻击它是"共产党的工具"、"共产党的附庸"，而当时的中共"左"倾中央则"指斥他们在反帝运动和民众运动中的动摇犹豫和妥协"。

1928年6月下旬，谭平山在上海召集了中华革命党负责人会议，在这次会上，他将自春天就起草的《中华革命党党纲》和《中华革命党政纲》合并而成的《中华革命党宣言草案》正式提出，会议讨论并通过了这个文件。《宣言》阐述了中国革命的性质、任务、动力、前途以及革命领导等基本问题。这是一篇旗帜鲜明的反帝反封建的革命纲领，它表明刚建立起来的中华革命党是一个革命政党。它的反帝反封建的革命要求是与中国共产党的革命纲领基本一致的,这就为在今后的革命斗争中与中国共产党配合及合作提供了一个重要的政治基础。

《中华革命党政纲》中的内容分为对外政策、政治制度、经济政策、文化政策和社会政策 5 个部分,按条书写,共计 152 条。它被压缩成较小的篇幅(36 条)列为《宣传草案》的第 7 章。《宣传草案》通过后,中华革命党中央马上派郑太朴于当年夏天赶赴欧洲,听取邓演达对这些草案的意见。邓演达虽然同意了新党的设立,但却没有认可谭平山起草的《中华革命党宣传草案》,因此该草案没有公开发表和传播。该草案主要是在土地问题、三民主义解释、中国情形分析等方面都与邓演达的见解有差异,而且邓演达不满"中华革命党"这个党名。12 月,邓演达印刷了由自己研究成果总结而成的宣言和政治纲领,寄送给了丘蕚华和季方,供中华革命党中心成员讨论。同时,在翌年 2 月,又托郑太朴将有关材料带回国内,给各友人阅览。并作出指示,关于党的有关问题,待郑太朴回国之后再讨论决定。

中华革命党成立后,在上海设立了临时行动委员会,以上海作为活动中心,在华东、华北、四川等地区发展组织,同时还与一些地方的军事势力建立了联系,成员主要是大中学校的教授、教员和学生,还有部分机关职员和工人。各省也相继设立了组织,各地组织活动十分活跃。1930 年春,中华革命党在福建地区就已发展党员 2 580 人[①],在四川发展了 760 人,在江苏和上海发展了 650 多人,在广东和香港发展了 400 余人。连同其他地区,总计有党员 4 680 人,形成了声势较大的党员队伍,成了名副其实的第三大党。

2.5 《中华革命党宣言草案》

1928 年 6 月下旬,谭平山在上海召集了中华革命党负责人会议,在这次会上讨论并通过了由他提出的《中华革命党宣言草案》[②],正式形成

---

① 也有资料说高峰时达 3 700~3 800 人——著者注。
② 中国农工民主党中央研究室.中国农工民主党历史参考资料(重印,第一至第五辑合订本).北京:中国农工民主党党史资料研究委员会,2008:27-46.

了中华革命党的政见。《宣言》共分8章内容，现摘编如下：

2.5.1　中国革命之特质

中国革命第一特质，是反国际资本帝国主义。中国革命，是从国际资本帝国主义侵略之下自求解放的民族革命，为全世界反帝国主义运动之一部，而充满了国际性。要使中国革命得到真正的成功，一定要以广大的劳动平民为中心，联合一切被压迫的民众，构成民族阶级，与帝国主义作整个的斗争，才能实现。故中国革命，充满了阶级性，即中国革命的斗争，就是无产者国家与有产者国家的斗争。中国革命真欲达到成功，必须要摆脱帝国主义一切的羁轭。租界当然收回，不平等条约当然取消，领事裁判权当然废止，关税当然自主。然尤要没收外资所经营的铁路矿石银行及一切生产机关，将帝国主义的经济基础完全摧毁。

中国革命第二个特质，是土地革命。是以农民组织的力量，集中农村里的民主势力，铲除豪绅的封建式的统治，建设农民地方政权，变更土地私有制度，由耕者有其田而达于土地国有，根本解决土地问题的革命。中华革命党是劳动平民阶级的政党，农业劳动者，是构成劳动平民阶级最大的成分，故中华革命党，就是农民本身的政党，故土地革命，是中华革命党最大的任务，耕者有其田，是中华革命党的中心政策。中国土地是日趋于：（一）有耕地者不耕，（二）耕者没有土地。救此危机只有：（一）不耕者不得有地，（二）土地归诸耕者。这就是中国土地革命，其意义有四：第一提高农民的经济能力；第二是铲除封建阶级的经济基础，肃清封建阶级的势力，使军阀统治永远推翻，不能复活；第三是铲除豪绅地主的势力，夺取帝国主义侵略农村的工具，使之没有侵略中国的可能；第四是由民族独立革命走向非资本主义的道路的桥梁。土地革命，是中国革命唯一正当的轨道，是全中国被压迫民众共同的利益，并非农民狭隘的要求。举凡社会一切重要的问题，都于土地革命中而得到完满的解决。故中国革命是土地革命之意义如此重大。

中国革命第三个特质，是超资本主义的。就是中国革命，不要经过资产阶级革命，建立资产阶级政权，等着资本主义充分的发展，无产阶级力量充分扩大，才发起社会革命。决定中国革命的前途，一定超过资本主义这个阶段，在伟大的劳动阶级的领导之下，一方完成民族独立的国家,一方努力于开始社会主义的建设。从形式上看,中国革命可以发生两个极端相反的方向:一是资本主义的方向,一是社会主义的方向。前者是幻想,后者终归获得胜利。理由如下:一、中国革命发动于世界革命开始和国际资本主义崩溃时期,中国没有成立资本主义国家的可能;二、中国资产阶级的性质没有独立性,且已是中国革命的对象;三、中国封建势力在反动的统治阶级中占优势,资产阶级政权不能完成;四、中国革命本身就是反国际资本主义运动之一部,是世界革命的一部分;五、中国革命是循着以劳动阶级为中心所构成的民族阶级与国际资本帝国主义作斗争的道路而发展,是被侵略的无产者民族与侵略者有产阶级一种激烈的阶级斗争。故中国革命而成功,在劳动平民阶级政权之下,开始非资本主义的建设,而达于社会主义。

2.5.2 中国革命与劳动平民阶级的使命

革命的方式,是根据各阶级革命的力量与统治阶级的反动势力而始能确定。中国革命,绝不是法国式的革命,也不是俄国式的革命,更不是土耳其式的革命。根据中国社会进化阶段、经济背景和社会阶级对抗形势的分析,中国社会广大的平民群众人数最多、受压迫最重、反抗最有力,是积极推翻现状的原动力。因而,中国革命的方式,只有是纠合广大的劳动平民群众构成一伟大的革命阶级,以领导中国革命,更与穷苦的小资产阶级——小手工业者、小自耕农、小商人联合,作阶级斗争的同盟,以达到政治经济的解放,以求民族的自由独立,这是中国革命唯一正确的轨道。

中国革命整个的使命,是民族革命、土地革命、社会革命。而劳动平民阶级,他是与帝国主义的势力完全绝缘,故是构成民族阶级一支有力的杠杆,而为反帝国主义的急先锋;他在政治上是被压迫者,故是反抗新旧军阀、铲除封建势力、实行土地革命的主干部队;他在经济上是被掠夺者,故是破坏旧生产制度的急进者,同时又为新社会建设者的柱石。故中国革命整个的使命,就是劳动平民阶级的使命,也是中华革命党的使命。

2.5.3 时论的批评

自国民党去年七月开始反动和共产党无产阶级失败后,一般有识之士,莫不知欲集中革命的势力,复兴中国的革命,新党的组织,变成普遍

民众的要求了。惟是关于新党的意见,异常分歧,关于新党阶级的立场,争论尤烈。今日时论的争点,不在于各派组成,而在乎其阶级立场,关系于中国革命前途,诚然有指出其错误者之必要。

一、全民革命派,这派明白地否认阶级斗争的事实,并否认社会阶级的存在,如西山会议派。二、各阶级联合革命派,这派与全民革命派相差无几,只是承认社会阶级的存在而反对阶级斗争罢了,站在反革命那一方面。三、工农小资产阶级同盟派,这派的意见是代表小资产阶级的,又分两派:一派承认阶级斗争存在事实,但主张各阶级调和;另一派是站在小资产阶级利益上想利用工农。四、无产阶级革命派,也分两派:一是狭义的无产阶级革命派,产生于近代资本主义的国家,各工业国以共产党为代表;一是广义的无产阶级革命派,产生于半殖民地或殖民地经济落后农业社会的国家,在中国,是中华革命党的使命。

2.5.4 国民党与共产党

中国革命,垂数十年,辛亥革命之功败于垂成,最近北伐运动之中途夭折,固由于帝国主义之阴谋破坏,然主观力量为充分,革命策略有错误,也是主要原因。但总的原因,尤在乎没有伟大的革命阶级做每次革命运动的基本力量。

民国十三年改组的中国国民党仍是多阶级政党,故改组开始,立起纠纷,革命发展,更呈分化。汉宁分裂,是国民党内部阶级分化的结果;国共分家,共产党固被清除,而国民党内部分化更形紧张;武汉分化,继以汉宁合作,这是阶级异同自然分合的趋势。十三年改组国民党,完全断送于汪精卫等之手,至今春四次执监会议,更承认屠杀工农、诛戮同志及一切叛党卖国的行为,尽皆合法,而国民党遂寿终正寝。纵观中国革命运动之失败,与国民党内部不断分化有关,非有一个伟大的革命阶级的政党,不能领导中国革命达于成功。而多阶级政党,终于没落。

至若共产党,在理论上是无产阶级的政党,近年在广大的革命群众中发挥积极的作用,在革命的历史上也有很大的贡献。惟是中国革命目前的阶段是反帝国主义的民族独立革命。国共分家以后,国民党积极反动,共产党举棋莫定。共产党政策的变更,所谓新政策,一年来运动的成绩证明是错误的:一、新政策的中心政策是农民暴动政策,产生了妄动和乱动的结果,使农民产生对革命厌弃的情绪,减轻了农民对革命的信仰。二、农村苏维埃必在工人苏维埃领导之下才有成功的可能,大违背其原则,当然失败。三、新策略因排斥城市小资产阶级之故,失去了广大的群众。四、新政策实施因扑灭左倾运动之故,共产党组织本身受到了极大的打击。此中国共产党遭受失败之故。

2.5.5 中华革命党之任务

中国革命目前的阶段,是推翻在帝国主义支配之下的新旧军阀封建资产阶级等反动势力、互相勾结所凑成的统治阶级的革命。中国革命整个的使命,一方面是民族革命,一方面是土地革命,一方面是社会革命。中华革命党的任务,是组织劳动阶级,建设劳动阶级政权,由劳动阶级的民主专政,在反国际资本帝国主义之下,完成和巩固民族独立的国家,同时开拓超资本主义的道路,达到社会主义的社会。

2.5.6 中华革命党之主义

中华革命党是劳动平民阶级的政党,自然有他自己的主义,就是站在劳动平民阶级的立场,以实现民族平等、政治平等、经济平等的主义。故就广义来说,也是三民主义,不过是劳动平民阶级的三民主义罢了。孙中山先生的三民主义是没有确定在某个阶级的立场,故我们认识孙中山先生的三民主义,应该于孙中山先生不妥协的革命精神及一切的革命行动求之。以其绳之,今日自附孙中山先生忠实信徒的三民主义正统派,无不是孙中山先生的罪人。今总其汇别,不出下列两派:

一、封建阶级的三民主义。它非有科学上的根据,但迎合乎封建社会的复古心理,今日反动的统治阶级之施政方针,大都采纳其理论。戴季陶所起草国民党第四次执监会议的宣言与孙文主义之哲学的基础的著作,胡汉民的三民主义的连环性与三民主义者之使命的小册子等为此派之代表。二、资产阶级的三民主义。由于国民党组织分化,三民主义亦起分化,资产阶级的三民主义自应运而生。如周佛海三民主义之理论的体系的著作,是一种识时务者的投机事业。

劳动平民阶级的三民主义,与封建阶级、资产阶级的三民主义,不独异其内容而适立于相反的地位。中国革命,一方面是半殖民地民族与帝

国主义的斗争,一方面是平民与军阀的斗争,一方面是劳动者与封建资产阶级的斗争。故劳动平民阶级的三民主义的使命,实具有以上民族解放、政治解放、经济解放的要求,实现民族平等、政治平等、经济平等三种的使命。

对于民族问题的要求。民族问题终究的目的,在于民族平等,中国民族革命要求民族解放,与劳动者要求经济解放初无二致。完成《宣言》中提出10项具体要求,才能达到民族解放与平等的目的,是为劳动平民阶级的民族主义的意义。对于民权问题的要求。劳动平民阶级的民权主义是有阶级性的,不是超阶级的,是劳动平民阶级民主专政的民权,不是资产阶级虚伪的全民政治的民权。《宣言》提出劳动平民阶级对于民权问题有6项具体要求。对于民生问题的要求,劳动平民阶级的民生主义,就是废止私有财产实行社会主义。实行社会主义,中国具备4项有利条件,《宣言》提出要实施两个方面7项措施。

2.5.7　中华革命党之政纲

中华革命党为救济目前革命的危机,适应普遍民众的要求起见,特别举具体的行动政纲,以为本党最近奋斗之方针。关于对外政策,《宣言》提出6条具体政策;关于对内政策,《宣言》提出了5个方面36条具体政策。

2.5.8　和各党派的关系

中华革命党并不是因为反对任何党派而组织的,他是代表劳动平民阶级及一切被压迫的利益而奋斗的政党。中华革命党要完成民族独立革命的使命,而与其他民族主义者各党派有3个地方不同;中华革命党要完成民族独立革命达到社会主义的建设,而与共产党有4个地方不同;中华革命党与欧洲社会改良主义的劳动党之类完全不同,他主张以革命的手段推翻现状,不承认改良主义可以使中国民族独立、可以改善劳动者的地位。

现在统治阶级的国民党,是封建的集团,是帝国主义的工具,是新旧军阀、豪绅、买办、官僚、政客、贪官污吏、卖国贼等一切反动势力的结晶,是中国革命的对象,故中华革命党认国民党是敌党。对于代表下层民众的各党派,中华革命党皆愿与之合作,对于中国共产党亦采同样的态度。中华革命党,认被压迫民族的国家里所有民族革命的党派均有联络之必要,对于世界各国的共产党及代表劳动阶级的党派皆愿意与之发生友谊的关系,愿意与第三国际发生只限于同情者的同情关系。

2.6 同各方面的论战

1928年春季,中华革命党在上海的声势和影响已逐渐扩大,引起了抱有各种不同政治倾向的集团的侧目。这些集团尽管感到"第三党近来的呼声益发甚嚣尘上",但"对它的名称、主义、纲领、政策、社会基础和行动,却还不知道"。因而或为主观臆测,或属恶意歪曲,不期而遇对第三党发起了围攻,同时也攻击邓演达、谭平山等个人。

攻击者除国民党和新旧军阀们的"喉舌"外,还有其他各方人士,如《贡献》旬刊上陈公博的《我对于第三党的态度》、《战线》周刊上迪可的《论第三党》、《布尔塞维克》杂志上杨匏安的《何谓第三党》,西山会议派的《再造》旬刊,改组派的《革命评论》等刊物上所登载的一些文章,几乎都是集中在"第三党是什么东西"这样一个问题上,向中华革命党进行攻击,诸如说它是"国共之间的第三党"、"既非国民党又非共产党的中间党"、"国民党左派和共产党右派的混合体",等等。甚至在日本《国际》杂志上所刊登的第三国际执行委员会1928年2月25日的决议案中,也提到"第三党是资产阶级的改良主义,将会变成反动派的工具"。

在这多方的围攻中,最猛烈者首推汪精卫的改组派。改组派在《革命评论》上公然叫嚷:"第三党现在是与我们利害十二分冲突的,情势差不多等于'既生瑜何生亮'。"因此,改组派对第三党的态度是:1. 根本反对第三党之存在;2. 批评与本党不相容之主张;3. 诱善其觉悟的分子。当时,中华革命党与改组派的斗争,以上海和江苏各地最为突出,为了就如何对待改组派的问题统一认识和行动,由张曙时召集上海、江苏、浙江等地方干部40余人在上海远东饭店3楼秘密集会。会上,张曙时首先分析了形势,然后指出:改组派反蒋反共,中华革命党反蒋也反汪,中华革命党反蒋不仅是反对蒋介石个人,而且还要反对南京政权;改组派只是反对蒋介石个人,不反对南京政权,所以,中华革命党可以同共产党合

作,但必须反对改组派。

为了回答各方面特别是来自改组派的进攻,宣传自己的政治主张,中华革命党利用《突击》、《灯塔》为阵地,进行有力反击。在这场尖锐而复杂的论战中,中华革命党的主要论点是:1. 现在国民党已近死亡,中国革命危机四伏。中华革命党现在是很积极、很坚决地继承总理的革命遗志,效法孙总理民国二年另组中华革命党的精神来重新团结革命同志,贯彻革命的三民主义,并不是什么"第三党"。2. 中华革命党不同意中国共产党近日(在去年11月以后开始实行的)的政策就是他的超时代的政策。但并不是说不同意中国共产党现在的超时代的政策,就是不赞成中国实行无产阶级革命。3. 中国革命需联合一切革命势力,扩大革命战线,作带有极浓厚的社会革命色彩的平民革命。就是以工农及其他小资产阶级的联合,作阶级斗争的联盟,以达到社会、政治、经济的解放,以求民族的自由独立。4. 在经济落后的中国革命,是以工农为基础,而以小资产阶级作革命同盟。革命的对象不仅是要打倒帝国主义,还要摧毁根深蒂固的封建势力,建立一个以工农为中心的平民政权,用非资本主义的方法,发展生产,到达社会主义,这是中国革命唯一的出路。

第三党对中共的影响可以追溯到1928年1月出版的《顺直通讯》,该期载有《第三党与托洛斯基派的本质与活动》一文,文中反映在北方中共顺直省委的一些基层组织内,就出现了知识分子党员"大半消极并离开党,不赞成新方针,以为共产党没有出路,国民党也不好,只有第三党好"的论调。直到1928年5月,各地中共党组织纷纷致函中共中央,要求中央针对第三党的问题做出指示,以便决定对第三党的态度。这样,中共中央便于5月11日发布第46号通告,通告揭示了第三党的来源,分析了第三党的前途,提出了对待第三党的办法。这一通告在当时基本解决了如何处理中共与第三党的关系问题。尽管通告中带有第三党"是反工农暴动、效忠于豪绅资产阶级的蒋介石走狗"等错误看法,但从关系上讲并没有发展成为敌对,因为通告并没有绝对禁止共产党员加入第三党。同年6月,中共六大在其通过的决议案中,又对第三党采取了全部否定的态度。

1928年10月,上海黄叶书局印行的蓝玉光编《第三党讨论集》一书,就是对当时有关言论的汇聚反映。该书"搜集各方面关于第三党所发表的论文,编成这一本小册子,不管他们是站在什么党的立场。例如,从站在第三党立场的谭平山、亦鸣君所发表的论文里,可以窥出他们对于中国革命的认识等。共产党、第三党、革命的国民党各方面对于中国革命的意见,大概是汇集在这里了"。该书包括:迪可《论第三党》、亦鸣《关于第三党的我见》、谭平山《关于第三党的一封信》、陈公博《我对于第三党的态度》、施存统《第三党问题》、刘侃元《我对于所谓第三党的态度》、马濬《谜一样的所谓第三党》、黄汉瑞《斥第三党》、流火《第三党的真相和他的命运》、陈公博《再论第三党》、汪精卫《关于第三党的问答》等11篇文章。另外,在1928年,中国国民党河北省党务指导委员会宣传部1928年编印"宣传丛书"之三即《机会主义的第三党》(191页),也收录了关于第三党的文章14篇。

  1929年3月,谭平山领导的中华革命党发表了《中华革命党对时局宣言》。《宣言》系统地揭露了以蒋介石为代表的新军阀抛弃了孙中山的三大政策,勾结帝国主义压迫剥削人民,号召广大人民起来革命。"要集合工人、农民、中小资产阶级一切民主的势力,重新建设革命联合的新路线,和新的军阀拼个你死我活",并提出了8条临时行动纲领。中华革命党的成立及不断发表政治主张,在社会上引起很大反响,也受到了很多方面的攻击。以蒋介石为首的国民党攻击中华革命党是"共产党的工具"、"共产党的附庸",施以残酷的打击和迫害。而中国共产党当时还在艰难的探索中,对于同处一条反蒋战线的革命战友中华革命党缺乏深入的理解和正确的政策。1929年下半年,中华革命党的地方组织受到国民党的压迫和摧残,加上当时的活动经费紧张,活动无法继续开展。

  1930年5月,邓演达回国,谭平山支持邓演达的反蒋主张,但是,就党的改建问题却发生了严重的分歧。谭平山认为应该用马列主义重新解释三民主义;认为国民党这面旗帜已经被蒋介石、汪精卫玷污,不能再用,应该打出中华革命党的旗帜,以示脱离国民党和继承孙中山的事业。邓演达则有不同的主张,在这种情况下,谭平山主动离开了领导岗位,出走香港后移居欧洲。中华革命党后被改组为中国国民党临时行动委员会,中华革命党结束。

第3章　中国国民党临时行动委员会
（1930.8—1935.11）

1928年末,张学良宣布易帜,奉军正式归属国民革命军,中国自辛亥革命以来第一次在形式上实行统一。不过,国民党地方实力派事实上仍旧处于与中央分庭抗争的割据状态,蒋介石不得不大搞"削藩"之举,直至引发1930年5月的中原大战,10月初,反蒋派最终全面失败,南京国民政府自此基本确立了自己在中国的正统地位,开始了一党专制的独裁统治。为了抵制蒋介石的反动统治,邓演达发起成立了中国国民党临时行动委员会,开始了艰难的抗争。

3.1　临委会成立（第一次全国干部会议）

大革命失败后,许多人由于对中国革命的性质及前途产生了种种疑问,进而开始对中国社会的一系列问题进行重新思考。20世纪20年代末至30年代初,中国的思想领域在继五四新文化运动之后,又进入了一个异常活跃的时期,代表各个阶级、阶层的政治家、思想家围绕中国社会的性质、中国革命的性质及前途等问题展开了激烈争论。例如,陶希圣在《新生命》上发表了《中国社会到底是什么社会?》等文章,认为中国社会是一个自帝国主义入侵后新生了"资产阶级"的"宗法封建社会"。王学文、潘东周等人则在《新思潮》上发表文章,从对中国社会经济的研究入手,认为帝国主义和封建势力的存在,是中国资本主义发展的两大桎梏,因此,中国的资本主义经济虽有发展,但在整个中国社会经济中占优势的仍然是封建经济关系,中国的社会性质只能是半封建半殖民地社会。严灵峰等则受大革命时期苏共党内托洛茨基观点的影响,在《动力》上发表一系列文章,坚持认为中国已进入资本主义社会。无论持何种观点的人都承认中国社会的特殊性,认为社会内部生产关系的复杂以及外国势力的侵入,使中国不是某种单纯的社会形态。而争论的焦点也正在这里:当时的中国究竟属封建社会、资本主义社会还是半封建半殖民地社会?因为对社会性质的认识,直接关系到中国应当进行什么样的革命。

3.1.1 邓演达出国考察

这场论战激烈展开之时,正值邓演达旅欧期间。但从《邓演达遗札》中仍可以看出,他虽然身在异邦,却心系祖国,坚持要求国内的亲朋、故旧给他寄去有关的杂志书籍,及时了解国内的情况。在1928至1930年邓演达旅欧期间,季方与其书信来往频繁,就国内外革命形势的指导思想、策略的具体纲领交换意见。如在1929年4月4日写给季方的信中,邓演达就提出"请你买陶希圣著的《中国社会之史的分析》及国闻社出版的《中国新经济政策》来参观"。还说"《新生命》近来有多少很好的材料可以作参考用,请你和大家留心"。他对当时颇有影响的《申报》、《益世报》等报刊也十分关注。可见,邓演达在学习欧洲的哲学、经济学、政治学的过程中,也融入了他对中国社会、中国革命问题的思考,国内理论界的这场论争,更启发了他的这种思考,为他提出平民革命理论奠定了基础。

1927年6月29日,邓演达向中国国民党中央执行委员会政治委员会提交《辞职宣言》和第二天所写《告别中国国民党的同志们》[①]一封公开信后,脱离了武汉国民政府。6月30日,邓演达装扮成电线检查工人,秘密离开武汉,徒步沿平汉铁路一路向北,抵达郑州。接下来,经过潼关、洛阳、西安、榆林、包头,穿越西伯利亚,8月15日到达莫斯科。他再次去欧洲的目的,不是为了逃避,更不是借机退出中国政界,而是像他

---

① 据季方回忆:在邓演达出走之前,写了很多封信给有关同志和朋友。在估计他已经脱险后,这封信才由他的秘书于7月8日送交当时在武汉负责中央军校和独立师的恽代英、侯连瀛,恽代英阅后请示中共中央,中央指示先照相再移交,故得以保存。

后来说的"为下一个政治斗争做准备"一样,是他下一步组织中国国民党临时行动委员会、实施平民革命、建立平民政权必不可少的借鉴之旅。

在莫斯科,不少苏联领导人非常敬重邓演达的"政治和军事业绩以及他的领导潜能",共产国际召开了欢迎会,斯大林也曾与他彻夜长谈。1927年12月的一天,邓演达与斯大林举行了会谈,阐述了他对阶级斗争的见解,谈话从晚8点到第二天凌晨2点,持续6个多小时。在会谈中,斯大林一开口就谈到:"中国革命是因为指导者的路线失误而失败,我们要中共指导者陈独秀休息,不要再参加革命工作。苏联与共产国际都支持你加入中国共产党,成为新的共产党领导人。"对此,邓演达委婉地拒绝说:"我不是共产党员,我是国民党。但是,我同样期待中国不走资本主义路线而走社会主义路线。"由于苏联对邓演达所强调的"中国革命有民族革命的特殊性和解决农民的必要性,仍需恢复国共合作的国民革命"的主张予以冷峻的批评,加之在莫斯科中山大学发表演讲时遭遇的难堪,邓演达深感自己的思想主张与第三国际对中国革命的方针不尽一致,遂于12月离开苏联莫斯科,于翌年2月抵达德国柏林。

在德国期间,邓演达首先总结了中国革命特别是大革命失败的教训,他还研究了中国太平天国史、欧洲经历土地革命而从封建社会过渡到近代资本主义社会的历史和亚洲唯一一个取得近代化成功的日本明治维新史。除了从图书馆借来了许多书籍,还节省出每月的生活费买了300多册书。与此同时,他也考虑重新建党和党的纲领等问题。他意识到建党的基本要素之一,必须具备一个中心的思想体系,便开始攻读包括马克思主义在内的政治、经济、哲学、历史书籍,研究各国革命史和社会现状,从中吸取经验,寻找规律,思考中国革命问题。他关注着国内的形势,用通信方式与国内外的朋友和专家学者保持着密切的联系,交换学习心得,分析时局,研究、探索中国革命大计。

1928年5月4日,宋庆龄也去了柏林,先期住在利茨恩堡大街7号沃尔夫家中,后移居郊区。两人除住所不在一起外,几乎天天在一起,就政治等有关研究成果交换意见,同时,邓演达还需给宋庆龄补习中文。当时,有不少在国共合作分裂后去柏林的国民党员和共产党员,如朱德、叶挺、万璨、谢树英等,邓演达频繁与他们开讨论会,讨论学术、世界形势、中国革命等问题,有时也请德国大学教授参加。在持续收集研究资料和开讨论会的同时,还频繁给国内的季方等人写信,询问友人的情况、国内情况和索寄有关资料。1928年7月,经日本赴德国的黄琪翔,在柏林与宋庆龄、邓演达、叶挺等见面,劫后重逢,感慨万千。他们同在柏林,朝夕相处,共同研究中国的时局,增进了彼此了解,结下了深厚的革命友谊。虽远在异国他乡,他们仍以救国救民为己任,共同为复兴中国革命而积极努力。

在欧洲期间,邓演达开始接受马克思的一些哲学观点,如唯物史观,认识到"对自然现象的解释,特别是对于社会现象的解释,必须地要用唯物论及唯物史观的方法和观点才能通达",因而在他起草的《中国国民党临时行动委员会政治主张》中,首先指出:"要明白了解中国社会的结构,然后才能着手解决中国的政治问题。"他从经济、政治、社会三方面考察中国的客观现状,指出中国社会还滞留在封建势力支配阶段,是"前资本主义的时代"。这样的社会性质决定了中国革命不是单一性的革命,"而是一个复杂性的一种革命,具有民族、民权、民生三种革命性而以社会主义为归宿的革命"。正是基于这一点,邓演达指出:"我们的争斗目的就是实现三民主义。具体的说,我们争斗的目的,是要彻底地肃清帝国主义在华势力,取消一切不平等条约,使中国民族完全解放,要使平民群众取得政权,要实现社会主义。"

为了转换心情,顺便休养,邓演达于1928年7月17日由汉堡乘上了轮船,去了北极圈作了一趟艰苦旅行。旅德期间,邓演达除了做理论研究以外,也安排一些实地考察,将之与理论研究相结合,对理论作充分补充。1929年9月2日,邓演达离开了柏林,首先视察了德国北部、中部的农村和南部的拜仁地区。其课题之一就是观察欧洲各国的城市与农村的状况,特别是农民的生活状况,并与中国农民的状况相比较讨论,来寻找中国革命的方法。在给上海季方的信中,他详细介绍了他访问某个劳动者家庭后做出的总结,介绍了德国南部各城市和农民的社会、政治、文化、宗教等现状,还介绍了劳动者生活、职业训练学校、职业差别带来的年收入差距等情况,其印象最深的是努尔堡市的自治权。

在德国学习、考察了一段时间后,邓演达决定去投往当时在伦敦留学的丘哲,到英国考察研究一段时间。为此,1929年9月末,从德国斯图加特出发,经法国的斯特拉斯堡、南锡、巴黎,于10月11日拂晓到达

了伦敦。在伦敦,邓演达每天晚上都和丘哲交换有关中国革命对策的意见,还会见了费边协会的会员,交换了对中国革命的看法,但在革命是否要使用武力的问题上并没有达成一致。对于邓演达来说,英国是资本主义的故乡,所以势必成为要去视察的对象。在3个月的逗留时间里,他走访了苏格兰的格拉斯哥和利物浦、曼彻斯特、牛津等地。通过参观考察,记录了工业生产的方法、劳动者的生活实态、城市规划、商品流通等资料。

经过系统学习、总结回顾和调查研究,邓演达逐渐理清了中国革命的思路。在1929年6月23日给季方的信中写道:作为实践革命运动所必要的理论研究必须理解以下三点,第一,理解社会的进化阶段和同这个社会阶段相适应的经济阶段;第二,理解政治力量变迁的过程及其原因;第三,特别关于中国问题的解释。也就是说"第一种是社会史及经济史,第二种是政治史及政治经济学,第三种是中国的历史"。1929年10月,在英国伦敦,邓演达还发表了《我们对现在中国时局的宣言》,就解决中国农民问题和为整个推翻军阀官僚地主豪绅的统治,提出了6款政治主张,此宣言成为他回国后组织临时行动委员会的政治纲领的雏形。邓演达在1929年11月18日给朋友君达、岳化、震华的信中,就已明确地指出:"我相信中国革命如果已转入一个长时期奋斗的阶段,则过去的'招牌'主义和'空喊口号'的盲动主义,都用不着,也走不通。所以我盼望大家实事求是,照着可以做的应该做的事去做。"

3.1.2 邓演达回国

1929年下半年,中华革命党的境况渐趋复杂而混乱,步履维艰,主要骨干对谭平山的主张和做法感到不满,领导层不团结,活动经费没有来源,军事活动打不开局面,组织受到反动势力的打击,谭平山已无法应付这样支离破碎的局面。鉴于国内革命形势的发展和中华革命党活动的需要,在国内同志的敦促下,1930年1月,邓演达决定从英国回国投身革命,行前,向宋庆龄告别,表明以身殉国的决心。在回国途中,邓演达又顺道对法国、意大利、挪威、保加利亚、土耳其、伊拉克、印度等各种不同类型的欧亚国家进行了实地考察。

1月22日或23日,在结束苏格兰及北部英伦旅行之后,邓演达给季方(诚庵)的亲笔信写道:21日晚收到你们电汇的百镑,决定明日午(23日或24日)离开此地赴巴尔干。安排的大致行程是:1月25日到达法国巴黎,28日离开,期间考察附近农业状况;1月28日到达里昂,30日离开,期间考察附近农业状况;1月30日到达意大利米兰,2月1日离开,期间考察"法西斯"的组织;2月1日到达罗马,3日离开,期间考察"法西斯"的组织;2月9日到达塞尔维亚的贝尔格莱德,2月11日离开,期间考察农业、手工业;2月11日,达到保加利亚的索菲亚,考察一般的巴尔干社会组织和农业、手工业;其后安排待定。①

但实际行程与邓演达的计划有出入,据日本学者细井和彦对《邓演达遗札》等的研究成果,可以归纳综合出邓演达回国的实际线路图②:

1930年1月21日晚,邓演达收到季方电汇来的100英镑,于26日从伦敦经巴黎,开始了意大利等国的旅行考察。邓演达没经莫斯科归国,可以推测是因为他已放弃苏联式的革命方法。从巴尔干半岛出发,巡视中东、印度,邓演达试图通过参观考察受列强压迫、和中国类似境遇的落后国家的建设,寻找中国革命的模型。

邓演达在巴黎近郊的农家和企业实习,在巴黎中部留宿,体验个体农民的生活。2月4日,经米兰、佛罗伦萨,9日到达罗马,为了研究农业状况,在意大利农林部的介绍下参观了很多农场,阅读了一些农业及农业问题的资料,也关注了意大利当时掌权的墨索里尼的法西斯主义组织。③ 从罗马出发,经威尼斯(17日)、维也纳(18日)、贝尔格莱德(19日),去巴尔干半岛的保加利亚,到达首都索菲亚时已经是21日下午。

邓演达早就想去保加利亚,因为它是农业国,农民占其总人口的四分之三,第一次世界大战后,农民同盟从王政强权下夺取政权,自1921

---

① 中国农工民主党南京市委员会. 血与火的考验(中国农工民主党南京革命活动史迹汇编). 南京:中国农工民主党南京市委员会,2010:70.

② 细井和彦:《邓演达年谱初稿》、《邓演达第二次渡欧》(韩斯疆. 中日邓演达研究. 长春:吉林大学出版社,2010:378-396,397-410.)

③ 无论是行程的计划,还是实际活动,邓演达都安排对意大利"法西斯"组织的考察,看来他对它是很重视的。邓演达怎样看待"法西斯"组织,现在不得而知。"法西斯"组织以崇拜指导者、绝对服从指导者、对党和国家忠心为特征。在经济上,以极端国家加入的方式促进近代化,也可以称为是依靠国家建设资本主义。这些特征导入中国的政治状况,有可能成为影响中国国民党临时行动委员会《政治主张》起草形成的一个参考因素。

年开始,坚决施行农地改革。他认为只有"保加利亚才是中国最好的典型",特别是在解决农民问题上很有参考价值。在保加利亚的十几天时间里,邓演达仔细考察了城市和农村,因为准备以后撰文发表,所以,他很详细地记载下了所见所闻。

从巴尔干半岛南下,3月6日,到达土耳其的安哥拉。邓演达和土耳其农业、商业、教育各部的官僚举行会谈,阅读了统计局新资料,并调查了附近的农村。土耳其国民党自1920年组织了国内统一运动取得成功,摆脱了英国、法国、希腊的支配,实现统一,社会、经济、文化、教育都取得了很大的发展。他看到这些情况,惊讶于土耳其和中国的差距。但他并不看好土耳其以后的发展,其社会急速分化,城市和农村差距不断扩大。这个障碍不是别的问题,正是农民问题,邓演达由此认定解决农民问题的根本是解决土地使用权的问题。

3月13日,邓演达离开安哥拉,14日到科尼亚,第二天到东部的阿达纳。3月16日,通过法国殖民地的叙利亚部分地区,乘坐巴格达铁路到达终点马尔丁省。途中,在底格里斯河南侧的摩尔,在美国一家铁路公司经营的旅馆住了一晚,翌日再乘车出发,列车经过油田地带,20日早上到达巴格达。当天,邓演达住在巴比伦附近的村庄,花3个小时参观了古代遗迹,第二天乘船离开巴士拉,出发去印度。

6天后到印度达卡拉奇,接着去了德里、拉合尔附近的农村调查农民的生活情况,他了解到印度农民过着比中国农民更艰辛的地狱般的生活。和甘地会谈,在是否有必要用武力革命这一问题上没能达成一致意见。4月8日,参观完布达拉后,次日,从加尔各答出发由海路去香港。

5月初到达香港,5月中旬到达上海。从而,结束了历时2年9个月的第二次欧洲之旅。

在欧洲期间,邓演达一方面努力收集、学习、研究各类书籍资料,探求中国革命理论;另一方面,也参观了各国的城市和农村,与各方面人物交换了意见,经常用之与中国现状相比较,探索对中国发展能够加以利用的道路。但是,他看到中国和欧洲各国的巨大差距,作为重点研究对象的欧洲各国农民和中国农民也相差太多,邓演达渐渐觉得两者差距的鸿沟是不可跨越的。直面这样的现实,邓演达逐渐认识到欧洲式的革命并不适合中国,中国不可能依靠外国的援助而革命,中国只能进行中国式的革命。所以,他没有采取一般乘坐西伯利亚铁路经由莫斯科回国的路线,而是巡游保加利亚、土耳其、伊拉克、印度等与中国状况十分相似的国家,希望从这些国家的实际状况中找到对中国革命的启迪。在归国途中,邓演达看到了一些国家遭列强榨取的凄凉景象,加深了他对发动革命必须依靠武力来实现的认识,更进一步地坚信了依靠军事力量获取革命胜利的必要性。

3.1.3 会议准备

1930年5月,经过4个月的旅程,邓演达从英国取道法国、意大利,经巴尔干半岛、土耳其、伊拉克、印度,乘船到达香港,他与彭泽民、丘萼华会晤,彻夜长谈,初步交换了组党的意见,没有会见在港家人甚至妻子,旋即秘密回到上海。邓演达回到上海后,即着手起草并主持讨论建立新党的政治纲领,筹备建立党的中央机构等问题。同时,他派季方去山西,将刚刚被阎锡山释放且与中共失去组织联系的罗任一接到上海,共商反对蒋介石独裁统治、组建中国国民党临时行动委员会。邓演达白天潜居寓内研究革命问题,晚间则外出联络,讨论国内外形势,筹划建立组织,开展反蒋活动。根据罗任一的回忆[①],其组党的过程如下:

1929年,在上海反对南京统治的同志曾给在欧洲学习的邓演达写信,请其回国担负组织责任,主持反蒋运动,恢复革命。邓亦久有此心。

1. 新组织的酝酿

邓演达返抵上海之初,与季方、郑太朴等赁屋同住。白天潜居寓内研究革命问题,起草《政治主张》;晚间则外出联络,与同志们或同情者商讨国内外形势,筹划建立组织,探究如何开展反蒋活动。他认为,反蒋不过是中国革命开始的一小部分,尤须彻底反对封建专制统治,同时还要反对帝国主义,扫除列强在华一切特权。而推翻封建制度,首先要唤起民众,实行耕者有其田,并须摧毁士大夫的封建文化。根据中国社会的特点,在政治上他主张建立"以农工为中心的平民政权"。

邓演达在1927年大革命时期体会到,中国革命必须解决农民问题,尤须解决土地问题。他认为中国必须唤起广大群众,组织农民进行革命,而小资产阶级知识

---

① 罗任一. 邓演达回国组党. 前进论坛,2010(2):37-39. 罗任一(1897—1965),湖北罗田人。国民党员,黄埔军校政治教官,后任国防部少将参议。1930年8月,参与创建中国国民党临时行动委员会,选为中央干部会干事。

分子实为其骨干。打倒蒋介石的反动统治,又须从军事上着手。谈到反帝问题,邓演达提出:如果我们要建立真正独立自主的国家,就必须彻底反帝。

关于政治上的意见已大体趋于一致后,尤其是核心组织的建立,经反复酝酿也已初具规模。其人事上是从1927年大革命下来的、积极反对蒋政权且还有意从事革命行动的国民党左派;从中共退下来的一部分人,主观上还要反蒋、反帝、反封建的。在上海先行组织中机构,并从有人事关系的地方着手,筹备地方组织。

2. 拟订政治纲领

邓演达的政治思想经多次商讨研究,写在他起草的《政治主张》上,又不断地对如何实行进行了讨论。

首先是对中国社会的全盘结构作了进一步的分析。关于"中国社会的历史前程",邓演达承认"较远的将来的前程是社会主义的社会",因为"社会主义是人类社会发展的历史前程,中国不能独在例外"。关于经济问题,邓强调"国家资本主义"。当时最突出的问题,也是为大家所注意的,就是"耕者有其田"。邓在其起草的《政治主张》中规定,要以五十年长期公债收购土地,然后将土地分给耕种的农民。在组织内外都对此发生过争论。邓演达也了解到革命不仅要消灭封建的土地制度,还必须革掉传统的封建观念。因此,在《政治主张》的"耕者有其田及一般农业政策"中,首先提出:"为着建设社会主义的基础,必须达到土地国有的目的。"此外,还讨论了社会政策、文化政策等问题。

在拟订《政治主张》时,"党的名称"也是一个争论较多的问题。邓演达却以为:国民革命的任务尚未完成,孙中山先生的主张毫未实现,而当务之急的反蒋运动,需要利用一切可以利用的力量,尤其是具有革命思想的现役军人,他们多年来受过国民革命思想的熏陶,也不满于蒋介石统治,这是可以大加运用的。此外,革命的历史传统是思想根源,是社会关系,也是政治渊源,这一连串的作用,也该加以运用,尽管是一时的,也不可轻视。因此国民党这块旧招牌还有一定的用处。最后大家同意在组党之时,组织名称定为"中国国民党临时行动委员会",并说明将来取得政权时,还可加以更改。

《政治主张》已定妥,当1930年9月1日发布后,上海各大报纸虽有人同情,但惧于蒋家权势,不敢刊登消息,只有两家日文报纸《上海每日》和《上海新闻》摘要登载了,却给取个外号叫"第三党"。邓演达批阅之后很不痛快,即派施方白前往交涉更正。

当时组织工作的中心和人事联系的核心是在上海。组织成立的时间是1930年8月9日,开会地址是借用黎锦晖的住宅。伪装宴客从午后7时开到夜间10时。中央领导机构由邓演达任总干事。中央机构有组织、宣传、军事、总务等部门。

中央组织建立之后,邓演达即着手开展地方组织活动,先后在上海、江苏、北平、广东、四川、福建、江西、浙江等省市建立组织机构，或派定负责人。

3. 军事活动

邓演达主张，中国革命必须用武力打倒蒋介石，夺取政权。所以，他首先是运用自己在黄埔时期的威望，组织黄埔出身的军人，拉垮蒋的嫡系部队；其次是联络陆军小学、中学及保定出身的军人，共同倒蒋。

邓演达自信，他能领导、组织一部分有能力而愿为中国革命献身的黄埔军人，打倒封建统治，清除帝国主义。于是，以陈烈、黄雍、曹霄青、徐惠之、余洒度等为骨干，组织"黄埔革命同学会"，分别联系并从事军事组织。当时该会的中心组织设在上海，在北平、武汉等地设分会，联系第一至第五各期的黄埔同学，与蒋家的"黄埔同学会"相对抗。

此外，邓还联络、组织了一些年纪较高、关系较多而能与自己合作并足以影响蒋家军队的一些人。例如严重，当时隐居庐山，邓回国后即与之往返通讯。1931年初，邓专函催严下山，他们在上海见面寒暄数语之后，即开始谈反蒋问题。经过几次辩论之后，严终于承认了邓的主张，同意参加邓所领导的组织。邓宝珊原是国民革命第二军的主要将领之一，阎、冯反蒋之战失败后，他蛰居上海，经与邓见面，恳谈数次后，他表示愿意参加组织，并同意担任一部分军事组织工作。1931年夏，他负着秘密使命回西北去了。

当时军事工作主要对象之一，是蒋军第十一师，其中大部分高级军官可能听从邓的领导，尤其是肖乾所属的一旅和另一个团较为可靠。他们拥护邓的政治主张，要求邓派干部到他部队中去，武人文人都要。邓都答应照办，不久即派陈烈去做军事工作，庄明远去做政治工作，邱华去做经济工作。

驻在豫皖边区一带的郜子举所部的第二纵队，因对蒋介石不满，急于找政治关系，经该军驻京办事处处长樊少卿从中拉拢，郜曾亲来上海见邓，表示遵从邓的政治主张，愿为恢复革命尽力，并商量如何行动。

武汉军分校代表教育长胡伯翰，因慕邓名特来上海找邓演达，说确信邓的政治主张，军分校的大部分学生和武汉的一部分队伍，都信仰邓的主张及其为人，他自己愿为前驱，把他们带起来跟随革命。邓对他予以鼓励，并答应派黄埔学生去接应他的工作。

军事上既有了一定线索，一般组织也布置就绪，为了解各地的情况，特别是华北、东北的政治、军事情况，邓演达带任良于1931年初去东北。他们从上海搭日本货轮到大连，经鞍山、沈阳、长春、哈尔滨、齐齐哈尔等地转了一个大圈子，在一些地方见了几个可作朋友的军官和可能参加组织的人，然后又从大连搭船经天津到北平，与当地行动委员会的负责人见面，并分别接见了北平的部分成员。

邓从北平回到上海后，与各方面的联络更多了，关系也逐渐广泛了，需要加强组织,积极领导,这才组织了军事委员会,由邓演达、黄琪翔、严重、邓宝珊、季方任委员,邓演达任秘书(相当于书记)。这一军事机构也起了一些实际作用,尤其是对西北军,对冯玉祥的军队,加深了相互间的关系。当时杨虎城同意我们在西安建立秘密组织,并予以经济援助每月3 000元。冯玉祥也派张允荣到上海见邓,商谈革命形势和行动,以及此后如何互相呼应等问题。

4. 如何起兵倒蒋

要起兵倒蒋,首先考虑的是地方条件。邓演达认为:一要容易调集兵力;二要军事上、政治上、经济上都可能扼制蒋介石统治的要害;三要便于发动群众,而且有群众运动的基础;四要能赢得适当时机,与红军作政治谈判。其时邓演达打算,他本人带领一二人亲自到江西十八军军中,强制该军立即起义。他打算去后对陈诚当面说破:"如果你反对起义倒蒋,可将我捆送给蒋!否则,同我一起发难,或者离开部队。"当时,邓估计陈诚可能没有扯反蒋旗号的勇气,但也不敢把自己捆送给蒋,最后是陈只好自己离开,让邓去领导他的军队。邓的这一计划因他的被捕未能实行。

江西还有一个重要因素是十九路军,其总指挥陈铭枢和邓演达有历史渊源。邓回国后,麦朝枢与他谈到陈也蕴藏着对蒋的不满情绪。1931年夏,麦引徐铭鸿见邓,谈到如何举兵倒蒋的问题,徐确认陈可能参加这一运动。7月中,杨杏佛借考察为名去十九路军与陈铭枢面谈,要陈掌握军队,一有机会即脱离蒋介石,名为对付陈济棠,将部队拉往潮汕一带,主张和平,实则促成反蒋运动。

当时,还有一些有联系的地方部队,可以参与运动,例如福建的卢兴邦,曾表示一旦有行动,即起而响应;河南的张轮、李世璋和他有较密切的联系,一朝有事,也可倒戈反蒋;蒋的嫡系王敬久所部,已有人负责联络,亦能为反蒋发生作用。正在筹划之时,武汉军校的胡伯翰来上海见邓,说明他有左右该校力量的把握,在武汉附近的部队中,一些黄埔出身的中下层军官亦略有组织联络,一旦树起反蒋旗帜,他们即能起而行动。还有豫东南的部子举部,到时也较易靠拢。

经多次研究之后,邓演达积极准备实际行动,分别派人前往有关各地。除西安已有专人负责联络外,另派章伯钧、李世璋去冯玉祥军中策动;派樊少卿去河南通知部子举等待机行动;派王枕心去香港通知彭泽民负责华南的策动工作,派叶粤秀去江西嘱咐肖乾所部听命行动。

对起兵运动,邓演达一再叮嘱:"千万不可麻痹大意,要善于隐蔽。尤其在离沪之前各负责人员须随时提高警惕,辞谢一切不必要的往来。"邓演达估计:起兵之后可能站住脚跟,形成革命的割据,并争取逐步发展。如果失败,则拉队伍上山,进行武装斗争,上山之后还可能与共产党重新合作,虽然难免会有条件上的困难,终究是可以寻求谅解的。

5. 经费问题

要推翻蒋介石的统治,经费问题是那时最不易解决的难题。临时行动委员会中央和各地方的工作人员,他们的生活费、往来活动的旅费、中央和地方机关的经常开支等等,每月至少要三至四千元,还有宣传费、特殊的以及一些意外的费用,尚不包括在内。

邓演达回国之后,"断金学会"曾有过一点帮助,为数不过万元。1930年秋,邓的哥哥邓竞生(演存)来看他,对他的生活十分关心,送了1万元。次年初又送了1万元。此外,南京的谢济生月送100元,河南的郜子举月送500元,西安方面经连瑞琪每月交来500元。

孙科为了拉拢邓演达,先派陈剑如通过麦朝枢来接头,表示愿与邓合作反蒋。不久邓与孙见面,孙表示可以同意邓的政治主张,支持临时行动委员会的军事政治活动。但又转弯抹角劝邓不必就广东一隅搞军事活动,不如打开另一局面与广东合作。邓本无意回粤,答应他不去广东。因此,孙答应给邓以经济援助,前后计有三次:第一次6万元,第二次4万元,第三次5万元。并承诺待邓起兵之时,可助饷100万元。这笔款未拨之前,我们就被捕了。

根据有关史料研究和当事人回忆,可以发现,在筹备中国国民党临时行动委员会成立大会过程中,主要涉及以下重大问题:

第一,邓演达同大家讨论最多的是党的名称和党的指导思想问题。在党的名称上,邓演达认为,国民革命的任务尚未完成,我们要继承孙中山的旗帜,就要继承孙中山的组织——中国国民党。当务之急是反蒋,需要利用一切可以利用的力量,尤其是具有革命思想的现役军人,他们多年来受过国民革命思想的熏陶,也不满于蒋介石统治,这是可以大加运用的。因此"国民党"这块招牌,还有一定的用处。最后大家同意沿用《莫斯科宣言》中用过的名称,定党名为"中国国民党临时行动委员会"。中国国民党临时行动委员会既反对蒋介石国民党的专制独裁统治,同时也不赞同共产党武装暴动在农村建立根据地和在中国推行不切实际的共产主义革命。正是这种独特的立场,使临时行动委员会又被称为"第三党"。

在党的指导思想问题上,临时行动委员会确信,中国社会经济还处在农业、手工业生产的阶段上,相应地,中国的政治组织依旧是封建官僚的,血缘关系是支配社会生活的中心,故中国社会还处在前资本主义时代;加上帝国主义的压迫,中国社会的实质应该是半殖民、半独立的封建势力起支配作用的社会。由此,中国革命的对象,应当是帝国主义者、封建军阀地主以及依附前两者的反动资产阶级。革命的动力应当是直接或间接从事生产过程的工人、手工业者、自耕农、佃农、雇农以及设计生产、管理生产、担当运输分配等及其他辅助社会生产的职业人员。关于党的指导思想问题,经讨论,最终统一为:现阶段的革命性质是带有民族性的平民革命,革命胜利后必须是建立以农工为重心的平民政权。并明确:要建立真正独立自主的国家,就必须彻底反帝。

第二,关于党的政治纲领及人事安排。经多次讨论,五易其稿,政治纲领(见以下的《政治纲领》)基本统一。有关中央领导机构的人事问题,特别是领导核心的人选也大体酝酿就绪。谭平山支持邓演达的反蒋主张和行动,但因在党的改组问题上与其发生严重分歧,于是主动解除了自己对第三党的领导责任,离开上海到香港继续从事革命活动。

3.1.4 临委会成立

1930年8月9日,在上海法租界萨波赛路290号(今淡水路332弄1号)举行结党式,开会地点是借用黎锦晖的住宅,伪装宴客从晚7时开到夜间10时。邓演达主持召开了有10多个省区代表参加的第一次全国干部会议,正式成立中国国民党临时行动委员会(以下简称临委会)。

出席会议的有黄琪翔、章伯钧、郑太朴、朱蕴山、李世璋、季方、郭冠杰、丘哲、陈启修等30余人。邓演达首先致词:"中国革命已经到了绝续关头,继往开来的重任落在我们肩上。在座各位都是在革命战线上奋斗过来的同志,更感责无旁贷,所以挺身而出,重上战场。"在强调了"军事第一"的主张后,邓演达接着说:"今天是我们重新战斗的开始,是继续孙中山先生革命事业向前奋进、恢复中国革命整齐步伐的第一步。"邓演达带领大家集体宣读《我们的信条》:"(一)我们的哲学观点是历史唯物主义;(二)我们的事业是继续孙中山革命;(三)我们的任务是实现中国平民革命,解放全中国向社会主义大道前进;(四)为实现中国革命,联合世界上被压迫民族共同奋斗;(五)我们是信仰一致,组织一致,行动一致的政治结合的战斗团体;(六)我们采取民主集中制的原则。"

图1　第一次全国干部会议会址——上海萨坡赛路290号

　　会议一致通过了邓演达起草的政治纲领——《政治主张》等一系列重要文件,提出反对帝国主义,肃清封建势力,推翻南京反动统治,建立以农工为重心的平民政权,实行耕者有其田,通过国家资本主义过渡到社会主义。代表们全体起立,互相行鞠躬礼。在庄严、神圣的气氛中,选举出党的中央领导机构,邓演达、黄琪翔、章伯钧、彭泽民、季方、丘哲、郭冠杰、郑太朴、朱蕴山、李世璋、丘学训、陈启修、江董琴、肖秉章、丘尊华、潘震亚、詹显哲、杨逸棠、谢树英、万灿、罗任一、王枕心、杨树松、李毓九、邹兰甫25人当选为干事,组成中央干部会,邓演达被推选为总干事。决定了中央机关各职能部门的名称和负责人,有:组织委员会,主席委员郑太朴;宣传委员会,主席委员章伯钧;设计委员会(后改为军事委员会),主席委员黄琪翔;民运委员会,主席委员李世璋;总务委员会,主席委员季方;侨务委员会,主席委员彭泽民;8月下旬又增设了训练委员会,主席委员邓演达(兼)。中央机关设在上海法租界的爱麦虞限路159号(今绍兴路41号),1930年至1931年8月,邓演达、季方等领导人均在此居住。

"一干会议"的召开,标志着中国国民党临时行动委员会正式成立。9月1日,发布了中国国民党临时行动委员会的《政治主张》,上海各大报纸虽同情,但惧于蒋家权势,不敢刊登消息,只有两家日文报纸《上海每日新闻》《上海新闻》摘要刊登了,外界认为:中国国民党临时行动委员会是中华革命党改名而来,它既反对蒋介石的独裁统治,又不赞成中国共产党当时组织工农起义,建立农村根据地的做法,因此被人们仍称为"第三党"。邓演达批阅后十分不快,即派人前往交涉更正。邓演达认为,蒋介石背叛了孙中山先生的主张,是应该清除的叛徒,不能代表国民党,中国国民党临时行动委员会继续高举孙中山的旗帜,去完成中山先生未竟事业,才是真正革命的国民党!但"第三党"的称呼很快就传开了。

3.2 《政治主张》

《中国国民党临时行动委员会政治主张》①是第三党历史上一个非常重要的政治纲领。按邓演达的高度概括,就是"解放中国民族,建立平民政权,实现社会主义",这是邓演达民主革命思想的集中体现。在民主革命时期,随着形势与任务的变化,临委会曾几度易名,但都是以这个纲领作为基本纲领。《政治主张》分六个部分,其核心内容摘编如下。

3.2.1 中国社会的结构

政党负着解决政治问题的责任,而每个政治问题都是经济及社会的要求的反映。考察中国社会客观的内容发现:在政治方面,现实中国的政治组织是封建官僚主义,实际上还是变形的封建统治;在社会方面,中国现实的社会,在形式上固有异于古代的封建制度,但就其内容的性质而论,的确还离不了封建势力的支配。因此,整个的中国社会,还滞留在封建势力支配阶段,还是前资本主义的时代。同时,又因为帝国主义势力支配着中国的缘故,使中国社会益呈复杂的状况。这两种支配,都是

---

① 中国农工民主党中央研究室. 中国农工民主党历史参考资料(重印,第一至第五辑合订本). 北京:中国农工民主党党史资料研究委员会,2008:59-75.

使中国社会不能向前进展的大障碍。

3.2.2 中国社会的历史进程

中国实在是一个很复杂的社会,而构成中国社会的封建残余成分及前资本主义的成分实比其他的成分较多而且重要。可以肯定地说,中国社会较远的将来的前程是社会主义社会。但是,紧接着中国社会现阶段的前程是什么?从一般的经济条件去考察和从各阶级的力量去观察,中国只有两条出路:或者是沦为国际帝国主义的殖民地,叫中国永远受帝国主义的支配;或者是由中国大多数平民群众自己起来推翻帝国主义及封建军阀的统治,建立平民政权,进行经济的解放。主张建设平民政权下的国家资本主义,通过之,由现时的前资本主义过渡到将来的社会主义。运用过渡期的经济政策(国家资本主义的组织)是平民政权建立后必然的出路。只有这种出路可以解放中国人民,可以达到社会主义。

3.2.3 我们的争斗目的

上述中国社会的历史进程,是客观的必然的趋向,只有在革命的斗争进程当中才能实现出来。这种革命是一种复杂的革命,是具有民族、民权、民主三种革命性而以社会主义为归宿的革命。它是以同时并存的帝国主义、封建军阀地主以及依附前两者为生的高利盘剥的反动的资产阶级等三者为革命对象的。中国的特殊条件决定了这种特殊的革命方式,而中国广大的平民群众参加革命的斗争,实为决定将来中国命运的枢纽。孙中山的三民主义,完全是适应上述的环境和要求而生的产物,我们斗争的目的就是实现三民主义,即要彻底的肃清帝国主义在华的势力,取消一切不平等条约,使中华民族完全解放,要使平民群众取得政权,要实现社会主义。

3.2.4 我们的争斗手段

实现斗争目的的方法就是我们的斗争手段,主要方法有三个方面:一、要彻底地肃清帝国主义在华的势力,取消一切不平等条约,使中国民族完全解放。一定要唤起并组织广大的民众,使其觉悟的参加反帝国主义的斗争;可以并且应该与世界被压迫的民族和阶级联合起来作斗争

的同盟。二、平民群众要取得政权，必定要用平民群众的本身组织形成坚强的力量，去推翻千余年来的官僚政治。广大平民群众所要求的制度是和人民利益关切不离的政治权利与组织。三、要实现社会主义，一定要在以直接生产的工农为重心的平民政权确立巩固以后，运用政权去发展生产，统制生产，使生产组织化及社会化。

3.2.5 我们具体的方案

《政治主张》的这一部分篇幅最长，比重最大，占全文的五分之三以上。分"平民政权之建立"、"外交政策"、"经济政策"、"社会政策"、"文化政策"等五方面问题，对各个问题作具体说明。"平民政权之建立"又分平民政权的涵义和先决条件、平民政权的组织、中央政权和地方政权以及政权的保持等五个要点来论述。"外交政策"主张废除一切不平等条约、重新订立完全平等的条约，对苏联实行有条件恢复邦交和与各弱小民族建立反帝国主义联盟。"经济政策"是实行国家资本主义，其本质是集中和干涉，对外经济政策是消除帝国主义者在华的经济统治势力，以建立本国的产业，对内经济政策是收取封建残余，进行积极的经济建设。对内经济政策又分"金融机关国有及一般的财政政策"、"大产业、关键产业、独占性产业的国营公营及促进合作社的组织"、"耕者有其田及一般的农业政策"和"城市及农村经济发展的均衡"等四个方面，各作了构思和详述。"社会政策"强调要同时做好积极和消极两个方面的工作，前者是应该用种种方策，努力建设社会主义的基础，后者是应该实行种种社会政策，以救济社会上现存的弊病，如创设无偿的育婴堂、孤老院等，禁止纳妾、蓄奴和买卖人口。"文化政策"主要是实施文字普及和推行义务教育等政策。

3.2.6 我们和共产党及改组派的分界

和共产党的分界主要是：共产党以为中国现实的经济组织已经主要是资本主义的组织，因此它要用共产主义革命的方式去解决中国问题；我们以为中国现实的经济组织还是以小农及手工业的生产为主的组织，是被剥削、被掠夺、被窒塞、被妨害而日渐崩溃破产的组织，我们以为中国社会经济发展的障碍不是资本主义，主张把妨害中国经济发展的根源除去,去发展社会主义,建设社会主义的基础。和国民党改组派的分界主要是:改组派是一大群旧社会的统治者或半统治者的集团,他们无从建立一个共同的纲领,只是因为偶然的一时的利益共同合作,只是各自寻出路,它的工作对象只是勾结依附旧势力,它无决心实现革命的主张;和改组派不同的是,我们不但和现存一切的统治势力绝缘,而且坚决地要推翻一切反动的统治势力,使中国民众历来所受的痛苦羞辱一齐摆脱洗涤净尽。

3.3 邓演达思想

为争取民族的独立和解放,邓演达锲而不舍,结合国内社会现实、斗争经历和国外考察心得,经过近3年的学习、考察、研究和思索,特别是回国后在中国国民党临时行动委员会筹备成立过程中酿成的《政治主张》,逐步形成了邓演达一套基于实事求是的民主革命的思想体系。纵观邓演达的民主革命思想,依据《对中国及世界革命民众宣言》、《中国国民党临时行动委员会政治主张》、《怎样去复兴中国革命——平民革命?》等档案材料和韩斯疆、詹清华等众多的研究资料[1][2][3],可以将邓演达思想归纳梗概如下:

3.3.1 邓演达思想体系

邓演达思想来源以下几个方面:① 历经了10年军校军事思想的灌输。自1909年入广州陆军小学,经武昌陆军预备学校,到1919年保定陆军军官学校毕业,系统接受了舶来的近现代德国、日本军事思想的10年教育。② 经历了8年革命实践。自1919年参加粤军第一师追随孙中山国民革命起,经筹建黄埔军校和参与指挥北伐战争,到1927年主政武汉、左右国民政府,实践了8年军旅革命生涯。③ 受到20世纪20年代末30年代初中国异常活跃的社会分析、主义道路等思潮的影响。

---

[1] 韩斯疆.中日邓演达研究.长春:吉林大学出版社,2010:134-210.
[2] 詹清华.浅析邓演达爱国主义思想的社会价值//惠城区政协文史委员会.惠城文史(第二十一辑),2007.
[3] 其余文献见书后所附参考文献"期刊部分"的相关研究论文。

④ 学习吸收了20世纪20年代末30年代包括苏联、欧洲的一些进步思想和学说等。⑤ 得到了游历和考察苏联、欧洲、巴尔干地区各国现实社会状况的启迪。⑥ 研究中国太平天国等历史、欧洲历史和亚洲唯一成功实现近现代化的日本明治维新史所得。

邓演达思想是以邓演达为主导的一批志同道合仁人志士的革命思想,是集体智慧的结晶,邓演达的思想是其主体。邓演达思想启萌孕育于北伐革命后期至大革命失败后,酝酿发酵于邓演达二次旅欧期间,形成产生于中国国民党临时行动委员会筹备成立之时,尤其以《政治主张》公开发表为成熟标志。邓演达思想是一个体系,其构成是:一、中国社会结构的分析,这是他解决中国问题的依据。二、中国革命的方针策略,这是他解决中国问题的手段。三、中国革命的发展前程——社会主义,这是他解决中国问题的归宿。它具体表现为邓演达的平民革命思想、民族独立思想、军事思想、社会主义思想和哲学思想等。

3.3.2　平民革命思想

中国国民党临时行动委员会之所以选择平民革命的道路,有其一整套完整的对这条道路选择的理论思想——平民革命思想,即实施土地革命解决农民问题,实施平民革命建立农工为领导的平民政权,革命的最终道路是实现社会主义。这就是邓演达的平民革命思想,其根源就是反对封建主义,拯救人民群众,尤其是占人口绝大多数的农民。农民问题和土地问题的若干思想,是平民革命思想的主要部分。邓演达明确提出,中国革命的问题,其实就是农民问题,不解决农民问题,就不能取得革命的胜利。通过平民革命,建立平民政权。

"平民政权"最早出现在1927年11月1日发表的《对中国及世界革命民众宣言》中,成为临委会成立时通过的《政治主张》的重要组成部分。并且,在邓演达撰写著名的《怎样去复兴中国革命——平民革命?》一文作了详尽阐述。平民革命和平民政权思想的要点是:比较全面、正确地分析了中国各阶级的经济地位及其由此所产生的政治态度,并得出了相应的结论;平民政权唯有以工农为重心,才可在革命胜利后,避免中国走资本主义道路;农工两个阶级掌握的政权可把中国引向社会主义道路。

邓演达深刻地分析了农民在帝国主义、封建军阀和土豪劣绅等的压迫和剥削下的痛苦生活。邓演达在1927年6月所写的《我们现在又应该注意什么呢?》一文中,把农民问题的性质描述为:"在政治上说是推翻封建的统治,即地主与豪绅勾结军阀官僚的统治权柄,造成民主的乡村自治。在经济上说是推翻租佃制,推翻地主与其他封建统治者的剥削,使土地农有,以及发展农村生产,促进工业,使帝国主义的剥削基础动摇。"所以"中国的国民革命,可以说就是农民革命"。他正确地评价了农民阶级在革命中的作用,认为:"农民是中国革命的主力军,他们受着封建政治及大地主与买办联合压迫和剥削,感觉革命的需要是十分迫切的,自然成为革命的主力军。"邓演达还认识到:封建的土地制度是近代中国被侵略和贫困落后的根源,地主阶级是帝国主义统治中国的主要社会基础。邓演达支持农民的土地要求,主张解决土地问题,捣碎旧的地主土地所有制,铲除封建经济基础,进行土地革命。

如何解决农民的土地问题?邓演达认为:应用一种革命的敏捷手段,制定出确定的方案来;解决土地问题,不止单纯的减租,必定要使没有土地和土地不足的农民得到土地。提出"在原则上是'平均地权'、'耕者有其田'以至'土地国有'","但办法应分两个步骤",即"第一步政治解决,第二步经济解决"。所谓政治解决,就是"把政治上的仇敌扑灭,把他们经济上的特殊利益打毁",即"没收所有土豪劣绅及党内的叛徒的土地分配与农民";所谓经济解决,就是经过政治解决后,"将来革命有了相当的发展,再行'耕者有其田'以至'土地国有'"。

当年,邓演达与彭湃等多次开会研究农民问题和土地问题,毛泽东的主张首先得到邓演达的赞同。武汉国民政府时期,作为这个中心的主要领导者,邓演达先后担任了国民党中央农民部部长、中央农民运动讲习所所长、中华农民协会临时执行委员会宣传部长等职务,对农民问题和土地问题做了大量调查,期间还发表了大量有关农民问题的演说、文章,充分阐明他关于农民问题的基本主张,为中国革命做了大量具体的基础性工作。可以得知,邓演达关于中国革命的农民问题、土地问题和农民武装问题,并非凭空想象,而是在大量的调查数据和他在欧亚各国考察之后,经过长时间的深思熟虑的结晶,是其平民革命思想形成的基础。

3.3.3 民族独立思想

坚决反对帝国主义是邓演达光辉思想的核心。早在大革命期间，他就认识到"帝国主义、军阀同在打倒之列"，国民革命的重要对象"即在打倒帝国主义，消灭帝国主义在中国的侵略势力，并永远铲除不使再生"。邓演达从中国社会的经济、政治、社会等方面入手分析，认为近代中国是一个既受封建势力支配、又受帝国主义势力支配的社会。这种社会性质的中国，帝国主义完全主宰着中国的命运。经济上，帝国主义既破坏中国的传统经济，又压制中国民族资本主义的发展，使近代中国经济落后；政治上，帝国主义国家支持国内军阀集团进行连绵不断的内战，使得生灵涂炭，社会动荡。

大革命失败后，邓演达对帝国主义的本质看得更清楚，他在1930年9月1日所写的《中国到哪里去？》一文中说："究竟是谁压迫我们，谁剥削我们？谁叫我们受着更加厉害的压迫的剥削？南京统治及北方扩大会议，都是帝国主义与一切中国旧势力联合压迫剥削中国人的统治，我们必须起来推翻它们。"邓演达痛陈"帝国主义由消极的暗助反革命势力的时期，进入到积极的进攻中国时期，直接的间接的打击一切民族的解放运动"，帝国主义者"放胆积极以继续侵噬之侵略，于是有最近各帝国主义之直接派兵进入内地及各口岸之举，有任意捕杀人民之事"，指明中国民众的痛苦，最根本原因在于"帝国主义与封建军阀、地主豪绅，及部分与他们联合的高利贷资本家的共同勾结所构成之中国政治经济势力的统治"。

邓演达痛恨帝国主义及其与中国封建主义相结合而构成对中国人民的双重压迫，坚决反对帝国主义，争取民族的自由和独立。正是基于对近代中国社会性质的认识，邓演达在《政治主张》中明确提出了民族自决的任务：政治上，对外斗争的目的，是要彻底地肃清帝国主义在华的势力，取消一切不平等条约，使中国民族完全解放。对内"就是要确定国内弱小民族的利益，使其团结于我党旗帜之下，有解放的机会"。对外经济政策是"消除帝国主义者在华的经济统治势力，以建设本国的产业"。文化上，邓演达反对帝国主义的文化侵略，主要表现在对基督文化的揭露和批判。"宗教是人民的鸦片"，作为帝国主义进行侵略的精神武器，基督教和鸦片是一起贩运到中国来的。外交上,确定了"与世界被压迫民族和阶级联合起来作斗争"的反帝方针。认为被压迫民族是"真实的朋友,真正的政治联盟者",应该"联合起来,共同去反抗帝国主义,达到民族解放的目的"。

3.3.4 军事思想

邓演达的军事思想、治军理论、军事才能以及他在黄埔军校的军事教育经历和他在军事教育与武装斗争中所体现出来的官兵关系,相对于民国时期的军事将领和政治领袖,能出其右者尤凤毛麟角。邓演达短暂的一生,接受了4段10年的军事教育,经历了3次起义的锻炼,之后又参与了对中国革命的命运起到至关重要作用的黄埔军校、黄埔军校武汉分校的筹备和教育管理工作,在革命理论、军事理论、革命品质、道德情操、知识结构、文化素养、实践经验等方面都打下了坚实的基础,为后来成为中国杰出的民主革命家做了充分的准备。相对黄埔时期的蒋介石,邓演达的威信和军事素养更为广大师生敬佩,所以日后邓演达在组织武装起义反蒋时能得到黄埔系将领的支持,也可以肯定,就是邓演达杰出的军事才能,导致蒋介石的嫉妒而遭杀害。由此可见,两人间的恩怨情仇绝非一般的军阀斗争或国民党内派系间的争权夺利,而是当时中国民主与独裁、革命与反革命的两种势力的较量,是争夺军事主导权的斗争。

邓演达在临委会成立大会上,提出了"军事第一"的论断,即为了夺取早期政权,所有活动都以军事活动为优先。邓演达的军事思想主要包括6个部分:一是坚持武装斗争。认为中国革命,一定要以武力抗争的形式展开,武装斗争占据重要的地位,要实现革命必须武装到群众自身。二是可利用军阀混战和旧军队。必须对来自军阀的旧军队进行脱胎换骨的改造,避免完全依靠军阀,没有自己的军事组织,到头来只是被军阀利用而已。三是培养军事骨干就要创办军事学校。要使军队民众化,变成民众的武装,要建立军校。四是建立平民革命军的思想。要树立平民政权,需要"广大人民群众的觉醒和人民的自身武装,也就是平民革命军的创设"。五是军事行动必须和群众的革命基本势力相结合。在采取军事行动之前,要有群众组织和民众运动支持;否则,即使获得成功,其结果也是无异于军阀的。六是重视军队政治思想工作。军事行动必须在

党指挥下进行,不得越过党组织自行发展;防止军事力量失控,就必须在军队中实行政治思想工作。

军队的政治工作,是孙中山在多次革命军事斗争失败后总结经验教训、从苏俄红军那里学习借鉴所建立起来的,并得到苏联军事顾问的指导。以黄埔军校为起点和试验,成立党军和改造旧军阀,设立党代表制度。在黄埔军校任教育长时,邓演达就特别注意军事人才的政治思想工作,经常亲自对学生进行政治思想的教育和训话,有时一讲就是几个小时。之后又将党代表制度推行到军队中去,到北伐战争时期,邓演达践行了孙中山的遗志,把总政治部的工作推向极致,特别是1926年7月至1927年7月,总政治部集宣传、官员任免、动员民众、民主运动之权,成了坐落武汉的"太上政府",进入军队政治工作的黄金时期。他特别重视在军队建立党组织和党代表及政治指导员制度,并且坚持认为"政治训练于军队的生命,也就是平民革命军的神经系统"。可见,邓演达所致力组建的"平民革命军",是把政治工作视作灵魂的,是要以强有力的政治工作来保障军队的革命性的。

邓演达领导的国民革命军总政治部和各级政治部有很多共产党员和军事主官,这对后来中国共产党创立自己的新型军队起到了深远而重大的影响。由于国民党军队内部的矛盾激化,使得军队政治思想工作"沦为姨太太",从而使革命军的战斗力下降,成为北伐失利的原因之一。而其后蒋介石彻底放弃军队的政治思想工作,取而代之的是军统和中统等特务机关的相互倾轧和尔虞我诈,与中共军队政治思想工作的建立和逐步加强走向相反,当然也铸就了两个军队不同的命运。

3.3.5 社会主义思想

邓演达的社会主义思想主要包括以下几个观点:社会主义是人类历史发展的前程;通过推翻旧政权——实行国家资本主义——消灭剥削制度,最终实现社会主义;实现社会主义必须分两步走,先进行平民革命,建立平民政权,然后运用平民政权的力量实现社会主义。社会主义必须引进外资,实行对外开放,实行市场经济及一系列由前资本主义社会向社会主义过渡的具体政策。

大革命失败后,邓演达认识到蒋介石国民党反动政权是帝国主义势力支配的"复杂社会",蒋介石政权已变为掠夺人民、屠杀人民的中枢;革命的中国已变成昏暗无光的"地狱"。要想取得真正的民族独立,建立起人民大众的国家政权,必须进行民族的平民革命,因而他提出了既不同于法国大革命、又不同于俄国十月革命的民族的平民革命的政治纲领。其主要内容是:一、反对帝国主义的民族革命;二、反对封建主义的民主革命;三、解放农民群众的土地革命;四、实行反资本主义性质的国家资本主义建设;五、建立平民政权,扫除一切地主官僚、军阀、买办以及新旧士大夫的剥削阶级的统治;六、以实现社会主义为前途和归宿。

邓演达之所以认为平民革命的归宿是社会主义,是有其科学的根据的。第一,他认为"社会主义是人类社会的历史前程,中国不独在例外"。第二,他认为在中国,帝国主义"压抑资本主义经济,使之不能成长",而"中国的资产阶级实无独立进行资本主义革命的能力",帝国主义"不许中国资产阶级形成与帝国主义竞争的中国资本主义",也就是说,帝国主义不允许中国发展资本主义,而中国的资产阶级也没有能力领导资产阶级革命。第三,中国的平民群众,特别是农工阶级,资本主义的建设对于他们"是无益而有害的事",因此,"觉悟的农工大众,绝不会在自己掌握政权之后再去仿效欧美,形成近代的私人资本主义"。而必然选择走社会主义发展之路。

对怎样实现社会主义,邓演达作了具体的规划,他认为中国革命分两步进行。第一步,发动平民革命,建立平民政权,完成反帝反封建的民主革命。他把进行平民革命、建立平民政权看作是实现社会主义的政治前提,是革命的第一步。首先,邓演达把反帝、反封建和反对蒋介石的统治结合起来,作为平民革命的对象,他认识到"一切革命的根本问题是国家政权问题"。其次,在探讨平民政权的实现手段中,邓演达指出,"唯一办法是发动群众、组织群众","夺取政权的过程就是广大平民群众向目前的统治者作经济、政治斗争,即等到推翻整个反动统治,确实建立自己政权为止的过程"。"革命的斗争必然要以武力抗争的形式展现出来"。另外,邓演达还制定了一系列内政、外交政策,将"平民政权"理论进一步完善和充实。第二步,建设社会主义社会。《政治主张》主张建设平民政权下的国家资本主义,通过之,由现时的前资本主义过渡到将来的社会主义。运用过渡期的经济政策(国家资本主义的组织)是平民政权建立

后必然的出路。只有这种出路可以解放中国人民,可以达到社会主义。

3.3.6 哲学思想

军人出身的邓演达,不仅是革命领导人中为数不多的革命家,也是真正意义上的思想家,佐证其思想家基础的是他的哲学思想,集中体现在他于 1929 出版的《我们的思想系统和主张的依据》上。这本册子闪耀着唯物主义史观,是了解邓演达哲学思想和政治见解的依据,是他关于"政治活动要立足于怎样的政治观点"这一根本问题的立足点或本源。在出国期间,邓演达开始从历史唯物论的角度,坚持实事求是观点,对中国历史的发展进行了研究,分析了中国社会现状,推断了中国当时那个阶段的革命任务、性质和前途。《我们的思想系统和主张的依据》包括了宇宙、人生、社会、社会进化的法则、政治经济伦理和它们之间的相互关系、政治、经济、伦理和概述计 9 节内容。其中许多哲学观点被引用在邓演达的一些文章和通信之中。

邓演达哲学思想的闪光点之一,是他认同"社会存在决定社会意识并受社会意识的积极影响"。首先,邓演达认为社会的进化是生产力发展的结果。他在《我们的思想系统及主张根据》中明确地指出:"我们已经理解社会发展的唯一条件是扩大欲望,利用自然界。在这里,我们必须承认,社会的进化中,阶级斗争和生产力的进步是必须的。""社会的进化,是生产力发展的结果。生产力的发达,是靠技术发明。阶级社会中,矛盾着的双方力量较量,促进技术发明和生存力的发达。然后,社会就不断进步着。"在他致丘哲信中更明确地指出:"推进历史的只有一元:'生产技术的发展'!但是在历史的进程中,因为由生产力发展可以形成进步的意识——'觉悟的意识',而这个'意识'被人们掌握着又去推动历史的前进,所以往往有历史的行程表面上看去是'意识'的推动力量,精神的力量,而其实是生产力发展的结果。"这些论述,说明他已科学地论证了生产技术与社会发展之间的关系。

其次,邓演达认为社会存在决定社会意识,社会意识对社会存在有反作用。落后的社会意识阻碍着社会存在的继续发展,而进步的社会意识则推动社会存在而向前发展。他在《南京统治的前途及我们今后的任务》中指出:"遗传的历史力量所产生的意识,其转变与消替往往比现存的社会关系转变与消替为迟；而先觉的——由较进步的历史认识所产生的意识与意志往往在社会的先头，为推动历史的动力，不但不会被现存的落后的社会关系所障碍窒塞，而且必然要消除了那些落后的社会关系的障碍窒塞，向着理想前进，才能产生新的社会，尽到先觉者的历史任务。反之，落后的残存的意识形态也可以阻碍历史的前进。"邓演达的这些论述，表明他已经把握了唯物史观的核心问题——即社会存在与社会意识的辩证关系。

邓演达的许多哲学观点很有生命力，比如，他的"阶级斗争是阶级社会发展的动力"的观点。他首先承认并主张阶级斗争，认为阶级斗争是阶级社会的必然。其次，他认为阶级斗争与生产力及政治、经济、伦理都是密不可分的，"政治就是解决阶级斗争的东西，经济是解决生产力的问题，伦理是对阶级斗争的态度和人与人之间关系的解释"。第三，他认为阶级斗争促进了生产的进步、社会的向前发展。再如：他肯定人民群众是历史创造者的观点。不但在理论上论述人民群众是历史的创造者，充分肯定人民群众的伟大作用，而且在革命斗争中以这一理论指导自己的实践并升华了自己的理论。他创建平民革命理论，在其短暂的革命生涯中，怀着对劳动人民的深厚感情，全力支持农民、工人运动，歌颂工人阶级、农民阶级及其他劳动人民的革命壮举，充分肯定人民群众在推动社会发展中的伟大作用，并在革命实践中，如此依靠群众、相信群众，同中共并肩战斗，终使他享有崇高的威望，成为国民党左派的重要人物和中共的亲密战友。

尽管邓演达的哲学思想存在着明显的缺陷和局限性，如他认为"宇宙中永远存在不可认识的世界（不可思议的部分）"，但是它却含有许多积极与进步乃至科学的成分。总的说来，邓演达的哲学思想中许多积极内涵十分接近马克思哲学思想。邓演达的哲学思想是中国现代哲学思想史上一份极其珍贵的文化遗产。

综上所述，邓演达思想，是以实事求是为灵魂的哲学思想为基础，充分体现了其反帝反封建，争取民族独立、建立人民大众的国家政权，建设社会主义社会的平民革命思想。尽管邓演达思想有其局限性，但它在中国近代思想史上应当占有相当重要位置。

3.4 临委会开展的工作

中国国民党临时行动委员会成立后,始终把斗争的主要矛头指向蒋介石集团的反动统治,在国民党反动派的高压政策下,积极开展了组织、宣传、民运和军事工作。

在组织工作方面。制定了《组织工作大纲》,提出组织工作的两项重要任务是:如何去集结革命的力量,将已分散的革命势力重新团结起来,同时并多添加新进分子,产生一个新的革命势力;如何使临委会成为一行动组织,有"一触即发"的准备,随时随地能发动起来去争斗。吸收分子以"不求分子之多,而求其精;有勇往直前的精神,有牺牲的决心"为原则,宁缺毋滥。按"忠实、决心、认识、能力"四个条件吸收一批基本党员,训练一批党务工作人员。为更好地开展工作,临委会建立了中央区、北方区和南方区干部会。中央用《通告》、《指令》指导地方工作。必要时向地方派出通讯员或特派员,使中央和地方建立密切的联系。临委会成员人数到邓演达被害时止约2 000人①。

中国国民党临时行动委员会中央干部会建立后,立即成立中央、上海、北平和香港四个直属的区干部会。中央直属区干部会由中央干部会负责,上海区干部会由郑太朴、罗任一负责,黄慎之、周谷城、区克宜、漆琪生、张葆恒、黄中樱、周济有、杜冰坡等人参加;北方区干部会由刘清扬、张申府、张含情、黄让之负责;南方区干部会由彭泽民、林希盛、陈卓凡、丘哲、徐光英、周力行、杨逸棠等负责。在中央和区干部会指导下,先后恢复和健全了南京和江苏、安徽、江西、浙江、河北、山西、陕西、广东等省干部会,有些省还建立了省辖市和县的干部会。南京市的临委会地方组织在1930年秋建立,由谢树英、万灿、詹显哲、李毓九等4名中央干部会干事组成了南京市干部会,其在文教界建立了基层组织,发展了上层人士数十人,还在南京军校吸收了一批陕西籍学员。同时,临委会又组织"黄埔革命同学会",以与蒋介石的"黄埔同学会"相对抗,"黄埔革命同学会"的主要任务是分化、瓦解和争取蒋介石的所属军队。

---

① 亦有5 000多人一说——著者注。

在宣传工作方面。临委会很重视宣传工作，制定了《宣传大纲》，提出要复兴中国革命，推翻军阀统治，肃清帝国主义者的在华势力；促开国民会议，建立以农工为中心的平民政权；立即实行耕者有其田，发展产业并使产业组织化社会化。9月1日创办中央机关刊物《革命行动》半月刊，并成立了以邓演达为首的编委会，其宗旨是"唤起全国被压迫被剥削的平民群众，在我们的革命纲领下面团结起来，准备向仇敌斗争"。其主要内容是"阐明临委会的《政治主张》，评述国内外的政治事件"。《革命行动》登载大量有关阐明政治主张、评论时局和反帝反封建反蒋的文章，异军突起，很受欢迎，发行量日增，在社会上产生较大的影响。邓演达亲自撰文，从第一期到第五期，每期都有他一篇作为带头的文章。邓演达文思常如潮涌，运笔快捷若飞，万言长文一气呵成。从回国到被捕前的15个月里，虽经常忙于实际的活动，而于百忙中他起草的文件、宣言及论文计20多篇，近20万字。《革命行动》出版后，影响较大，发行量递增。但发行到第四期，即被国民党当局勾结租界的帝国主义者予以查禁。1931年4月，又在上海创办了《革命行动周报》，作为中央的机关报。它刊登的国内外新闻和时事评论在国统区的其他报刊上很难看到，群众争相传阅，发行量很快由每天500份激增至1万份，就连国民党的立法院和监察院都能看到此报。《革命行动周报》在邓演达被捕后被迫停刊。《行动日报》由朱蕴山、李世璋负责，自1932年起，发行量由几百份增加到1万多份，拥有广大读者，除了组织内部发放外，都免费供给各报摊，向社会发售。与此同时，各个大区都创办了地方刊物，与中央紧密配合，阐明党的纲领，鼓动反帝反蒋。

在民运工作方面。临委会制定了详细的《各地民运工作纲要》，在简述民运宗旨和着眼点的前提下，分别论述中央及地方的工作要点。《纲要》指出：民众是革命党的社会基础，是革命的政治出发点，是革命前途的保障者。因此，目前紧急的任务之一是恢复和扩大革命民众运动。临委会十分重视民运工作，积极开展工运、农运、青运、妇运和商运工作。为了有领导有组织地开展民运工作，临委会中央发起建立了现代青年社、全国农民解放同盟、全国工人俱乐部、全国商业协会、中国教育建设协会、现代学术研究社和国民会议期成会等群众组织，并指示地方组织成立民运工作机构，组织和指导当地的民众运动。

3.5 准备军事起义

邓演达在国民党军队中具有很高威望,主要源于他在粤系军政中的人脉资源,一半是凭自己努力,一半继承于族叔邓铿。邓铿和陈炯明是死党,和孙中山关系也不错,1922年3月邓铿被暗杀和1923年2月陈炯明退出历史舞台后,凭与邓铿的情分,老粤系的资源,几乎全部给邓演达继承过去了,而本身邓演达凭着对孙中山事业的贡献,也深得孙中山的信任,26岁就领少将衔。孙中山曾言:革命有两达(指邓演达,张民达),人民早发达。

1920年11月,孙中山决定从粤军各部中选拔素质较好的人员,组建粤军第一师,加强军事、政治训练,使之成为全军模范。邓铿受孙中山重托,出任师长。邓铿就任后,事事亲历亲为,特别重视对军官的选拔,当时被邓铿选拔到第一师的军官有李济深、邓演达、叶挺、陈铭枢①、陈济棠、蒋光鼐②、张发奎、薛岳等人。在邓铿创建粤军第一师中,邓演达任师部编练参谋、军官教育班班主任,他网罗了不少青年军官,在保定军官学校六期的同学几乎全部拉了进来,为他日后在粤军中的人脉奠定了基础。

略微翻阅民国粤籍出类拔萃的将领,几乎全由邓铿帮带出身,来自粤军第一师。如:李济深、陈可钰、薛岳、黄镇球、张发奎、黄琪翔、余汉谋③、李汉魂、陈铭枢、蒋光鼐、蔡廷锴④、戴戟、李章达、叶挺、梁鸿楷、陈

---

① 陈铭枢(1889—1965),字真如,汉族客家人,广东合浦(今属广西)人。国民革命军第十一军军长,国民革命军总政治部主任,国民党中央执行委员,广东省政府主席,京沪卫戍总司令官,兼代理淞沪警备司令,国民革命军右翼集团军总司令。一手创办十九路军,任十九路军司令,是蒋光鼐和蔡廷锴的顶头上司。

② 蒋光鼐(1888—1967),字憬然,汉族,广东东莞人。我国著名爱国抗日将领,参加过辛亥革命,曾任国民革命军帅长,第十一军副军长,参加中原大战,后任十九路军总指挥,淞沪警备司令。

③ 余汉谋(1896—1981),字幄奇,汉族,广东高要(今肇庆)人。中国国民党高级将领,陆军一级上将。曾任陆军总司令,并一度主政广东。

④ 蔡廷锴(1892—1968),字贤初,汉族,广东罗定人。行伍出身,由士兵一步一个脚印升为十九路军上将总司令,凭的就是过人的战功,最出名的就是率领十九路军在1932年"一·二八"事变后,奋起抗击日军,致使日军侵占上海的阴谋未能得逞。

济棠、邓世增、邓龙光、缪培南、李扬敬、徐景唐、香翰屏、朱晖日、钱大钧、陈诚①、罗卓英、叶剑英②等,除李济深、戴戟、钱大钧、陈诚外,其余均为粤籍。后来粤军第一师扩编成威武远扬的国民革命军第四军,前后从这支部队走出来的将军,那更是繁星闪烁了。

中国国民党临时行动委员会成立后,制定了《军事运动方针》,指出:军事运动是和整个党的运动有连带的关系,在革命运动当中,武力占了一个很重要的地位,尤其是在落后的中国社会,没有进步的武力,实无法可以发动初步的斗争。为使军事运动能够和整个党的运动相适应,制定了"军事运动＋方针",根据之,临委会主要开展以下军事工作:

1. 发展壮大黄埔革命同学会

组织黄埔革命同学会与蒋介石的黄埔同学会相对抗,联系黄埔军人作为建立平民武装的骨干,开展反蒋斗争。中国国民党临时行动委员会成立后,把军事工作看作是夺取政权的首要工作,而邓演达在黄埔军校毕业生和国民党军队中的声望为临时行动委员会开展军事工作提供了方便条件。加强1929年11月在上海筹建的"黄埔革命同学会"的领导就是明证。该会的主要任务是向国民党各派军队中秘密派遣会员,对黄埔系军人宣传临时行动委员会的政治主张,教育和团结他们当中具有反蒋倾向的分子,吸收他们参加黄埔革命同学会,以瓦解蒋介石多年经营和控制其军队的黄埔同学会。这些黄埔革命同学会的会员,绝大部分在军队中担任各种职务,任团长、营长、连长的很多,有的还担任师以上高级军官。邓演达还利用他的个人影响,争取到几支决定参加反蒋的军队,主要是由陈铭枢指挥的第十九路军,由陈诚任军长的第十八军,由部

---

① 陈诚(1897—1965),字辞修,别号石叟,汉族,浙江省丽水市青田县人。1922年毕业于保定军校第八期炮科,1924年黄埔军校上尉特别官佐,1926年任国民革命军总司令部中校参谋,1929年任十一师师长,1930年8月任十八军上将军长,1938年南京政府迁至武汉,任湖北省政府主席,武汉卫戍司令,第六战区司令长官。1946年任参谋总长兼海军总司令。陈诚以十八军为骨干建立了土木系,从而使他在黄埔系中地位举足轻重。

② 叶剑英(1897—1986),汉族,广东省梅县人。1924年初,叶剑英任建国粤军第二师参谋长。1927年任国民革命军第四军参谋长,7月,在严重的白色恐怖中秘密加入中国共产党。1937年10月,任八路军驻南京代表,从此,在国民党统治区协助周恩来积极开展抗日民族统一战线工作。是中国人民解放军的缔造者之一,中华人民共和国的开国元勋,1955年9月,被授予中华人民共和国元帅军衔。

子举指挥的第二纵队(相当于军),由杨虎城①指挥的驻陕西的第十七路军,并且和冯玉祥建立了密切关系。另外和阎锡山、张轸等部,也建立了直接或间接的联系。在半年多的时间里,在全国18个省市建立健全了该组织的分支机构,吸收、联系了黄埔学生达5 000～6 000人,约占当时黄埔系军人的二分之一,多数在蒋介石的嫡系部队担任中下级军官和失业中的毕业生,其中的骨干还参加了临委会,从而大大削弱了蒋介石对黄埔系学生的控制,为全国反蒋斗争的开展创造了条件。由于临委会的活动严重威胁了蒋介石赖以生存的军事基础,蒋介石对邓演达恨之入骨。

2. 在国民党军队中开展联络和策反工作

临委会在国民党军队中做了大量的工作。像蒋介石嫡系第十八军中数十人成为临委会的党员。第十九路军的陈铭枢、蒋光鼐、蔡廷锴等人和邓演达经常有"密函来往",彼此信任。武汉中央军事政治学校分校代理教育长胡伯翰向邓演达表示拥护临委会的政治纲领,愿把武汉方面的军队带动起来参加临委会的反蒋行动。驻在豫皖边界的国民党第二纵队郜子举与邓演达建立了联系。此外,邓演达还派人与河南、福建、四川的军队进行联系。利用邓演达等同国民党各派军队上层人物的各种历史关系以及蒋介石的嫡系部队和非嫡系部队间的矛盾,进行分化瓦解和争取国民党军队的工作。其中与冯玉祥、杨虎城、陈诚的合作富有成果。②

1929年1月,在日本东京,杨虎城与曾在东北军供职的连瑞琪见面交谈,有了交往。连瑞琪在德国留学回国后,参加北伐,任总政治部社会系的科长,兼任汉阳兵工厂的政治部主任,中华革命党成员。杨虎城归国后离开了冯玉祥而转投蒋介石,1930年10月,率十七路军进军西安,

---

① 杨虎城(1893—1949),幼名长久,曾用名音忠,号虎臣,汉族,陕西蒲城县人。1915年率众参加陕西护国军,在华县、华阴等地截击袁世凯军。次年所部被编为陕西陆军第3混成团第1营,任营长。1924年参加国民党,拥护孙中山"联俄、联共、扶助农工"三大政策。先后担任师长、军长、十七路军总指挥、陕西省政府主席、西安绥靖公署主任、国民党中央监察委员等职。1936年12月,同张学良将军联合一起,坚持抗日,反对内战,发动了震惊中外的"西安事变"。后被蒋介石囚禁,迫害致死。是著名抗日爱国将领,民族英雄,陆军上将。

② 细井和彦.邓演达与国民党临时行动委员会的军事行动//韩斯疆.中日邓演达研究.长春:吉林大学出版社,2010:258-292.

任陕西省主席。连瑞琦作为杨虎城的代理人被派往南京。连瑞琦在完成南京任务后,秘密抵达上海,和邓演达取得了联系,并两次会谈,在邓演达介绍下,连瑞琪正式加入了临委会。在得知杨虎城的反蒋计划后,邓演达希望连瑞琪向杨虎城传达临委会的政治主张,争取他加入临委会。当连瑞琪知道临委会资金困难,即给以2 000元资金援助。邓演达应杨虎城的要求,临委会派了周士第(周平)、王人旋、马明达等数十人到西北,在西安等地组织临委会陕西省干部会、西安市干部会,党员增至360多人。驻西安邓宝珊①亦赞成临委会的政治主张,不仅加入临委会,还答应可以派人到其部队中工作,同意在西安建立地方干部分会。

冯玉祥自1930年冬便与邓演达取得联系,先后派张允荣、凌勉之到上海与邓演达会谈。冯玉祥要求派工作人员到其军中,在资金上给予邓演达援助。在认真研读《政治主张》后,冯玉祥逐渐倾向邓演达的政治见解,冯玉祥想直接与邓演达会谈,1931年7月9日,便写信邀请邓演达。为做好会谈前准备,邓演达派遣章伯钧携邓演达亲笔信去山西省汾阳见冯玉祥。9月1日,章伯钧与冯玉祥会谈两次,双方讨论了反蒋过程中军事配合问题,冯玉祥非常尊重章伯钧和章伯钧的意见。翌日,章伯钧和张允荣一起离开汾阳,冯玉祥亲手交给章伯钧200元作路费。

第十八军是装备精良的蒋介石的嫡系部队,军长陈诚一直是邓演达的部下,早在保定陆军军官学校第八期炮兵科学习期间,两人就相识,邓演达是陈诚所属区队的队长。1923年5月,在和沈鸿英反乱军对战中,陈诚胸部中弹负伤,被邓演达抢救回来,邓演达对他有救命之恩。1930年11月,陈诚从日本访问回来,在上海法租界母亲家逗留几日,期间,陈诚与邓演达、黄琪翔等成员见面,表明他基本上支持《政治主张》,邀请临委会派工作人员到十八军,并表示愿意支援临委会的活动经费。随后,邓演达派遣庄明远、丘新民、丘萼华和黄埔革命同学会的陈烈等数十人

---

① 邓宝珊(1894—1968),原名邓瑜,汉族,甘肃天水人。是民国时期纵横西北几十年的智囊人物,陆军上将。早年参加中国同盟会,辛亥革命时,曾参加新疆伊犁起义。1924年任国民二军师长。后代理甘肃省主席。1932年起,任西安绥靖公署驻甘行署主任、新一军军长等职。抗日战争期间,任第二十一军团军团长、晋陕绥边区总司令,多次到延安与共产党领导人会晤,赞同抗日民族统一战线政策。1948年8月,任华北"剿总"副总司令,年底代表傅作义同人民解放军代表谈判,达成和平解放北平协议。

前往十八军工作,取得了显著的活动成果。

3. 策划军事武装起义

1931年3月1日,胡汉民因反对蒋介石的独裁统治被软禁,激起粤派中央监委和其他反蒋派系的不满,在广州另组国民政府与南京的蒋介石政府相抗衡,出现了宁粤分裂的局面。1931年7月,临委会借一些反蒋派系集合广州另立国民党中央执监委非常会议之际,认为武装推翻蒋介石的时机已到。于是,以邓演达为首的军事委员会成立。

军委会讨论和制订了以江西为中心,武汉、西北和华北同时行动的计划。以江西为中心的目的,是计划利用第十八军,故由邓演达亲赴江西指挥该军,又决定利用蒋介石要陈铭枢第十九路军出兵图粤的机会,进入粤北,急转潮、梅,占领东江和闽南,然后请蔡元培领衔,由邓演达、陈铭枢签署发表《对时局宣言》,"以建立第三势力"来"控制整个局势"。除十八军陈诚外,西北的杨虎城、邓宝珊,山西的冯玉祥、阎锡山,河南的邰子举,四川的郭汝栋、孙震、刘湘等,江西的陈铭枢,武汉的胡伯翰,福建的卢兴邦,等等,或亲自或派代表到上海与邓演达联系,有的加入了临委会,有的表示愿意响应,配合邓演达起义。

这个武装起义计划,是依仗国民党元老蔡元培的政治威望、结合邓演达的临委会和陈铭枢的第十九路军、陈诚的第十八军军事力量,旨在建立临时性地方政权。为推动武装起义计划的顺利进行,在上海举行了为期两周的干部训练班,受训干部将被派往各地指导、推动工作。对邓演达的行动,蒋介石早有戒心。黄埔革命同学会被编入邓演达的阵营及反对4月国民会议的宣言传单在南京散布,使蒋产生了很强的危机感。蒋介石判断逮捕邓演达,临委会的活动就无法再继续向前。所以,蒋介石就以30万元的悬赏金发布了逮捕邓演达的通缉令。

3.6 邓演达遇难

为了解各地情况,特别是华北、东北的政治、军事情况,1931年初,以东北出身的任良才为向导,邓演达从上海搭乘日本货轮到大连,然后到鞍山、沈阳、长春、哈尔滨、齐齐哈尔等地,2月,打扮商人模样经天津抵达北平,在北平活动10天后,返回上海。一路上,他深入到群众中,以军队配置、军事设施、行政系统为中心,观察政治、经济、军事、社会状况,考察了东北和北平地区的经济生活和社会、政治动向,和几个可靠的友人及一些东北军的下级将校交换了意见。1931年2月,蒋介石软禁胡汉民一事引起宁粤分裂,国民党内不愿与蒋介石共事的中央执行委员会很快就在广州召开了中央执监委会议,提出了另组国民政府的政治目标。临委会也趁势很快组织起以邓演达为首的军事委员会,委员有黄琪翔、严重、邓宝珊、季方,讨论和制订了全国性武装起义计划。1931年上半年,临委会的组织活动和起兵准备已有相当规模,极大地动摇了蒋介石统治的根基。

临委会的军事起义准备和组织、宣传工作对蒋介石政权造成极大威胁。1931年上半年,蒋介石派遣王柏龄到上海,与淞沪警备司令部熊式辉合谋侦察临时行动委员会的活动,并悬赏30万元缉捕邓演达。形势十分险恶,很多同志力劝邓演达到日本或香港暂避,但邓演达坚定地表示:"个人生死何足道,中国革命必须及早恢复。"并说:"为农工平民而斗争,随时准备着被捕,随时准备着被残杀,是革命者应有的觉悟,尤其是我们应时刻准备着,准备着那最后的一刹那。"邓演达始终坚持在上海领导革命斗争。

8月上旬,起兵反蒋的一切准备逐步就绪,临委会最后商定:由陈铭枢到江西吉安指挥第十九路军,停止对红军的"围剿",带部队从吉安经泰和、赣州入广州,举起反蒋旗帜,与广东部队联合,在南方建立反蒋基地。邓演达则去江西陈诚的第十八军驻地临川、清江一带组织起义,攻取南昌。与此同时,武汉、西安、四川、河南、福建和华北方面各联络好的部队,一齐响应,迫使蒋介石下台。为保证起义的顺利进行,临委会应各地要求,在上海举办为期两周的训练班,由在上海的临委会负责人讲授政治主张、组织工作、宣传方法、调查研究等专题,然后将受训干部派往各地指导、推动工作。

1931年7月,原在临委会上海市组织内工作的陈敬斋因作风问题被调往福建,他拒不接受,竟盘算卖党求荣,他写信与国民党中央党部联络,以"知道邓演达的行踪"作为投靠条件,密谋伺机行动。由于陈敬斋告密,淞沪警备司令部侦察到临委会中央机关及各部门的地址。8月15日,租界内的江苏上海第二特区地方法院发出了逮捕邓演达、季方、沈维

岳、丁丁、杨允鸿的拘票。8月17日下午,临委会在上海愚园路愚园坊20号举行第二期干部训练班,邓演达授课并主持结业式。由于旁听会议的叛徒陈敬斋借病离席并与国民党特务联系,下午3时许,淞沪警备司令部侦察队长邓警铭带领特务,会同公共租界巡捕房巡捕,把愚园坊20号团团包围,邓演达、罗任一、邓维亚、周竞西(女)、刘奎、王宾荪(女)、金福先、黄锦耀、王素清、方矩、张昌等13名参加会议的重要干部都被戴上手铐,押送到静安寺公共租界巡捕房。由于邓演达等被捕,全国性武装起义计划最终流产。

在逮捕邓演达的同时,临委会的中央机关和联络点也遭到严重破坏。8月17日下午7时,淞沪警备司令部和法租界捕房查抄爱麦虞限路159号的临委会中央机关,沈维岳(即陈石)被捕,并被搜去大量的党内文件、进步书籍和反蒋传单。同日,威海卫路714号总务委员会机关被查抄,被抄去了大量钱款,1人被捕;麦根路P32号组织委员会机关被查抄,组织委员会主席委员郑太朴被逮捕,并被抄走部分党内文件;爱文义路(今北京西路)1389号的宣传委员会和民运委员会机关也被查抄;在大同印刷厂逮捕了刘斌等9名职工;夜间12时许,在拉菲德路桃园新村8号(今复兴中路1295弄)黄埔革命同学会总会,余洒度等20余人被逮捕。8月21日,大白印刷厂遭查抄,沈惠昌、黄锦章被捕,被抄去大量党内文件和印刷品;在马思南路(今思南路)28号,杨允鸿被捕。同时,蒋介石密令在西安逮捕了连瑞琦、王人旋、周力行(周士第)等人,在山东逮捕了何世琨等人,临委会的各级组织均遭破坏。

邓演达等被捕后,由公共租界巡捕房讯问。邓演达在"供录单"上写道:"我的政治主张始终站在国民党左派的立场。我现在主持中国国民党临时行动委员会的事,那边的工作是反对蒋介石的军事独裁及官僚政治,希望造成真正人民的政府及独立的国家。"邓演达被捕后,蒋介石立即从南京打电话到上海,要求把邓演达引渡出租界,交国民党上海警备司令部。囚禁初夜,有看守愿冒生命危险营救邓演达同逃。邓演达说:"我与大家一同被捕,有我在,一切由我负责。我万一逃脱,蒋介石必杀大家以泄愤。"遂婉言谢绝。8月18日,淞沪警备司令部向捕房要求引渡邓演达等人,经江苏高等法院第二分院开庭讯问后,8月19日,邓演达等人被引渡,关押在白云观淞沪警备司令部。8月21日,邓演达被押解往南京。9月15日,其他被捕党员也被押往南京。邓演达被押送南京后,蒋介石对邓演达软硬兼施,多次派国民党元老吴稚晖等和何应钦去看望他,劝他解散组织,放弃主张,许以中央党部秘书长或总参谋长的要职;又提出自任总司令,邓演达任副总司令,一同去江西"剿共",或者派他出国。这一切都被邓演达一句话挡回:"我要为中华民族维护正气。"正如宋庆龄所说:"地位、权势和财富,只要他要,全十分容易获得,但他却轻蔑地以之不屑一顾。"

多年来,日本帝国主义一直怀有蓄意侵略中国、妄图变中国为其殖民地的野心。还在清朝末年,日本就通过发动甲午战争和在中国东北进行的日俄战争等侵略扩张行动,迫使清政府订立不平等条约,侵占台湾,并把东北南部划归自己的势力范围。其后,日本加紧对东北、内蒙的势力扩张。1931年9月18日夜,日本驻中国东北地区的关东军自行炸毁沈阳北郊一段路轨,反诬中国军队破坏铁路,并以此为借口,突然袭击中国军驻地北大营和沈阳,以武力攻击东北,从而爆发了日本帝国主义侵略中国的"九一八"事变。9月19日上午8时,日军几乎未受到抵抗便将沈阳全城占领,东北军撤向锦州。此后,东北各地的中国军队继续执行蒋介石的不抵抗政策,至1932年2月5日,日军占领哈尔滨,在短短4个多月时间里,128万平方公里、相当于日本国土3.5倍的中国东北全部沦陷,3 000多万东北人民沦为了日军铁蹄下的亡国奴。

这一事件揭开了日本对中国进而对亚洲及太平洋地区全面武装侵略的序幕。1931年9月20日,中共中央发表《中国共产党为日本帝国主义强暴占领东三省事件宣言》。"九一八"事变后,蒋介石一再派人劝邓演达:不写反蒋文章,与他合作,即可获释。邓演达斥责说:"政治斗争是为国为民,绝无个人私利存乎其间。我们的政治主张决不变更,个人更不苟且求活。"蒋介石又亲自找邓演达谈话,问邓演达对日本侵略作何想法,希望乘此言归于好。邓演达明确答复:要谈感想当然有,要不是你叛逆孙中山先生遗教,连年内战,排除异己,民穷财尽,日本敢这么猖狂吗?!

邓演达在上海被捕,震惊国民党高层内部,但反应不一,与戴季陶及何应钦等相反,国民党高级将领陈诚等求蒋免其一死。邓演达被捕翌日即8月18日,蒋在日记中有云:"邓演达昨在上海被捕,天网恢恢,终难

幸免也。"5天后,陈诚闻讯,迅即从江西前线致电蒋介石,请求"为国惜才,贷其一死";蒋回电表示"准从宽大处理",陈诚也"深信总座之伟大,决不我欺"。但到11月中旬,陈诚却得知邓演达被判处死刑,遂于19、20日两次致电蒋介石,要求蒋"继先总理之宽大",不要处死邓演达,并表白自己此举"全为革命前途着想,非尽为友谊"。但蒋介石不为所动。邓演达被处死后,陈诚公然对蒋表示"人亡国瘁,病彻肺腑。……今公不能报国,私未能拯友,泪眼山河,茕茕在疚",要求蒋介石改任朱培德主持江西军事,自己则"决即日离职赴京请罪"。蒋介石在复电中严厉斥责陈"因私害公,因友忘党,有负职责"。

  邓演达被捕后,临委会领导人举行紧急会议,推朱蕴山主持营救工作,临委会中央和黄埔革命学生会开始多方设法营救,营救的准备工作就绪,但蒋介石将邓演达秘密转移。邓演达委托看守传出纸条:"我已被押至紫金山的荒屋中,以后通讯不可能,同志们要继续为革命努力。"对邓演达,蒋介石"杀之可惜,纵之可畏"。在两广军阀逼迫下,蒋介石被迫下野。他为扫除重新上台的障碍,又派人向邓演达提出释放条件:蒋下野期间,不再写反蒋文章。邓演达断然拒绝:"我写反蒋文章,不是我邓演达要写,是中国人民要我写。"至此,蒋介石考虑下野后两广及其他派系均不可怕,只有邓演达深孚众望,能分散黄埔力量,动摇其统治根基,是他卷土重来的真正障碍,因此拟在下野前夕杀害他。当时,黄埔军校历届毕业生联名写信要求蒋介石释放他们的邓教育长,这使蒋介石大为震惊,加之戴季陶及何应钦等或进言或联名电蒋杀邓,蒋介石终于下决心要杀害邓演达。尽管宋庆龄、孙科、陈友仁等也设法营救,但还是在4个月后,即1931年11月29日夜,蒋介石派其卫队长王世和带领几名卫士秘密将邓演达押至南京麒麟门外沙子岗,半路诡称汽车抛锚,要他下车。邓演达刚走出车门,枪声突起,一代英豪,惨遭杀害。"碧血飞花,荒野埋骨",邓演达时年仅36岁。蒋介石下野后,南京政府由孙科出面组阁,经宋庆龄联合冯玉祥等作保,郑太朴、罗任一等12位被捕党员于1932年1月6日获释出狱。

  邓演达被害的消息于12月初透露出来,宋庆龄从上海赶至南京质询蒋介石才得到证实。宋庆龄当即勃然大怒,把茶几掀翻。蒋介石窘迫地躲上了楼,急忙伪造了军政部军法司之特别会审邓演达的"判决书",

妄加罪名,宣布死刑,以掩人耳目。宋庆龄回到上海,发表了《宋庆龄宣言》《国民党已不再是一个政治力量》),痛斥蒋介石"借反共之名,行反动之实",谴责蒋介石"阴狠险毒,贪污欺骗,无所不用其极",对"忠实革命人才,必设法置之死地,最近如艰苦卓绝、忠勇奋发之邓演达,终遭惨杀,即其一例"。

邓演达殉难的消息,使临时行动委员会和黄埔革命同学会成员义愤填膺,无不涕泣,他们不畏严重白色恐怖,不顾个人安危,走上街头,散发《宋庆龄宣言》,刷写"打倒蒋介石"、"邓演达先生精神不死"、"坚决为邓演达先生报仇"等标语。北平的党员把"打倒蒋介石,还我邓演达"的标语贴到北平卫戍司令部。连蒋介石营垒的一些人也表同情,一个姓吴的看守营长,辗转送出邓演达的遗物。经多方查找,才在沙子岗荒野上找到被特务草草掩埋的邓之遗体,由陈铭枢在邓遇难处附近的小营岗处修坟树碑,上书"故友邓择生先生之墓"。全国解放后,人民政府判陈敬斋死刑。1957年将烈士遗骸迁葬于中山陵左侧,与廖仲恺之墓左右并立;重修陵墓,树立何香凝题写的"邓演达烈士之墓"的石碑,并在碑后镌刻烈士生平。

邓演达是中国民主革命杰出的政治家,是一位伟大的爱国主义者,英勇的民主战士。他在大革命失败后很快就明确地提出了激进的民主主义的政治主张。他不受传统思想的束缚,不拘泥于现成结论,追求真理,独立思考,思想深邃,勇于探索,表现了超人的大智大勇。在革命处于低潮,黑云压城,一些人陷于消沉的时候,他的战斗纲领,他的坚毅勇敢,他的人格力量,激励着遭受挫折而分散的同志们继续奋斗。他的政治主张,与中国共产党的民主革命纲领有一致之处,他的革命活动与中国共产党的斗争相互呼应。他的英勇献身精神,永远值得人们尊敬和称颂,他的伟大功绩永远是中国革命史册上光辉的一页。正如许德珩在邓演达殉难50周年时题写的对联所说:"坚贞不屈,献身民主。碧血丹心,照耀千古!"

3.7 发动"倒蒋抗日"

邓演达被害的消息传出后,全国震惊。中国国民党临时行动委员会

发出《中央通告》,号召全党:"接受邓同志的遗教,坚实我们的团结,巩固我们的组织,整齐我们的步伐,一致携手踏着先烈光荣血迹前进,剿灭我们的敌人,完成我们神圣的事业。"各地临委会成员以极度的悲愤之情,开展了全党性的悼邓反蒋运动。

邓演达遇难后,临委会曾处于极其困难环境中,但并没有放松对"九一八"后国内政治形势的关注,发表了不少文章,在这些文章中揭露和批判了蒋介石国民党对日寇的不抵抗主义和对红军的加紧"围剿",进一步提出"必须坚持反蒋战线,在民主革命运动的口号下厚集一切反蒋势力",要"抗日救国"。文章中虽然对共产党仍有看法,对红军也抱有一定成见,但已认为在"目前军事独裁极盛的时代",红军的存在"也有相当革命的意义",文章也分析了"最后一切反蒋派势必在共同目标下面形成反蒋的大联合,以求中国民族及政治的出路"的趋势。这说明在内忧外患,民族危机关头,中国国民党临时行动委员会对中共的关系在策略上将要逐渐地转变。"九一八"后,中国共产党所发表的抗日反蒋宣言及其行动也促进了中国国民党临时行动委员会的这一转变。

邓演达的牺牲使临委会的领导顿失核心,受到了很大打击,这是临委会最艰难的时刻。经中央负责人商定,党务暂由黄琪翔主持,虽然再度在上海召开了全国代表大会,但党的组织却开始出现分裂状态,且缺少了邓演达的临委会再难以在黄埔同学中形成号召力了。当时临委会领导层思想混乱,一部分人如李世璋等因失去邓演达对临委会感到没希望,认为没有组织也可以革命,因而脱离了组织;一部分人如章伯钧等提出不能再戴着国民党的帽子,改党名为"中国农工民主党";一部分人如季方等力主按邓演达的遗志搞下去,并在北平与邓昊明等成立了"中国国民党临时行动委员会各省市联合办事处";而黄琪翔则在上海以党务主持人身份,继续按原有局面主持工作,出于多数党员对国民党的仇恨,将临委会暂改为"中国革命行动委员会"。

1932年8月,临委会各省市代表在北平成立了联合办事处。① 从8

---

① 1932年8月,中国国民党临时行动委员会各省市联合办事处所发《通告》(联字第一号)显示:临委会是在天津成立了各省市代表在成立了联合办事处。[中国农工民主党中央研究室.中国农工民主党历史参考资料(重印,第一至第五辑合订本).北京:中国农工民主党史料研究委员会,2008:191.]

月到10月先后发出三个《通告》。第一号《通告》指出,要继承邓演达的遗教,贯彻初衷,奋斗到底;团结忠勇同志整理地方党委,筹备全国代表大会,建立正式中央。第二号《通告》强调要严格"民主集权"的纪律,不得随意组党,要求坚持邓遗留下来的路线和一切计划方案、策略等;党名等事项待全国代表大会决定。第三号《通告》指出各地组织经联系督促已逐步恢复并趋于活跃;中央方面分别向各地派出同志报告党内情形,决心继承邓先生遗志,继续努力负责。11月10日,中国革命问题研究会印行章伯钧的《我们最近的政治主张》长篇政论,约3万字,分11个方面对最近的政治主张进行了论述,提出了采取农工民主革命手段、走国家资本主义道路主张。这一方面表明临时行动委员会的组织及其工作并未因邓演达的牺牲而中断,且在困境中逐步恢复并发挥作用;但另一方面也表明党内争斗激烈,特别是在党的名称和革命路线上产生严重分歧,党面临严重分裂趋势。

【黄琪翔小传】黄琪翔(1898—1970),字御行。1898年9月2日(有7月17日一说)生于广东梅县水车墟茶山。历任国民革命军第四军第12师第36团团长、第12师师长、第四军副军长、第四军军长等职。抗日战争时期,先后任第七集团军副总司令,第八集团军副总司令,国民政府军事委员会政治部副部长,第六战区副司令长官等职。中华人民共和国成立后,历任中南军政委员会委员兼司法部长,国防委员会委员,国家体委副主任。是中国人民政治协商会议第一、第二、第三届全国委员会常务委员,中国农工民主党第六届中央副主席。

1912年,黄琪翔考入广东陆军小学,开始了他的军人生涯。1914年,他被保送到保定陆军军官学校第六期炮兵科学习。学习期间,他成绩优秀,深得老师和同学们的赞扬。黄琪翔从保定陆军军校毕业后,被派任边防军第一师炮兵团排长。1920年调回保定军校任分队长,陈诚是分队学生,两人私交很好。

1922年,由于深受孙中山革命思想的影响,黄琪翔辞去保定军校职务,回到广东参加革命,任粤军第1师少校参谋,留后方办事处。不久,陈炯明叛变。北伐军回师讨逆失败,粤军第1师辗转回到江西候命。黄琪翔应辎重营营长张发奎之邀,出任该营少校营副。1923年春,该营扩充为第2团,张发奎任团长,黄琪翔任该团第3营营长,两人共事到大革命失败,离开第四军为止。

1924年1月,国民党改组,黄琪翔加入了国民党,因之对共产党有了初步认识。1925年春,广东革命政府第一次东征,讨伐陈炯明,黄琪翔任第1师第1旅第1团第3营营长,兴宁攻城一役,黄琪翔以寡胜众,取得辉煌战果,其军事指挥才能初露锋芒。10月,第二次东征,黄琪翔的36团英勇作战,大败敌军,为统一广东作出了贡献。

1926年7月,国民政府为实现孙中山反帝反封建的主张,兴师北伐。黄琪翔任国民革命军第四军第12师第36团团长。他与独立团团长叶挺并肩战斗,协同友部一路攻城陷阵,8月26日夜晚,攻占汀泗桥,打开了北伐胜利的大门。随后,黄琪翔率军乘胜追击,北上取贺胜桥,直捣武昌,一路势如破竹,战功显赫,为第四军赢得了"铁军"的美誉。

武昌久攻不下,黄琪翔随第四军调到江西战场,与第七军等在德安一线打败孙传芳部。随后回师武汉,升任第12师师长、第四军副军长。1927年4月,黄琪翔任第四军前敌总指挥,出师河南,继续北伐。6月5日,攻克开封后,部队进行整编,黄琪翔奉命返回武汉,任第四军军长,年仅29岁。

大革命失败后,黄琪翔不忍内战,于1928年东渡日本学习考察。同年7月,转赴德国。在柏林,他与宋庆龄、邓演达、叶挺等人相会,来往密切。受到他们的影响,黄琪翔赞成邓演达的政治主张,并参与商建新的政党,继承孙中山先生的三大政策,继续推动中国民主革命。

1930年,邓演达在上海主持召开第一次全国干部会议,正式成立中国国民党临时行动委员会,黄琪翔出席会议,当选中央干部会干事,任军事委员会主任委员,积极从事反蒋的军事活动。同年8月,邓演达不幸被捕,中国国民党临时行动委员会遭到严重破坏。值此艰危之际,黄琪翔被公推主持党务,他同季方、章伯钧等人为营救邓演达和恢复组织倾注了全力。"九一八"事变爆发后,黄琪翔强烈反对国民党政府的不抵抗政策,主持中国国民党临时行动委员会会议,提出了"倒蒋抗日"的政治口号和行动纲领,并于1932年组织义勇团和后援队,积极支持第十九路军的"一·二八"淞沪抗战。1933年夏初,他积极支持冯玉祥组织的察绥民众抗日同盟军,组织了北平的一批党员到张家口参加抗日战争。同年秋,黄琪翔率领党内大批干部到达福建,参加发动反蒋事变,并提出"联共"建议。11月20日,在福州召开的全国人民临时代表大会上,黄琪翔任大会主席团执行主席。福建人民政府成立后,黄琪翔当选为政府委员,任军事委员会委员兼参谋团主任。

福建事变失败后,黄琪翔再次前往德国,在柏林参加中国留德学生抗日联合会,坚持反蒋抗日的爱国救亡活动,因而遭到柏林警察当局的逮捕。1935年,他热烈拥护中国共产党的《八一宣言》,力主联共抗日。同年11月,中国国民党临时行动委员会在九龙召开第二次全国干部会议,易党名为中华民族解放行动委员会,推举黄琪翔为总书记。1947年2月3日,在上海召开的第四次全国干部会议上,又易党名为中国农工民主党。

抗日战争全面爆发后,黄琪翔任第七集团军副总司令、第八集团军副总司令,参加淞沪会战,率部与日寇浴血奋战。上海沦陷后,随军撤到武汉。1938年春,国共两党实行第二次合作,成立国民政府军事委员会政治部,陈诚是部长,黄琪翔与周恩来一起担任国民政府军事委员会政治部副部长,二人建立了深厚的友谊。4月1日政治部成立第三厅时,黄琪翔和周恩来、厅长郭沫若等合影留念。黄琪翔拥护国共合作,与中共密切联系,互相配合,为保卫武汉积极开展工作。

1939年,黄琪翔任第十一集团军总司令,进驻湖北襄樊。因第二十二集团军总司令孙震请假,他又兼任该集团军总司令。当时,日寇集中5个师团的兵力,发动了枣宜会战,黄琪翔率部英勇抗敌。在部队受挫后,书写"还我河山"条幅,以示抗战的决心。

1943年,黄琪翔任中国远征军副司令长官。1944年5月,在盟军的配合下,中国远征军发动了震惊世界的"滇西缅北战役"。经过6个多月的艰苦战斗,全歼日寇精锐部队5万余人,收复失地2.4万平方公里,这是抗日战争中史无前例的伟大胜利。由于黄琪翔在八年抗战中贡献卓越,荣获"抗日战争胜利勋章"、"青天白日勋章"以及美国最高奖章——"自由勋章"。

在抗战期间,黄琪翔利用转战各个战场的机会常到重庆,对抗战后方的工作甚为关切。黄琪翔和章伯钧代表第三党与共产党领导人,经常就抗日、民主、团结等问题进行秘密协商,协调行动。1943年6月,黄琪翔在重庆李子坝半山新村第三党中央联络点约请周恩来会谈,章伯钧、丘哲、杨逸棠等在座,希望今后能随时得到中共的提醒和帮助。同年冬天,黄琪翔特筹资在重庆北碚办了一个"人文书店",为第三党推销进步书籍,对宣传抗战起到了积极作用。

抗日战争胜利后,黄琪翔回到了重庆,虽被授予上将军衔,但他坚决反对内战,主张和平建国。他认为和平民主是不可抗拒的潮流,抗战八年,人民厌恶内战,若再内战必遭人民唾弃。故在1946年3月17日重庆召开的各民主党派领袖和各界人士集会上慷慨陈词,反对内战,希望和平。当他识破国民党当局正准备内战的阴谋时,曾公开表示"从此退伍,绝不参加内战"。1948年秋,在决定中国人民前途和命运的时刻,黄琪翔毅然出走,化装潜往香港,公开宣布同国民党政府彻底决裂,并连续发表文章和谈话,积极参加全国的爱国民主活动。1949年8月,黄琪翔应中共中央邀请从香港来到北平,出席中国人民政治协商会议第一届全体会议,为民主革命的胜利和中华人民共和国的建立作出了积极的贡献。

1970年12月10日,黄琪翔在北京逝世。

(摘编自《共和国人物档案》丛书之《共和国全国政协第一届常委》、《黄琪翔将军在重庆》和《丹心如铁》)

在这种艰难的形势下，黄琪翔依然接过邓演达手中的火炬，主持党务工作，负责与各地联系，提出"倒蒋抗日"十条纲领，发挥着中坚作用。他夜以继日，编印出了数千册的《邓演达遗著》，同时，将柳亚子、彭泽民等人悼念邓演达的诗文，编成《邓演达纪念集》，还创办了《演化》周刊，让邓演达的声音传遍大江南北，以重新团结同志，集结力量。根据实际情况，有重点地整顿组织，即改组上海组织，加强北方组织，重建南方组织。同时，尽管组织陷于困顿之中，"九一八"事变后，临委会仍然及时举起了抗日救国的旗帜。短时间内，各方面工作都取得了显著成效。

在中国共产党统一战线政策影响下，临委会的同志们继承邓演达烈士的革命精神，前赴后继，积极投入了民族解放和人民革命的斗争。1931年"九一八"事变时，邓演达在狱中给党的其他负责人写信，叮嘱与各党派合作，共赴国难，发动群众，对日宣战。11月12日，正处在被国民党当局残酷迫害之中的临委会，以极大的悲愤制定和发表了《中国国民党临时行动委员会对时局的宣传大纲》，谴责中国统治阶级"勇于内战而怯于外敌"。声讨日本帝国主义侵占我东北领土，明确提出了"反蒋抗日"的政治口号和行动纲领。接着，临委会向全党发出了《政治通告》、《训令》等重要文告，揭露和批判了蒋介石国民党对日寇的不抵抗主义和对红军的围剿，号召各地党组织和广大党员同全国广大农工平民大众一道，积极投身到"倒蒋抗日"活动。北平、广东等省市组织响应临委会中央号召，组织党员深夜出动到大街小巷发传单、写标语，进行反蒋抗日的宣传。

黄琪翔与警备京沪的第十九路军军长蔡廷锴在北伐时是第四军的老朋友，长期共事，关系甚好，在上海又是邻居，两人都力主抗战，认为：非抗日不足以图生存；非反蒋不足以言抗日。当何应钦电告蔡廷锴"退出上海市区，以免冲突"时，蔡廷锴拒不撤防。1932年1月28日，日军入侵上海，驻守上海的十九路军在总指挥蒋光鼐、军长蔡廷锴指挥下奋起反抗，从而爆发了"一·二八"淞沪抗战。淞沪抗战爆发后，十九路军对日英勇作战，黄琪翔坚决支持十九路军抗日，发动在上海的第三党党员余立奎等组织义勇军，编入十九路军补充一团参加抗战，该团在太仓等地同日军浴血奋战；日军从浏河登陆时，临委会暨南大学小组的成员，积极发动群众支援十九路军堵击敌人，并对十九路军进行募捐、慰问等活动;李世璋等则组织"后援队",从物资供应方面大力支援十九路军,奋起抵抗日本侵略者。

主动请缨的张治中①军长率第五军驰援上海,与十九路军并肩英勇抗敌。是役,中国军队在人民支援下浴血奋战,连续击败日军进攻,使敌三易主将,数次增兵,死伤逾万,受到沉重打击。但政府当局妥协退让,不继派援兵,守军寡不敌众,防线终于被日军从侧翼突破而被迫撤退,国民政府与日军签订了丧权辱国的《淞沪停战协定》。

3月2日,在十九路军被迫撤出上海前夕,临委会发表《对上海事件紧急宣言》,强烈谴责南京政府断送上海抗日的罪行,痛斥南京政府"误国殃民"的政策,指出今后要走"依靠农工平民革命,铲除一切反动的卖国的统治阶级,建立全国农工民主的革命政权"的道路。《宣言》提出了抗日反蒋的9项主张,接着,临委会将9项主张细化为16条《行动纲领》。《宣言》明确提出,"中国反动统治阶级和日本帝国主义同是我们的敌人,我们要用自己的力量去击碎这双重束缚的镣铐";"只有揭起农工平民革命的大旗,铲除一切反动的卖国的统治阶级,建立全国农工民主的政权,才能集中一切民族的民主的势力,担负伟大的民族斗争的使命!"十九路军的壮举使自"九一八"事变以来弥漫全国的悲观情绪为之一扫,因而得到举国上下的积极声援和支持。临委会的行动和宣言也在国内外引起强烈震动。

3.8 提议、策动"福建事件"

十九路军英勇奋战,给日军以沉重打击,苦战月余,终于被卖国的国民党政府的欺骗和阻挠的阴谋所断送,国民党政府与日军签订了丧权辱国的《淞沪停战协定》。之后,蒋介石把十九路军调往福建"剿共"。是

---

① 张治中(1890—1969),原名本尧,字文白,汉族,安徽合肥市巢湖区(原巢县)黄麓镇洪家疃人。黄埔系骨干将领,原国民党陆军二级上将。1916年毕业于保定陆军军官学校第三期步兵科。1924年后,任黄埔军校学生总队长、军官团团长,1926年参加北伐。1928年后,任国民政府中央军校教育长、国民政府第五军军长、第四路军总指挥、第九集团军总司令,参加中日淞沪会战。1937年11月任湖南省主席,1945年调任国民党军事委员会政治部部长兼三民主义青年团书记。著名爱国将领。

"剿共投降"还是"联共抗日"？蔡廷锴经常到黄琪翔家商讨有关问题。黄琪翔建议与共产党取得联系，"联共"才能联合全国的抗日力量同仇敌忾，共御强敌。

1933年3月初，在不到10天的时间里，热河失守。5月，日军在逼近平津的同时，又进犯察东。5月底，国民党与日寇签订丧权辱国的《塘沽协定》。鉴于此，冯玉祥汇集各方爱国部队，在张家口组织成立察哈尔"抗日同盟军"，自任总司令，与日本侵略军浴血苦战。临委会与冯玉祥订有共同反蒋的合作协议，并一直保持着联系。在冯玉祥派人到上海同黄琪翔等商谈后，临委会决定支持冯玉祥的联共抗日计划，派章伯钧、彭泽民等两次到张家口同冯玉祥会谈，随后临委会派出周惠生、张云川等一批干部和党员前去参加抗战，以实际行动支持同盟军抗日。章伯钧、彭泽民等从北平动员部分党员和大批青年前往张家口参加同盟军，投身抗战。同盟军发展到10万多人，他们浴血奋战，将日、伪军全部赶出察哈尔省，后在蒋军和日军的夹击中失败，参加同盟军的临委会成员大多撤回北平。

察哈尔抗日同盟军的兴起，早就刺激了经历淞沪抗战辉煌的第十九路军将领。临委会领导人目睹十九路军的爱国行动受压制，欲与十九路军合作，共谋反蒋抗日。黄琪翔向蔡廷锴提议，派遣临委会成员随军到福建开展工作，获蔡廷锴同意。1932年7月，十九路军全部抵闽，蒋光鼐任福建省政府主席，蔡廷锴任驻闽绥靖公署主任。从1932年冬到1933年春，60多位上海临委会成员陆续到达福建，与十九路军一起在当地开展工作，在闽党员共有100余人。临委会向十九路军建议实行"计口授田"政策，以取得农民支持，巩固地区政权。临委会多数人配合十九路军在闽西开展"计口授田"运动，一部分人帮助十九路军培训干部，丘学训还派陈雪华等去闽南从事农民运动，成立农民武装。

此时，为了发动对中共革命根据地苏区的第五次"围剿"，蒋介石做了多方面的准备，强调要实行"三分军事，七分政治"的方针。1933年5月，又在南昌成立全权处理赣、粤、闽、湘、鄂五省军政要务的军事委员会委员长行营，蒋介石本人坐镇南昌。经过半年准备，蒋介石调集100万军队，自任总司令，决定首先以50万兵力，分几路"围剿"中共中央根据地的红军。其中，北路军共33个师另3个旅，担任主攻；另有南路军、西路军和十九路军分担阻止红一方面军向外发展的任务。红军主力仅8万多人,分中央军和东方军,因毛泽东已离开红军的领导地位,由临时中共中央直接领导这次"围剿",结果陷入了被动局面:中央军无仗可打,东方军入闽作战小有胜利,但因连续作战造成部队非常疲惫。

  1933年6月间,东方军红三军团主力在彭德怀①的指挥下东进,十九路军区寿年的师受到重创,在黄琪翔、章伯钧等从中斡旋下,与中共代表进行谈判,1933年10月26日,"福建政府"筹建及第十九路军的代表徐名鸿(第三党党员)同中华苏维埃共和国临时中央政府及红军代表潘汉年(中共)在江西瑞金签订《反日反蒋的初步协定》,秘密达成抗日反蒋初步协定21条,从而解除了后顾之忧,加快了"福建事变"的发动进程。1933年10月,李济深、陈铭枢邀请黄琪翔、章伯钧等临委会负责人和其他反蒋力量的代表,在香港李济深家中召开秘密会议,筹组福建人民革命政府,发动反蒋抗日。11月上旬,黄琪翔偕同章伯钧、彭泽民、丘哲等一行抵达福州,临委会100多位干部汇集福建,参加"人民政府"的筹建工作。11月18日,黄琪翔、章伯钧、彭泽湘②、麦朝枢在福州东郊出席了李济深、陈铭枢主持的紧急会议,出席会议的还有冯玉祥的代表余心清、国民党民主派(第三党)徐谦、陈友仁、李章达和蒋光鼐、蔡廷锴,十九路军全体高级将领也参加会议。会议讨论、决定了发动事变的日期及成立人民革命政府的相关重大事宜。

  1933年11月20日,国民党第十九路军将领陈铭枢、蒋光鼐、蔡廷

---

  ① 彭德怀(1898—1974),原名得华,号石穿,汉族,湖南省湘潭县人。1931年11月任中华苏维埃共和国中央革命军事委员会副主席,1934年1月补选为中共第六届候补中央委员,在中央苏区历次反"围剿"中,他是前线主要指挥员之一,所率3军团屡建战功。1934年10月率部参加长征。中国人民解放军的缔造者之一,中华人民共和国的开国元勋之一,1955年被授予元帅军衔。

  ② 彭泽湘(1899—1970),又名一苇、祖康、若愚、岳渔,汉族,湖南省岳阳县人。1922年12月,经罗亦农和瞿秋白介绍加入中国共产党,成为中共旅莫(斯科)支部发展的少数早期党员之一。1928年7月参加中共六大。1930年秋回国先后任上海中共沪中区委委员、宣传部长、区委书记。因他不接受由王明主持的中共六届四中全会决议招来王明对他的打击。1931年1月被开除党籍。1934年1月,他因"福建事变"再次遭到蒋介石通缉被迫逃往香港,参与恢复建立第三党。1935年11月,在香港召开的中华民族解放行动委员会(第三党)第二次全国干部会议上,他当选为中央委员、中央常务委员、组织委员会书记。1940年秋彭泽湘因内部人事不合宣布退出第三党,专门担任主张抗日反蒋的李济深的顾问,继续为抗日民族统一战线工作奔波劳顿。

锴,联合黄琪翔领导的临委会、李济深等国民党左派势力以及福建地方反蒋力量,在福州南校场(今五一广场)召开"中国全国人民临时代表大会"。是日上午9时,初冬的福州晴空无云,阳光普照。来自全国各省市及海外华侨的代表百余人和十九路军驻福州官兵以及福州机关人员、学生、市民共约3万余人参加了大会。按预定方案,首先由全体代表推举黄琪翔、徐名鸿、方振武、章伯钧、余心清等17人为大会主席团成员,大会主席团推选黄琪翔为大会主席团总主席,主持会议,致开幕词。9时40分,大会总指挥丘国珍宣布开会。

黄琪翔首先在大会上致开幕词说:"今天大会意义是非常的重大,中国今日受帝国主义的压迫已达极点,以蒋介石为中心的国民党'南京政府',丧权失地的事,不知多少,使中国的危亡日益加迫。"他指出,要摆脱民族危机,"谋求中国之自由独立,必须扫除帝国主义的侵略,尤当先打倒卖国媚外的南京国民党系南京政府"。黄琪翔最后说:"从今天起,我们是走上新的革命路线,这也算是我们革命的策略地,我们应以加倍奋勇的精神,努力迈进,完成革命的要求。"李济深等13人大会发言后,黄琪翔宣读《中国人民临时代表大会人民权利宣言》,宣言指出,代表大会的宗旨是"救护国家,保障人权",并提出了谋求中国自由独立的13条基本方针。会上通过了由彭泽湘起草的《人民权利宣言》。

大会选出李济深、陈铭枢、黄琪翔、蔡廷锴等11人为人民革命政府委员,一致选举李济深为主席。22日,宣告成立"中华共和国人民革命政府"(即福建人民政府),定福州为首都,宣布脱离国民党,与蒋介石政府决裂。临委会领导成员在福建政府中担任了许多重要工作:徐谦兼任最高法院院长,黄琪翔任军事委员会委员兼参谋团主任(即总参谋长),章伯钧任经济委员会委员和文化委员会委员兼土地委员会主任,丘哲任经济委员会委员兼贸易委员会主任,彭泽湘任人民革命政府秘书长,麦朝枢、万灿、詹显哲任政府秘书,郭冠杰任延津省(福建政府下辖4省之一)副省长(省长萨镇冰未到任)等职务。《人民权利宣言》刊出后,《大公报》11月22日发表时评说:"观前日大会通过之纲领,显以第三党之主张占十之八九,是目下闽局,实在第三党支配之下。"

到达福建的临委会成员日益增多,组织不断壮大,工作十分活跃。这时,福建事变领导人认为,"整个国民党为蒋介石所把持操纵",成为

"残民卖国之手段"。所以,参加福建事变的领导人集体宣布退出国民党,十九路军的将领们也通电宣布脱离国民党,同时参加事变的各党派的领导人决定组织"生产人民党",以陈铭枢为总书记。在李济深、陈铭枢等所有国民党员联名声明脱离国民党后,黄琪翔听从蔡廷锴意见,为了化解矛盾,团结对敌,说服第三党同志,为顾全大局,经反复磋商,12月11日,临委会策略地以"中国革命行动委员会中央干部委员会"(而非中国国民党临时行动委员会)名义,在福州《人民日报》登出《中国革命行动委员会宣告解散启事》和《第三党正式宣言解散,一致参加生产人民革命党》,宣告:解散中国革命行动委员会之原有组织,一致参加生产人民革命运动以与其他政治主张相同之革命势力共同担负中国革命任务。参加福建事变的各党各派,都参加了"生产人民党"。福建人民革命政府和生产人民党,公开打出否定国民党的旗号,废止中华民国法统。

人民革命政府成立当天,就遭到蒋介石、汪精卫的斥责,为镇压福建人民革命政府,蒋介石出动大量陆海空军向福建进攻,并自任"讨逆军"总司令,一方面派飞机轰炸福州,一方面调遣嫡系部队11个师约15万中央军包围福建,直指福州。大军压境,福建人民政府组织约5万人的十九路军奋力抵抗,在战斗最激烈的时候,黄琪翔、蔡廷锴同赴前线视察,但终因力量悬殊而失败,1934年1月13日,福建人民革命政府终因兵力悬殊而失败解体,历时不足两月,"生产人民党"解体,江董琴等5位临委会成员壮烈牺牲。黄琪翔、章伯钧、彭泽湘、郭冠杰以及参加"福建事变"的同志,先后来到香港与彭泽民会晤,总结事变经过。

1933年,在酝酿建立抗日反蒋的福建人民政府时,临委会作为主要的策动者和参与者之一,首先提出"联共"的主张,并派人找中共领导人,要求采取联合行动。但中共王明①"左"倾路线领导人拒绝与在福建成

---

① 王明(1904—1974),原名陈绍禹,又名陈绍玉,字露清,汉族,安徽六安金寨县人。1925年10月加入中国共产党和国民党。11月,去莫斯科中山大学学习。1929年10月回国后,任《红旗》编辑,发表"左"倾思想的文章。1931年中国共产党六届四中全会上,在共产国际代表米夫的支持下,选入中央政治局,很快又补入中央政治局常委会,取得了中央领导权。1931年6月,总书记向忠发被捕叛变,米夫以共产国际名义指定由王明为代理书记,党内开始了第三次"左"倾错误的统治。同年9月,党中央机关遇到破坏,王明随米夫去苏联,任中共驻共产国际代表。王明去苏联前指定中央由博古负责,博古执行的仍是王明的"左"倾冒险主义。

立的"中华共和国人民政府"合作。11月22日,尽管中华共和国人民革命政府成立后与中华苏维埃共和国临时中央政府签订《闽西边界及交通条约》,但中共没有给予"福建政府"以应有的援助,其结果是蒋介石集团在击败这个孤立无援的革命政权后,又回过头来加紧"围剿"中央苏区的工农红军,导致了第五次反"围剿"战争的失败。

由于蒋介石为代表的反动势力全力镇压,福建人民政府成立仅54天就夭折了,名满中外的抗日劲旅十九路军也随之惨遭解体。福建事变虽遭失败,但其意义是重大的,福建事变领导人明确提出了"联共、反蒋、抗日"的方针,并颁布了一系列民主主义政策法令,同红军签订了"反日反蒋初步协定",为后来中国共产党建立广泛的抗日民族统一战线提供了宝贵的历史经验。同时也推动了国民党革命派的进一步团结和将来的进一步与中共合作。

3.9 临委会与中国共产党的关系

1930年中原大战失败后,西北军与蒋介石矛盾进一步激化。在这种情况下,中国国民党临时行动委员会、中国共产党不约而同都开始加强了对西北军的争取工作。当时,杨虎城不仅赞同中国国民党临时行动委员会的某些政治主张,同时还同意临委会在西安建立地方组织。

隐居上海的原冯玉祥第二集团军主要将领邓宝珊,由于经常同邓演达讨论有关中国革命问题,也表示同意中国国民党临时行动委员会的政治主张,并开始担任一部分军事工作。不久,邓宝珊就通过原西北军将领、第二十二路军总指挥吉鸿昌与原西北军各部都取得了联系。1931年初,邓宝珊回西安后,就更加强了临委会在西北方面的军事工作。同年春夏之际,冯玉祥又派代表到上海同邓演达会谈,讨论了推翻蒋介石统治及在军事上的配合问题。8月中旬,章伯钧携邓演达的信到山西汾阳会晤了冯玉祥,进一步讨论了军事配合问题。

就在中国国民党临时行动委员会积极与杨虎城、冯玉祥等联络的同时,中国共产党争取西北军的工作也在进行。当时,在上海的中共中央军委军政情报处派刘仲华与邓宝珊建立了联系,并通过邓宝珊与吉鸿昌发生联系。对这个时期的工作,聂荣臻①曾有回忆:军委搞"兵运"工作,也取得了某些成效,如孙连仲的二十六军,是1931年夏天在上海与我们联络成功的;吉鸿昌同志也是这时候与我们取得联系的;党派刘仲华同志通过邓宝珊先生与他取得了联系,邓宝珊本人也跟我们常有接触。对于冯玉祥方面,中原大战后不久,中共华北政治保卫局就通过冯玉祥驻北平的外交代表、原冯玉祥交际处长赵彦卿建立了联系,使之为我们提供了很多重要情报,在1931年间,冯玉祥还主动向中央赠送了一批经费。

邓演达对中国革命许多基本问题的正确认识和分析,以及鲜明的反帝反封建的革命立场,本来有可能同中国共产党联合起来,反对共同的敌人。但时值李立三在主持中共中央工作,他的"左倾"关门主义对邓演达采取了错误的政策。"对其他党派的政策,没有加以区别,把他们一律看成敌人",因而对第三党了采取了否定的态度,致使两党之间形成了严重的隔阂,给革命造成了巨大损失。周恩来在总结这一经验教训时指出:"1930年邓演达回国后,曾找我们谈判合作反对蒋介石,可是我们没有理睬他,这是不对的。"

大革命失败后,中共与临委会(第三党)在政治理念方面分歧较大,论战激烈。对于在领导权问题上与中共存在着巨大分歧并极力反对在中国建立苏维埃政权的第三党,中共领导机关视之为重要政敌而全力批驳。根据有关文献归纳②,中共对第三党的态度主要表现在:

1. 把第三党当作重要的打击对象

1928年6月18日至7月11日,中国共产党第六次全国代表大会在莫斯科郊外五一村的"银色别墅"二层会客厅秘密召开。六大结束后到1928年底,中共中央发出的许多文件,在把主要斗争锋芒指向蒋介石政权的同时,也把批评、指责邓演达及第三党作为内容之一,认为第三党是"豪绅地主资产阶级反革命的工具",是"专来到群众中散布许多蒙蔽阶

---

① 聂荣臻(1899—1992),字福骈,汉族,四川江津(现重庆市江津区)人。1931年,聂荣臻调到中央军委任参谋长,先后在香港、天津、上海等地坚持秘密斗争;12月,聂荣臻根据组织的决定撤离上海,前往江西中央革命根据地。抗日战争爆发后,聂荣臻先后任八路军第115师副师长、政治委员。中国人民解放军创建人和领导人之一,中华人民共和国十大元帅之一。

② 见书后所附参考文献"期刊部分"的相关研究论文。

级意识的迷药",甚至将"反国民党""反第三党"并列,并正式提出了"打倒替资产阶级作走狗欺骗群众的第三党(中华革命党)"的口号。邓演达回国后,曾多次主动找中国共产党负责人进行协商,希望同中共建立联合反蒋战线。1930年8月,邓演达在上海正式成立中国国民党临时行动委员会,几天后,中共中央发表《中国共产党对目前时局的宣言》,对中国国民党临时行动委员会成立作了评论。认为它"实际上拥护国民党的白色恐怖政策","是反革命最得力的组织工具",并号召全党同"第三党军作残酷的斗争"。显然,第三党被中共当作"敌人"完全否定了。

1931年9月18日,中国东北军和日本关东军在中国东北爆发军事冲突和政治事件,中日矛盾进一步激化。"九一八"事变爆发时,正值以王明为代表的"左"倾错误路线在中共中央的统治时期,虽然临时中央在事变后立即作出决议,揭露日本军国主义的侵略和国民党当局的不抵抗政策,但是,此时中共主要决策人依然无视已经变化了的国情,坚守大革命失败初期对第三党的定论,认为第三党是"一部分失意的怯懦的小资产阶级知识分子徘徊于革命潮流的余波",是"效忠于豪绅资产阶级的蒋介石的走狗"。出于全民族利益的考虑,中共在"九一八"事变后也提出"愿意同一切真能抗日反蒋的武装力量联合起来,争取中国民族的独立自由解放",但对第三党的认识仍无突破。1934年的《第二次全国苏维埃代表大会宣言》仍把第三党列入"反革命的改良主义的派别"。福建事变后,苏区中央政府仍认为第三党"不过是帝国主义的应声虫,是帝国主义国民党反对中国革命民众的帮凶"。中共中央在给第一方面军总前委、江西省委、各特委、各地方党部的信中,把第三党划入苏区"阶级敌人"之列,要求"作残酷的斗争"。

2. 全盘否定第三党的政治主张和军事行动

"九一八"事变后,随着国内局势的急剧发展和阶级关系的巨大变化,社会各界的政治态度也开始发生不同程度的变化。第三党明确提出了"倒蒋抗日"的口号,并呼吁社会各界"尽力鼓动反日反蒋的斗争"。1932年,第三党积极支持十九路军抗战,其部分成员还直接参加了上海太仓地区的保卫战。然而,中共对第三党的政治口号和军事行动不仅没有给予正确的评价,反而认为其政治口号"实际上不过是掩护国民党的出卖与投降的烟幕弹",其军事行动则是走"出卖民族的失败主义的道路",并主张"集中火力打击这些反革命统治的支持者"。1932年上海"一·二八"事变爆发后的第四天,王明等即以中共中央名义发表了《为上海事变第二次宣言》,指责蔡廷锴等爱国将领的抗日行动是"弄各色各样的把戏来愚弄劳苦群众,消灭他们的革命行动,以便更进一步地出卖中国"。

3. 拒绝与第三党合作

"一·二八"事变后,第三党积极支持十九路军抗日,并且发布宣言,痛斥蒋介石政府的卖国行径并提出9项主张,呼吁包括中共在内的各个党派联合抗日反蒋,挽救民族危亡。随着日本加紧侵略中国,第三党更坚决主张与共产党和红军进行联合。十九路军在淞沪抗战后,被调到福建之前,第三党就鼓动十九路军联合共产党,进行抗日反蒋。1933年11月20日,黄琪翔、章伯钧等人领导第三党同十九路军爱国将领陈铭枢、蒋光鼐、蔡廷锴以及国民党民主势力李济深等共同发动了著名的"福建事变"。这是一次意义重大的"国民党营垒的破裂",十分有利于中央红军打破国民党的第五次"围剿"。由于当时的中共中央仍将第三党等中间势力视为"最危险的敌人",错误地认为"福建人民政府"不过是一些过去反革命的国民党领袖们与政客们企图利用新的方法欺骗民众,而维持地主资产阶级的政权,因而再一次错失了与第三党联手反蒋的有利时机。

这一切表明,尽管这一时期,中国国民党临时行动委员会与中国共产党在关于中国革命的理论方面,在指导思想上,双方认识有着严重的分歧,但出于同一反蒋目标,双方仍然在分化、争取国民党各派系反蒋力量方面做了大量工作。而重要的是,虽然中国国民党临时行动委员会对中国共产党进行了许多攻击,却没有在行动上去破坏对方的工作,反而在争取反蒋力量方面进行了"默契的合作",这一点就为日后在抗日反蒋方面的真正合作奠定了基础。

至于临委会(第三党)对中共的认识态度,周恩来曾经评价临委会(第三党)的领袖邓演达是三分反共七分反蒋。这就表明临委会(第三党)的政治态度是反蒋多于反共,而且它的反共大多表现在政治宣传上,与直接屠杀中国共产党党员和革命群众的国民党反动派是显然不同的。根据《中华革命党党纲》《中华革命党宣言草案》《政治主张》《中国到

哪里去?》、《我们最近的政治主张》等和有关文献归纳①,第三党对中共的态度主要表现在:

1. 认为中共不是独立的政党,是第三国际的工具,受第三国际的指挥

邓演达认为中共"想用盲动的方法,毁灭中国的一切,使中国变为第三国际的附庸,苏联的属邦",邓演达还认为"苏维埃政权精神上侮辱中国民族,侮辱中国人民;而物质上只有破坏中国现存的文明"。第三党还将中共与国民党新旧军阀相提并论,在《宣言草案》中,第三党认为:"现在国内有权的人们,为要镇压这种呼声(新党组织即第三党的呼声),无形中结成了联合战线。反动的国民党、新旧军阀、总司令、小政客、侦探、稽查、包打听、巡捕房以至共产党,都在这个队伍里。"这就混淆了中共与国民党、新旧军阀等的区别,忽视了中国共产党的先进性和革命性。

2. 认为中国共产党不是领导中国民族革命的政党

第三党认为中国共产党的要求是"超民族的","共产党纯粹是国际的",不是"专门从事于民族解放的","不是负担民族解放使命的政治团体"。在领导权上,第三党认为"中国革命应该由国民党左派来领导";在中共与群众关系上,第三党认为中共"蔑视中国大多数平民群众的要求,并且完全不顾中国客观上的可能性,一味以主观的意识去盲动";在苏维埃政权上,第三党认为中共"只盲目的追求未来的空想"。另外,章伯钧在1932年12月发表的《我们最近的政治主张》中认为"中国共产党是中国农工革命的障碍物",对当时中共提出了批评和责难。这就否认了中国共产党领导的民族民主革命。

3. 认为中共领导的武装起义和农民暴动是妄动的

第三党认为中共"暴动愈扩大,南京的统治势力愈坚强,而人民的痛苦亦愈增加",在农民问题上认为中共"只是想利用农民威胁农民,去建立一部分的工人独裁政权",第三党还认为"大批的流氓无产阶级,零星失意的军队,在求生不得求死无从的绝境中先后投到中国共产党的暴动旗帜之下",从而"演成了绵延千里久旷岁月之破坏局势和展开愈演愈烈及愈难逆料之前途"。这就否认了中国共产党领导的农民革命,同时也否定了中国共产党历来重视农民并把农民视为革命的同盟者。

---

① 见书后所附参考文献"期刊部分"的相关研究论文。

4. 否定中共领导的工农红军

第三党对红军的活动形容为"猖獗",认为"现时所谓红军当然是中国共产党底唯一宠儿,也就是中国共产党那班官僚式的领导向第三国际、列宁和斯大林个人邀功的贡物"。并且认为中国共产党的一切活动的动机是"附在以流氓无产者组成的红军上面",邓演达认为红军是"流氓无产者的化身",他还认为农民对红军的拥护"被迫的成分多自愿的成分"。在临委会 1931 年 11 月 12 日发布的《对时局宣传大纲》中,认为"红军没有成功的可能和希望"。这就贬低了中共领导的工农红军。

研究上述有关文献资料,可以得出这样的结论:在 1927 年到 1935 年间,中华革命党、临委会与中共两党的关系,总体上是处于互不认同的态度,但没有走向对立面。也正是这种态度,使两党关系走过了一段曲折的道路。

3.10 响应《八一宣言》

1934 年 1 月,福建人民革命政府失败。临委会领导人和干部数十人先后从福州抵达香港,着手恢复组织工作。2 月,黄琪翔、章伯钧、彭泽民、丘哲、彭泽湘、郭冠杰等在香港两次举行临时会议讨论,决定否认《中国革命行动委员会解散启事》,恢复临委会组织,按邓演达的政治纲领继续战斗。① 为缩小目标,分散敌人注意力,决定分赴国内外活动:黄琪翔、谢树英、万灿等西往德国,章伯钧、李士豪、何世琨、郭冠杰等东渡日本,漆琪生、王寄一等回上海,周惠生、王一帆等到北平,李伯球等留广州,皆以香港为联络点,由彭泽民、丘哲留守,经常交换国内、国际政治斗争情况。

1935 年夏,日本帝国主义发动了旨在侵吞我华北地区的华北事变,中华民族危机进一步加深。国民党政府继续推行"攘外必先安内"的政策,并同日本侵略者签订了一系列丧权辱国的协定,残酷压制人民的爱

---

① 据章伯钧 1951 年在《谈农工民主党历史》中提到:"一九三四年福建革命运动终场后,我们到香港,通电复党,不承认福建我党解散事。"在其他一些同志的回忆文章中也有谈到此事的。但到目前仍没有找到复党《通电》。[中国农工民主党中央研究室.中国农工民主党历史参考资料(重印,第一至第五辑合订本).北京:中国农工民主党史料研究委员会,2008:190.]

国活动,激起全国人民反蒋抗日浪潮的高涨。章伯钧同李士豪、李伯球、何世琨及所联系的中外友人郭沫若、田中忠夫等十余人,以避暑为名,在日本伊东井子头公园集会,就反蒋抗日等问题交换意见。一致认为,中国的情况很复杂,唯有共产党是革命的主力,但也需要各方面的力量去配合行动。与此同时,在德国的黄琪翔、连瑞琦等也积极参加了由中共领导的"旅欧华侨抗日联合会德国分会"的爱国活动。章伯钧函告黄琪翔在日本商议的情况,黄琪翔复信说:"现在从斗争的实际情况来看,共产党是斗争的主力,要革命就必须与红军取得联系,必须同共产党合作。"临委会负责人在重大的根本问题上取得了共识。

1935年8月1日,在中华民族生死存亡的紧急关头,为挽救民族危亡,中国共产党驻莫斯科共产国际代表团,根据共产国际"七大"确定的建立反法西斯统一战线的策略,草拟了《中国苏维埃政府、中国共产党中央为抗日救国告全体同胞书》,即著名的《八一宣言》。10月1日,以中华苏维埃共和国中央政府和中国共产党中央委员会的名义,在法国巴黎出版的《救国报》发表。宣言分析了由于日本的侵略和蒋介石的不抵抗政策所造成的紧迫形势,揭露了日本加紧侵吞华北和国民党政府对日妥协的面目,指出中华民族已处在死生存亡的关头,抗日救国是全体中国人面临的首要任务。宣言强调建立包括上层在内的统一战线,扩大抗日民族统一战线。

此后,中共又在11月13日和18日分别发表了《为日本帝国主义并吞华北和蒋介石出卖华北出卖中国宣言》、《中华苏维埃共和国中央政府、中国工农红军革命军事委员会抗日救国宣言》,加之这时从巴黎《救国报》和莫斯科《国家新闻通讯》传至国内的《八一宣言》,在社会各阶层中引起强烈反响。临委会是最先看到并积极响应《八一宣言》的一个民主党派。当时它的一些主要领导人由于"福建事变"的失败大都分散在海外,当他们得知中共《八一宣言》发表后,情绪立即高涨起来,乃相约回港,准备重振组织,参加抗日民族统一战线。在香港,他们回顾了以往所走过的路,一致感到过去那种既反蒋又反共,"老是在夹缝中奋斗,左右受敌"是不行的,今后不应该再有三条战线的厮杀,而应该选择一个新的方向前进。新的方向是什么?这就是与共产党和全国各抗日力量结成反日战线。临委会领导人一致认为"反日反蒋,事有可为"。随后,临委会发表了《组织反日阵线提议的宣言》,指出:中国反帝民族革命战争,应自对日宣战始。呼吁:一切革命的党派应放弃宗派偏见,形成巩固的"反日阵线"。该《宣言》率先响应了中共《八一宣言》,公开打出"联共抗日"的旗帜,表达了同共产党合作的诚意,共同推动了全国抗日救亡运动的高潮。

第4章 中华民族解放行动委员会
(1935.11—1941.3)

临委会屡仆屡继,经历了一次次失败。而这期间,中国共产党及其领导的红军,经过1935年1月15日至17日在遵义召开的扩大会议(遵义会议),红一方面军在历时近一年的艰苦转战中,长驱二万五千里,纵横十几个省,粉碎数十万国民党军队的围追堵截,战胜无数艰难险阻,实现了空前的战略大转移,取得了震惊中外的二万五千里长征的伟大胜利。1935年11月初,中共中央和陕甘支队的红十五军团会师,11月3日,中华苏维埃共和国中央政府决定成立中国工农红军西北革命军事委员会,11月7日,中共中央机关到达陕北根据地的中心瓦窑堡。这些事实促使临委会在探索民族解放的道路问题上进行了深思,不断总结经验。

4.1 解委会成立(第二次全国干部会议)

1935年夏,日本帝国主义向华北发动新的侵略,国民党政府进一步推行媚日卖国政策。在此民族危机日深之际,先后到达日本的章伯钧、何世琨、李伯球、李士豪等,借避暑在伊东井子头公园集会,就如何重振组织、发动反蒋抗日等问题交换意见。一致认为:共产党是革命的力量,但也还要各方面的力量去配合行动,这就是第三党要重振组织的目的。8月1日,中国共产党在中华民族千钧一发的生死关头发表《八一宣言》,呼吁停止内战,一致抗日。这就照亮了中华民族解放的前途,激发起全国人民抗日民主运动的高涨。章伯钧等深受鼓舞,认为反日反蒋,事有可为。国内同志催促章伯钧返回香港,准备重振组织,参加抗日民族阵线。黄琪翔也从德国复信表示赞成,并提出"共产党是斗争的"。

1935年秋,章伯钧回到香港,与彭泽民、丘哲、郭冠杰等会商,一致认为:第三党向有社会基础和工作基础,抗日救国,应急起行动,本着过去精神,重振组织。10月下旬,张云川、郭翘然、李士豪、李伯球等先后从华北、华南、日本到达香港,同时在香港吸收彭泽湘等入党,共同探讨了重振组织的具体问题,提出:(一)响应中共中央的《八一宣言》,同共产党合作,以"抗日、联共、反蒋"为党的总方针,以推动抗日为党的中心工作。(二)党的名称需要改变。新的名称,既要同国民党彻底决裂,去掉"中国国民党"的"帽子",又要适应革命形势的变化,以民族解放为己任;还要照顾到历史传统,保留"行动委员会"的称谓,宜改称"中华民族解放行动委员会"。(三)党的纲领,仍以邓演达时代的纲领作为基本纲领,但须根据新的历史任务,作适当修改,主要是将反帝的内容之重点突出在反对日本帝国主义的侵略上;将建立反帝反封建的平民政权的口号,改为建立抗日民主政权的口号;将对共产党的批评,全部删除。(四)党的指导思想,应以马克思列宁主义作为党的思想武器。以上问题取得一致意见后,即着手筹备召开第一次临时代表会议。会议推举章伯钧等4人负责起草《临时行动纲领》。

1935年11月10日,在香港九龙大埔道召开了第一次临时代表会议(后改称第二次全国干部会议,简称"二干会议"),集中解决了党的组织和政治路线问题。会议由章伯钧、彭泽湘、彭泽民主持,郭冠杰等20余人参加。

会议决定将中国国民党临时行动委员会(而非中国革命行动委员会)改名为中华民族解放行动委员会(简称解委会)。党名的改变,一是表明要同国民党彻底决裂,去掉"中国国民党"的帽子;二是适应革命的新形势,表明以民族解放为己任;三是照顾历史传统,还保留"行动委员会"的称谓。会议选出了党的领导机构:由黄琪翔、章伯钧、彭泽湘、彭泽民、丘哲、郭冠杰、李伯球、张云川、李士豪、陈卓凡、杨逸棠、郭翘然、杜冰坡、季方、罗任一、何世琨、杨清源、连瑞琦、庄明远等19人组成的中央临时执行委员会,黄琪翔为总书记,彭泽湘为组织委员会书记,章伯钧为宣传委员会书记,丘哲为财务委员会书记,郭冠杰为总务委员会书记,彭泽民为监察委员会书记。会议决定在黄琪翔从德国回来之前,党务由上述5人集体领导。会议决定以北平、上海、广州为据点,分别建立华北、华东、华南三个大区机构,大力恢复和发展组织,开展抗日救亡活动。

图2 第二次全国干部会议会址——大埔道

会议一致同意以邓演达的纲领作为党的基本纲领,根据新的历史任务突出反对日本帝国主义的侵略;将"建立平民政权"改为"建立抗日民主政权"。新纲领的总的精神是"团结全国,对日宣战,土地革命,实行民主"。为适应抗战形势,开展民族革命战争,会议通过了《中华民族解放行动委员会临时行动纲领》和《中华民族解放行动委员会告同志书》。《临时行动纲领》分析了国内外政治形势,规定了党的政治任务"在于完成中国反帝反日的民族革命和土地革命"。为完成这一任务,解委会提出了形成巩固的联合战线的方针,合作全国人民,共同担负起来;提出"日本帝国主义攫取中国的暴力行动亦经四年余,挽救这一迫在眉睫的民族危机,最适当最有效的办法只有发动反对帝国主义的民族革命战争,首先对日宣战。承认苏维埃是其现有区域的政权形式,敦促红军与全国反帝的军队和人民取得一致的行动,共同对日作战。不仅如是,还应该与世界上的反帝国主义的国家和民众,结成联合战线,同时恢复大革命时期的联俄政策"。《告同志书》同样提出了组织反日阵线的建议,它宣告以"抗日、联共、反蒋"为党的总方针,决定"同共产党合作,以马列主义作为党的思想武器",以推动抗日为党的中心工作。

中华民族解放行动委员会第一次临时代表会议的召开,标志着中国国民党临时行动委员会向中华民族解放行动委员会的历史转折,即在中共抗日民族统一战线的旗帜下,开始了同中国共产党合作的新历程,为日后的发展奠定了良好的基础,对于全国的抗日救亡运动和各党派的合作起到了积极推动的作用;同时,从党的名称上同国民党彻底决裂,并取消了"临时"的观念。

二干会议后,解委会派得力干部到各地恢复、发展组织,积极投入到抗日救亡运动中去。在北平、上海、广东建立了大区一级组织,作为华北、华东、华南恢复组织的指导中心。为了指导全党的工作,解委会编印了《政治通讯》和《工作通讯》等油印品,由总通讯员秘密送往华北、华东和华南各地组织。解委会中央先后派张云川等去北平、天津开展活动,1935年底在北平成立了华北局委员会,何世琨任书记;李士豪等到上海,建立了华东区的领导机构,并任书记;李伯球等到广东,负责联系华南地区的工作。各地积极开展工作,出版刊物搞宣传,发动群众搞活动,发展党员壮大组织。在日本,1934年先后到达东京的临委会成员有10多人,在东京地区积极开展活动。1936年夏,正式成立临委会东京支部,有党员20多人。1937年初,中日关系更加恶化,东京支部的成员纷纷离日回国,准备参加抗战。

4.2 推动建立抗日民族统一战线

抗日民族统一战线是取得抗日战争胜利的重要法宝,它的形成有一个发展过程,它包含了解委会在内的爱国民主党派的作用和贡献。解委会是较早认识、倡导和参与建立抗日民族统一战线的民主党派之一,成为统一战线中的重要生力军和同盟军,是民族统一战线的坚定参与者和支持者,在统一战线工作中发挥了重要的作用,他们积极与中共合作,在统一战线中坚持独立自主,推动了抗日民族统一战线的健康发展。

1935年12月17日至25日,中共中央在陕西瓦窑堡召开政治局会议,即瓦窑堡会议。会议着重讨论全国政治形势和党的策略路线、军事战略,确立了建立抗日民族统一战线的新策略,并相应地调整了各项具体政策。也可以说,这次会议是落实中共《八一宣言》和11月发表的2个抗日反蒋宣言的会议。毛泽东指出:我们要从关门主义中解放出来,建立广泛的抗日民族统一战线。会议决议指出:最广泛的反日民族统一战线不仅应当是下层的,而且应当包括上层的。中国共产党的策略路线是发动、团结和组织全中国全民族一切革命力量去反对当前主要的敌人——日本帝国主义和蒋介石。

1936年2月26日,日本少壮派军人发动政变,力主侵华的广田弘毅①起而组阁,进一步实现军部法西斯势力对政府的控制,并加紧进行以征服中国和称霸亚洲为主要目标的扩军备战,推进国民经济军事化进程,加快了全面侵略中国的步伐,中华民族更加危机。为早日实现团结抗日的局面,1936年2月,解委会发表了第二个《"组织反日阵线"提议宣言》,重申第一次宣言,表明"中国反帝民族革命战争,应自对日宣战始"的观点,并针对中华民族危亡日趋严重的形势,呼吁以最快的速度组成全国的"反日阵线",并提出了组织"反日阵线"的具体主张。宣言的发表,表明了解委会迫切要求抗日的愿望和决心,表达了同共产党合作的诚意。此后,解委会积极参与国内发生的重大事件,推动了抗日民族统一战线的建立。

1936年,在寇深祸急关头,为坚持作狂澜逆挽之谋,尽匹夫之责,彭泽民在香港转而致力于华侨抗日救国运动。他发表了《怎样动员华侨》一文,主张给华侨以参加政治的机会,鼓励华侨成立各地抗敌后援会,动员华侨参加抗日战争。1936年初,章伯钧到广州与邹鲁联系,4月又到广西梧州与李济深商谈,策动他们同胡汉民等建立联盟,发起反蒋抗日的军事运动。6月1日,两广的李济深、李宗仁、白崇禧、陈济棠等联合发动"两广事变"(又称"六一"事变,后由于余汉谋叛变而告失败),要求南京政府对日宣战,将粤桂军改为"抗日救国军",宣布北上抗日。解委会参与、策动并积极支持了这一反蒋抗日行动。在南宁召开的各党派团体的联席会上,章伯钧一再强调"立即组成反蒋政府,发动抗日战争",

---

① 广田弘毅(1878—1948),日本第32任首相。1933年任斋藤实内阁外相,1934年任冈田内阁外相,1936年任首相兼外相,1937年2月总辞职,6月,任第一次近卫内阁外相,1940年任米内光政内阁参议。1946年作为侵华战犯接受远东军事法庭审判,是被判极刑7人中唯一文官,1948年12月23日被处以绞刑。

"中国的希望之所在,一要靠红军的胜利,二要靠各党各派的团结合作"。

为了推动抗日,中共中央于1936年9月1日发出了《关于逼蒋抗日的指示》,指出目前中国人民的主要敌人是日本帝国主义,对蒋介石的政策,应从"反蒋抗日"改为"逼蒋抗日"。10月,黄琪翔接陈诚电报要求他迅速回国参加抗日,从德国回到香港,与章伯钧、彭泽民、彭泽湘、丘哲等会晤议事。大家认为,全国人民抗日情绪高涨,国民党内部出现分裂,共产党发出了联合抗日的号召,这就有可能促进联合抗日的实现。解委会在国民党中间进行促进联合的工作,有益于推动联合抗日。与会同志同意并支持黄琪翔利用自身有利条件,公开参加团结抗战的工作。这次会晤议事,统一了认识,在政治上同共产党密切配合,从思想上到行动上开始了从"反蒋抗日"到"逼蒋抗日"的转变,加紧了推动联合抗日的工作。

11月,解委会派中委罗任一为代表,策动宋子文,两次访问阎锡山,对实力派人物开展工作,希望他们劝蒋停止内战,共同抗日;1935年冬及1936年11月底,解委会两次派罗任一为代表,到西安与杨虎城会晤,并被介绍同张学良会见,罗任一同张学良、杨虎城多次正式会谈,会谈中一致主张联合全国,实现武装抗日。罗任一还应邀做国际形势和团结抗日的报告,受到广大官兵的热烈欢迎。12月12日,张学良、杨虎城发动了震惊中外的"西安事变"——兵谏蒋介石抗日,东北军一部包围了华清池,扣留了蒋介石;第十七路军同时控制西安全城,囚禁了从南京来的几十名国民党军政要员。

事变发生的当天,张学良、杨虎城等18位高级将领署名发表《对时局通电》,提出8项抗日主张:一、改组南京政府,容纳各党各派共同负责救国;二、停止一切内战;三、立即释放上海被捕之爱国领袖①;四、释放一切政治犯;五、开放民众爱国运动;六、保障人民集会结社之政治自由;七、确实遵行孙总理遗嘱;八、立即召开救国会议。西安事变发生后,在国内引起强烈而复杂的反响,国际上各主要国家对此态度也极为复杂。12月17日,周恩来等作为中共中央代表乘张学良专机飞抵西安,与张学良等商谈正确处理西安事变问题。12月22日,南京方面派

---

① 指1936年11月被国民党政府拘捕的全国救国会的7位领导人:沈钧儒、章乃器、邹韬奋、李公朴、沙千里、史良、王造时,时称"七君子"。

宋子文、宋美龄到西安。翌日,在蒋介石授意下,宋氏兄妹与张学良、杨虎城进行谈判,周恩来作为中共中央全权代表也参加谈判。经过两天的谈判,最后达成了6项条件,基本满足8项主张。在中共等多方的斡旋下,蒋介石被迫接受了联共抗战的条件,西安事变和平解决。

"西安事变"妥善解决后,第二次国共合作的条件逐渐形成。1937年1月13日,中共中央机关由保安迁到延安。从2月到7月全国抗战爆发前,周恩来、林伯渠、叶剑英、博古等中共领导人先后到南京、西安、杭州、庐山等地,与蒋介石的代表举行多次谈判,商讨团结抗战的重要决策。此间,周恩来等与黄琪翔时有往返,就联合抗战、巩固和扩大抗日民族统一战线等问题交换意见。黄琪翔是1937年1月去南京会见陈诚的,由陈诚引见蒋介石后,任中将高级参谋闲职,后任训练总监部炮兵监,主管炮兵训练。中共领导人希望黄琪翔利用本身条件,为增进合作抗日起到推动和促进作用。黄琪翔在这些交往中受到了很大鼓舞,他完全同意周恩来等人提出的团结全国人民结成抗日民族统一战线的主张。一次,周恩来、叶剑英等又到黄琪翔住所访问时,黄琪翔约了国民党的张群一起商谈,留他们在家里共进午餐后,在庭院里合影留念,成为解委会促进第二次国共合作的见证。

【周恩来小传】周恩来(1898—1976),1898年3月5日生,祖籍浙江绍兴,生于江苏淮安,字翔宇。是统一战线的倡导者和实践者,中国共产党杰出领导人之一,中华人民共和国总理。

1917年,周恩来在天津南开中学毕业后,赴日本留学。1919年回国,在五四运动中成长为天津学生界领袖,同时,与其他进步分子组织了觉悟社。1920年再度出国,赴法国勤工俭学。1921年加入中国共产党。1922年与赵世炎发起组织了旅欧中国少年共产党,曾担任中共旅欧支部领导人。

1924年10月,广东区委重建后,周恩来任委员长和军事部长。11月,就任黄埔军校政治部主任,主持筹集孙中山大元帅府铁甲车队,并以此为基础,以黄埔学校学生为骨干,建立了独立团,叶挺任团长。1926年3月,蒋介石制造了"中山舰事件",共产党员被迫撤出第一军和黄埔军校。

1927年3月,周恩来奉命领导了上海工人第三次武装起义,解放了上海。7月15日,汪精卫的武汉国民政府召开"分共"会议,决定同共产党决裂,由国共合作发动的轰轰烈烈的国民革命宣告失败。在中国革命生死攸关的关键时刻,周恩来力主用武装的革命反对武装的反革命,发动和领导了"八一"南昌起义。

1927年11月,中共中央召开临时政治局扩大会议,增补周恩来为常务委员,从1928年1月起,他就担当起重任,负责处理中共中央日常工作。1929年9月,起草了给红四军的"九月来信"。1931年1月,在中共六届四中全会上,当选中央政治局委员、常委,兼中央军委书记,负责对红军和苏区的指导工作。

　　1931年12月底,周恩来抵达苏区瑞金,任中共苏区中央局书记,同毛泽东、朱德对红军进行了改编和训练,取得了第四次反"围剿"的胜利。1933年5月,任中国工农红军总政治委员兼第一方面军总政治委员。受共产国际顾问李德独揽军事大权等影响,第五次反"围剿"失败,红军不得不走上了漫漫的长征路。

　　从通道会议到黎平会议,再到猴场会议,最后到1935年1月的遵义会议,在这一中国革命转折点的全过程中,每一环节都与周恩来的努力是分不开的。这一过程,也是周恩来从思想上与毛泽东趋于一致、两人更好合作的过程。1935年10月19日,红军抵达陕北吴起镇,红一方面军战略大转移宣告结束。

　　1936年12月12日,西安事变爆发。周恩来作为中共方面的全权代表参加了双方谈判,力促事变的和平解决,结束了十年内战,开始了国共合作的新时期。从1937年2月开始,周恩来先后在西安、杭州、庐山和南京四地,同国民党进行了5次谈判,历时7个月,终于推动了第二次国共合作的实现。

　　1938年8月,周恩来任刚设立的中共中央南方局书记。1945年在中共七届一中全会上,当选政治局委员、书记处书记,并继续担任中共中央军委副主席。8月15日,日本投降。28日,周恩来陪毛泽东赴重庆谈判,签署"双十协定"。1946年1月,国共两党达成停止军事冲突的协议。

　　1946年6月,蒋介石撕毁停战协定,公然发起全面内战。在转战陕北的途中,周恩来作为毛泽东的主要助手,协助他指挥陕北战场和全国战场。1947年6月,刘邓大军强渡黄河,挺进大别山,实现了战略反攻。1948年,周恩来和毛泽东等率中央机关来到了西柏坡,开始指挥决定中国命运的大决战。辽沈、淮海、平津三大战役相继发动。解放战争时期,周恩来在和平谈判、统一战线、策反、战略方针的制定与战役计划的实施等多方面都作出了卓越的贡献。

　　随着三大战役的胜利,建立一个新生的人民共和国已具备了足够的条件。根据形势发展的需求,周恩来筹备政协会议的工作从在西柏坡时就开始了,一直延续到进入北平的香山和中南海。

　　中共中央1948年发布的"五一号召"中,提出的"由各民主党派、人民团体、社会贤达召开政治协商会议,成立民主联合政府"的号召,得到全国各民主党派、民主人士和爱国华侨的热烈响应。从此以后,周恩来一面协助毛泽东指挥三大战役,一面帮助爱国民主人士陆续进入解放区,并同他们就召开政协会议的问题进行具体协商。

9月间，周恩来拟定了邀请到解放区商讨召开政协会议的民主人士77人的名单，并为中共中央起草致上海局、香港分局电，征询他们的意见，希望各方人士在1948年冬、1949年春进入解放区。9月20日，他又为中央起草给华北局并城市工作委员会的电报，提出准备在北平、天津邀请参加政协会议的代表性人物名单。应中共中央的邀请，原在国民党统治区的爱国民主人士从1948年秋，陆续从全国各地和海外进入解放区。为了保证众多爱国民主人士平安到达解放区，周恩来做了周密细致的安排。

1949年6月，周恩来就任政治协商会议筹备会常务委员会副主任，筹备会由23个单位134人组成，经过近3个月的紧张工作，9月上旬基本完成各项筹备工作。9月21日，中国人民政治协商会议第一次全体会议在中南海怀仁堂隆重开幕。

中国人民政治协商全体会议在周恩来等同志主持下，先后通过《中国人民政治协商会议组织法》、《中华人民共和国中央人民政府组织法》，中华人民共和国国都、纪年、国歌、国旗4个议案，以及《中国人民政治协商会议共同纲领》。10月9日，当选全国政协副主席。

10月1日下午2时，中央人民政府委员会在中南海勤政殿举行第一次会议，一致决议：宣告中华人民共和国中央人民政府成立，接受《中国人民政治协商会议共同纲领》为政府的施政方针。在这次会议上，周恩来被任命为共和国的第一任政府首脑——中央人民政府政务院总理兼外交部部长。

1976年1月8日，周恩来在北京逝世。

（摘编自《共和国人物档案》丛书之《共和国全国政协第一届常委》）

1937年上半年，中华民族已到了最危急的时候。5月，彭泽民在香港创办《抗战华侨》，致力于海外华侨的救亡运动，向海外华侨宣传抗日救国思想，发动华侨和港澳同胞捐款捐物支持抗日。6月15日，为响应中共逼蒋抗日的号召，彭泽民代表解委会发表了《致全国各界领袖书》，要求国民党刷新政治，顺从民意，发动抗日。《致全国各界领袖书》"期望中枢当局早定国是，予人民以共同努力之具体救亡方针"，故倡导4条建议：第一，民主政治必须迅速确立；第二，各政治党派必须平等合作，共赴国难；第三，国民代表大会召集应以民主主义为原则；第四，应立即释放全国政治犯及终止障碍民权发展之防范工作与一切紧急条例。呼吁"今后循民族复兴之正路，由救国而建国"。

6月间，时任中华民族解放行动委员会中央常委、组织委员会书记的彭泽湘去北平视察党务，并进行抗日联合战线活动，发表了由知识界著名教授学者签名的抗日宣言。在北平视察过程中,毛泽东邀请彭泽湘赴延安。在延安期间,毛泽东与彭泽湘在延安窑洞数度彻夜长谈,共叙国事,商谈建立广泛的抗日民族统一战线的方针政策,共商抗日大计。彭泽湘在延安受到热情接待,毛泽东指示他继续留在党外,做建立广泛的民族革命统一战线的工作。7月5日,彭泽湘回到北平后,对华北局干部说,抗日战争是不可避免的,只要坚持打下去,中国人民是可以打到底的。

1937年7月7日,爆发了"卢沟桥事变",中国人民抗日战争全面展开。事变的经过是这样的:

卢沟桥横跨永定河,属河北省宛平县管辖,距北平仅30里,为捍卫北平的屏障。驻守在平津一带的中国军队是第二十九军,总兵力约有10万人。

1937年7月7日夜10时,驻丰台日军河边旅团第一联队第三大队第八中队,由中队长清水节郎率领,在卢沟桥以北地区举行以攻取卢沟桥为假想目标的军事演习,11时许,日军诡称演习时一士兵离队失踪,要求进城搜查。在遭到中国驻军第二十九军第三十七师二一九团团长吉星文的严词拒绝后,日军迅即包围宛平县城。翌晨2时,第二十九军副军长兼北平市长秦德纯为防止事态扩大,经与日方商定,双方派员前往调查。

但日军趁交涉之际,于8日晨4时50分,向宛平县城猛烈攻击。并强占宛平东北沙岗,打响了攻城第一枪,中国守军忍无可忍,奋起还击,日军在同一天内,连续进攻宛平城三次,均遭中国守军的英勇抵抗。7月8日,北平当局令驻军坚守卢沟桥。宋哲元致电蒋介石,报告卢沟桥事变真相。8日,国民政府外交部为卢沟桥事变向日本大使提出口头抗议。同日,日本内阁会议提出所谓"事件不扩大,就地解决"的方针,欺骗世界舆论,麻痹国民党当局,争取时间调集部队。

7月9日,北平当局与日军达成协议:(1)双方立即停止射击;(2)日军撤退至永定河左岸,中国军队撤至右岸;(3)卢沟桥守备由河北保安队石友三部担任。7月10日,中国军队撤退,日军不仅不履行诺言,反而大批调兵向中国军队进攻。各方纷纷报告,日军已由天津、古北口、榆关等处陆续开到,且有大炮、坦克等向卢沟桥前进,已将大井村、五里店等处占领;平卢云路也不通行,战事即将再发。

11日起,日军时以大炮轰击宛平城及其附近一带,城内居民伤亡颇多,团长吉星文亦负伤,部队将城内居民向城外比较安全地带疏散,战事由此扩大到八宝山、长辛店、廊坊、杨村等处。第二十九军各部分散于各处应敌。日军出动飞机在各处侦察扫射,战事时断时续。11日,平津当局与日军达成现地协定:(1)第二十九军代表声明向日军表示道歉,并惩办此次事变责任者;(2)取缔共产党、蓝衣社及其他抗日团体的抗日活动;(3)永定河以东不驻中国军队。

1937年7月7日,日本帝国主义者以制造卢沟桥事变为起点,发动了全面侵华战争,这同复杂的国际形势有着密切关系。第一次世界大战以后,德、意、日等国发展很快,要求重新划分势力范围,使帝国主义国家之间的矛盾又尖锐起来。为了适应对外扩张和争夺霸权的需要,三国皆奉行法西斯主义和疯狂的扩军备战政策,不惜通过战争手段改变世界格局,企图建立由它们主宰的世界新秩序,因而成为欧洲和亚洲的战争策源地。日本一方面利用反苏反共的口号,另一方面对英美采取软硬兼施的策略,企图排斥英、美、法等国家在中国和亚洲的势力范围。英、美等西方国家,一方面将注意力集中在德、意引起的欧洲紧张局势或本国问题,另一方面也指望日本遏制苏联和中国人民革命力量的兴起。苏联虽同情中国,但担心受日本和德国两面夹击,而不愿过早地卷入与日本的直接冲突。正是在这种背景下,日本挑起了"卢沟桥事变"。

"卢沟桥事变"揭开了中国全民族抗战的序幕。"卢沟桥事变"爆发后,中共中央于7月8日发出《为日军进攻卢沟桥通电》,号召全国团结起来,抵抗日本的侵略。7月10日,解委会向国民党当局提出了"提前召开国民代表大会,制定全国上下一致遵守政治纲领,俾全国各阶层力量能迅速集中,各方政治意见能彻底融洽,以树立政府之坚实抗战基础"等抗日救国的八大政治主张,以具体行动响应了中共《通电》。解委会以民族利益为重,在共产党的抗日民族统一战线的旗帜下,采取了同国民党合作的态度,承认"国民政府"为抗战政府,承认蒋介石为抗战"领袖",通令要求全党停止对国民党的斗争,积极参加和开展一切抗日活动,并尽量争取投入到抗日第一线。其组织活动随着抗日战争的爆发转入战时状态,广大成员立即投入参加对日作战。

中国抗日民族统一战线建立以后，解委会在两方面做了大量工作，主要表现为：

一方面是解委会不断加强与中共合作，双方关系较为密切，是最接近中共的民主党派之一。抗战初期，章伯钧、彭泽湘在武汉与周恩来、秦邦宪等中共领导人举行了正式会谈。解委会认识到"政治上没有什么中立，总是要偏向某一方面的，解委会是代表工农平民的政党，应当偏向共产党"，表示愿意"与中共建立更为密切的合作，并要求中共对其纲领、组织、宣传及经济予切实援助"，周恩来表示赞同。此后，解委会在实践中不断受到中共正确路线的影响，积极靠拢中共。1938年，黄琪翔与周恩来一道出任国民政府军事委员会政治部副部长，彼此坦诚相待，亲密合作，扩大团结抗日的影响。后来黄琪翔回忆说："这是一生中最难忘的日子。"在中共的支持下，解委会成员积极开展各种爱国民主活动，有的在中共影响下，还从爱国民主主义者转变为共产主义者，如第三党的创始人之一季方，在1938年加入了中国共产党，在中国共产党领导下，积极组织和推动华东长江以北各派军队的联合抗日，为华东抗日作出了贡献。对于解委会与中共的合作，后来中共给予充分的肯定和赞扬，指出解委会"与我们最接近，是最同情我们"。

另一方面，在抗日民族统一战线中，解委会坚持独立自主原则，不向国民党妥协，不放弃解委会的旗帜。抗战之初，国民党抗日态度较积极，又召开了参议会和国民参政会，对中间党派表示民主，使一些中间党派对国民党抱过高希望，产生一些幻想，甚至有的认为要无条件服从和支持国民党的领导地位，放弃自己的独立性。在这种思潮面前，解委会保持了较清醒的头脑，既表示拥护国民党领导抗战，但同时在政治上仍然对国民党持批评态度，在组织上坚持独立自主原则。由于解委会较长的历史和在社会上的较大影响力，蒋介石一直想拉拢解委会，希望其投向国民党阵营，但解委会不为所动。蒋介石曾亲自找章伯钧谈话，允诺以部长职位，要求章伯钧去掉第三党的旗帜，章伯钧没有接受。后来蒋介石又让陈诚拉拢黄琪翔，以封官、地盘、经费作引诱，要他取消解委会，与三青团合并，遭到拒绝。解委会之所以能坚持正确的立场，其主要原因：一是该党有强烈的民主主义思想，一贯反对国民党的独裁统治，长期受到国民党的迫害，对国民党的本质有较深刻的认识；二是不断受到中共

正确路线的影响,故能坚持正确的方向,坚持独立自主,既有灵活性又有原则性。

4.3 参加抗日战争

1937年抗日战争全面爆发后,以国共合作为基础的抗日民族统一战线正式形成,中华民族解放行动委员会与其他爱国党派一道,高举民主、团结、抗战的大旗,奋起救国,团结抗战,反对独裁,争取民主,同时积极参与调解国共两党的政治斗争,为促成国共合作抗日牵线搭桥,成为抗日民族统一战线中一支举足轻重的政治力量,对抗日民族统一战线的巩固和发展起到了积极作用,为全民族抗战的全面胜利作出了重要贡献。

4.3.1 参加前线对日作战

1937年,上海爆发"八一三"淞沪抗战,解委会负责人黄琪翔临危受命,任第九集团军副总司令,配合张治中总司令,防守上海。民族危机之时,杨逸棠、李卓贤、裘朝慎①等一批解委会干部义无反顾地参加了抗战工作。财务委员会书记丘哲在上海配合作战,发动党员和群众成立了"抗日后援队"、"前线慰劳队",积极支援抗战。解委会不少党员参加了"八一三"淞沪之役,与日寇浴血奋战,党的干部裘朝慎在战斗中英勇牺牲。其后战事日紧,伤亡极大,参战部队都尽力支撑残局。9月下旬,黄琪翔调任第八集团军总司令,直接指挥淞沪作战。11月5日,日军以海、空优势,在杭州湾金山卫登陆,绕路进攻上海,经过两昼夜激战,抗日部队终于支持不住,日军坦克于8日开进淞江。11月8日,蒋介石下令全线撤退,全军西撤;11月12日,上海失守,淞沪会战结束。淞沪会战历时3个月,中国军队毙伤敌4万余人,打破了日本侵略者"速战速决"的计划。

上海抗战失败后,黄琪翔由小道退出,转道嘉兴。黄琪翔到嘉兴后,再转赴后方兵站所在地徽州。1937年底,回到武汉,这时南京沦陷,华

---

① 有资料将裘朝慎写作邱朝圣——著者注。

北地区、东南沿海大都被日军占领。

日军占领南京时,制造了震惊中外、惨绝人寰的"南京大屠杀"。1937年12月1日,日本参谋本部正式下达攻占南京的命令。日军经过数月作战,在几乎没有后勤支持的情况下,连续进攻上海以西数百公里的南京。日军军官命令:"粮草不足就现地解决,弹药不足就打白刃战。"在西进途中,日军抢劫、杀害平民、强暴妇女的暴行已经开始。12月13日,日军进占南京城时,在华中方面军司令官松井石根①和第6师团师团长谷寿夫②等法西斯分子的怂恿指挥之下,对南京地区手无寸铁的民众进行了长达6周惨绝人寰的大规模烧杀淫掠。据1946年2月中国南京军事法庭查证:在南京城内,日军集体大屠杀28案,19万人,零散屠杀858案,15万人。日军在南京进行了长达6个星期的大屠杀,中国军民被枪杀和活埋者达30多万人,日本帝国主义对中国人民犯下了滔天罪行。在整个侵华战争中,日军的上述暴行从未停止过。

1938年春,华北、华东等地相继失陷,团结抗日的呼声遍及各地,迫使国民党在武汉改组国民政府军事委员会,下设政治部,以陈诚为部长,周恩来与黄琪翔为副部长,郭沫若为该部第三厅厅长,并邀请了许多爱国人士担任设计委员,解委会的一批干部如丘哲等在政治部中做了大量工作。当时黄琪翔每天都去政治部上班,他对周恩来非常尊重,私人感情很好,他与任政治部设计委员的共产党人士和爱国民主人士也都相处得很好,工作上给予方便。黄琪翔指示当时任总务厅出纳科员的黄心维,每月一定要把周恩来副部长和邓颖超委员等共产党领导人的工资登门送去。黄琪翔支持夫人郭秀仪与宋庆龄、宋美龄、史良等一道发起组织了"中国战时儿童保育会",先后建立44个保育院,收容烈士遗孤、在轰炸中失去父母的孤儿、父母上前线无力照顾的孤儿计3万余名。黄琪翔后调任军训部次长、第十一集团军总司令、第六战区副司令长官,参与

---

① 松井石根(1878—1948),日本陆军大将,皇道派将领,甲级战犯。上海"八一三"事变爆发后,从预备役复出,担任日本上海派遣军司令,后改任日军华中方面军司令官。1937年至1938年间率日军侵占南京,并纵容部下制造震惊中外的南京大屠杀。1948年11月12日,远东国际军事法庭判松井以绞刑,12月23日零时,松井石根在东京被送上绞刑架。

② 谷寿夫(1882—1947),日本陆军中将,法西斯乙级战犯,南京大屠杀主犯之一。经南京军事法庭一年多的审判,于1947年4月26日被执行枪决。

指挥"枣宜会战"。1940年7月,收复枣阳后,召开大会,追悼抗日名将张自忠总司令及其阵亡将士。

1941年初,黄琪翔被调回重庆,任预备集团军总司令。是年冬,调任第六战区副司令长官,驻扎在湖北恩施和四川黔江。1941年12月,太平洋战争爆发,黄琪翔出任中国远征军副司令长官,出征缅甸,协同英军作战。广州失陷后,日军封锁了中国所有海岸线,加之苏联与日本签订《中立条约》,西北通路也被切断,中国对外国际通道就只剩下由云南经缅甸出印度洋的滇缅公路。1944年5月,在中国远征军司令长官卫立煌和黄琪翔的筹划、指挥下,中国远征军强渡怒江,发动了震惊中外的滇西反攻战役,经过长达6个月的顽强战斗,一举全歼在滇西境内的5万多日军精锐部队,不仅解除了对中国抗日正面战场背后的威胁,而且保障了战略物资运输生命线的畅通。滇西反攻战役还是中国抗日正面战场上最先开始战略反攻的一次战役,一举消灭那么多日军精锐部队是空前的,为抗日战争史增添了辉煌的一页。

自此以后,远征军继续追歼残敌,几十万大军以泰山压顶之势,穷追不舍。12月11日,攻克遮放,全歼守敌,收复了滇西全部失地3.8万平方公里。1945年1月,与中国驻印度远征军在芒友胜利会师,粉碎了日军对滇缅公路的封锁。1945年2月22日,美国驻印缅军总司令索而登将军正式宣布:史迪威公路更名中印公路,正式通车使用。至此,被日军封锁了达3年之久的1300多公里的中印公路得以重新开放,结束了中国被日军围困的局面。从1945年2月到8月,共有368支车队通过中印公路,将8万多吨军用物资运到中国,有力地支援了中国战场的对日作战。

京、沪失守后,解委会中委季方于1939年春进入华东敌后,联络和争取各地方部队参加抗日。1940年10月中旬①,季方以国民党战地党政委员会少将指导员的身份,在江苏如皋的掘港镇召开国民党系统的党政军联席会议,提出与新四军合作、团结抗战的主张,得到与会人员的一致赞同。会议决定成立苏四区(因当时南通为江苏省第四区)游击指挥

---

① 一说是11月初。[郭瑞.抗日烽火中的季方//中国农工民主党中央研究室.抗日战争时期的中国农工民主党(1930—1945),2007:109-114.]

部,推举季方为总指挥。为了稳定局势,与新四军合作抗日,季方发动苏四区各界人民团体,联名电请新四军苏北指挥部,对苏四区实行统一领导。陈毅司令员便命令陶勇率第三纵队进入苏四区,但反动顽固分子徐承德不服从领导,季方等亲自前去说服教育无效。12月,徐承德乘季方、陶勇去海安开会和三纵队主力西调警备之机,突然围攻苏四区在如皋掘港的指挥部。留守部队苦战三昼夜,季方、陶勇闻讯赶回,调三纵队主力增援反击,徐部望风溃逃,不久即被新四军拔除。掘港保卫战后,新四军苏中第四军分区司令部于1941年3月正式成立,季方任司令员。自此,南通、如皋、海门、启东地区建立起巩固的抗日民主根据地。日伪则增筑据点,频繁轰炸扫荡,斗争日趋激烈。1943年,敌伪在如皋东至海滨,南迄江边,统统修起竹篱笆,企图进行梳篦式清乡。季方指挥主力部队全部跳出樊篱,在外线灵活机动地打击敌人,在竹篱笆内只留下民兵和便衣武装坚持在"清乡"区内顽强与敌周旋,并组织群众几十万人次破击篱笆。尤其是"七一"夜,在主力部队掩护和其他分区的支援下,在150公里封锁线上联合行动,烧篱笆,割电线,锯电杆,挖公路,使日伪惨淡经营3个月的篱笆封锁毁于一旦,且无法修复。经过半年艰苦卓绝的斗争,第四军分区军民取得反清乡胜利,中共苏中区党委予以嘉勉,并号召向苏四分区学习。

朱程,曾是中华民族解放行动委员会成员,1934年东渡日本学习,次年加入中国国民党临时行动委员会,1937年毅然中断学业回国抗战。1940年2月任八路军第2纵队民军1旅旅长、兼冀鲁豫军区第一军分区司令员,随纵队东进冀鲁豫边区,从1940年5月到1943年5月,3年中,朱程部经过大小百余次战斗,指挥部队参加多次反"扫荡"作战,屡屡获胜,消灭日伪军近千人,缴获大批军用物资,威震太行,开辟和坚持了以内黄、曹县为中心的沙区抗日根据地。1943年调任冀鲁豫军区第五军分区司令员,在日军秋季大"扫荡"中壮烈殉国。

4.3.2 组织抗日游击武装

抗日战争爆发后,解委会中央通令全党"尽量争取到抗日战争的第一线"。抗战初期,随着一些地方失守,解委会的干部、党员深入敌后,组织抗日武装,开展对敌斗争。在冀南豫北地区、安徽和广东等地,先后建

立了抗日游击队。在日寇的刑场上和华东、华北、华南、西南的战场上，都洒下了解委会抗日烈士的鲜血。整个抗战期间，第三党积极投身抗日武装斗争，为抗战的胜利作出了很大贡献。

1937年7月底，北平沦陷后，从北平撤出的解委会干部何世锟、王一帆等人到了新乡，以新乡铁工厂的一批第三党成员为基础，组成了抗日游击队；吴建东等人到了磁县、邯郸一带，会同该党党员李旭东等人组织了抗日游击队；不久，这两支游击队合并，共有人枪三千余，被第二战区命名为"豫北游击第二纵队"，由李旭东任司令，在豫北和漳河两岸的林县、临漳、大名、成安一带打击敌人，开展抗日游击战争，有力地配合正面战场的作战，直至1938年春被日军包围击溃而失败。解委会北平工作负责人王守先与"中华民族抗日解放先锋队"合作，在涿县组织抗日游击队，不幸被捕，在狱中受尽酷刑，坚贞不屈，被敌人拔去10个指甲，放狼犬活活咬死，壮烈殉国。

1938年1月下旬，吴建东等解委会成员一回到了安徽，就开展抗日活动。在"中华民族解放行动委员会潜山桐城工作组"的共同努力下，到4月底，在皖西、皖中发展成员226人，张牧野在安徽潜山成立了"游击第一支队"，吴建东在桐城成立了"皖中人民抗日义勇军"，有数百条枪，提出了"六项政治主张"，通过袭击日军军车、机动船只，破坏桥梁、公路交通，不分昼夜骚扰打击敌人。1938年9月下旬，被国民党顽固派剿杀，抗日斗争失败。

1938年10月21日广州沦陷后，彭泽民参与领导成立了"大鹏人民自卫总队"，在广九铁路东、大鹏湾、大亚湾一带打击日寇，配合中共的敌后斗争。由解委会集中数百农民建立起的"民众抗日游击支队"，在粤北的新丰、佛岗、英德等地以及广州地区的番禺、增城、龙门、从化一带开展抗日游击战，同敌人进行大小战役10余次，击毙日军官、军曹各9人，汉奸8人，日伪军百余人，缴获大批武器弹药和军用物资，在残酷的对敌斗争中英勇牺牲的游击队员有80多人。

4.3.3 积极开展抗日宣传

抗战开始后，解委会积极成立抗战团体，出版抗日刊物，广泛开展抗日宣传。解委会在北平成立了"华北青年抗日会"，在天津成立了"中华抗日同盟会"，在广州成立了"抗日救亡实践社"、"乡村抗敌工作服务团"，开办农民夜校，组织农民，征集武器，准备建立抗日游击武装。在武汉成立了"临时工作组"，通过"青年抗日工作团"和"黎明剧团"，在工人、学生和海员中进行抗日救亡的组织和宣传活动。

1937年初，李伯球在广州与共产党员卓炯等人商办《南针》杂志，自任主编，开展抗日救亡宣传，杂志遭当局封闭后，解委会在华南又出版了《抗日青年》、《抗战农村》、《抗战妇女》、《抗战华侨》等刊物，积极开展宣传和支援抗日救亡的活动。1938年2月，从华北、华东撤退到武汉的解委会成员越来越多，解委会在武汉创办了中央机关刊物《抗战行动》旬刊、《前进日报》，宣传抗日主张。"后以日寇深入，武汉撤守，上述两刊同时停版。"①解委会的活动引起国民党当局的注意，《抗战行动》刊行后，国民党蓄意刁难，迟迟不予登记，还要求解委会解散组织，解委会断然拒绝。

针对青年在抗战中的作为之争，丘哲撰写了《中国青年》一书，大声疾呼青年学生应该关心政治，关心国家民族的命运，应当站在抗日救亡的前线，在青年学生中产生了一定影响。章伯钧在《抗战行动》发表《国际形势与中国抗战》一文，在分析国际形势后指出，抗日战争是典型的民族解放战争，战争的前途直接关系到我中华民族的存亡，必须坚持长期抗战的方针和有进步的政治。彭泽民在《抗战行动》发表《怎样动员华侨》一文，鼓励华侨成立"抗敌后援会"，动员华侨参加抗日战争。国民党当局非但不采纳这些正确意见，反而还要欲加迫害，使得中华民族解放行动委员会在武汉等地的活动举步维艰。

4.3.4　加强与国共两党合作

在民族危机日益深重的背景下，包括解委会在内的各抗日党派成员及无党派人士力图突破障碍，打通渠道，努力谋求抗日合作。例如，抗日战争前期和中期(1938—1942年)，在余汉谋将军所率的部队中，国民党、共产党、第三党成员及无党派人士就曾经有过一段共事合作佳话，见

---

① 章伯钧认为是5月刊行，与实际有出入。[章伯钧.中华论坛(发刊词).//中国农工民主党中央研究室.中国农工民主党历史参考资料(重印，第一至第五辑合订本)，2008:262-263.]

证了各抗日党派成员及无党派人士的一场亲密共事和团结合作的历史：①

抗战前一年，"南天王"陈济棠因两广事变失败而下台，余汉谋继之而入主广东。余氏初任第四路军总指挥；1938年6月任第四战区副司令长官（司令长官何应钦）；广州失守后第四路军缩编为第十二集团军，余兼任十二集团军总司令；1940年3月起任第七战区司令长官。

就在抗战爆发前夕，中共在广东重建了组织机构，至1939年初，广东地区的中共党员人数已达1万多人。与此同时，第三党也在广东建立了组织机构，积极开展活动。余汉谋的部属不少人参加过十九路军淞沪抗战，有较强烈的抗日思想。作为广东的军事首领，余氏要求增强军力，振兴部队，激励士气，以尽抗日守土之责。他希望在广东的抗日、先进青年中寻求支持者。

当时中共广东组织虽然没有公开，但在抗日救亡运动中到处都有共产党人活动的身影。在余汉谋的部队中，不少军官曾与第三党的创建者、领导者邓演达关系密切，如李煦寰（四路军、四战区政治部主任，十二集团军政治特派员）、李振（186师师长）、李洁之（广东省会警察局局长、四战区兵站总监）、李振球（65军军长）、梁世骥（154师师长）、曾友仁（158师师长）、莫希德（151师师长）、黄涛（157师师长）、赵一肩（十二集团军总部参谋处长）等，均是邓演达的好友故旧或门生僚属。邓演达、李煦寰与第三党总务委员会书记郭冠杰（曾任中山大学法学院院长）是黄埔陆军小学的同学；李煦寰、郭冠杰还一同赴法国留学。出于对邓演达的崇敬，并由于与第三党的干部在历史上有诸多的交往，为增强抗日力量，李煦寰等特别属意于第三党，吸纳了不少第三党的干部到部队中工作。

在上述背景之下，主要出于余汉谋、李煦寰的主动引进，在抗战爆发前后的一段时间内，不少第三党成员、共产党员和无党派人士（最初主要是第三党成员）纷纷加入了余汉谋的部队。

早在1936年8月，当第四路军政治部成立时，经李洁之、郭冠杰的

---

① 曾庆榴. 抗战时期国民党、共产党、第三党成员在余汉谋部的合作. 广州大学学报（社会科学版），2006,5(5)：87-91.

联名推荐,第三党重要干部、广东党务负责之一郭翘然,被任命为第四路军158师政治部主任;第三党的干部张奠川、黄桐华(1932年加入第三党,1941年加入中共)、李义荣(后参加东江纵队)等也被派往158师;郭翘然还邀请卓炯(1939年加入中共)、梁劲夫(第三党成员,后加入中共)、廖劲孙(中共党员)等到该师政治部工作,由卓炯、梁劲夫主编师政治部的《政治通讯》。在此前后到余汉谋部工作的第三党的干部还有郭冠杰(任十二集团军和四战区顾问)、叶粤秀(186师政治部主任)、曾伟(1933年加入第三党,时任65军政治部上校宣传科长,1949年5月21日牺牲于上海)、吴今(157师政治部主任)、刘俊、马天马(186师政治部中校科长)、梅日新(1936年加入第三党,186师政工队队长)等。65军政治部主任陈伟霖、独立20旅政治部主任黄天若,后来也加入了第三党。当时在广东国民党军队中,第三党"是具有相当的影响和潜力的"。

与此同时,在全民族抗战的大气候下,广州各抗日党派和救亡团体的成员也加强了联系和合作。1937年初,第三党广东党务负责人之一李伯球约卓炯、何思贤、杨康华(1936年加入中共,1938年任中共广州市委常委、宣传部长)同第三党成员张育康、黄桐华、丘锷仑等人创办《南针》,由李伯球任主编,杨康华曾以"陆菲"的笔名在该刊发表文章。李伯球还发起成立"广东青年革命同志会",中共党员孙大光、杨康华和卓炯等人参加了其中的工作,由孙大光任该会宣传部长,杨康华任组织部副部长。同年11月,以国民党广东省党部特派员钟天心为常务理事会主席的"抗战教育实践社"成立,留美博士、中山大学教授尚仲衣(1939年初加入中共)主持该社的实际工作,中共党员石辟澜、孙大光、杨康华、梁威林、陈文信、刘向东和第三党干部李伯球、黄中廑、杨璞如、杨启祥等,参加了该社的工作。

1938年6月,第四战区政治部成立,在其中工作的既有国民党、共产党、第三党的成员,也有非党人士。李煦寰任政治部主任,左恭(中共党员)任政治部主任秘书,尚仲衣任政治部第三组上校组长,钟敬文(留学日本,国立艺术学校文艺导师)任上校视察专员,赵如琳(戏剧家)任中校组长,中共党员石辟澜、孙大光、司马文森(作家)、郁风(画家)、黄新波(画家)均为第三组成员。第三党的干部黄中廑任四战区动员委员会主任秘书,中共党员区梦觉、姜君辰等亦参加动委会工作。第四战区的政治大队（"四政大"）也是由各党派的成员组成的，最初加入该大队的中共党员有李见心、汪绥祚、朱慕湛等12人，后来增加到29人，几乎占全队总人数（60人）的一半。

以上，均是抗战爆发前后广州各抗日党派、团体的成员来来往往、共同开展抗日救亡运动的一些表现。这表明，当寇深祸急、中华民族的危机日益深重之时，"抗战高于一切"成了抗日的各党各派成员的共识，他们开始力图突破障碍，积极谋求合作抗日。

1938年10月21日，广州弃守。余汉谋退守粤北，因失败而备受各方责难，第四路军被缩编为第十二集团军。为洗刷作战不力的耻辱，他决心厉行整军，组建政工总队，举办政工干部训练班，以期通过加强政治工作的途径而振兴他所率的部队。余氏会见了八路军驻粤办事处主任云广英，请云给他输送一些"有能力"之人才，以"帮助他整顿军队，训练干部"。中共广东省委于是决定派共产党员廖锦涛、陈中夫、陈长源率200多名党员，并发动600多名进步青年参加政训班，加入政工总队。"四政大"队员也集中粤北，参加筹建政工总队。这时，第三党重要干部、广东党务负责人之一陈卓凡，应邀来到了粤北。陈卓凡在通过黄琪翔征询了周恩来的意见之后，出任十二集团军政治特派员室主任秘书（郭翘然1939年11月继陈之后出任主任秘书）。陈并将王鼎新、吴华胥、许美勋等引至十二集团军工作。这时应邀到十二集团军工作的还有第三党的干部张育康、梁劲夫以及廖辅叔、秦元邦、林楚君等人士。由陈卓凡总管政治教育，张育康任政工总队训育室总干事，郭冠杰、吴华胥、梁劲夫、秦元邦、廖辅叔、林楚君等任政训班教官。

1939年3月，十二集团军政工总队训练班在翁源县香泉水开学。这个偏僻的小山村，一时人才济济，大批国民党、共产党、第三党的成员及无党派人士聚集于此。这个政训班称得上是一所由多党成员和无党派人士合作举办的抗日干部学校。当时，十二集团军政治特派员李煦寰等能以比较开明的态度对待来自各方面的人才，放手让他们开展工作。以中共党员为骨干的800多名政工队员，认真学习、刻苦训练，尊师守纪。在日常生活中，他们互相关心，互相帮助，维护团结，顾全大局。

香泉水政训班共办了8个月。结业后，大多数队员被分别派往十二集团军所属部队从事政治工作，在抗日战争中发挥了重要作用。他们深入抗日部队的基层,宣讲抗日形势,与官兵广交朋友,帮助部队活跃文化生活、解决实际困难、改善内部关系和军民关系,从而有效地稳定了部队,鼓舞了士气,振作了官兵的精神面貌。特别是在1939年末和1940年夏的两次粤北会战中,各部队的政工队员纷纷走上第一线,出入于枪林弹雨之中,或在阵地上鼓舞士气,或协助指挥员指挥作战,或组织群众搬运弹药、抢救伤员。1939年底,十二集团军159师、160师奉命开赴广西参加抗日作战,两师的政工队员随军出发,他们经历了抗战史上著名的昆仑关战役。

对于政工队员的成绩,十二集团军的官兵曾给予过充分的肯定和赞扬。1939年秋,"白崇禧曾从广西来此(粤北)视察,对余汉谋培训抗日干部的做法给予高度的评价"。由于在粤北的两次对日作战中显示了军队政治工作的威力,余汉谋、李煦寰决定扩大政工总队,于1940年秋又招收了数百名青年,在始兴县东湖坪再办政工人员补训班,由王鼎新任班主任,郭冠杰、林楚君、梁劲夫等任政治教官,中共党员陈中夫、陈念华、黄芯秋、邝清辉、洪文亮、周逊、梁绮、刘天行等参与补训班的工作。这时到东湖坪参加集训的,有第三党梅日新所带领的186师政工队的20名队员。于是,东湖坪又聚集了许多各抗日党派的成员和非党人士。

1941年1月1日,第七战区政治部成立,第三党干部郭翘然出任政治部少将组长,在政治部工作的有第三党成员张奠川、梁劲夫,中共党员曾劲夫、廖锦涛、汪绥祚、何筱静等。然而,不久却发生了皖南事变,国民党顽固派在粤北也掀起了反共逆流,于1941年夏先后逮捕了廖锦涛、何筱静、王珠,并将他们迫害致死或杀害。中共党员和第三党成员,遂被迫相继撤离(有的人坚持了下来)。当中共党员、第三党成员遭到迫害时,军队中有民族正义感的人士,包括一些上层人士尽力对他们作了保护或掩护,使他们得以平安转移。

4.4 第三次全国干部会议

上海、南京沦陷后,武汉成了国民政府的政治中心。1938年1月,中华民族解放行动委员会中央由香港迁至武汉,章伯钧、彭泽民、彭泽湘等解委会负责人分别由南京、香港来到武汉,从华北、华东撤退下来的许

多解委会干部和成员也纷纷赶到武汉集中,在武汉成立了"临时工作组",推动成员深入工人、学生和海员中,开展抗日宣传,并发展组织。1938年2月1日,解委会创办出版了《抗战行动》旬刊,以"发挥纯正的民意,抒陈有利于民族国家的政见"。章伯钧在《抗战行动》和《前进日报》上发表多篇政论文章,如在《抗战行动》第五期上发表的《国际形势与中国抗战》、第六期上发表的《我们对于抗战建国纲领的意见》等,文章在分析了抗战时期国内外形势的基础上,大力宣传全面抗战与民主改革的主张,批评国民党片面抗战路线,揭露亲日派妥协投降的阴谋;提出了诸如"要将抗战建国纲领成为指导全国人民意志和行动的活的纲领,且中国国民党必须以身作则,忠实的执行这纲领"等要求;希望国民党接纳各党各派的政治要求,开放党禁,实行民主,改善民生,商定全国一致遵守的以民主为骨干的政治纲领。

在武汉期间,解委会在形式上已取得半合法地位,但仍处处遭到国民党的歧视与压制。章伯钧等经常与中共驻武汉代表团讨论对时局的看法,对内对外力主联共联苏,呼吁民主、抗战。他赞同并支持中共的抗日民族统一战线,为抗日救国奔走呼号。章伯钧等在《抗战行动》等刊物上发表多篇政论文章,大力宣传全面抗战与民主改革的主张,批评国民党片面抗战路线,揭露亲日派妥协投降的阴谋;希望国民党开放党禁,实行民主,改善民生。为加强同中共的合作,1938年2月,解委会以章伯钧、彭泽湘为代表,同中共领导人王明、周恩来在汉口举行两党会谈。双方共同回顾了过去两党间的关系,交换了开展抗日民族统一战线工作的意见,一致表示今后要密切合作,共赴国难。这次会谈为解委会进一步靠拢共产党奠定了思想和政治基础。会谈之后,解委会立即着手筹备召开第二次临时代表会议。由彭泽湘、章伯钧以"抗战、民主、反对官僚主义,改善人民生活"为重点,起草解委会的纲领——《抗战时期的政治主张》。

1938年3月1日,解委会第二次临时代表会议(后改称第三次全国干部会议,简称"三干会议")在汉口璇宫饭店(今江汉一路57号)召开。会议由章伯钧主持,出席会议的有彭泽湘、丘哲、张云川等30余人[①],会

---

① 有20余人一说——著者注。

期1天。中共领导人周恩来、叶剑英、秦邦宪应邀参加会议。

图3　第三次全国干部会议会址——璇宫饭店

会议通过了《中华民族解放行动委员会抗战时期的政治主张》和《抗战时期人民自卫武装组织条例》两个文件；调整了中央领导机构人选：保留二干会议选出的19名委员，并增选王一帆、陈其瑷、王寄一、朱代杰、邹静陶、唐午园等6名临时执委会委员，由25人组成中央临时执行委员会；决定中央负责人均暂时不定职位名称，在黄琪翔总书记未公开履职之前，由章伯钧担任总联络人；决定全国地方组织分为后方组织和沦陷区组织，恢复组织应配合全国抗战，积极开展工作，沦陷区组织凡能保留的尽力保留，坚持工作。会议决定派李士豪、何仲珉、张云川分别到浙江、江西、广东等沦陷区主持党务。

由解委会第二次临时代表会议通过的《中华民族解放行动委员会抗战时期的政治主张》，发表在1938年4月26日出版的《抗战行动》中，分析了抗战以来的中国政治、经济和军事形势，确定了解委会在抗战时期的行动方针，其主要内容包括两个方面，一是提出了内政方面的15条政治主张，二是在外交方面提出了4个方面的要求。其核心内容是主张坚持持久抗战的方针，实行全民的全面抗战路线。强调只有发挥政治优势，才能取得抗战胜利，并提出实行民主政治、集中力量生产、开展国民外交、增强民族意识、扩大军事训练等各方面的具体措施。同时，解委会表明忠实其"不顾一切困苦,继续为大革命遗留未竟的反帝国主义和土地革命两大任务,图与全国工农劳苦大众,努力完成中国的民族革命和民主革命,并促进中国走上社会主义的前途"的历来主张,竭尽能力效忠抗日的神圣的民族的解放战争,力争所提主张实现,以保障抗日胜利的前途,达到民族独立自由平等的目的。《政治主张》是解委会在抗战时期的纲领性文件,其主张与中共的全面抗战路线和持久抗战的战略方针基本一致,它的提出,是对中共全面抗战路线的支持。《抗战时期人民自卫武装组织条例》,作为发动人民群众、组织人民群众、实行全民抗战的工作条例,强调组织人民自卫武装,对于发动群众、动员党员参加抗战起了积极的推动作用。

【章伯钧小传】章伯钧(1895—1969),1895年11月17日(12日)生于安徽桐城。北伐时任国民革命军总司令部政治部宣传科长、第九军党代表。1927年参加八一南昌起义,被任命为起义军总指挥政治部副主任。1930年参与创建中国国民党临时行动委员会,任中央干部会干事。1933年参加"福建事变",任中华共和国人民革命政府经济委员会委员兼土地委员会主任。抗日战争时期,为国民参政会第一、第四届参政员。1941年参与组织中国民主政团同盟。为中华民族解放行动委员会和民主同盟的主要负责人之一。1947年当选为中国农工民主党主席。中华人民共和国成立后,曾任中央人民政府委员会委员,交通部部长,农工民主党第五、第六届中央主席,民盟中央第一、第二届中央副主席,《光明日报》社社长等职。是中国人民政治协商会议第一、第三届全国委员会常务委员,全国政协第二届副主席,全国政协第四届委员会委员,第一届全国人民代表大会代表。

1916年,章伯钧考入武昌国立高等师范英语系,1920年毕业,任安徽宣城师范学校校长,因聘任恽代英、萧楚女等任职不容于当局,一年即被解职。

1922年,章伯钧与朱德等一道赴德国留学,并由朱德介绍于1923年加入中国共产党。1926年在柏林大学获哲学博士学位后回国,任中山大学文学院教授。同年7月,广州国民政府誓师北伐,章伯钧任国民革命军总司令部政治部宣传科长、第九军党代表。北伐军攻克武昌后,1927年1月任武汉国民政府人民裁判委员会委员,3月改任农民部兵农联合委员会主席,政治部主任邓演达忙于处理军务政务,政治部日常事务多由邓演达倚重的章伯钧代为处理。

1927年,蒋介石、汪精卫先后在上海、武汉发动反革命政变,捕杀共产党人和革命群众,使国共合作的大好形势归于失败。章伯钧也被划在"分共"之列。同年7月,章伯钧从庐山赶往南昌,积极参加八一起义的准备工作。起义军占领南昌后,以中国国民党中央委员会的名义发表宣言,成立了以共产党人为主体、有国民党左派参加的革命委员会。章伯钧任起义部队政治部副主任。10月初,在起义军南撤广东的潮汕战斗中,章伯钧被冲散,找不到部队,乃只身辗转流亡香港,失掉了同中共党组织的联系,从此脱离了共产党。

1928年,章伯钧在上海与谭平山等酝酿成立中华革命党,倡议"团结旧友,发展新朋",继承孙中山"联俄、联共、扶助农工"三大政策,继续进行民主革命活动,倡议推翻南京政府独裁统治。1930年,他同邓演达等创建中国国民党临时行动委员会,当选为中央干部会干事和宣传委员会主任。次年,邓演达被蒋介石杀害。其后,章伯钧等负责领导临时行动委员会中央干部会的工作,和黄琪翔等提出了"倒蒋抗日"的政治口号和十大行动纲领,主张立即对日作战。

1932年1月28日,日本侵略军在上海发动事变,第十九路军奋起抵抗。蒋介石坚持不抵抗政策,极力破坏淞沪抗战,章伯钧和周谷城等联名发表宣言,痛斥南京政府"误国殃民"的罪行。1933年秋,章伯钧积极参加李济深、陈铭枢、蒋光鼐等人发动的以"抗日、倒蒋、联共"的福建事变,并成立中华共和国人民革命政府,章伯钧担任经济委员会委员兼土地委员会主任委员,积极开展"计口授田"的土改试点工作,成效显著。"福建事变"失败后,章伯钧流亡日本,在东京与爱国民主人士继续筹划"倒蒋抗日"的救国大计。

1935年11月10日,章伯钧响应中国共产党建立抗日民族统一战线的召开,和彭泽民等在九龙主持召开了中国国民党临时行动委员会第二次全国干部会议,改党名为中华民族解放行动委员会,发表《组织反日阵线提议的宣言》,响应中国共产党的《八一号召》,力主同共产党合作。

1936年上半年,章伯钧联系、参与、策动两广的李济深、李宗仁、白崇禧、陈济棠等联合发动了"六一"事变,打起了反蒋抗日的旗号,宣布北上抗日。1936年10月,黄琪翔、章伯钧、彭泽民、丘哲等在香港召开了会议,以统一认识,推动联合抗日,政策由"反蒋抗日"转为"逼蒋抗日"。

1939年冬,章伯钧与张澜、沈钧儒、黄炎培、梁漱溟等共同成立统一建国会,推动民主宪政的开展。1941年2月,中国民主政体同盟(后改为中国民主同盟)在重庆成立,章伯钧带领中华民族解放行动委员会集体加入民主政体同盟,并被选为常务委员和组织部长。民盟成立后,他与其他领导人为民盟的巩固和发展做了不懈的努力,使之成为民主运动中的一支重要力量。抗战胜利后,章伯钧主张全国各党派共同合作,和平建国,反对内战和独裁。1946年,章伯钧作为民盟代表,出席政治协商会议,同中国共产党密切合作。1947年,民盟被迫解散。

1947年2月,章伯钧在上海主持召开中华民族解放行动委员会第四次全国干部会议,并作《党务报告》,正式将党名改为中国农工民主党,宣言"继续为完成中国革命的任务而奋斗",章伯钧当选为中央执行委员会主席。会议决定全面配合中共进行"策反、组织武装斗争"等各种倒蒋反美活动。同年9月,国民党政府在疯狂进行内战的同时,加紧迫害民主势力,民盟解散,农工民主党的活动被迫转入地下。11月,章伯钧离沪到港,继续坚持斗争。

1948年1月,章伯钧和沈钧儒等主持召开民盟一届三中全会,会议提出了坚持同中国共产党紧密合作,推翻国民党独裁政府,实现民主、和平、独立、统一的新中国的政治纲领,决定由沈钧儒、章伯钧以民盟中常委名义领导民盟工作。1948年9月间,章伯钧应中共中央的邀请,首批进入解放区,参加政协筹备工作。1949年1月,章伯钧同各民主党派负责人和无党派人士代表,联名发表《对时局的意见》,宣布愿在中国共产党领导下,将革命进行到底。此后,又与彭泽民等联名发表书面谈话,拥护毛泽东提出的实现真正和平民主的八项条件,为全国政协的召开和共和国的建立作出了贡献。同年9月,章伯钧出席中国人民政治协商会议第一届全体会议,当选为常委和中央人民政府委员会委员。

1969年5月17日,章伯钧在北京逝世。

(摘编自《共和国人物档案》丛书之《共和国全国政协第一届常委》和《章伯钧传略》)

4.5 国民参政会中的斗争

1938年3月29日至4月1日,国民党在武汉召开了临时全国代表大会,检查全国抗战以来的工作,确定今后的任务和行动方针。《抗战建国纲领》是国民党在这次大会上制定的主要文件,系统地提出了国民党抗日救国的主张。这个纲领规定了抗战时期国民党在外交、军事、政治、经济等方面的政策。纲领除前言外,分为总则、外交、军事、政治经济、民众运动、教育等7项32条。其中政治方面,组织国民参政机关,团结全国力量,集中全国之思虑与识见,以利国策之决定与推行。国民参政会的成立是民主的标志,是中华民族团结抗战的象征。

章伯钧被聘为第一届国民参政员,作为解委会的唯一代表,参加了7月8日在汉口大戏院举行的国民参政会一届一次会议。在会议中,章伯钧参与提出的《拥护政府长期抗战国策案》等提案均获大会通过。为更好发挥解委会"十分赞成的"国民参政会组织的作用,章伯钧在《对国民参政会的意见》中对其提出了5条意见:第一、全国各在野党派按政府确定人数参加国民参政会;第二、保留若干名额待其他尚未完备的人民团体代表参加;第三、参政员应由各在野党派和人民团体自行推选确定;第四、参政会不应只是成为政府的咨询机关,还应有制定法令和自行召集会议之权;第五、应当给予参政员某些权力和保障。时值徐州撤退、武汉危机,国民参政会确定了"抗战到底,争取国家民族之最后胜利"的国策;宣布了抗战建国纲领是国民党抗战时期的施政方针、"各党各派合作的抗日民族统一战线"的方针、"实施民族政治"的方针;要求"在抗战时期保障民生";等等。会后,各党派的参政员掀起了一个广泛的民主宪政运动,章伯均代表解委会多次发表文章和谈话,积极参与有关实施宪政的活动。

1937年底,国民政府首都开始迁往重庆后,武汉成了事实上的战时首都,日军要在武汉发起"最后一击",以期3个月灭亡中国。1938年6月18日,日本大本营下达进攻武汉的作战命令,调集9个师团25万兵力、舰艇120艘、飞机300架参加进攻武汉的作战。中国军事委员会动员第三、第五、第九战区120多个师100万人、舰艇30余艘、飞机约200架投入武汉会战。截至10月16日中国统帅部决定弃守武汉,中国军队同日军进行了长达4个月的武汉会战,大小战斗数百次,迟滞了日军前进,消耗了日军大量兵力,基本完成了掩护人力、物资从武汉向西转移撤退的任务。1938年8月下旬,日本决定在武汉会战期间,同时进攻广州,9月19日,日本大本营命令古庄干郎率领第二十一军担任攻占广州,中国军队只有余汉谋率领第十二集团军所部3个军8个师迎敌,10月20日,日军向广州猛进,21日广州沦陷。武汉抗战时期,徐州会战、武汉会战和中国其他抗日战场,中国军队以巨大的牺牲和胜利换来了抗日战争的战略相持阶段,中日两军遂成对峙。

广州、武汉相续失守后,解委会负责人章伯钧、彭泽湘等和一批干部从武汉撤往重庆,1938年9月在重庆半山新村3号(今重庆渝中区李子坝盘山公路旁)设立了中央联系点,成为抗战期间农工党中央机关的所在地。在重庆期间,解委会负责人经常与周恩来等中共领导人就国内外形势、抗战政策、国共关系等重大问题交换意见,沟通信息,增进相互了解和友谊,并在实际斗争中协调行动,互相呼应。

日本侵略军占领广州、武汉以后,中国抗日战争逐渐转入战略相持阶段。随着战局的扩大,战线的延长,日军兵力更加分散,士气已经低落。面对这种情形,日本侵略者在侵华的战略和策略上进行了一些调整。在军事上,基本停止对正面战场的战略性进攻,采取以保守占领区为主的方针;在思想文化上,强化对占领区的奴化宣传灌输,加紧文化文物掠夺,破坏古迹文物;在政治上,把以军事进攻为主、政治诱降为辅的方针,转变为以政治诱降为主、军事打击为辅的方针,企图使国民党政府妥协投降。日本对国民党政府进行分化、诱降的一个重大步骤,是策动汪精卫为首的亲日派公开投降。

10月28日,国民参政会一届二次会议在重庆召开,国民参政会议长汪精卫担任第二次大会主席,他会里会外大肆鼓吹"和平"滥调,会议开幕后,国民参政员陈嘉庚①从新加坡拍来一份"官吏谈和平者以汉奸论罪"的电报提案,多人联署并获通过,给汪精卫当头一棒!针对广州、武汉失守的严重局势,会议一致通过旨在防止妥协投降、推动国民党坚持持久抗战的总决议案,这是由5个提案合并而成,经讨论作出的。其中,包括章伯钧与林祖涵(伯渠)等联名提出《严惩汉奸傀儡案》、与吴玉章等联名提出《加强国民外交案》、与陈禹锡等联名提出《关于克服困难,渡过难关,持久抗战,争取最后胜利案》等3个提案。

11月20日,在上海与日军秘密签订《日华协议记录》等卖国文件的前提下,12月18日,国民党副总裁汪精卫等由重庆经昆明潜逃河内,29日发表"艳电"公开投敌,汪精卫集团降日反党反人民、甘当汉奸卖国贼的反动面目暴露无遗。对此,解委会发表《声讨汪兆铭通敌卖国》通电,通电声讨:"身负国家重任的汪兆铭,竟逃脱抗战的革命营寨,遁走香港,且进而响应敌酋声明,通电主张乞降,其通敌叛国的逆迹,实已昭彰,不能再加饶恕。"提醒人们"丧心病狂的汪兆铭,既已率其丑类,逃往香港,公开反对国策,靦颜乞降,则今后必至为虎作伥,与南北傀儡为伍,以积极危害国家民族!""对于国民党执监委员会临时会议,永远开除汪兆铭

---

① 陈嘉庚(1874—1961),原名陈甲庚,汉族,福建同安县集美社人(现厦门市集美镇)。南洋著名爱国华侨企业家,是马来西亚及新加坡地区著名华人企业家,东南亚地区华侨领袖。陈嘉庚一生具有强烈的爱国情怀,为辛亥革命、民族教育、抗日战争、解放战争、新中国的建设作出了卓越的贡献。1937年抗日战争全面爆发,南洋华侨筹赈祖国难民总会在新加坡成立,陈嘉庚被推选为主席,他自己带头捐款,还组织各类活动。从卢沟桥事变到太平洋战争爆发的4年半期间,共计捐款约15亿元,极大地支援了中国国内的抗日力量。

党籍的决定十分欣慰。"通电"认为国民党对汪兆铭执行了党纪以后,国民政府对汪兆铭尚须严申国法;政府应该立刻下令通缉汪兆铭,归案严办";对其党羽应彻查缉办,以期除恶务尽。通电还建议,对那些动摇妥协、投机取巧分子也应彻底肃清,才能保证抗战革命政策之实现和抗战的最后胜利。

1939年9月9日至18日,国民参政会一届四次会议在重庆召开。针对国民党重新加强一党专制,采取设立防共委员会等措施,各中间党派和共产党联合,在本次会议上发动了一场要求国民党结束其党治、实行民主宪政的斗争。大会收到了包括章伯钧参与提出的《请结束党治,立施宪政,以安定人心,发扬民力而利抗战案》在内的7项关于民主宪政问题的提案,全部交参政会第三审查委员会讨论。经过长达20个小时的连续激烈辩论,最终通过了《请政府命令定期召集国民大会,制定宪法,实施宪政案》,这是共产党联合各中间党派的民主势力对国民党反民主势力的重大胜利。大会推选章伯钧等25人组成国民参政会宪政期成会,为促进宪政运动的开展,宪政期成会多次召开宪政座谈会,座谈会一致商定组织宪政促进会,作为协助宪政实施的民众团体。1939年11月,章伯钧和董必武等25人被选为宪政促进会常委会委员,为推进宪政运动开展了大量的工作。

4.6 加强组织建设

解委会多次受到国民党当局的拉拢、威逼和压迫,但解委会都给予坚决的抵制和抗拒。1939年到1940年,解委会的许多地方组织陷于敌占区,在国统区的组织也受到国民党的打压,组织活动受到限制,有的甚至处于停顿状态。沦陷区能坚持活动的有广东、江西、浙江和北平等,国统区只有重庆、成都能开展正常的组织生活,解委会的大多数负责人和大批干部集中在重庆。为解决经费问题,解委会提出"发展生产,自给自足"的号召。通过自己创办工厂(农场)和打进国民党的一些工厂,既解决经费问题,又开展一些秘密活动,通过转送医疗器械支持中共领导的八路军抗日。

为了取得比较稳定的经费来源,在提出"发展生产,自给自足"方针后,决定创办一个经济机构。1939年,得到中央赈济委员会的支持,又以救济战区难童的方式,获得盐务总局的赞助。在重庆北碚金刚碑镇建立了"中央赈济委员会民利皮革厂",由章伯钧任董事长,彭泽湘为经理,聘人负责生产技术。罗任一、邹静陶、贾奎先后继任经理。民利制革厂招收了数十名练习生,经培训成为制革工人。利用连瑞琦、王人璇等人的关系,民利制厂与陆军卫生用具制造厂签订合同,有了比稳定的业务,以销定产,制作皮鞋、皮包、皮箱等供应市场。同时由于其属于社会福利事,可免去苛捐杂税,但又不可能全力发展扩再生产。在其生产经营时期,保证了解委会基本的经费需求。1946年,中央离渝后,民利革厂交其他商人投资接办。

抗日战争进入艰苦阶段,国内政治斗争日益复杂化,一部分成员对革命前途、第三党的前途丧失信心而脱离了队伍。在解委会中央机关内部,就在同国共两党关系问题上,分歧的意见越来越大,且日益尖锐,彭泽湘等人坚持绝对中立、走中间路线主张,章伯钧等坚决反对,认为超然的中立是难以存在的。为了统一党的思想,纯洁党的组织,提高党的战斗力,争取实现民主抗战的主张,解委会中央于1940年10月10日向全党发出《整党通知》,并派出中央工作团到各地负责贯彻检查整党情况。提出党员工作标准、《八条戒律》以及吸收新党员的要求。

为配合这次整党,解委会中央发表了《怎样做一个第三党党员——告全党同志书》,对第三党的性质、任务、经验教训以及革命思想等各方面作了进一步阐述,再次强调加强组织工作的重要性和必要性,指出第三党是社会主义的革命党,需要有坚强严密的组织。提醒党员:过去的革命实践表明,第三党过去斗争成效甚少的一个重要原因,就是"组织的松懈,分子之不够健全"。因此,要实现第三党的历史使命,就必须勇于面对现实,检讨过去,以迎接新的未来。这次整党还制定了以"完成民族解放,实现民主政治,争取社会主义前途三大目标"为核心内容的新的入党誓词,1940年秋,彭泽湘等一批成员以不同意新的入党誓词为由脱离了组织,彭泽湘退出第三党后,专门担任主张抗日反蒋的李济深的顾问,继续为抗日民族统一战线工作奔波劳顿。通过这次整党,清除了第三党内一部分意志消沉分子,也吸收了一大批骨干分子入党,解委会组织吐故纳新,增强了战斗力,并增加了团结。

1941年初,解委会以章伯钧、丘哲为代表,在重庆曾家岩50号同中共领导人周恩来、董必武、叶剑英举行正式会谈。会谈中,章伯钧表示了进一步加强同中共合作的诚意,希望中共在政治、经济、组织等方面予以切实的援助。周恩来等表示"极端赞同,并愿给予种种支援"。会谈后,周恩来等向中央报告说,第三党近因当局之压迫,日渐左倾,现正整顿其组织,并提出联俄联共之中心主张,与共产党建立密切之合作。该党凡在大是大非的斗争中,都是站在共产党一边,采取了积极的态度。通过经常交流和密切合作,中共逐步认同"第三党与我们最接近,是最同情我们的"。

针对国民党顽固派的分裂倒退活动,1941年9月18日,解委会中央发表了《对时局宣言》,《宣言》分析了国内外形势,回顾了建党十余年来15个方面的政治主张,指出武汉沦陷3年多来中国在政治上的倒退,抗战大业遭到3个方面更严重的危机。为制止时局逆转,争取抗战胜利,《宣言》郑重提出了14条简单意见,并进一步表明对抗战必胜、建国必成抱有绝对的信心。解委会主张的14条意见是:(一)立即召集各党派等举行紧急会议,集中全国意见,共商国是;(二)彻底改革并充实各级政治机关,造成举国一致的强力人民抗战政府;(三)确立民主的领导抗战方针,保障抗战人民一切合法的自由;(四)除防敌人、汉奸外,应终止特务工作,并释放一切政治犯、思想犯;(五)正式承认各党派的合法存在;(六)彻底扫除一切阴谋妥协分子及和平动摇分子;(七)彻底动员民众,配合抗战需要,使人民有为国效忠的机会;(八)实行全国皆兵的义务兵役制,并强化国防军的组训;(九)积极改善前方战士生活,并切实优待后方抗属;(十)一律平等待遇及爱惜全国抗战部队;(十一)实行高度的战时组织经济,改善大众生活;(十二)实行财政公开,彻底肃清贪污;(十三)号召侨胞,积极参加祖国抗战;(十四)加强中、苏、美、英关系,建立同盟,共同奋斗。同时,利用中央机关报《前进日报》,加强"抗战与民主"宣传工作。

在与国民党斗争的同时,解委会继续加强与中共的合作。1941年10月29日晚,第三党创始人邓演达逝世10周年之际,章伯钧委托方荣欣在朝天门的味渝饭店筹备纪念活动,由章伯钧宴请中共方面的周恩来、董必武、林伯渠、吴玉章、王若飞、王明、徐特立、徐冰;国民党左派于

右任;民主党派沈钧儒①、曾琦、左舜生②、梁漱溟③、余心清等。周恩来即席发言说:"邓演达曾任国民革命军总政治部主任,很有才干,但是过于自信。他作过黄埔军校教育长,有许多学生做官带兵,比如陈诚等,于是他就认为他出面一说,这些人就可追随他革命,其实不是那么简单。正是这一点,导致他放松了警惕,被杀害了。"各党派人士畅所欲言,纪念活动的气氛热烈。

---

① 沈钧儒(1875—1963),字秉甫,号衡山,汉族,浙江嘉兴人。1875 年 1 月 2 日生于江苏苏州,清光绪时进士。1938 年代表救国会任国民参政会参政员。抗日战争时期,曾组织平民法律扶助会,还在汉口筹组抗日救亡总会。1941 年倡议组织中国民主政团同盟,后改组为中国民主同盟。抗战胜利后,任中国人民救国会主席。1946 年 1 月,代表民盟参加旧政治协商会议,为争取全国的和平民主而斗争。1947 年民盟被国民党反动派非法解散,1948 年初在香港主持民盟一届三中全会,发表紧急声明,坚决与中国共产党合作,终于促使民盟走上革命道路。著名爱国民主人士,中国法学家,政治活动家。

② 左舜生(1893—1969),名学训,字舜山,别号仲平,汉族,湖南长沙人。1935 年任中国青年党中央执委会委员长。1938 年被聘为国民参政会参政员,并在武汉创办《新中国日报》。1941 年左舜生参与发起成立中国民主政团同盟,任中央常务委员和总书记。1945 年 10 月任中国民主同盟第一届中央常务委员兼秘书长,同年 12 月随中国青年党退出民盟。

③ 梁漱溟(1893—1988),原名焕鼎,字寿铭,曾用笔名寿名、瘦民、漱溟,后以漱溟行世。原籍广西桂林,生于北京。1931 年与梁仲华等人在邹平创办"山东乡村建设研究院",任研究部主任、院长,倡导乡村建设运动。抗日战争爆发后,任最高国防参议会参议员、国民参政会参政员。1939 年参与发起组织"统一建国同志会",1941 年参与发起成立"中国民主政团同盟",任中央常务委员并赴香港创办其机关报《光明报》,任社长。现代著名思想家,哲学家,教育家,现代新儒学的早期代表人物之一,社会活动家,爱国民主人士。

第 5 章 中国民主政团同盟

（1941.3—1947.2）

随着国民党对共产党军事进攻的不断升级，对中间党派和爱国民主人士进行限制、迫害日益加重，拥蒋抗日的各党派极为失望，并感到生存受到严重威胁，各民主党派认识到力量分散不利于调解冲突，不利于促进团结抗战。1939 年 10—11 月间，章伯钧联合部分国民参政员，酝酿和发起成立了"统一建国同志会"，该会密切了中间党派和无党派民主人士的联系，使之能够协调一致地积极推进民主宪政运动，坚持团结抗战的力量得到了加强。同时，在组织上实现了各党派的初步联合，为日后民主政团同盟的成立打下了组织基础。

5.1 "皖南事变"后的联合斗争

1939 年底至 1943 年上半年，国民党连续发动三次反共高潮，其中尤以 1941 年初发动的以"皖南事变"为标志的第二次反攻高潮为最甚，共产党领导的新四军遭受严重损失。1940 年 10 月 19 日，何应钦、白崇禧以国民政府军事委员会的名义，强令黄河以南的新四军、八路军在一个月内全部撤到江北；中国共产党从维护抗战大局出发，答应将皖南的新四军调离。1941 年 1 月 4 日，新四军军部及所属的支队 9 000 多人由云岭出发北移。6 日，行至皖南泾县茂林时，遭到国民党军 8 万多人的伏击；新四军奋战七昼夜，弹尽粮绝，除约 2 000 人突围外，大部分被俘或牺牲；叶挺与国民党军队谈判时被扣押，项英、周子昆被叛徒杀害。"皖南事变"发生后，周恩来在《新华日报》上愤然写下了"千古奇冤，江南一叶；同室操戈，相煎何急?!"的题词。

"皖南事变"发生后，各中间党派对国民党这种明目张胆破坏团结抗战的恶行极为愤慨，他们发表谈话或举行集会，谴责国民党军队的暴行，对被难的新四军表示同情。"皖南事变"后，新四军军长叶挺被囚禁于湖北恩施，驻扎在此的黄琪翔夫妇为叶将军身陷囹圄、不能为国杀敌而痛惜，他们经常前去探望，有时带去叶将军爱吃的梅县家乡菜，以行动抗议蒋介石破坏团结抗日的行径。在国内公正舆论受到严重压制的情况下，1941年1月12日，解委会负责人彭泽民同宋庆龄、柳亚子、何香凝在香港联名发表《关于皖南事变致蒋介石及国民党中委书》，严厉谴责蒋介石国民党剿共对国家民族前途造成不堪设想后果，"引起国人惶惑，招致友邦疑虑，又因以便利敌人之乘间抵隙，不得不望谋国内和平之巩固"，要求国民党"慎守总理遗训，力行我党国策，撤销剿共部署，解决联共方案，发展各种抗日实力，保障各种抗日党派，一举手措足之劳，即可转定抗战基础，安如磐石"。同时，在香港的解委会党员与其他爱国人士400余人一起，给蒋介石国民党政府发出了制止内战的联名通电。1941年3月1日，第二届国民参政会第一次大会在重庆召开。会前的2月22日，除国共两党参政员外，各抗日党派参政员联名致函蒋介石，提出实行民主政治、党派公开合法等要求，并表示：蒋介石不接受，将不出席参政会。在此压力下，蒋介石不得不保证：今后不再有剿共的军事行动。各民主党派对国民党的声讨和谴责，有力地配合中国共产党打退了国民党的第二次反攻高潮。

5.2 中国民主政团同盟成立

"皖南事变"后，一方面，事变导致国共合作濒临分裂，使得解委会领导人章伯钧、丘哲甚感不安，因为国共两党团结合作，抗战才有胜利的希望，若国共两党重开内战，抗战前途将不堪设想。然而要调停国共两党的关系，任何一个中间党派的力量都是薄弱的，只有中间党派联合起来，结成同盟，才能当此重任。另一方面，国民党顽固派对包括解委会在内的民主党派和爱国民主人士进行限制和加以迫害，摧残民主、排斥和消灭异己力量，使得拥蒋抗日的各党派极为不满和失望，并感到生存受到严重威胁,各抗日党派产生联合起来共同对国民党顽固派进行斗争的迫切要求。

抗战爆发后,解委会虽然取得了合法地位,但由于历史原因,国民党对其一直十分仇恨,想尽办法欲将其取缔。为保存第三党的组织,实现上述两个目标,从1940年秋天起,解委会负责人章伯钧、丘哲等积极活动,在中间党派领导人中进行联络,向各方建议组织第三者性质的政治同盟,其目的是"团结各中间党派,一则抗拒蒋介石的打击,一则同共产党合作"。各党各派多次在爱国民主人士鲜英(字特生)的公馆——特园举行座谈,统一认识。由于抗战时期民主人士、社会名流常聚会于此,因此特园被誉为"民主之家"。周恩来、林伯渠、董必武等经常到此会见各党各派领导人,或参加他们举行的座谈会,一起分析形势,阐明中国共产党的方针政策,鼓励、支持和帮助主张抗日的各党派联合起来。

在统一建国同志会的各党各派形成"非民主团结,大局无出路,非加强中间派的组织,无有争取民主团结"共识后,组建第三者性质的政治同盟得到了一致拥护。经各党派领导人多次秘密协商,决定以1939年11月23日建立的统一建国同志会为基础成立中国民主政团同盟。推定梁漱溟、左舜生、罗隆基①起草政治纲领和宣言,章伯钧、李璜起草组织规程。1941年3月19日下午,中国民主政团同盟在重庆上清寺特园秘密地召开成立大会,会议通过了《中国民主政团同盟政纲》、《敬告政府与国人》和《中国民主政团简章》,选举产生了13名中央执行委员:黄炎培②、张澜③、左舜生、张君劢、梁漱溟、章伯钧、罗隆基、李璜、江向渔、冷遹、杨赓陶、丘哲、林可玑,5名中央常务委员:黄炎培、左舜生、张君劢、梁漱溟、章伯钧,

---

① 罗隆基(1896—1965),江西省安福县人。中国著名政治活动家,爱国民主人士,他是中国民主同盟创始人之一。

② 黄炎培(1878—1965),号楚南,字任之,笔名抱一,汉族,江苏川沙县(今属上海市)人。1931年"九一八"事变后,黄炎培积极投入抗日救亡运动,创办《救国通讯》,宣传爱国主义;组织上海市民维持会(后改为上海地方协会),支持淞沪会战。1941年,与张澜等人发起组织中国民主政治同盟,一度任主席。1945年又与胡厥文等人发起成立中国民主建国会。他是中国近现代著名的爱国主义者和民主主义教育家,是中国近代职业教育的创始人和理论家。

③ 张澜(1872—1955),字表方,汉族,四川南充人(今西充县莲池乡人)。抗日战争时期,张澜任国民参政会参政员。1941年参加发起中国民主政团同盟(1944年改为中国民主同盟),1941年10月继黄炎培之后担任民盟中央执行委员会主席。

黄炎培为中央主席（黄炎培于同年10月辞去主席职务出国后由张澜继任），左舜生为总书记。民主政团同盟成立时处于秘密状态，在中共的帮助下，于同年9月18日在香港创办了机关报——《光明报》，该报宗旨为：团结抗战，民主建国。梁漱溟任社长，萨空了任经理，俞颂华为总编辑。

1941年10月10日，《光明报》刊登了《中国民主政团同盟启事》，公开宣告中国民主政团同盟已经成立，并公布了成立宣言及"十大纲领"等政治主张。1941年10月28日，延安的《解放日报》发表题为《民主运动的生力军》的社论，热烈称赞同盟的成立，指出："抗日时期，民主运动得此推动，将有重大发展，开辟更好的前途。"1942年，全国各界救国联合会加入中国民主政团同盟，至此，组成中国民主政团同盟的有6个党派，俗称"三党三派"，即：中华民族解放行动委员会（第三党）、中国青年党、国家社会党和以黄炎培为首的中华职业教育社、以梁漱溟为首的乡村建设协会以及1942年加入的沈钧儒领导的全国各界救国联合会。解委会领导人章伯钧当选中央执行委员会5位常委之一，并担任组织部部长，负责组织工作；丘哲当选由13人组成的中央执行委员会委员。

中国民主政团同盟的成立，表明中国各抗日民主党派已经联合成一种政治势力。从此，解委会将自己的工作重点置于同盟，与盟内的爱国民主力量一道，坚持争取民主宪政和抗日救亡斗争。因为解委会历史较长，有一定社会联系，又有一定的组织基础和干部班底，在同盟的组织建设和政治活动中发挥了重要作用。尤其是同盟成立伊始，解委会领导人负责组织工作，对初期的组织建设，发挥了支柱的作用。其后，解委会成员的积极参加与民盟地方组织的建立和发展，使民盟的力量得到了较快的壮大。

5.3　争取民主与实施宪政

1941年，在爆发了苏德战争和太平洋战争后，东西方反法西斯战场连成一片，第二次世界大战发展到最大规模，先后有61个国家和地区卷入了战争。1942年1月1日，以中、美、英、苏为首的26个参加对德、意、日轴心国作战的国家（即同盟国），在华盛顿签署《联合国家宣言》，郑重表示：签字国要保证使用全部军事和经济资源，共同对抗德、意、日法西斯的侵略；各国保证不同敌国单独缔结停战协定或和约。联合宣言的签订,标志着国际反法西斯统一战线的正式形成,并进一步显示出国际反法西斯战争的正义性和进步性。世界反法西斯统一战线形成后,美、英、苏等国对中国抗战的地位和作用更为重视。

在太平洋战场,美军于1942年6月在中途岛海战中击败日本海军联合舰队,8月攻入日军重兵把守的瓜达卡纳尔岛。经过历时半年的瓜岛之战,美军的海、空力量取得了决定性优势,盟军在太平洋战场上转入战略进攻。在欧洲战场,苏联军队在1943年2月结束的斯大林格勒战役中取得德军损失约150万人的伟大胜利,这个战役成为苏德战争的转折点。此后,苏军持续不断地向德军发起进攻,收复大片国土。7月,英、美联军占领意大利南部,9月,意大利军事专制政府向盟军投降,德、意、日法西斯联盟由此瓦解。至此,第二次世界大战的形势发生了深刻变化,对中国抗日战场也产生了重大影响。

世界反法西斯战争的胜利发展,为中国人民争取抗战胜利提供了有利的国际环境。这种形势迫切中国内部加强团结,实行民主改革,巩固和扩大抗日力量,彻底打败日本侵略者。但是,国民党统治集团仍坚持一党专政及反民主、反人民的政策。1943年3月,国民党以蒋介石的名义出版《中国之命运》一书,接着,国民党顽固派借共产国际解散之机,继续大造舆论,在思想领域掀起反共、反民主的逆流；6月下旬到7月上旬,蒋介石、胡宗南调兵遣将,并向陕甘宁边区的关中地区挑衅,准备分九路"闪击"延安,企图掀起第三次反攻高潮。针对这种严重情况,中共立即发动宣传战进行政治反击,同时准备军事力量以粉碎其可能的大规模进攻。由于中国共产党的揭露和声讨,在民主党派支持、全国人民反对和国际舆论谴责下,蒋介石被迫命令胡宗南停止军事行动。这样,国民党顽固派发动的第三次反共高潮在还没有发展成为大规模武装进犯的情况下就被制止。抗日民族统一战线得以继续坚持下来。

1943年第三次反共高潮被制止后,大后方掀起争取民主、实施宪政运动。1944年9月15日,林祖涵(伯渠)在三届三次国民参政会上,代表中共提出：结束国民党一党专政,建立各抗日党派联合政府。24日,章伯钧和沈钧儒等召开有500多人参加的民主宪政促进大会,积极响应中共号召,一致提出"实行民主、挽救危机,召开国是会议,成立民主联合政府"的要求。章伯钧随后在各党派、各界人士召开的会议上明确指出："中国今天有强有力的共产党,有强有力的民主同盟。只有立即召开国民会议,实行联合政府,才能挽救危机。"对中国共产党的主张给予了积极支持。1945年1月,中国共产党提出"立即废除国民党一党专政,成立一个由国民党、共产党、民主同盟和无党派人士的代表联合组成的临时中央政府",并提出立即着手召开各党派和无党派代表人士的圆桌会议。

1945年1月,一个细雨蒙蒙的下午,周恩来在曾家岩50号周公馆宴请第三党的章伯钧、郭则沉、韩兆鹗、刘宗宽等人。在宴会中,周恩来分析了抗战胜利在望的形势,要求大家走团结和民主的道路,共同打败日本侵略。他坦率地检讨了中共过去犯的关门主义错误,他说:"由于过去认为反对国民党当中间派是'最危险的敌人',因此拒绝与从国民党分化出来的第三党联合,认为比国民党还要坏,这就是把一切愿意革命和可以争取的朋友一概拒之门外,孤立了自己,帮助了敌人。"因此,"在'福建事变'时,竟然坐失良机,使革命遭受很大损失,这是一个惨痛的教训"。周恩来还说:"邓(演达)择生先生和我们是老朋友,今后我们要继续同第三党做朋友,加强联系,密切合作,有事多商量。"周恩来的话进一步消除了两党历史隔阂,增强了友谊。

随着民主运动的高涨、国共和谈的恢复以及中共"成立民主联合政府"主张的提出,解委会意识到中国政治的重大问题是取消国民党一党专政和成立民主联合政府,因此增强了争取民主和抵制蒋介石压迫的勇气和信心。章伯钧代表解委会频繁地参加发起和主持有关宪政运动的活动。国民党坚持要召开其一党独裁的"国民大会",以对抗共产党"成立民主联合政府"的主张。在这一激烈的斗争中,解委会完全支持中国共产党的提议,并于同年2月创刊机关刊物《中华论坛》半月刊配合这一斗争。《中华论坛》创刊后,党内外人士踊跃投稿,章伯钧和郭沫若、邓初民、胡绳等知名民主人士都在该刊发表政论文章,旗帜鲜明地揭露、抨击国民党的独裁统治和反共行径,支持共产党关于召开各党派会议以便正式商讨国是、组成临时联合政府的建议。章伯钧等解委会领导人多次在《新华日报》发表文章,呼吁召开紧急时局会议,建立民主统一政府,实行宪政。

1944年初,解委会为适应民主运动的需要,在半山新村成立中华论坛社。由于当局阻挠,从申请登记到出版,拖了一年多时间,经过不断斗争和各方协助,1945年2月1日《中华论坛》创刊号正式出版。章伯钧任主编,编辑有王深林、严信民等人,刊首"中华论坛",由刘宗宽书写。该刊以"全国人民的喉舌,民主政治的号角"为宗旨,由章伯钧撰写的发刊词表明该刊的使命"就是要站在人民的地位,为民族民主革命双重任务的彻底完成,努力尽责"。发刊词还指出,有关抗战各方面,如军事、政治、经济诸端,均有切实改造之必要。全国朝野人士,已一再有所呼吁,主张及时改善现状。该刊撰稿人有共产党、民主党派和各界知名人士,内容包括政治、经济、社会、哲学、史学等方面的理论探讨以及时事分析、论述和批评。该刊异军突起,成为有影响的舆论阵地之一。该刊印刷和纸张均由《新华日报》社印刷厂协助解决,由三联书店发行。

4月13日,《中华论坛》的章伯钧与《民宪》的左舜生、郑真文、《民主世界》的钟天心、《国论》的周谦冲、《国讯》及《宪政》的黄炎培、张志让、俞颂华、杨卫玉举行午餐会,议决组织民主期刊协会,联合发行临时刊。8月27日,《中华论坛》王深林、《民宪》左舜生、《民主世界》钟天心、《中山文化》左恭、《文论》孙伏园、陈翰伯、《国讯》及《宪政》黄炎培、张志让、梁公任、尚丁举行午餐会,商定发起筹组期刊联谊会,发行联合刊,推选召集人等。8月31日,《中华论坛》章伯钧等重庆八大杂志主办人举行会议,一致认为战争时期业已过去,审查书籍杂志已无存在的必要,决定除致函国民党中宣部、参政会、宪政协进会,请明令废止外,从9月份起不再送审,发行联合增刊。后又有一批杂志加入,并于9月6日举行联谊会,采取一致行动,拒绝送审。9月15日,《中华论坛》等20家杂志通知国民党中央宣传部、国民参政会,拒绝再将原稿送交国民党新闻当局审查。新闻、出版、文化界亦纷纷响应,形成一个反对国民党新闻检查制度的拒检运动。

12月1日,《中华论坛》发行中华民族解放行动委员会(第三党)文献专辑,系统介绍第三党概况、政治主张、行动纲领、时局宣言等。1946年1月10日,《中华论坛》、《民主星期刊》等9家杂志发行《民主联合日刊》。8月16日,《中华论坛》迁往上海,在重庆共出刊12期。

5.4 中共七大和国民党"六大"

1945年春夏之交,世界反法西斯战争和中国的抗日战争已经处于即将取得胜利的前夕。中国共产党与中国国民党分别召开了第七次全国代表大会和第六次全国代表大会,分别就抗战形势和中国前途做了分析,就下一步发展战略作了部署。

此时,中国共产党领导的八路军、新四军以及其他正规军约91人,民兵200万人,共产党员121万人,19个解放区,大约1亿人口,这些力量已经成为全国抗战的重心和主力,中国共产党在全国人民心目中的威信有了极大的提高。国民党顽固派在美帝国主义的扶持下,积蓄力量准备发动内战,窃取全国人民抗战的胜利果实,走反共反人民的路线,维护和实现它在全国范围内的大地主大资产阶级的法西斯独裁统治,把中国人民继续引向半殖民地半封建社会的深渊。在中国出现了两种前途和命运的极为关键时期,为团结全党和全国人民,彻底揭露国民党顽固派发动内战的阴谋,打败日本帝国主义,争取中国最光明的前途,争取抗日战争的最后胜利,并在战后建立一个独立、自由、民主、统一和富强的新中国,1945年4月23日至6月11日,中国共产党第七次全国代表大会在延安召开。

出席大会的正式代表547人、候补代表208人,代表着121万党员。毛泽东在大会上致开幕词和闭幕词,毛泽东、朱德、刘少奇分别向大会作了《论联合政府》的政治报告、《论解放区战场》的军事报告和《关于修改党章程的报告》,周恩来作了《论统一战线》的重要发言。大会制定了党的政治路线是:放手发动群众,壮大人民力量,在我党的领导下,打败日本侵略者,解放全国人民,建立一个新民主主义的中国。

毛泽东在《论联合政府》的政治报告中提出:只有成立联合政府才是目前中国时局的出路。大会围绕与各党派建立联合政府的中心议题,反映了共产党与各党派成立联合政府的真诚愿望。报告分析了国际国内形势,提出了中国人民的基本要求,对比了两条不同的抗战路线,即"国民党政府压迫中国人民实行消极抗战的路线与中国人民觉醒与团结起来实行人民战争的路线";阐明了中国共产党的一般纲领和具体纲领;

规定了国统区、沦陷区与解放区的工作任务,提出"在广泛的民主基础之上,召开国民代表大会,成立包括更广大范围的各党派和无党派代表人物在内的同样是联合性质的民主的正式的政府,领导解放后的全国人民,将中国建设成为一个独立、自由、民主、统一和富强的新国家。一句话,走团结和民主的路线,打败侵略者,建设新中国"。毛泽东在报告中说:"为着彻底消灭日本侵略者,必须在全国范围内实行民主改革。而要这样做,不废止国民党的一党专政,建立民主联合政府,是不可能的。"并提出结束国民党一党专政实现联合政府的两个步骤:第一步是成立临时联合政府,第二步是召开国民大会,成立正式的联合政府。

为彻底打败日本侵略者,实现中华民族的彻底解放,七大总结了中国革命的历史经验。七大还把以马克思列宁主义理论与中国革命实践之统一的思想——毛泽东思想作为全党的指导思想,使全党在新的形势下达到空前的团结,为迎接抗日战争的伟大胜利和新民主主义在全国的胜利作了充分的准备。大会选举产生了新的中央委员会,中央委员44人,候补中央委员33人。6月19日,在中共七届一中全会上,选举出13人组成的中央政治局,5位中央书记处书记,毛泽东为中央委员会主席,组成了一个具有很高威信的、能够团结全党的、坚强的中共中央领导集体。

中共七大召开期间,中国国民党第六次全国代表大会也于5月5日至21日在重庆复兴关(浮图关)中央青年干部学校召开。会议正式代表600人,列席代表162人,前届中央执、监委员和候补委员149人也出席了大会。国民党总裁蒋介石主持开幕式并致辞,大会安排3项任务:加强战斗力量,争取抗战胜利;确定实施宪政,完成革命建国大业;增进人民生活,贯彻革命终极目标。大会的中心议题是讨论中共问题,坚持国民党一党专政,抵制联合政府,准备内战。蒋介石在大会的开幕词中,虽然没有明显的反共词句,但在所谓正面的表态中却含有杀机。他说:"我们更要坚定'三民主义战胜一切'的信心。""今天各位同志所必须警惕的,就是我们胜利愈接近,今后的险阻必愈纷至沓来,我们必须要有极大的信心与耐心,发挥我们总理垂训的大无畏精神,在任何危疑震撼的环境之中,坚忍奋斗,不撼不摇,遵循我们主义与政纲所指示的坦途而迈进"。

大会通过了63个决议案,其中心议题有两个:一是决定坚持独裁,拒绝成立联合政府;一是动员国民党全党力量,抢夺抗战胜利的果实。5月17日,大会就中共问题通过了决议案和工作方针,进一步确定了其独裁、反共政策。《对于中共问题之决议案》攻击中共"仍坚持武装割据之局",并声称对中共问题采取政治解决的方针,说:"现值国民大会召开在迩,本党实施宪政还政于民之初愿,不久当可实现。为巩固国家之统一,确保胜利之果实,中央自应秉此一贯方针,继续努力,寻求政治解决之道。"《本党同志对中共问题之工作方针》诬蔑中共破坏抗战,说"中共最近更变本加厉,提出联合政府"口号,并阴谋制造其所谓"解放区人民代表会议",在企图颠覆政府,危害国家。把妨碍抗战、危害国家的罪名强加在中共头上,为其准备内战制造借口。

国民党在其"六大"宣言中高唱"为国家民族效忠之途径,厥为完全实行三民主义":提出民族主义要"组织自由统一的中华民国";民权主义要"召开国民大会,制颁宪法,以实施宪政";民生主义要"实现国父之实业计划"。实际是一句话,即抗战胜利后一切的一切都由国民党包收包揽包办。在《本党政纲政策案》中露骨地说:"维护并巩固国家之统一,绝对禁止违背政府法令及在外交、军事、财政、交通、币制上有任何破坏统一之设施与行动。"会议通过了《关于国民大会召集日期案》,宣布在1945年11月12日召开国民大会,通过宪法,实施"宪政","还政于民",并以此来抵制中共联合政府的主张。最后,大会还通过了《中国国民党章程》,并选举出国民党中央领导机构,推选蒋介石为国民党总裁,蒋介石独裁地位得到了再次加强。大会选举出六届中央委员会222人,候补中央执行委员会90人,中央监察委员104人,候补中央监察委员44人,组成第六届中央执行委员会和监察委员会。

在抗战即将胜利前,国共两党召开的代表大会,制定了不同的政治纲领。中共代表中国绝大多数人的利益,提出联合各抗日党派,打败日本侵略者,解放全国人民,建立一个新民主主义的中国,把中国引向光明的前途。而国民党却提出实行一党专政,消灭共产党和中国民主势力,加强独裁统治,准备内战,把中国引向黑暗的前途。中国人民面临着光明与黑暗两个前途、两种命运的严重斗争。

5.5　六参政员延安会谈

国民党拒绝中共和各中间党派多次提出的"组织各抗日党派联合政府"的主张,决定将于1945年11月12日召开"国民大会",制定"宪法"。国民党这一顽固态度令中共非常愤慨,两党关系立即紧张,内战随时可能重新爆发。为调停国共关系,听取中共的意见,促成党派会议的召开和联合政府的成立,同时推动和加强民盟与中共的合作,1945年6月2日,褚辅成、黄炎培、冷遹、王云五、傅斯年、左舜生、章伯钧等7位参政员致电毛泽东、周恩来,表达赴延安会谈的愿望。6月18日收到毛泽东、周恩来复电:热烈欢迎7位参政员赴延安商谈。27日,参政员们共同会见蒋介石,说明要去延安的意图,获蒋介石同意。

7月1日,褚辅成、黄炎培、冷遹、傅斯年、左舜生、章伯钧等6位参政员由王若飞陪同,从重庆飞抵延安,毛泽东、周恩来、刘少奇、朱德、任弼时、林伯渠、张闻天、吴玉章、邓颖超、叶剑英、李富春、杨尚昆等到机场迎接并合影。2日下午,6位参政员与毛泽东、周恩来、刘少奇、朱德、任弼时、林伯渠、张闻天、王若飞正式会谈,气氛坦率诚恳,十分融洽。3日、4日下午,又举行了两次会谈,主要讨论了关于国民大会和政治会议问题,共同主张废除国民党一党专政,建立联合政府。双方各抒己见,畅所欲言,非常坦诚友好。三次会谈结束后,由中共方面整理出《会谈纪要》,郑重委托6位参政员转交国民党当局。主要内容有两点:一是停止进行国民大会,二是从速召开政治会议。政治会议应由国民党、共产党、民主同盟及三方共同推荐的无党派代表人士一同组成,其任务为讨论结束一党专政,建立民主联合政府;制定民主的施政纲领和将来召开国民大会等问题。会议的性质应为公开、平等、自由、一致。

会谈之余,6位参政员阅读《陕甘宁边区政府施政纲领》,参观了延安大学、供销合作社、供应总店、信用合作社、银行、光华农场及宝塔山等古迹。此外,他们还考察了经济贸易、工农业生产等状况,访问了李鼎铭先生和劳动英雄等各界人士,出席盛大宴会、群众大会、文艺晚会等,中共高级领导干部轮流作陪。7月5日,6位参政员离开延安返回重庆,毛泽东、朱德、周恩来、林伯渠等到机场欢送。回重庆后,6位参政员面见蒋介石，陈述了他们同中共会谈的情况，并将会议纪要交给了蒋介石，随后他们积极推动国共双方恢复和谈，但蒋介石未作任何回应。

6位参政员逗留延安期间，毛泽东还分别单独约见了章伯钧和黄炎培。在约见章伯钧时，毛泽东希望今后加强中共与民盟以及中共与第三党之间的密切合作，章伯钧表示完全赞同，并诚恳地表示：抗战开始时，全力无保留地支持中共的主张，现在依然如此。在约见黄炎培时，讨论如何跳出"其兴也勃焉"、"其亡也忽焉"的历史规律，黄炎培说一部历史都没能跳出这个规律，毛泽东说我们找到了方法，就是实行民主，让人民来监督政府，政府才不敢松懈，才不会人亡政息，以此来打破历史"周期律"。

【毛泽东小传】毛泽东(1893—1976)，1893年12月26日生，湖南湘潭人，字润之(原作咏芝，后改润芝)，笔名子任。中国革命家、战略家、理论家和诗人，毛泽东思想的主要创立者，中国共产党、中国人民解放军和中华人民共和国的主要缔造者和领袖，长期担任中共中央主席、中央军委主席。

1902年至1906年在家乡私塾读书。1907—1908年停学在家务农。1909年复学，秋，湖南省湘乡县高等小学堂读书。1911年10月投笔从戎。1912年退出军队继续求学，秋，退学自修。1913年春季后，分别在湖南省立第四、第一师范学校学习。1915年11月至1917年10月连任四届学习学友会文牍，1917年10月至1918年5月任学友会总务、兼教育研究部部长。1918年发起组织新民学会。1919年主编《湘江评论》。1920年先后筹建文化书社、俄罗斯研究会、湖南社会主义青年团，并同何叔衡等创建长沙的中国共产党早期组织。

1921年7月出席中共第一次全国代表大会。1922年起任中共湘区委员会书记。在中共三届一次执委会上被推选为中共中央局成员，任中央局秘书。1924年初参与中国共产党帮助孙中山改组中国国民党的活动。第一次国共合作期间，在国民党第一、第二次全国代表大会上被选为国民党中央候补执行委员会。1924年5月起任中共中央组织部部长。1925年起任国民党中央宣传部代部长。同年12月起任《政治周刊》主编，兼任国民党中央党部宣传员养成所所长。1926年2月起任国民党中央党部政治讲习班理事，5月起任第六届农民运动讲习所所长。同年秋，任中共中央农民运动委员会书记。1927年到湖北武汉任全国农民协会总干事，主持农民运动讲习所。

毛泽东是中国共产党最早认识革命武装斗争在当时中国历史条件下具有极大重要性的领导人之一。1926年3月20日，蒋介石制造了"中山舰事件"，当时共产党内多数人主张妥协，但毛泽东极力主张反击。1927年7月15日，汪精卫宣布"分共"，国共合作统一战线全面破裂。大革命失败，中国共产党人开始了独立领导中国革命的新时期。毛泽东被任命为湖南特委书记，主持湖南特委工作。8月7日，中共中央在汉口召开紧急会议，毛泽东在会上第一次提出了"枪杆子里面出政权"的著名论断。

八七会议后，中央决定让毛泽东以中共中央特派员的身份回到湖南领导秋收暴动。9月9日，湘赣边界秋收起义爆发，9月19日，起义部队先后到达文家市，29日，毛泽东决定在江西永新三湾村对部队进行整顿和改编，开始了党对部队的绝对领导，是毛泽东创立新型人民军队的开端，在人民军队的建军史上有着重大意义。10月27日，毛泽东率领工农革命军进驻井冈山，到1928年2月，井冈山农村革命根据地初步建立起来了。

4月下旬，朱德、陈毅率领南昌起义余部和湘南起义农军与毛泽东率领的工农革命军实现了井冈山会师，成立了中国工农红军第四军，朱德任军长，毛泽东任党代表。1929年1月，毛泽东、朱德率领红四军主力转战赣南、闽西，并相继建立了相应的革命根据地。毛泽东的建军思想进一步明确，农村包围城市道路理论逐步形成。

随着革命根据地和红军的发展，国民党蒋介石集团也加紧了对根据地和红军的进攻。1930年6月，红四、六、十二军整编为红军第一路军，不久改为红军第一军团，毛泽东任政治委员和中共前委书记。8月23日，红军第一方面军成立，毛泽东任总政治委员和总前委书记，同时成立了统一指挥红军和地方政权的中国工农革命委员会，由毛泽东任主席。在毛泽东指挥下，红一方面军独立自主地开展革命斗争，打破敌人三次"围剿"，创立了中央革命根据地。

1931年1月，中共六届四中全会在上海召开，以王明为代表的"左"倾冒险主义错误在中央取得了统治地位，剥夺了毛泽东的军权，导致了第五次反"围剿"的失败和中央革命根据地的丧失。1934年10月10日晚，中共中央率领中央红军主力和中央机关人员从瑞金等地出发，被迫进行了漫漫长征。

1935年1月，中央红军渡过乌江，解放了黔北重镇遵义，并在此召开了中共中央政治局扩大会议，即著名的遵义会议。遵义会议在中国革命最危急关头，独立自主地解决了中共中央的组织问题，从而结束了王明"左"倾冒险主义错误在中央长达4年的统治，确立了毛泽东在党中央和红军中的领导地位。遵义会议后，毛泽东率领红军与国民党追兵在云贵高原展开了大规模的运动战，四渡赤水使红军跳出了国民党军队的包围圈，取得了战略转移中的决定性胜利。后又与红四方面军会师，粉碎了张国焘分裂党和红军的阴谋。1935年10月，中央红军到达陕北。1936年10月，中国工农红军三大主力在甘肃会宁和静宁地区胜利会师，实现了中国革命的伟大转移。

1935年5月,华北事变爆发,日本加紧侵华步伐,中华民族危机加重,国内阶级关系发生转变。随着时局的变化,中国共产党对待国民党蒋介石的方针从"反蒋抗日"逐渐转变为"逼蒋抗日"。1936年12月12日,张学良、杨虎城发动西安事变,中共立即召开政治局常委扩大会议,毛泽东作出了"不把反蒋与抗日并列"的结论,积极促成抗日民族统一战线的形成。中共中央决定派出以周恩来为全权代表,协助张学良、杨虎城和平解决西安事变。从这时起,毛泽东开始集中精力对党的历史经验和教训进行深入的思考和概括,完成了《中国革命战争的战略思考》一书。

1937年7月7日,卢沟桥事变爆发,全民族抗战拉开了序幕。23日,毛泽东发表了《反对日本进攻的方针、办法和前途》一文,提出中国抗战应实行全面的、全民族的坚决抗战的主张。8月22—25日,洛川会议召开,毛泽东在会上作了关于军事问题和国共两党关系问题的报告,确定了抗战方针和创建抗日根据地的使命等,会上毛泽东当选为中央革命军事委员会主席。8月25日,毛泽东、朱德、周恩来联名发布命令,宣布红军改名为国民革命军第八路军(9月改称第18集团军),下辖3个师,并开赴抗日前线。

1938年徐州失守后,面对"亡国论"、"速胜论"等错误观点的流传,毛泽东于5、6月间相继发表了《抗日游击战争的战略问题》和《论持久战》两部著作,回答了人们最关心而一时又看不清的问题,指出抗日游击战争必然是大规模的、长期的、残酷的和持久的,但最后的胜利是中国的。毛泽东在领导抗日根据地军民抗击日本侵略者的同时,还坚决反对国民党顽固派的挑衅,维护国共合作统一战线,先后打退了国民党顽固派3次进攻,并总结出了一整套统一战线的原则、方针和政策。而对相持阶段到来后日益严峻的形势,毛泽东提出了巩固和发展抗日根据地的原则,其中心是整风运动和大生产运动,使党在思想和认识上达到了空前一致,并为抗战的胜利奠定了物质基础。

1943年3月,毛泽东在中共中央政治局会议上被选为中共中央政治局主席、中央书记处主席。1945年4—6月,毛泽东主持召开了中国共产党第七次全国代表大会。在会上,他提出了放手发动群众,壮大人民力量,在中国共产党的领导下,打败日本侵略者,解放全国人民,建立一个新民主主义的中国的政治路线,并以抗日战争的新经验,对人民军队的建军原则、人民战争的战略战术原则做了深刻的阐述。大会确定以毛泽东思想作为中国共产党一切工作的指针。

1945年8月15日,日本宣布无条件投降,抗日战争胜利结束。经过了八年的艰苦战斗,中国共产党领导的军队、民兵和解放区都得到了很大发展,为争取新民主主义革命的胜利奠定了基础。

抗战胜利后,蒋介石一面抢夺胜利果实,一面却命令共产党的部队"原地驻防待命",想独吞胜利果实。此时,蒋介石尚无力也不敢贸然发动内战,于是,于1945

年8月14、20、23日接连3次电邀毛泽东速到重庆"共定大计"。对于蒋介石"假和谈、真内战"的伎俩,毛泽东洞若观火。但为了国内来之不易的和平,8月28日,毛泽东在张治中、赫尔利的陪同下,偕周恩来、王若飞亲赴重庆谈判。在43天的谈判中,国共双方在一些问题上达成了协议,但在军队缩编、解放区、国民大会等问题上无法达成一致。在毛泽东等人的努力下,10月10日,国共双方代表正式签署《政府与中共代表会谈纪要》,即《双十协定》。

然而,1946年6月26日,蒋介石公然撕毁协定,向中原解放区发动进攻,全面内战爆发。面对蒋介石的优势兵力,毛泽东为中央军委起草了《集中优势兵力,各个歼灭敌人》的文章,详细阐述了几条作战的基本方针:一是:"战胜蒋介石的作战方法,一般的是运动战",二是"集中优势兵力,各个歼灭敌人"。在毛泽东的指挥下,人民解放军在各解放区粉碎了国民党军队的进攻。

1947年初起,国民党军队开始实行重点进攻,主要目标是陕甘宁边区和山东解放区。2月起,蒋介石命令胡宗南对陕北根据地进攻,面对敌强我弱的形势,毛泽东率部主动撤出了延安,采取"蘑菇战术",以不到3万人的兵力,与近10倍之敌周旋,三战三捷,把蒋介石的这支战略预备队拖在了陕北战场,有力地支援了其他战场的人民解放军,并为西北战场胜利奠定了基础。在各战场的密切配合下,人民解放军粉碎了敌人的重点进攻。

在转战陕北的日子里,毛泽东一直在考虑如何扭转全国局面,从根本上改变敌我双方战略态势的问题。1947年7月,人民解放军转入战略进攻。战略进攻是在国共两军兵力强弱并没有根本变化的形势下发动的,采取的是千里跃进,不要后方,外线作战与内线作战同时并存的战争形式,以刘邓、陈粟、陈谢三路大军挺进中原为主要战略中心,分别从南线和北线逐步推进,到1948年5月,三路大军顺利完成了创建、巩固拥有3 000万人口的新的中原解放区的战略任务,实现了外线作战和把战争推向国统区的战略目标。

在毛泽东的通盘筹划下,人民解放军在豫东战场、华东战场、晋中战场、中原战场、华北战场发动了猛烈的夏季攻势,取得了巨大的胜利,在很大的程度上改变了全国的战局。到1948年7月,国共双方之间无论是兵力对比,还是士气民心都发生了重大变化,这一变化表明人民解放军同国民党军队进行战略决战的条件已经成熟。

毛泽东先后指挥了济南、辽沈、淮海、平津、渡江等战役,这是中国历史上空前的战略决战。济南战役动摇了蒋介石集团固守大城市的信心,辽沈、淮海、平津三大战役削弱了蒋介石集团赖以发动内战的资本,渡江战役攻取了蒋介石的统治中心——南京,宣告了蒋家王朝的灭亡。渡江战役后,随着对苏南、上海、浙江、皖南地区的占领,毛泽东命令人民解放军实施大迂回、大包围的战略,实施战略追击,将国民党的残余军队消灭在中国境内。到 1949 年 9 月底，人民解放军解放了除西南和两广部分地区以外全国大陆绝大部分地区。

1949 年 9 月 21 日，中国人民政治协商会议第一届全体会议在北平召开，毛泽东当选为中华人民共和国中央人民政府主席，接着被任命为中央人民政府人民革命军事委员会主席。中华人民共和国成立后，1949 年 10 月，当选为全国政协第一届主席，以后历任全国政协第二、三、四届名誉主席。1954 年 9 月，在第一届全国人民代表大会上当选为中华人民共和国主席。

1976 年 9 月 9 日，毛泽东在北京逝世。

（摘编自《共和国人物档案》丛书之《共和国全国政协第一届常委》）

章伯钧回到重庆后，在半山新村 3 号向解委会的干部介绍了延安之行。章伯钧愉快地说，这次延安之行，受到了中共领导人热烈的欢迎和热情的接待，关怀备至，使人感到温暖；在会谈中，几位领导人阐述了中共对国是的主张，提出了合理的解决办法；共产党的态度是真诚而坚定的，希望团结一致，共同努力，争取抗战最后胜利。他坚决地表示，共产党的主张，要求和平民主，反对一党专政，反对内战，坚持团结，坚持抗战，是符合人民愿望的，我坚决拥护；国民党政府坚持法西斯独裁统治，排除异己，破坏团结，破坏抗战，我坚决反对。他还激动地谈了在延安的见闻和感想。最后，章伯钧肯定地说：国民党政府腐败已极，已失掉民心，是没有办法的了，在中国只有共产党才是我们的希望。

7 月 7 日，国民参政会四届一次会议召开，中心议题是国民大会问题，中共发表声明不派人出席，章伯钧也坚决不出席。对于会议激烈辩论的国民大会问题，章伯钧于 18 日在《新华日报》上发表谈话，要求国民党当局应当"作悬崖勒马之毅行，实行民主改革，放弃原定继续国民大会之决定，迅速召开政治会议"。章伯钧的态度引起国民党仇恨，称他"甘为共产党的应声虫，污蔑民主政团同盟与共产党勾结破坏国民大会之行动"。抗战期间，中华民族解放行动委员会坚持民主、团结抗战的坚定立场及其为实现废除国民党一党专政、建立联合政府的主张所作的积极努力，对于揭露国民党假民主真独裁、发扬民主舆论发挥了重要作用。

5.6 抗日战争胜利

中国抗日战争，是指从 1937 年 7 月 7 日的"卢沟桥事变"开始，由日本帝国全面入侵中华民国引发的战争,主战场在中国大陆,两国军队鏖战八年,1945年8月14日,日本政府正式宣布无条件投降,1945年9月2日,在东京湾的美国"密苏里"号巡洋舰上,日本外相重光葵和日军参谋总长梅津美治郎分别代表日本天皇、日本政府和日本帝国大本营在投降书上签字。至此,中国人民艰苦卓绝、气壮山河的抗日战争取得了最后胜利,世界反法西斯战争也胜利结束。9月9日,中国战区日军投降签字仪式在南京举行,中国战区日本投降代表、中国派遣军总司令官冈村宁次在投降书上签字,侵华日军128万余人向中国投降。10月25日,台湾地区的受降仪式在台北举行,台湾自甲午战争后被迫与祖国分离50年后重新回到了祖国怀抱。

抗日战争分3个阶段:第一阶段是从1937年7月"卢沟桥事变"到1938年10月广州、武汉失守,为战略防御阶段;第二阶段是从1938年10月日本已无力再发动大规模的战略进攻至1943年12月中美英三国元首在埃及开罗开会并通过《开罗宣言》,为战略相持阶段;第三阶段是从1944年1月解放区战场局部反攻至1945年8月日本宣布无条件投降,为战略反攻阶段。

纵观抗日战争的历史,其时间之长、规模之大、牺牲之重、影响之广、意义之深,世所罕见。抗战全面爆发后,中日之间双方兵力投入10万人以上的会战计22次,如淞沪会战、南京会战、徐州会战、武汉会战等;双方兵力投入1万人以上的战斗计1 117次,小型接战数万次。中国战场毙伤俘日军155.9万余人,占日军在第二次世界大战中伤亡人数的60%;中国军民伤亡3 581.9万余人,其中军人伤亡413万余人;其他因逃避战火,流离颠沛,冻饿疾病而死伤者更不可胜计。沦陷区有26省1 500余县市,面积600余万平方公里,人民受战争损害者至少在2亿人以上。经过中国历史学家多年研究考证、计算得出,在抗日战争中,除了中国军民伤亡共3 500多万人,中国损失财产及战争消耗达6 000余亿美元,其中,直接财产损失600余亿美元,战争消耗400多亿美元。中华民族为反法西斯战争的胜利作出了巨大的贡献和牺牲。

抗日战争是中国人民进行的8年反抗日本帝国主义侵略的伟大的民族革命战争,是一百多年来中国人民抗击外敌入侵第一次取得完全胜利的民族解放战争,是中华民族的伟大创举,是中华民族由危亡走向复

兴的历史转折,在整个中国革命历史上具有十分重大的意义。它洗雪了近代以来中国人民抗击外国武装侵略屡战屡败的民族耻辱,极大地激发了中国人民的自尊心、自信心和民族自豪感,显示了中华民族觉醒所迸发出的巨大力量。中国抗日战争是人类战争史上的奇观,是世界反法西斯战争的重要组成部分。中国人民的抗战,大量消耗和削弱了日本军国主义的军事实力,中国战场长期吸引、滞留、牵制和打击了日本大部分陆军和大量海军,从而减轻盟军战场的压力,在战略上有力地配合和援助了世界各国的反法西斯战争。正是在这场空前的战争中,中国取得了世界大国的地位,成为新的国际组织——联合国安全理事会的常任理事国。

抗日战争是一部爱国主义的光辉诗篇。这场战争是以国共两党合作为基础,有社会各界、各族人民、各民主党派、抗日团体、社会各阶层爱国人士和海外侨胞广泛参加的全民族抗战。抗日民族统一战线的建立、坚持和发展,最大限度地动员全国人民参加抗战,最大限度地反对日本侵略者和汉奸卖国贼,是争取抗日战争全面胜利的基本保证。

全面抗战爆发以后,在解委会号召和抗日民族统一战线感召之下,各地解委会成员都积极投入到抗战之中,除上海解委会成员投入"八一三"淞沪抗战外,在武汉、重庆,解委会不仅参与对日抗战的军事组织,而且参与对国民党蒋介石的政治斗争;在苏北,参与对日伪的游击战争和对国民党顽固派的斗争;在浙江,推动和巩固抗日民族统一战线的建设;在河北,建立和巩固抗日根据地;在安徽,建立抗日队伍,用武装实施抗日救亡;在福建,同社会各界团结一致,共赴国难;在江西,组织文艺团体,广泛开展抗日宣传;在广东,成立抗日团体,出版抗日刊物,建立抗日游击武装,坚持抗战到底;在云南,参与指挥远征军对日作战,确保中印公路畅通;在广西,1935年至1943年,解委会领导人及其成员章伯钧、彭泽湘、方荣欣、汪盈科、李伯球、张云川等,先后在南宁、桂林、梧州等地进行反蒋抗日、爱国民主运动。

60年后,因在抗日战争中作出卓越贡献,解委会的一些成员获得中共中央、国务院、中央军委特制的"中国人民抗日战争胜利60周年纪念章"。他们是:郭秀仪、方荣欣、邓昊明、刘宗宽、胡至刚、李温平、石楚、张平、陈天奋、宋仰云、张光明、高葆谦、朱静芳、刘文学、章师明、管仲伟等。在抗战的全过程中,中华民族解放行动委员会始终坚持民主、团结、抗战、联共的立场,同独裁、分裂、妥协的顽固势力作坚决斗争,中华民族解放行动委员会及其成员为中国抗日战争的胜利作出了应有的巨大贡献。

5.7 拥护国共重庆和谈

中国人民的抗日战争,以日本侵略者的彻底失败、中华民族的最后胜利而告终。抗日战争胜利后,中国前途向何处发展问题成为人民关注的焦点。1945年8月13日,毛泽东在延安干部会议上作了《抗日战争胜利后的时局和我们的方针》的报告。提出了通过民主联合政府的途径,建立一个独立、自由、民主、统一和富强的新中国的主张。中国民主政团同盟于1945年8月15日首先发出《在抗战胜利声中的紧急呼吁》,主张"民主统一,和平建国",表示坚决反对一切反民主的和制造分裂引起内战的行动。中华民族解放行动委员会等民主党派和人民团体,也纷纷发出结束一党专政、成立联合政府、反对内战独裁的呼吁。全国各阶层人民强烈要求实现独立、和平、民主、统一、富强的共同意志,汇成了推动中国社会进步的潮流。

以蒋介石为首的国民党统治集团控制着全国政权,并拥有一支500多万人的庞大军队。但由于解放区人民革命力量的壮大,加之国内外舆论强烈呼吁和平、反对战争,国民党统治集团要立即发动内战还有困难。所以,在美国支持和苏联认同的情况下,蒋介石打算以和平谈判的方式迫使中国共产党"放弃武装,该走合法的道路",或通过"放手动员作战"的办法来消灭中国共产党的武装。他认为,"这两条道路,任取其一,都足以解决中共问题"。随着第二次世界大战的胜利结束,世界战略格局和中国国内的阶级关系正在发生重大的变化。中国社会的主要矛盾,已由日本帝国主义同中华民族之间的"民族矛盾",转化为以美国支持的蒋介石集团为代表的大地主、大资产阶级同中国共产党为代表的人民大众之间的"阶级矛盾"。

1945年8月14日、20日和23日,蒋介石连续三次电邀中共毛泽东主席赴重庆进行和平谈判,共同商讨"国际国内各种重要问题"、"共定建国大计"和"解决国家前途问题"。蒋介石的目的是,如果毛泽东不去,则可以宣布中共拒绝谈判,应负内战之责;如果去了,则可以通过谈判,谋取中共交出军权和政权,并争取时间,准备内战。1945年8月23日,中共中央政治局召开扩大会议,讨论同国民党谈判的问题。经反复研究,中共中央决定派毛泽东、周恩来、王若飞赴重庆同国民党谈判。8月25日,中共发表了《对目前局势的宣言》,阐述了中国共产党争取和平民主,反对独裁内战的方针,提出了"和平、民主、团结"三大口号。8月28日,毛泽东、周恩来、王若飞在张治中、赫尔利陪同下,乘专机飞抵重庆,除国民党要员外,各民主党派领导人和民主人士张澜、沈钧儒、左舜生、章伯钧、陈铭枢、谭平山、黄炎培、冷遹(御秋)、郭沫若等也都到机场欢迎。毛泽东等前往重庆同国民党当局进行谈判,显示了中共谋求和平的真诚愿望,赢得了全国人民、各民主党派的热烈支持和欢迎,赢得了社会舆论的高度赞誉。

在重庆期间,毛泽东就和平建国等问题直接同蒋介石进行多次商谈。有关问题的具体谈判主要在中共代表周恩来、王若飞和国民党政府代表王世杰、张群、张治中、邵力子之间进行。9月3日,中共代表提出关于两党商谈的主要问题11项提要交国民党政府代表,9月4日开始,国共两党谈判进入实质性阶段。整个谈判过程几经周折,充满着激烈的政治斗争,斗争的焦点是军队和解放区问题。经过40多天艰苦而复杂的谈判,国共双方正式签订《政府与中共代表会谈纪要》。因为是10月10日签订,纪要又称《双十协定》。国民党当局承认"和平建国的基本方针"同意长期合作,坚决避免内战,建设独立自由和富强的新中国。但是,对于人民军队和解放区政权的合法地位问题,国共双方未能达成协议。《纪要》就和平建国的基本方针、政治民主化、国民大会、党派合作、军队国家化、解放区地方政府等12个问题阐明了国共双方的见解。10月11日,毛泽东在张治中的陪同下飞回延安。周恩来、王若飞仍留重庆与国民党继续商谈悬而未决的问题,由于仍无结果,11月25日,周恩来暂时返回延安。

谈判期间,各民主党派纷纷发表谈话拥护国共和谈,并支持中共的和谈原则立场和主张。9月10日,民盟领导人张澜致函国共两党领袖,指出:国共团结,关系整个国家民族前途甚大。9月14日,解委会领导人章伯钧对《新华日报》记者发表关于时局谈话,支持中共的一贯立场和主张。章伯钧在谈话中说:"中国人民抗战八年,付出惨重之牺牲,博得同盟国家之协助,卒使日本无条件投降,此乃全国人民之胜利,举国人民一致希望和平建国,民主统一。今后民主建国的大业,任重道远,经纬万端,必须全民合作,党派团结,使久经战事落后的中国,变成强大富庶,尚须百倍于抗战的奋斗与智慧。"时值国共两党领袖正为和平统一大计协商,章伯钧奉告:"一、必须坚决要求国民党应立即结束党治,实行民主,给人民以民主权利,并承认现有一切抗日民主党派合法地位;二、解放区之军队及政权问题之解决,须着眼实际的情况,觅取妥当而切实的过渡办法;三、进入民主建国阶段,希望友邦的协助不在军火的供应,而在经济与文化两方面;四、日本虽败,但报复之念甚切,应彻底毁灭其侵略的基础,至于汉奸伪军问题,尤须彻底解决,不可姑息。"

  毛泽东在重庆期间,与社会各界进行了广泛的接触,特别是各民主党派,毛泽东曾三顾特园,走访民盟领导人。毛泽东、周恩来等与民盟和各界人士广交朋友,交流意见,增进了解,取得了各民主党派的支持和配合。解委会领导人章伯钧参加了看望、宴会、茶会等各种活动及为毛泽东举行的机场欢迎、欢送仪式。重庆谈判期间,中共领导人与各民主党派领袖的频繁交往恳谈,相互支持,是中共与民主党派合作史上光辉的一页。同时,国共和谈所取得的成果,与民主党派的密切配合与支持是分不开的。

5.8 为争取和平民主而斗争

  抗日战争胜利后,中国人民迫切需要一个和平安定的环境,休养生息,重建家园。中国共产党从人民的这一愿望出发,主张团结一切爱国民主力量,把中国建设成为独立、自由、民主、统一、富强的新国家。这是一个光明的前途。与此相反,国民党统治集团则企图依靠美国政府的支持,在中国继续维持国民党一党专政的统治。这是一个黑暗的前途。中国面临着两种命运、两个前途的大决战,中国革命由此进入了一个新的时期——全国解放战争时期。

  在这历史转折关头,解委会明确表明了自己的立场和主张。黄琪翔以现役高级军官的身份第一个站出来公开声明:"从此退役,绝不参加内战。"9月14日,中华民族解放委员会领导人章伯钧接见《新华日报》记者,发表了《对时局的谈话》,提出要求和平、反对内战、结束国民党一党专政、各派政党平等合法等合理要求,呼吁"凡我全国党派,无论在朝在野,均应以和平建国为共同目标","凡任何形式之内战及军事行动,不仅要遭遇国人之坚决反对,且为友邦所不许"。谈话针对蒋介石企图消灭解放区军队和政权的阴谋,明确表示,解放区军队和政权"系由当地人民取自敌人,有功抗战,不能视为化外,予以敌视的态度"。谈话最后鉴于国内现局、政治军事经济各方面之严重危机,"切望和平统一的谈判立迅速进行,早有结果,万万不能再拖延下去"。

1945年11月初,中共号召全国人民"动员起来,用一切方法制止内战"。在重庆谈判的周恩来和王若飞邀集民主人士商讨如何动员各界人士揭露国民党内战阴谋。解委会积极行动,于11月12日发表《抗战结束后对时局宣言》(即第三党对时局宣言),严厉谴责国民党发动内战,表明了反对内战的原则立场。《宣言》谴责美帝国主义支持蒋介石集团发动内战,呼吁全国人民急起自救,须以一切有组织的力量,制止危害国家的内战。主张迅速召开政治协商会议,由全国各党各派代表及社会贤达,根据国共两党会谈纪要,切实解决有关问题。解委会对时局的主张集中在两方面:一是渴望国共两党及全国各党各派和平建国;二是坚决反对国民党反动派发动内战,提出用于解决国内纠纷的4条主张。

1945年12月1日,《中华论坛》发表了章伯钧《谈内战问题》一文,他说:"不仅中国人民坚决反对内战,全世界同情于中国的民主人士也一直反对;国内不仅百分之九十九人民反对内战,全国各党派也反对内战。"为把内战之星星之火及早扑灭下去,章伯钧提出了3项主张:"一、同盟国不要干涉中国内政,给以道义支持,协助中国达到和平民主而又统一的目标;二、坚决要求国民党遵守政治解决不打内战的诺言;三、各中间党派及各界人士应一致发动反内战舆论,促进组成专以制止内战的全国和平统一联合会议。"

1946年1月10日,中国政治协商会议在重庆开幕。会议斗争的焦点是关于军队和政权问题。国民党鼓吹"先军队国家化后政治民主化",

妄图取消共产党领导的人民武装,部分中间人士对蒋介石集团的阴谋认识不清,要求中共放下武器。在这种情况下,解委会领导人踊跃撰文,指出:"没有真正的政治民主化,绝难达到军队国家化的目的。国民党不取消一党专政,中央军还是中央军,仅片面要求共产党放下武器,国家化就是缴械给国民党。不仅共产党无法也不应放下武器,就是一切要求民主的党派和全国人民,也都不会同意共产党放下武器。"

6月下旬,蒋介石公然撕毁政协决议和停战协定,发动全面内战,大举向解放区进攻。7月3日,蒋介石擅自决定11月召开国民大会。解委会当即发表《对召开国大的意见》,指出这是国民党一党独裁的国民大会,不是经过政治协商的国民大会,坚决反对并拒绝参加国民党包办的国民大会。伪国大召开以后,解委会负责人连续发表文章,指出"国大不因中共和民盟之拒绝参加而如期召开,是为了'合法化'的独裁。我们决不再容有一党专政和军事独裁。假若有人要毁弃五项决议,那就是自掘坟墓"。对国民党召开的"国民大会",解委会与中共采取了一致行动,一是坚决反对,二是拒绝参加,继续同中共团结合作,为争取真和平民主而奋斗。

5.9 中国民主同盟成立

抗战胜利后,中国一度出现了和平民主的气象,尤其是在政协召开前后,国民党为了改善自己在国内外的形象,争取社会各界和美国的支持,一度放松了政治管制,言论较为自由,组党在相当程度上也不再违法,从而使党派活动空前活跃,出现了100余个大大小小的党派,使战后初期的中国成为民国初年之后的第二个党派活动的活跃时期。这些党派的政治态度和立场各有区别,但其政治地位大体处于国共两党之间,因此时称国共两党之外的第三方面,也即习惯所称的中间势力或中间党派。与民盟政治主张相似的中间党派有:1945年12月16日在重庆成立的中国民主建国会、1945年12月30日在上海成立的中国民主促进会、1946年5月4日在重庆成立的九三学社、1945年10月28日在重庆成立的三民主义同志联合会、1946年4月14日在广州成立的中国国民党民主促进会等,后两者于1948年1月合并为中国国民党革命委员会。

一些战前就有的政党,如青年党、民社党等在战后也一度较为活跃。

1944年春,国统区爆发了第二次民主宪政运动,民主政团同盟为扩大力量和影响,于9月19日在重庆上清寺特园召开全国代表会议,将中国民主政团同盟改组为中国民主同盟,取消"政团",广泛吸收无党派民主人士参加,"盟员"一律以个人名义参加。在新成立的民盟领导机构中,章伯钧、丘哲、张云川等第三党成员被选为中央常委,章伯钧任组织委员会主任,继续发挥骨干作用。民盟成立后,为加强领导和推动各地民主运动的发展,先后建立了8个地方组织,第三党许多成员积极参与了一些地方组织的建立,成为领导骨干。如第三党成员李伯球在1942年应周恩来之邀赴重庆,受其指示,筹建广东民盟,李伯球回到广东后,与第三党成员杨逸棠、郭翘然等会同民主人士李章达建立了民盟韶关核心小组。1945年春,在梅县召开东南民盟干部会议,推举李章达为主任,丘哲为副主任,李伯球、杨逸棠分别任组织部长和联络部长,出版了《曙光》杂志作机关刊物,主要领导广东民盟工作。此外,章伯钧等人在重庆筹建了民盟重庆支部,章伯钧任委员会主席。张云川、郭则沉分别在华北、西北参与了民盟华北、西北总支部的建立。

民盟为了阐明其建国主张,在中共召开七大、国民党召开"六大"的同时,1945年10月1日至12日,在重庆上清寺特园召开了中国民主同盟临时全国代表大会,即第一次全国代表大会。大会主席台悬挂着"和平建国"、"民主统一"的对联,表明了大会的主题。各地推选代表63人,实到48人,代表盟员约3 000人。大会主席团由张澜、沈钧儒、章伯钧、黄炎培、罗隆基、曾琦、史良7人组成,张澜主持大会,并致开幕词。沈钧儒要求民盟内部各党派团结合作,和衷共济,力求民主中国的实现。大会组织了政治报告组、纲领草案组、盟务发展组、盟章修改组和提案审查组认真讨论了民主建国这个中心议题,另外还讨论了民盟组织发展问题。会议选举确立了66位中央委员、18位中央常务委员,张澜为主席,确立了章伯钧为组织委员会主任等人事安排。

大会通过的主要文件有:《中国民主同盟纲领》、《政治报告》、《中央组织委员会工作报告》、《组织章程》、《临时全国代表大会宣言》等。这些文件系统地阐述了中国民主同盟的建国主张,是具有进步的战斗意义的文件,主要内容是两个方面:一个是国是主张,一个是建国思想。民盟的国是主张旗帜鲜明,与中共的主张完全一致,仍然坚持中共提出的以党派会议和联合政府作为解决国是的基本途径,而且提出了更具体的要求和设想。对于军队和政权问题,也同意中共的"国家应先民主化,然后军队归民主国家"的主张。这表明民盟在抗战后的建国斗争中,仍然坚持了与中共亲密合作的立场,体现了民盟为争取和平民主勇敢斗争的精神。

民盟"一大"是民盟历史上具有重要历史意义的会议。它在抗战胜利后的重大历史转折关头,在尖锐的建国斗争中,鲜明地打出了"和平建国"、"民主统一"的旗帜,坚决反对国民党反动派的独裁内战卖国的反动方针,并以召开党派政治会议和建立民主联合政府的政治主张对抗国民党的"党治"和"国民大会";以民主共和国的建国方案取代国民党大地主大资产阶级专政的政治制度。这些都顺应了历史的潮流,反映了人民的愿望,是对中国共产党的民主建国主张的有力支持和声援。大会研究解决民主同盟组织发展的方针政策,并最终解决了青年党把持盟务的问题。因此,民盟"一大"为民盟积极参加争取和平民主的斗争做了政治上和组织上的充分准备。此后,民盟的组织有了较大发展,至1947年10月民盟被迫解散前,共有5个总支部,46个分支部,盟员总数达2万多人。

民盟"一大"后,民盟与中共的关系进一步发展,不仅在斗争中与中共主张一致,相互配合,而且有了具体的协作。11月初,中共通过章伯钧、张申府与民盟签订合作协定,旨在共同推翻国民党的专政。协定主要内容包括四个方面内容:一、双方不得单独对国民党妥协合作,如有谈判,得互相通知,并取得双方同意后,始与国民党成立协议;二、嗣后无论任何会议,凡中国共产党有所主张,而不违背民主同盟原则,民主同盟有支持之义务;三、民主同盟各分子不受中共主张上任何约束,如通过有与中共主张完全相左者,可可公开发表;四、民主同盟在解放区可设立支部,共产党承认协助,并与中共地方党部交换情报。这个协定保证了民盟与中共在参加旧政协与拒绝伪国大的斗争中更切实的紧密合作。

11月8日,民盟发动《民主周刊》、《中华论坛》等27家杂志发表联合声明,呼吁"要和平,不要内战"。章伯钧参与黄炎培、沈钧儒、郭沫若、梁漱溟、陶行知等发起成立的陪都各界反内战联合会。该联合会由中国经济事业协进会、中国劳动协会、三民主义同志联合会、中国妇女联谊会

等二十几个进步团体组成,于11月19日下午在重庆白象街西南实业大厦礼堂联合召开了成立大会。各民主党派和经济、工商、文化界知名人士500多人参加大会,黄炎培主持大会。12月24日,由各民主党派和人民团体组成的陪都各界反内战联合会,分别致电毛泽东和蒋介石,呼吁国共双方立即停止军事冲突,制止内战,实现和平,迅速召开政治协商会议,并主张凡《双十协定》中已决定的事项,协力促其实行,尚未决定的事项,由政治协商会议商讨决定。

5.10　同国民党一党独裁作斗争

经几度商谈,1946年1月5日,国共双方达成《关于停止国内军事冲突办法的协议》。根据停战协定,1月7日,由周恩来、张群(后改为张治中、徐永昌)、马歇尔组成的三人军事小组正式成立。1月10日,由张群、周恩来签署了《关于停止国内冲突的命令和声明》,双方还向所属部队发布了停战令,停战令于1月13日午夜起生效。上述停止军事冲突的办法、命令和声明,构成了停战协定的全部内容,于1946年1月10日同时公布。至此,召开政治协商会议的前提条件,经过各民主党派和民主人士努力,国共代表多次商讨,国民党政府和中国共产党总算达成停战协定,就要实现停火了,政治协商会议也该开幕了。

5.10.1　政治协商会议代表之争

根据《双十协定》,参加政治协商会议的组成人员为以下四个方面的代表:(1)国民党9人;(2)共产党9人;(3)民主同盟9人;(4)社会贤达9人。党派代表由各党派自行推选,社会贤达的代表由国民党同共产党双方协商确定。但不久,国民党想到共产党可能会与民主同盟结成同盟,这样,国民党在会上就不可能占到优势。国民党为了使它的拥护者在会议上能占多数,以便操纵会议,于是,便采取卑鄙伎俩拉拢青年党,并妄图收买罗隆基、张君劢、张东荪等人,企图拆散民盟和分化民盟代表团。

国民党通过曾琦等人唆使青年党作为一个独立单位参加政协,并私下答应给青年党5个代表名额。在国民党的拉拢和收买下,青年党先是要求民盟在9个名额中分给它5个名额。这个无理要求遭到民盟拒绝后，便表示坚决退出民盟，以独立单位参加政协。国民党也公开表示支持青年党的要求，想以此来减少民盟的代表名额，以削弱民盟在政协会议中的地位和作用。为了挫败国民党的阴谋，加强与民盟的团结合作，中国共产党则坚决支持民盟。周恩来等曾多次向民盟领导人表示，民盟原定的9个代表席位决不能减少，希望民盟坚持这个意见，并鼓励民盟内部除青年党外，要加强团结，共同斗争。

由于国民党坚持青年党5个名额不能少，共产党坚持民盟9个名额不能动，通过反复协商，最后取得妥协，青年党以独立单位参加政协，占5席；民盟仍占9席。增加的名额，共产党主动提出自己让出2个名额，变为7席；国民党让出1个名额，变为8席；再增加2个名额。这样，政协代表人数就由36人增加到38人。具体分配是：国民党8席，共产党7席，民主同盟9席，青年党5席，无党派社会贤达9席。

政治协商会议代表名额分配之争，是政协会议召开前的一场尖锐复杂的斗争，国民党虽然用收买的办法拉走了青年党，却未能拆散民主同盟。由于中国共产党采取了顾全大局、主动让出自己的席位照顾和支持同盟者的正确做法，既粉碎了国民党拆散民盟和削弱民盟地位的阴谋，又使民盟深受感动，因而更增强了对中国共产党的信任和感情，并决定和中共结成亲密同盟，实行全面合作，在政协会议上共同对付国民党。10月19日，中共代表王若飞与民盟代表邓初民会谈，决定交换情报及资料办法，规定民主同盟嗣后收得各地政治军事情报及有关文化、教育、农民、工运等资料，一律另行抄送一份至新华日报资料室。同时，新华日报资料室每周也将国际和国内问题等资料给民主同盟的《民主》周刊社。民主同盟的特殊文件及重要宣传品，亦由新华印刷厂义务承印。

5.10.2 政治协商会议决议之争

1946年1月10日至31日，政治协商会议在重庆召开，会议由国民党政府主持召开。与会代表38名，其中：中国国民党代表8名，中国共产党代表7名，中国民主同盟代表9名，无党派代表9名，中国青年党代表5名。国民党及其追随者(青年党)代表大地主、大资产阶级的政治主张，民主同盟代表民族资产阶级，共产党代表工人、农民等无产阶级的政

治主张，无党派代表小资产阶级及其知识分子的政治主张，无党派人士中也以代表中间势力者居多。经过激烈的斗争，会议最终通过了政府组织案、国民大会案、和平建国纲领、军事问题案、宪法草案等5项协议。

中共同以民盟为代表的中间派，在反对国民党一党专制、发动内战、要求和平民主等基本问题上，有着许多共同点。会前，民盟代表与中共代表约定：双方携手合作，互相支持；会中，中共代表与民盟、无党派代表经常磋商，在一系列问题上采取联合行动。解委会领导人章伯钧是民盟代表之一，政协会议召开前，他先后参加了国共双方代表邀请民盟领导人在特园举行的会餐、民盟领导人会见美国特使马歇尔、中共代表团招待民盟政协代表、政协全体代表茶话会、中共举行的中外各界招待会等多项活动，并就政协会议有关问题作了许多重要的发言。

政治协商会议的中心议题是关于政治民主化和军队国家化的问题。在政治民主化方面，首要的问题是改组国民党一党专政的政府。经过艰苦的谈判，会议通过《和平建国纲领》作为政府的施政纲领。纲领确定建设统一、自由、民主的新中国，保持国家的和平发展；规定政府委员会为最高国务机关，并拥有用人权；规定政府委员会名额的一半由国民党以外的人士充任，而所有涉及施政纲领之变更者须有出席委员三分之二赞成始得决议；等等。如果实行这样的政府改组，国民党虽然在其中仍占据主要地位，但其权力已受到相当程度的约束。其他党派和无党派民主人士将拥有能够保障施政纲领不致被曲解、变更、撕毁的否决权。

改组后的政府应是从国民党的"训政"到实施宪政的过渡时期的政府，负有召集国民大会以制定宪法的任务。政协会议通过的宪法草案规定，立法院为相当于议会制之国家的最高立法机关，由选民直接选举产生；行政院为最高行政机关，并对立法院负责，立法院对行政院全体不信任时，行政院或辞职或提请总统解散立法院。这种制度，在设计上参考了欧美资本主义国家实行的议会制和内阁制。实行这种政体，虽仍不能从根本上改变国民党政府的阶级本质，但否定了国民党的一党专政和蒋介石的个人独裁，是迈向政治民主化方向的一大进步。同时，宪法草案规定了中央与地方分权的原则，规定省为地方自治的最高单位，省长民选，省级要制定省宪等。实行这类规定，对于解放区民主政权的存在和发展起到了一种保障作用。

在军队问题上,争论非常激烈。国民党主张必须先军队国家化才能政治民主化,即必须由共产党首先交出军队,然后才能开放民主。中共方面则认为,离开政治民主化来谈论军队国家化,只能是军队的军阀化、党阀化;把作为政治民主化事业支柱的人民军队交给国民党一党专政的国家,将从根本上断送政治民主化的事业。尽管如此,为了推动谈判的进行,中共代表还是提出,两者可以"平行前进,归于一途",即同时在这两方面采取前进的步骤,什么时候中国的政治民主化了,中共的军队也就国家化了。民盟代表和青年党代表也各自提出了实现军队国家化和大量裁军的提案,民盟代表还提出,任何党派的军队都要整编,不要只要一个党交出军队,也不应把其他军队都看成是国家的军队。会议经过多次讨论,确定军党分立、军民分治的整军原则和实行以政治军的办法,并决定由军事三人小组(周恩来、张治中、马歇尔)商定中共军队的整编办法并进行整编,同时按照国民党政府军令部的计划整编国民党军队。

解委会领导人章伯钧担任了政协会议综合委员会和宪法草案审议委员会委员,参加国民大会组和宪法草案组;彭泽民担任民盟顾问团华侨问题顾问。在讨论共同施政纲领、国民大会问题、东北问题、释放政治犯和宪法草案审议时,章伯钧都作了发言。针对会议争论焦点之军队和政权问题,章伯钧告诫国民党:莫要崇拜单纯的武力,轻视人民;国共之争,切莫在军事上打主意,最安全的道路是走政治的途径。政协会议召开期间,各民主党派纷纷向会议提出意见书或建议书,要求国民党立即结束一党专政,切实保障人民的各项民主权利。《民主报》、《新华日报》、《解放日报》等报刊,连续发表社论和评论,反映各界人民的愿望和要求,对政协会议各项议题的进展加以评论。社会舆论的支持和配合,对政协会议取得积极成果起到了良好的推动作用。

政治协商会议历时22天,于1月31日闭幕。会议通过了政府组织案、国民大会案、和平建国纲领、军事问题案、宪法草案案等5项协议。政协协议虽然不同于中国共产党所主张的新民主主义纲领,但对国民党的一党专政、个人独裁的政治制度和反人民的内战政策,具有明显的限制作用,在一定程度上有利于冲破国民党独裁统治和实行民主政治,有利于和平建国,基本上符合全国人民的和平民主愿望。政协协议的通过,是中共、各民主党派、民主人士亲密合作,并同国民党中坚持民主进

步的人士共同努力的结果,是中国人民在政治上的胜利。中国共产党准备在这个基础上继续同各民主党派、民主人士密切合作,通过政治方式,使中国走上民主建设的康庄大道。

5.10.3 维护政治协商会议决议

政治协商会议通过的五项协议,受到全国人民欢迎。这些协议的通过,是中共同各民主党派、民主人士亲密合作以及和国民党中进步人士共同努力的结果,击中了国民党独裁内战的要害,为争取时局好转、推延内战爆发发挥了重要作用。国民党政权代表的是大地主、大资产阶级的利益,它经受不住、也不能容忍任何的民主改革。会中,国民党暴徒制造"沧白堂"事件,破坏重庆各界为促进政协会议成功而组织的报告会;会后,国民党顽固分子说政协会议是国民党的失败,蒋介石也对政协会议表示不满。

政协会议刚刚闭幕,国民党顽固派即开始进行破坏。1946年2月10日,陪都各界在较场口举行庆祝政协会议成功大会,国民党特务蓄意破坏,打伤民主人士多人。3月1日至17日,国民党在重庆召开了六届二中全会。在此次会议上,国民党内部各派系就政协宪草原则、国共关系和东北问题发生激烈争论,顽固派大叫"执行政协决议就是国民党自杀",气焰极为嚣张,蒋介石亦表现出政治动摇。因此,维护政协五项决议,使之付诸实现,实行民主政治,还是反对与破坏,仍坚持国民党内战独裁统治,就成为当时的斗争中心。为了维护政协决议,更好地投入争取和平民主、反对内战独裁的斗争,解委会于3月1日在香港创办了《人民报》,4月1日迁广州出版。《人民报》始终围绕国内政治斗争的中心,同国民党顽固派短兵相接,进行报道和评论,对于揭露国民党的内战独裁及其对中共武装的造谣污蔑,对于教育团结人民同反动派进行不妥协的斗争,发挥了较好的作用,在华南产生了较大的影响,得到了中共的鼓励和支持。

1946年5月,国民政府、中共中央代表团和各民主党派领导人相继迁往沪宁。解委会和章伯钧等领导人由重庆迁往上海,至此,度过了抗战时期在重庆的历史阶段。为了配合中共代表团工作,解委会及时地对在南京的干部和成员作了思想动员,要继续同共产党密切合作,把民主革命进行到底。6月,蒋介石在美帝国主义的扶持下,公然撕毁政协决议和停战协定,发动了全面内战,大举向解放区进攻。虽然此时和谈还未公开破裂,但中国政局实际上已到了极严重的时刻。在这种形势下,为开展反对美蒋的斗争,在解委会主办的《人民报》于8月间在广州被国民党当局查封后,8月16日,中央机关刊物《中华论坛》半月刊在上海复刊,以战斗的姿态重登论坛,坚定地表明了自己对时局的态度和立场。章伯钧在《中华论坛》首刊号上发表了《严正的立场》,谴责美国反动势力与中国反动派为伍,制造中国的内战,指出这场战争的前途将取决于民主的力量,最后被摧毁的不是共产党,而是国民党本身。第三党的领导人彭泽民、张云川、郭冠杰、严信民等,以及民主人士吴晗、茅盾、秦牧、翦伯赞等在《中华论坛》上发表大量反内战、争取和平的文章和时事评论,《中华论坛》还经常刊登介绍苏联社会主义建设的文章。解委会借助《人民报》和《中华论坛》,为维护政协决议、争取和平民主、反对内战独裁开展了旗帜鲜明的斗争。

5.10.4 拒绝参加国民大会

按照政协协议,必须先改组政府,废除国民党的一党专制,而后由各党派的联合政府主持召开国民大会。但是,在国民党政府未作任何改组的情况下,1946年7月3日,国民党政府最高委员会第197次会议作出决定,宣布于11月12日召开国民大会。章伯钧当即在《民主》上发表《对召开国大的意见》,指出:这是国民党一党独裁的国民大会,不是经过政治协商的国民大会,改组政府等问题也因国民党阻挠,没有实现,希望最高当局顺应潮流,改变错误做法。中共周恩来等代表通过与国民党代表会谈、商议、抗议和美国驻华大使调停,没有获得解决办法。8月13日,蒋介石在庐山发表文告,坚持国民党政府将如期召开国民大会。9月14日,解委会领导人章伯钧发表对时局谈话,再次呼吁"和平建国,民主统一"。9月26日,昆明各界人士在为庆祝胜利及和平建设新中国的通电中指出,"我们要和平建设新中国,民主、团结是绝对不能少的";成都文化界发表对时局的呼吁,表示"坚决反对内战"。

1946年10月11日,国民党军队不顾中共方面的再三警告和各界人士的强烈反对,占领张家口。被"胜利"冲昏头脑的蒋介石即于当天下

午下令于11月12日召开"国民大会"。中国共产党和民主同盟坚决反对国民党召开一党包办的"国民大会",一些民主党派和民主人士为和平民主奔走呼号,希望蒋介石改弦更张,但没有取得实际效果。蒋介石的一意孤行,使民主党派、民主人士和广大人民进一步认清了国民党当局坚持独裁和内战的真面目。11月4日,中共代表团发言人再次声明:召开"国大"是国民党政府违背政协决议及其程序的"一党片面行为",是"毁法行为",对此,"中共一概反对,一概拒绝参加"。同日,张澜代表民盟再次发表谈话,表示绝不参加国民党的一党"国大"。

1946年初,政治协商会议决定当年召开制宪国大。鉴于十年来情况的变化,为确保国大的公平民主,中国共产党和中国民主同盟提出国大代表应进行适当调整。经各方协商,决定原选举的1 200名代表继续有效,取消当然代表及指定代表,增加台湾、东北收复区代表150名,各党派及社会贤达代表700名,总计2 050名。各党派代表经过分配后,由各党派自行提出,计国民党220名,共产党190名,民盟120名,中国青年党100名,社会贤达70名。按照政协决议,国民大会必须在内战停止、政府改组、训政时期结束、宪草修正完成后,始能召开。同年10月,国共军事冲突扩大,且双方就改组国民政府、中共代表名额问题和东北问题僵持不下,国民党政府为及早结束训政,决定单方面召集国民大会,此举立即招致中共反对。1946年11月15日,制宪国民大会在中国共产党缺席,但制宪国大代表仍超过法定人数的情况下于南京召开,史称"制宪国大",相对的是国民党于1948年3月29日至5月1日在南京召开的"行宪国大"。中共和民盟拒绝参加,并宣布将参加国大的中国民社党开除出盟,一些民社党人员,如梁漱溟等因之而退出该党。

1946年11月15日,"国大"正式召开,出席代表1 381人,大多数是十年前选举的旧代表。会议的中心任务是制定宪法。制宪国民大会讨论宪草的蓝本,来自当年4月底根据政治协商会议成立的宪草审议委员会审议版本,即政协宪草。该宪草经中共代表周恩来和国民党代表王世杰推荐,由民社党代表张君劢主持起草。宪法起草期间,中共代表与张君劢多次私下协商宪草问题,并在达成一致后再提交审议会审议。期间由于国共军事冲突扩大,宪草审议工作因而未能继续。故4月底政协宪草版本为制宪国民大会实际开始审议时之蓝本。

11月28日,国民政府主席蒋介石将政协宪草以立法院之《中华民国宪法草案》名义提交大会审议。大会开始一读会阶段,因国民党籍国大代表对政协宪草远离孙中山五权宪法理论颇为不满,在开始的一周审议后,将宪草重新修改回五五宪草的式样。中国民社党蒋匀田为维护政协宪草,宣称民社党将离席抗议。在这种情况下,国民党总裁兼国大主席团成员蒋介石劝说与会的国民党代表忍让为国,尊重民主党派的意见,将宪草恢复原样。在这种情况下,"国大"召集紧急会议,代表重新审议宪草,一周后将其基本恢复至政协宪草原样。随后,一读会对政协宪草提出大量修正案,但多因国民党和民社党领袖对本党代表之劝告引导,大部分修正案均以违反政协决议为由否决,而维持政协原宪草。

"国大"召开以后,解委会负责人连续发表文章,指出:国民大会不因中共和民盟之拒绝参加而如期召开,是为了"合法化"的独裁;我们决不再容有一党专政和军事独裁;假若有人要毁弃五项决议,那就是自掘坟墓。民盟中央常委会作出决定:凡有民主社会党党籍之盟员而参加"国大"者,应予退盟。广大人民和许多海外华侨都坚决反对国民党一手包办的"国大"和"宪法"。11月22日,泰国华侨建国救乡联合总会等71个华侨团体代表发表通电,坚决要求解散非法"国大",表示决不承认"国大"的任何决议,誓与国内同胞团结一致,为真正的和平、民主而奋斗到底。

11月16日,周恩来在南京举行记者招待会,宣布:由于国民党当局单方面召开"国大",把政协协议破坏无遗,和谈之门已被关闭,中共代表团即将撤回延安。11月19日,周恩来率中国代表团邓颖超、李维汉等15人离开南京撤回延安,只留董必武、吴玉章和部分机构工作人员继续在南京、上海和重庆坚持工作。中共代表团撤回延安前,周恩来与邓颖超假黄琪翔上海寓所,邀请了几十位各界知名人士聚会、话别,其中有张澜、沈钧儒、黄炎培、章伯钧等。大家心情很不平静:对抗战刚刚取得胜利,蒋介石却又蓄意发动内战,把全国人民又推向战火的灾难中,感到愤慨;对中共领导同志的离去则感到难过。在这次聚会上,周恩来谈笑风生,对胜利充满信心,与会人士很受鼓舞。黄琪翔夫妇向周恩来敬酒说:"祝你们早日回来,相信不久的将来大家一定能再相聚。"

11月25日,民盟代表章伯钧、罗隆基、张申府在南京招待新闻记

者,发表了书面谈话,阐明民盟信守政协决议的严正立场和不参加伪国大的理由,并表示:对于国民政府公布的、违背政协精神的所谓"政协宪草","民盟不予承认,且对该宪草中若干条深表不满,声明保留批判权利"。12月25日,伪国大收场时,通过了《中华民国宪法》。《中华民国宪法》共14章175条,在形式上虽有关于军队国家化、独立外交、发展国民经济、社会福利和文化事业等章节、条款,但与《训政时期约法》一脉相承。宪法公布后,立即遭到中国共产党、民盟的同声谴责,纷纷发表声明不予承认。12月31日,民盟中央发表声明,"坚决否认伪国大制定的伪宪法"。蒋介石本想通过伪国大的召开和伪宪法的制定,使其独裁、内战、分裂、卖国的政策合法化,孤立共产党、打击民主力量,但结果使自己在人民中更加孤立。

根据伪宪法,蒋介石又导演了一幕"改组政府"的丑剧。1947年4月18日,蒋介石拼凑了民社党、青年党以及一部分反动政客和所谓"社会贤达",组成了一个"多党政府",这个所谓"多党政府"一组成,就引起中共和各民主党派的反对。解委会留港中委彭泽民、郭冠杰、李伯球等发表了对"改组"政府的意见。他们说,蒋介石在"临到政治完全破产,人心尽去"的时候,玩弄"改组政府"的把戏,是为了"转移人民、分散人民、和缓人民","以图挽救危机"。然而,它将同袁世凯、汪精卫一样,"终难逃败亡之命运"。彭泽民还同李济深、何香凝、蔡廷锴、李章达等发表联合声明,反对所谓"多党政府"。联合声明指出,"这样的政府改组是和政协决议显然极端背谬的","被邀参加政府的中国青年党和民社党也不能代表中国真正的自由主义者"。

第 6 章　中国农工民主党

（1947.2—1948.5）

　　1946 年 6 月 26 日，国民党军队 22 万人进攻中原解放区，全面内战爆发。在国民党当局关闭谈判大门、国共关系面临完全破裂的情况下，中共为挽回时局、重开谈判作了最后努力。12 月 4 日，周恩来自延安致函马歇尔，表示有条件重开谈判；12 月 28 日，他在同新华社记者的谈话中，再次表明了中共对重开谈判的态度。但是，国民党对此采取坚决拒绝的态度。1947 年 1 月 7 日，马歇尔发表离华声明，并于次日返回华盛顿。1 月 29 日，美国驻华使馆宣布美方退出军事三人小组及北平军事调处执行部。1 月 30 日，国民党政府宣布解散军事三人小组及北平军事调处执行部。2 月 1 日，中共中央在延安召开政治局会议，毛泽东就迎接中国革命高潮问题作了重要讲话。在国民党政府的逼迫和限令之下，1947 年 3 月 7 日、8 日，中共驻南京、上海、重庆的全部工作人员分别撤回延安。至此，第二次国共合作结束，国共关系完全破裂。

6.1　第四次全国干部会议

　　抗战胜利后，解委会从 1945 年秋开始，一方面在民盟中发挥作用，一方面进行了组织恢复工作。1946 年 5 月 8 日，章伯钧由重庆飞抵上海，与王寄一等商议筹措房子设立中央机关，最终确定为愚园路联安坊 11 号楼房。中央机关迁回上海后，开始对各地方组织进行恢复整顿，部分地区建立了新的领导机构。"制宪国大"召开后，面对国共和谈破裂、民主建国无望、国民党政治经济危机加深、全国爱国民主运动高涨和中

共已作出"打倒蒋介石"决策等一系列形势的变化,解委会预感到中国新的革命高潮即将到来。为了适应革命形势的发展,担负起历史赋予的使命,1947年1月,解委会中央决定召开第四次全国干部会议,以分析形势,总结经验,进行改组,制定新的行动方针,便于更有效地领导全党开展斗争。

会前在上海举行了为期10天的预备会议。章伯钧在参加完民盟二中全会后,即主持召开了第四次全国干部会议的预备会,讨论了新形势下党的名称问题、党章、党纲及党的行动方针等重大问题,并起草了大会各种文件。预备会上对党的名称和今后的路线问题争论激烈。关于党名,有的主张不改,有的主张改,多数代表认为,抗战胜利后国内已转为民主革命,党的名称也应随之改动,并提出了"工农民主党"、"平民党"、"中国民主党"、"社会主义民主党"等十来个名称,具体改为哪个,很难确定,于是去请教周恩来。周恩来很谦虚,没有马上回答,只是说:这可是个重要问题,最好广泛深入地在党内进行讨论,再作决定。固请之下,周恩来说:"依我个人见解,对'工农民主党'这个名称稍作改动更名为'农工民主党'较为妥当,因为邓演达先生很重视中国的农民问题,还在北伐前,他就是中国农民解放运动的倡导人之一,建党之初就提出'建立以农工为中心的平民政权'的主张,在他的其他很多论文中,也多次这样提出过,建立农工平民政权是邓演达先生政治思想的核心,是你们党的光辉的历史传统,以'农工民主党'为你们新的党名,不是顺理成章的吗?"他还声明,这是他作为朋友,个人提出来的意见,究竟怎么改,还是应该让大家讨论,让大家来定。

经反复协商和讨论,代表们接受了这个建议,改党名为"中国农工民主党"。这是因为:根据邓演达的政治主张与革命的基本精神,党多年来的奋斗都是代表农工平民的利益;农民问题是中国民主革命的核心问题,农民是中国革命最广大的主力军,工人是中国革命最先进的阶级,必须把农民的革命要求与工人的最先进的革命意识和力量结合起来,作为整个革命的中心;农工民主与各被压迫阶层的民主是分不开的,农工民主不是农工民主专政,而是农民、工人与其他平民的联合民主,它表明中国的民主革命,不是欧美式的资产阶级的民主革命,而是进步的以社会主义为归宿的民主革命。预备会议还对走"中间道路"的思想进行了激烈的争论和批评,最后统一了认识,只有跟着共产党走才有革命的前途。

1947年2月3日,中华民族解放行动委员会第四次全国干部会议在上海愚园路联安坊11号举行。出席会议的有章伯钧、丘哲、李士豪、李伯球、张云川、王深林、郭则沉、王一帆、韩卓儒等40余人。会议由章伯钧作《党务报告》;会议决定正式采用"党"名,将中华民族解放行动委员会改名为中国农工民主党;会议通过了《中国农工民主党党章》、《关于党的纲领、路线和基本方针的决定》以及《中国农工民主党第四次全国干部会议宣言》。

图4　第四次全国干部大会会址
　　——愚园路联安坊11号

会议选举了新的中央执行委员会和中央监察委员会。当选为中央执行委员会委员的有25人:章伯钧、丘哲、郭冠杰、张云川、李伯球、王一帆、王深林、李士豪、罗任一、杨清源、杨逸棠、郭则沉、庄明远、季方、严信民、何世琨、曾伟、杨子恒、连瑞琦、郭翘然、云应霖、黄农、黄琪翔、黄朋豪、汤仁溥。当选为中央执行委员会候补委员的有9人:丘辰、黄桐华、何仲昆、李健生(女)、徐哲、张耀明、张觉初、任谦、安问石。当选为中央监察委员会委员的有10人:彭泽民、韩卓儒、陈卓凡、唐午园、王寄一、欧阳平、杨建平、王人旋、李如苍、陈琪瑷。当选为中央监察委员会候补委员的有5人:黄慎之、叶粤秀、朱镜堂、祖世康、刘之谋。在2月15日举行的第一次执监委联席会议上,进行了组织分工:推选章伯钧、丘哲、罗任一、李伯球、王一帆、张云川、王深林、郭则沉、李士豪等9人为中央执行委员会常委,章伯钧为执行委员会主席,彭泽民为监察委员会主席,丘哲为执监委联席会议秘书长,王深林为组织部长,李伯球为宣传部长。

第三党历史

【彭泽民小传】 彭泽民(1877—1956),字锦泉,号镛希,广东四会人。1902年赴马来西亚侨居,1906年加入同盟会,1924年回国。1926年出席国民党第二次全国代表大会,当选为国民党中央执行委员兼海外部部长。1927年参加南昌起义,失败后流亡香港。1930年参加组织国民党临时行动委员会,任中央干事会干事。1933年,参加福建事变,失败后再返香港。曾长期在香港行医和从事民主抗日救国运动。1947年任中国农工民主党第四届中央监察委员会主席。中华人民共和国成立后,历任中央人民政府委员会委员,政务院政法委员会副主任,农工党第五届中央监察委员会主席、第六届中央副主席,中国红十字会副会长,中医研究院名誉院长,全国侨联第一届副主席等职。是第一届全国人民代表大会常务委员会委员,中国人民政治协商会议第一届全国委员会委员,全国政协第二届常委。

彭泽民1877年11月7日出生于广东省四会县白沙乡(今清塘镇白沙村)的一个佃农家庭。1902年只身前往南洋谋生。1905年,中国同盟会在日本东京正式成立,彭泽民即开始积极筹备组织同盟会吉隆坡分会。1912年8月25日,中国同盟会与其他革命团体在北京合并组成了国民党,中国同盟会吉隆坡分会随即改组为国民党吉隆坡支部,彭泽民当选为支部理事,继续领导革命活动。

"二次革命"失败后,孙中山等国民党人逃亡日本。1914年7月8日,中华革命党在东京成立,彭泽民加入了中华革命党,并组成中华革命党雪兰峨支部,被孙中山任命为副支部长。

袁世凯窃国称帝时,彭泽民率领革命党人积极投入反袁斗争,一方面为"讨逆军"筹饷,在华侨中劝购革命公债,有力地支援了反袁护国斗争,另一方面还组织华侨"讨逆军"回广东东江,讨伐拥袁的军阀龙济光。

1919年10月10日,中华革命党改组为中国国民党,彭泽民等也将中华革命党雪兰峨支部改组成中国国民党芙蓉支部,彭泽民当选为副总理。1923年3—8月,彭泽民受中国国民党芙蓉支部委托,回国谒见孙中山,并在1926年1月召开的国民党"二大"上当选为国民党中央执行委员。在1月22日举行的二届一中全会上,他被任命为海外部部长。从此,他结束了侨居海外的生活,为革命积极工作。

北伐开始后,在彭泽民的倡议下,世界各地华侨团体联合成立了华侨北伐后援会,彭泽民为后援会执行委员之一。在华侨后援会的组织下,各地华侨纷纷捐助,为北伐战争立下了不朽的战功。1926年11月到1927年2月,在广州举办华侨运动讲习所,培养了80名学员,不少人成为国内革命骨干和海外华侨工作积极分子。

1927年3月,彭泽民出席了在武汉召开的国民党二届三中全会,他同宋庆龄、邓演达、毛泽东、吴玉章、董必武等一起,挫败了蒋介石在南昌建立中央的企图,取得了反击国民党新右派的重大胜利。1927年"四一二"反革命政变以后,彭泽民号召革命群众"依照中央命令,去此总理之叛徒,本党之败类,民众之蟊贼",以示反蒋决心。7月14日晚,汪精卫秘密地召开分共会议,当彭泽民在会议上得知汪精卫要分共的消息后,愤怒地斥责了汪精卫,并在会后深夜将这个消息报告给了吴玉章、林伯渠等人,并通知海外部的共产党员和爱国华侨迅速转移,每人发旅费100元大洋。他本人也于翌日秘密地离开了武汉,抵达南昌,与刘伯承住在一处,参加起义准备工作。

起义部队失败后,两鬓斑白的彭泽民与夫人邓冠梅跟随叶挺的24师辗转南下,随军当军医。9月15日,南京国民党中央执监委临时联席会议决定开除"附逆有据"的彭泽民之党籍。随后,彭泽民的家被查抄,家产荡然无存。彭泽民被迫全家连夜逃往香港,从此开始政治流亡生涯。彭泽民避居香港期间,以行医为业,并以此为掩护,继续从事革命工作。

1933年,彭泽民参与"福建事变",极力反对内战,主张与红军合作。1935年11月10日,在香港与章伯钧、彭泽湘等一起主持召开第一次临时代表会议,将中国国民党临时行动委员会改为中华民族解放行动委员会。彭泽民在会上当选为临时中央执行委员会委员,并任中央监察委员会书记,在香港积极宣传中华民族解放行动委员会的抗日救国主张,团结各阶层抗日力量,开展抗日救亡活动。1939年底至1943年上半年,国民党连续发动三次反共高潮,彭泽民义愤填膺,参与反击。

抗战胜利后,已届古稀之年的彭泽民又积极投入到反内战、争民主的运动中,并始终站在斗争的前列。1946年元旦,彭泽民与丘哲等建立了中国民主同盟南方总支部,彭泽民为主任委员,负责海外及华南地区事务。在他和香港爱国民主人士的共同努力下,1946年10月1日,港九各界反内战大同盟正式成立,彭泽民任大同盟的常务理事。

1947年2月,中华民族解放行动委员会决定改名为中国农工民主党,彭泽民当选为中央监察委员会主席。10月27日,国民党政府宣布民盟为"非法团体",并迫使民盟总部解散,彭泽民严词抗议国民党政府的法西斯暴行。此后,彭泽民与中国共产党更加紧密合作,为推翻蒋介石的反动统治,为建立民主、自由、独立、富强的新中国而努力奋斗。

1948年中共中央发表"五一号召"之后,彭泽民代表中国农工民主党同其他党派负责人及无党派人士一道发表通电,表示积极响应"五一号召"。12月下旬,彭泽民应中共中央的邀请,离港北上参加新政协。

1949年9月21日,中国人民政治协商会议第一届全体会议在北平隆重开幕。彭泽民作为中国农工民主党的首席代表参加了这次大会。在这次会议上,彭泽民当选为中华人民共和国中央人民政府委员会委员。

中华人民共和国成立后,彭泽民先后担任中央人民政府委员会委员,中国农工民主党中央监察委员会主席、中央委员会副主席,中国红十字会副主席,全国侨联副主席,中医研究院名誉院长等许多重要领导职务。他不顾自己年事已高,经常深入实地进行观察和指导。

朝鲜战争期间,为揭露美国于1952年1月起向朝鲜北部和我国东北地区投掷细菌弹的滔天罪行,他不顾年迈体衰,亲自参加3月初由中国人民保卫世界和平委员会和中国红十字会联合组织的"美帝细菌战罪行调查团",赴实地调查。经过半个多月的艰苦努力,调查团取到了大量的人证、物证,彭泽民撰写并发表文章,深刻揭露了美帝国主义进行细菌战的罪行。

此外,彭泽民在发展我国医疗事业、推动中西医结合方面做了大量工作。他还继续从事侨务工作,为维护华侨在其所在国的合法权益做了大量工作。

1956年10月18日,彭泽民在北京逝世。

(摘编自《共和国人物档案》丛书之《共和国第一届全国人大常委》和《革命元勋,华侨楷模》)

中国农工民主党第四次全国干部会议通过的《宣言》,在简述农工民主党奋斗经过及主要政治目标之外,重申了四条声明。农工民主党的奋斗历程是:本党创立于1927年,经过3个艰苦奋斗时期,即1930年成立中国国民党临时行动委员会,在福建人民革命失败后于1935年成立中华民族解放行动委员会,1938年召开第三次全国干部会议。主要政治目标是:国人所乞求之和平统一与民主建设,必有赖于农工平民之继续前进,尤须农工平民自有其坚强之政治组织,以为与全国民主力量共同争取胜利之武器,本党所负使命端于此。四条声明是:本党完全同意民主同盟的政治纲领及其时局对策、本党所组织农工平民群众当与全国工农联合斗争求解放、现阶段中国经济改造首须实现耕者有其田改善农民生活和拒绝外国势力干预中国民族解放运动。

第四次全国干部会议形成的《决议案》,共计11条,主要包括:确定本次会议的党务决议案、本党由中华民族解放行动委员会(第三党)正式易名为中国农工民主党、通过本党党章、重申《政治主张》为本党基本政治纲领及3项补充的政治纲领、确定和平的民主的斗争为本党今后组织路线的基本方针(放弃了武装斗争)等。会议通过的《中国农工民主党党章》,共分7章27条,在第一章总则中阐明:中国农工民主党代表农工平民利益;其任务是为彻底完成民族解放、实现民主政治、达成社会主义而斗争;以邓演达政治主张为基本政治纲领,继承中华民族解放行动委员会(第三党)之历史传统。

第四次全国干部会议是农工党历史上的一次重要会议,被称作是一次"改造党、健全党、扩大党"的会议。会议总结并肯定和高度评价了农工党的历史,更改了党名,选举了新的领导机构,根据新的斗争形势的需要,提出组织、宣传及农工党的行动方针。会议决定扩大农工党的组织基础,同时加强与中共、民盟、国民党民主派及其他民主党派的联合和合作,参加中国共产党领导的人民民主统一战线。会议再次明确提出以社会主义为农工党的奋斗目标,加强与中共的全面合作,指出了农工党在新时期的斗争方向。第四次全国干部会议确定:农工党没有单独组织武装斗争的必要,农工党的基本方针是进行和平的民主斗争。会议指明了在新的历史条件下的航向:继续跟着中国共产党,把民主革命进行到底。

6.2 四干会的《党务报告》

在第四次全国干部会议上,章伯钧所作的《中国农工民主党第四次全国干部会议党务报告》①是会议的中心文件,报告分"本党历史"、"党名、党章、党纲"、"组织工作的检讨和新的方针"、"宣传工作的检讨和新的方针"和"结语"5个部分。报告深刻地分析了形势,指出了中国民主革命新高潮和党发展的新阶段的到来,总结了历史经验和教训,提出了农工党在新时期"打开一个新的发展局面"的方针。报告除了"结语"是向全党发出"把握住新的努力方针,把中国农工民主党的史页写出更灿烂辉煌的篇章"的动员令外,其他各部分的主要内容摘要如下。

6.2.1 本党历史

本党已经历的历史可划分为:准备时期(1927—1930),邓演达为继承孙中山革命传统,联络和策动各方革命力量,准备复兴革命运动;第一时期(1930—1932),反对南京的独裁卖国政府,以重建农工平民的政治组织为中心任务;第二时期(1935—1937),以推动全国团结对日抗战为

---

① 中国农工民主党中央研究室.中国农工民主党历史参考资料(第一至第五辑合订本).北京:中国农工民主党党史资料研究委员会,2008:279-284.

中心任务;第三时期(1938—1945),以坚持抗战、争取民主、巩固扩大民盟为中心任务。各个时期的历史特点,是本党政治主张经常在某一特定的历史环境中得到的具体表现。对于完成反帝反封建、建立农工平民政权的革命任务,是始终一贯的。

本党历史发展的经验教训是:一、邓演达所指出的(农工平民政权)道路是中国人民民族民主革命的正确道路,指示了今后发展的方向;二、本党的策略路线和组织路线还不能完全地适应党的政治主张,以致在革命实践上不够坚强灵活;今后必须将本党在过去各个历史时期的经验教训,综合到新的时期中,作为创造的基础。报告认为:第四个新时期的创造,不仅有了历史的基础,而且具备实现的条件。在第四个时期中,党必须成为农工平民的战斗体,成为正规化的政党,正式地采用党名,宣布党章党纲,确定今后的政治路线和策略路线,健全并组织建立必要的制度,确定宣传民运方针。党已经到了它的壮大和发展新阶段,要使觉悟的农工平民以及知识分子大量涌入进来。

6.2.2　党名、党章、党纲

本党正式易名"中国农工民主党"。这个党名和邓演达的政治主张与革命的基本精神是一致的,和本党历史传统是一致的;党名表现了党的阶级基础,即以农工为中心,与广大平民结成联合战线,把农民的革命要求与工人最进步的革命意识和力量结合起来,作为整个中国革命运动的中心;党名包含了联合民主的意义在内的,中国农工民主党与被压迫阶层的民主是分不开的,解放全体平民的枢纽是解放农工,实现农工民主。这个党名指出中国民主革命不是欧美式的资产阶级的民主革命,而是进步的民主,以社会主义为归宿的。这个党名的涵义鲜明确切,使农工平民一望而知是代表他们的党,在中国民主运动中可以代表最广大的人民和最坚强彻底的民主力量。

作为全党共同信守的党章,是根据以下4个原则来制定的:一、代表农工平民的利益;二、彻底完成民族解放,实行民主政治达到社会主义;三、以邓演达的政治主张为基本政治纲领,继承党的历史系统;四、民主集中制。党章规定本党党员的条件、入党手续、中央及各级机构以至党员党纪等。党纲是以本党第一次全国干部会议通过的"我们的政治主张"为本党基本的政治纲领。

6.2.3 组织工作的检讨和新的方针

农工党担负着伟大而艰巨的历史任务,要完成这个任务,是要完全依靠于组织力量的。组织就是力量,组织将保证党在政治上的胜利。整个地说来,本党二十年的历史,表现了政治路线的正确,政治影响的扩大,但在组织方面却不能不说是失败的。一方面,一个政党的组织生活,是要以同志们共同的政治思想、政治抱负、政治实践为基础的,没有这种基础,组织生活是不健全的,也不会长久。过去还有许多同志没有完全了解邓演达的政治思想和本党的主张政策,这是不能否定的事实;今后整顿党的组织,必须从彻底了解本党的政治思想开始,并且要经常地进行政治思想教育工作。另一方面,要认定党的生命在组织,党的活动必须是组织的活动,这就要求每个同志发表意见、执行工作时应该向组织负责。这种组织观念没有养成,根本就谈不上组织生活。自今以后,必须特别养成党性观念,因为党性的发扬,正是农工平民意识的发扬。

《报告》决定立即进行组织整顿,整顿的办法是:首先是党员举行总登记,登记的标准是忠诚接受并执行本次会议的全部决议案以及信仰本党基本政治纲领。其次,按两种方式过组织生活,一种是参加小组,一种是个别联系,为达到接受和执行党的决议的目的,要按期对组织报告,并缴纳党费,必须严明党的组织纪律。《报告》安排了几项工作:一、加快组织发展。组织的对象,在城市是觉悟的工人、工团的领导干部以及青年店员、工商界人士,在农村是觉悟的农民、小学教师和开明公正的士绅。二、开展灵活机动的组织活动,主要活动地区在长江以南各省到南洋各地。三、党的领袖人物必须在全党范围内在广大群众中提高威信,党对其领袖人物要给以适当的批评检讨,同时党要注意提拔优秀干部并将其培养成为党的有力的骨干。四、党在它的组织中必须建立各种制度,特别是批评制度和学习研究制度,本党认为农民问题是中国革命的核心问题,故对中国农村的调查研究尤为重要。等等。

6.2.4 宣传工作的检讨和新的方针

理论为群众所接受时就变成一种物质的力量,本党的理论基础建立在广大中国人民的政治要求上,即中国人民民主斗争的经验结晶。这样的理论,是必为人民所需要、所愿意接受和力行的。可是,党在过去没有大规模地展开宣传,或者在宣传中还没有发挥党的理论,以致限制着党的政治影响,进而限制着组织工作。另外,在过去的宣传中,在能以自己的立场、观点和方法去分析现实和指导现实的方面也做得不够,因而在宣传上不能提高党的号召力和创造自己特有的风格。

本党今后的宣传工作应按 8 个步骤实施:一是加强"中华论坛"的党性宣传,做到每一篇文章都是运用党的立场和观点的;二是发行本党小丛书,以建立本党理论体系;三是筹备本党机关报,在上海出版人民报;四是指定本党中央及各省级党部发言人,代表本党对国内外发生的重大事件发表意见;五是在一切群众集会上,本党代表尽可能参加,并适时争取发言;六是筹备建立文化、教育、出版机关,以成为宣传工作的据点;七是培养本党文化干部,帮助提高他们在文化界的声誉;八是党必须逐渐在文学艺术方面培养干部,通过艺术形式来教育人民。《报告》要求每一个党员都要成为党的优秀的宣传员。

6.3　四干会后的工作

主题为"反内战促和平"的农工党四干会闭幕仅仅一个月,国民党政府即令中共人员全部撤离,和谈之门从此关闭。正当战祸加深、危机四伏、民族生命绝续之际,针对国民党三中全会即行召开,3 月 12 日,中国农工民主党发表《对时局宣言》,提出 6 点主张。针对国民党玩弄"改组政府"把戏,农工党留港中委彭泽民、郭冠杰、李伯球等立即发表《对"改组政府"的意见》,对"改组政府"伎俩进行了无情揭露,要求今日政府:立即纠正错误,停止打压在野党,开放言论自由,保障人权自由,停止以一党武力消灭异己之内战,重新遵循民主协商道路以求和平统一。不然,全国人民团结起来纠正此种错误,以挽回浩劫。

除了上述在政治上采取的行动以外,在组织上,根据第四次干部会议确定的"整顿原有组织,进行党员登记,加速发展组织,建立组织机构"组织工作方针,农工党中央决定设立 4 个中央分局:华东局(上海、浙江、江苏、台湾、安徽、山东、青岛)、华南局(广东、广西、香港和越南、印度等地)、华中局(江西、湖南、湖北、武汉、福建等地)、华西局(四川、云南、贵州、陕甘等地),在上述地区整顿和建立了地方组织,在云南、贵州、西藏等地也建立了联系。农工党大力开展工人、农民和青年学生的工作,有效地发挥了作用,壮大了组织。到1948年下半年,已在9个省的153个县城建立了组织。党员中工人、农民和青年学生占有很大比重。如上海市党员6 000余人,其中工人占第一位,学生占第二位,农民占第三位。浙江、江西、湖南、广东、四川等省的党员中,农民占70%以上。

根据中国农工民主党第四次干部会议精神,农工党更加积极地投入到国统区的爱国民主运动中去。1947年2月底,国民党强令中共驻南京、重庆、上海的代表全部撤退,随即进攻延安。农工党于3月12日发表《对时局宣言》,指出蒋介石的这些举动,使和谈之门,从此关闭,中华民族自相残杀的悲剧,今后将愈演愈烈,战祸加深,危机四伏。面对这一严峻形势,农工党提出了对时局的6项主张:反对内战,反对分裂;国共问题采取政治途径解决;要求保障人权,开放言论、结社自由,尊重在野党派的合法地位;要求保障国权;要求政府即刻终止战时的经济统制政策,以全民命;反对列强任何形式的干涉中国内政等。这些主张集中反映了农工党反对国民党蒋介石集团的独裁、内战、卖国政策的原则立场和坚定态度。

根据会议提出的加强与中共联合的方针,积极配合中共开展工作,尤其是上海、浙江、广东、南京等地的地方组织,为当地的中共根据地输送青年知识分子,提供情报和物质弹药,营救中共被捕的党员,配合中共策反,同中共合作组织武装斗争,都取得了一定的成绩。还根据新的方针,联合民主同盟等民主党派,投入反对美蒋反动派第二条战线的工作,在工人、农民和青年学生中发展组织,并有目的地在国民党的党、政、军、警机关中发展党员,壮大了组织。同时,发动党员和其联系的群众,参加各种反蒋反美的爱国民主运动,如1947年的"反饥饿、反内战、反迫害"斗争等,在斗争中发挥了作用。

蒋介石集团在军事溃败的同时,加紧了对人民革命力量的迫害和镇压。1947年5月,国民党当局在各地绑架、逮捕民主人士,农工党多人被捕。7月初,蒋介石又提出并通过了"厉行全国总动员,以戡平'共匪叛乱',扫除民主障碍,如期实施宪政,贯彻和平建国方案",随即在全国强化法西斯恐怖统治。农工党为了反击国民党反动派的迫害,更好地领导全党的反蒋斗争,于1947年7、8月间,连续向各地组织和党员干部发出了第一号、第二号《政治通告》和第一号、第二号《组织通告》,指出反动集团对人民与民主人士的疯狂镇压,更加暴露了他们的弱点和危机,是最后的回光返照。告诫全体党员要清醒估计形势,永远站在人民的前面。要求党员必须严密组织,隐蔽分散,更密切地和群众结合,保全力量,健全机构,发展组织,建立据点,扩大自己,加强工作。这些工作为广大党员迎接更艰苦的斗争作了思想上和组织上的准备。

6.4 农工党在香港坚持反蒋斗争

各民主党派和无党派民主人士日益倾向于人民革命,积极参加反对国民党独裁统治的斗争,因而遭到国民党的仇视和残酷迫害,一批著名的领导人和积极活动的成员被殴打、监视,甚至遭到逮捕、杀害。继著名爱国人士李公朴[①]、闻一多[②]被国民党反动派杀害之后,民盟中央常委杜斌丞[③]又于1947年10月7日在西安被杀害。同年10月27日,民盟被国民党当局宣布为非法团体,强令民盟解散,民盟总部被迫于11月宣告解散,民盟中央领导人转赴香港。民盟被宣布为非法团体之后,一些组织和许多成员转入地下斗争。农工党的工作也被迫完全转入地下,党的活动由此转入秘密状态。11月底,章伯钧等农工党一部分负责人秘密前往香港,农工党中央机关也随之迁往香港,设在香港坚尼地道137号,继续开展反蒋斗争,并参加了民盟总部的恢复和筹备民盟一届三中全会工作。农工党一部分负责人留在上海,设立中央办事处,由丘哲任主任,坚持地下斗争。

---

① 李公朴(1902—1946),汉族,江苏省武进县人。中国现代伟大的爱国主义者,坚定的民主战士,中国民主同盟早期领导人,杰出的社会教育家。

② 闻一多(1899—1946),汉族,原名闻家骅,又名多、亦多、一多,字友三、友山,汉族,湖北浠水县人。中国现代伟大的爱国主义者,坚定的民主战士,中国民主同盟早期领导人,诗人,学者,民主战士。

③ 杜斌丞(1888—1947),原名丕功,字斌丞,自署秉诚,汉族,陕西米脂县人。教育家和政治活动家,中国民主同盟早期领导人。

在反对美国新的援蒋法案和扶日政策方面。1947年7月,美国特使魏德迈来华"调查",9月回国向杜鲁门总统提出了一份十万言的报告,建议美国继续扩大援助国民党,建议被采纳后,美国政府与国民党政府签订了《中美救济协定》和《中美海军协定》两个不平等条约,激起了全国人民反美高潮的高涨,在港的各民主党派也都积极投入了这场斗争。1948年2月3日,农工党等民主党派在香港联合发布声明《不承认卖国条约》,反对美国杜鲁门总统和马歇尔国务卿向国会提出的援华法案,绝不承认南京独裁政府所签订的任何有损于中国主权的卖国条约。1948年10月22日,各党派联合发表《为美帝侵华向联合国大会控诉》,全面清算了美帝国主义的侵华政策,列举9项美国政府侵略中国主权的证据,指出美国援蒋内战政策的企图,就是借此以遂行其侵略中国,使中国殖民地化。

与此同时,1947年秋,美国开始扶持日本,提出"工业日本,农业中国"的口号,企图造成美日蒋联合,1948年春,国统区各地人民掀起了反美扶日运动。6月5日,国民党政府的大批军警制止、镇压学生的抗议活动,但上海、南京、天津、广州、重庆、香港等地出现了更大的抗议浪潮。6月6日,章伯钧、彭泽民等民主党派领导人联合发表《反美扶日宣言》,指出:"因以华制华诡计未易实现,乃扶持日本复兴,承袭日寇'工业日本、农业中国'之亡华故技,是借刀杀人,举世共见;对此侮辱,断难忍受,誓愿与全国同胞再接再厉,以自卫答复侵略。"各民主党派还联合香港各界人士成立了香港各侨团反对扶持日本工业复兴运动大会,决定唤起国内外同胞一致反对美国扶日,制止日货倾销。各民主党派还利用各个抗日纪念日开展反美扶日活动。民主党派开展的反对美帝国主义侵华的斗争,旗帜鲜明,斗争坚决,为推动国统区的爱国民主运动发挥了重要作用。

在声讨"行宪国大"和反对伪选举方面。蒋介石为使其统治合法化,决定1948年为"行宪年"。所谓"行宪",就是开始实行所谓民主宪政,并按照宪法规定选举总统,实行总统制。1947年11月,国民党政府成立了以孙科为主任的国民大会筹备委员会,在国民党内成立了"选举指导委员会",具体负责大会代表的选举和筹备事宜。1948年3月29日至5月1日,"行宪国大"在南京举行,出席大会的代表有1 679人,蒋介石主持会议并致开幕词。4月19日,国民大会选举蒋介石为中华民国总统,李宗仁为副总统。大会还通过了《动员戡乱时期临时条款》。5月20日,蒋介石、李宗仁就任总统、副总统。其后,组成了"行宪国大"后的政府,由翁文灏、孙科、王宠惠、张伯苓、于右任分任行政、立法、司法、考试、监察五院院长。

国民党召开"行宪国大"后,不仅统治集团内部矛盾斗争更加激化,也激起了各民主党派的反对浪潮,纷纷在港发表声明谈话等,声讨所谓"行宪国大",否认伪"选举"。农工党发表声明:"南京国民党反动政府破坏政协决议,先后召开伪制宪、行宪国民大会,本党斥为毁法祸国,深恶痛绝。本党为代表中国农工之民主革命党,对于蒋介石为首的专政反动贪污腐化之统治始终进行不妥协之斗争,反对到底。凡我爱国人民,不只应否认其法律地位,更当一致奋起、彻底结束此祸国殃民之政权,以建立和平民主统一的联合政府,召开人民代表制宪会议,通过民主联邦共和国宪法,则国家幸甚、人民幸甚。"农工党等民主党派发动的声讨运动,揭穿了国民党"行宪国大"与伪"选举"的反动本质,在政治上加速了国民党顽固派灭亡的进程。

在抵制和批判"中间路线"方面。在人民解放战争从战略防御转向战略反攻的关键时节,美蒋反动派为了阻止中国革命继续前进,开始扶持所谓"新的第三种势力",把已经被抛弃的中间路线经过乔装打扮,作为旗帜打了出来。1948年1月,作为国民党三系之一的政学系,在其《大公报》上连续发表了《自由主义者的信念》、《国际第三方面势力的抬头》等社论,宣传所谓"自由主义"的"中间路线"。2月19日,司徒雷登发表所谓《告中国人民书》,公开鼓吹组织新党,支持政府谋求和平的努力。3月1人,由洛克菲勒等支持的"中国社会经济研究会"在北平成立;该会一成立就提出32条政治主张,反对施用暴力,主张内政协调,外交协调;他们出版《新路周刊》,专门宣传其政治主张。

当所谓"第三种势力"的"中间路线"再次出笼后,即遭到了在港各民主党派的抵制、清算和批判,他们奋起追击,彻底揭露美蒋反动派的假和平阴谋,同时争取和团结受骗者,加强和巩固了人民民主统一战线。1948年1月,民盟在香港召开一届三中全会,沈钧儒为大会主席,致开幕词,章伯钧作《政治报告》。会议严厉谴责蒋介石的迫害行为,宣布不接受被迫解散的任何决定,并恢复民盟总部。会议明确宣布:民盟绝不能够在是非曲直之间有中立的态度,独立的"中间路线"不符合中国的现实环境,是行不通的;民盟必须站在人民的、民主的、革命的立场上,为彻底推翻国民党统治集团、消灭封建土地所有制、驱逐美帝国主义出中国、实现人民的民主而奋斗;表示今后要与中国共产党携手合作。

1948年2月2日,沈钧儒、章伯钧在港举行记者招待会并发表谈话;2月23日,各民主党派、民主人士约百人在港集会;3月3日,各民主党派负责人及民主人士在《华商报》社举行以"和谈阴谋和自由主义者"为题的座谈会。这三次活动均是对"自由主义"运动和"中间路线"作严厉批评,揭露和抨击了美蒋反动派的假和平阴谋。大家一致认为,"中间路线"走不通,除参加革命或反革命,即无路可走。1948年9月2日至11日,中国农工民主党中央在港召开中央扩大会议,会上对"中间路线"作进一步批判。大会决议指出:自由主义者标榜和鼓吹的"中间路线",是用以欺骗人民,麻痹人民的,如果"中间人士"经受不起战争严酷的考验,刚好中美蒋反动派的阴谋诡计,反动集团获得喘息机会,保留了反动势力,使革命遭受损失。

6.5 响应中共"五一号召"

1948年上半年,抗日战争胜利时中国所面临的"两种命运、两种前途"已泾渭分明:国民党的战事已是强弩之末,经济崩溃,"行宪国大"的政治欺骗破产,国民党反动派已陷入全面危机,蒋介石一意孤行的独裁、专制统治行将被推翻;共产党历来倡导和致力于建立民主联合政府的新政权,随着人民解放战争的迅猛推进而提上议事日程;国民党策划和制造的"较场口惨案"、"下关惨案"、"李闻惨案"等一系列惨案,使民主党派一些人士从"第三条道路"的幻梦中清醒过来,同共产党团结合作,一起推翻国民党独裁政权,建立一个独立、民主、和平、统一的新中国,成为各民主党派的共同愿望和自觉选择。

6.5.1 一九四八年上半年国内局势

1948年上半年,人民解放军在各个战场上继续发动攻势,并相继取得胜利。在华东,谭震林、许世友率领的华东野战军一部解放了除济南、青岛、临沂等少数据点以外的山东全境。在陕北,彭德怀率领的西北野战军发动的宜川、瓦子街一战,为解放大西北奠定了基础。4月22日,西北野战军收复了延安。在华北,聂荣臻等率领的晋察冀和晋冀鲁豫野战军分别出击察绥、保定以北和晋中,孤立了(北)平(天)津保(定)之敌,包围了太原。在东北,林彪、罗荣桓率领的东北民主联军在冬季攻势中歼敌新五军等部15万余人,解放四平。在中原,陈毅、粟裕率领的华东野战军一部进行的豫东(开封、睢县、杞县地区)战役和襄樊战役的胜利,完全打乱了蒋介石在中原地区的防御体系。

3月23日,毛泽东、中共中央和人民解放军总部在陕北吴堡川口东渡黄河,不久转至西柏坡。中央工委随之与之会合。1948年3、4月间,刘邓大军千里挺进大别山,战线从黄河流域推进到长江北岸,对国民党南京政府形成强大威胁,人民解放军转入战略进攻。为配合这一战略局势,中共中央将晋察冀与晋冀鲁豫两个解放区合并,使华北和华东连成一片,大大改变了整个战局的变化,同时为筹建全国政权作了重要准备。从人民解放军的整体情况看,经过两年的艰苦作战,共歼敌264万余人。解放军总兵力增至280万余人,其中正规军近160万人。解放军不但基本上形成了野战军、地方军、游击部队三者结合的完整体系,而且在军政素质、战术技术水平、装备方面有较大提高。此时的国民党军队总兵力下降至365万人,其中正规军198万余人,用于一线的174万余人。虽然在数量上还占优势,但是,其内部固有的派系矛盾日益加深,士气更加低落。

解放战争局势的发展,促使更多的民主党派人士站到坚决反对美蒋反动派、同共产党携手奋斗的立场上来,一些爱国民主人士向中共中央建议,尽快成立全国政权机关,以与国民党的总统选举相对抗。南洋华侨领袖陈嘉庚提议:解放区应紧急成立联合政府政权机构,以对抗国民党伪"国大"后的局面。民盟中央负责人沈钧儒向中共中央提议:解放区应成立产生联合政府的筹备机构,以对国内外号召否认蒋介石伪总统。沈钧儒希望中共考虑,可否由中共通电各民主党派,建议召开人民代表会,成立联合政府,或由各民主党派向中共通电提出此项建议。陈嘉庚和沈钧儒的主张,无疑代表了当时许多民主党派、爱国民主人士的意见。

民主党派、民主人士的这些意见，立即引起毛泽东、周恩来等中共领导人的高度重视。1948年3月4日，毛泽东、周恩来致电中国国民党革命委员会中央常委、组织部部长朱学范："欣悉先生到达哈尔滨，并决心与中国共产党合作，为中国人民民主革命的伟大的共同事业而奋斗，极为佩慰。我们对于先生的这一行动，以及其他真正孙中山信徒的同样的行动，表示热烈的欢迎。"3月6日，中共中央发表评论，表示愿意与民盟、民革等民主党派"携手前进"。4月27日，毛泽东写信请刘仁转告张东荪、符定一，邀请他们及许德珩、吴晗等民主人士来解放区参加各民主党派、各人民团体的代表会议，讨论召开人民代表大会成立民主联合政府和关于加强各民主党派、各人民团体的合作及纲领政策问题。会议名称拟称为政治协商会议，开会地点在哈尔滨，时间在当年秋季。

6.5.2 "五一号召"的起草

中共中央"五一号召"的起草与正式发布，在时机成熟和条件成熟的情况下，还缘于廖承志[①]的一封电报。1948年的"五一"国际劳动节快到了。按惯例，为纪念这一节日，每年的这个时候，中共中央都会通过新闻宣传部门——新华社，对外作出专门决定，发表宣言、口号，举行集会、游行，刊发文章、社论。革命战争迅猛发展形势下的1948年"五一"劳动节，自然也不会例外。当时担任新华社社长的是廖承志，正率队驻扎在位于太行山深处涉县的东西戌村。作为新华社社长的廖承志，在"五一"国际劳动节到来之际，想到的是向中共中央请示。于是，他随即给中央发来一个十分简短的电报："五一将至，中央有什么屁放？"[②]询问"五一"劳动节快到了，中央有什么重要事情发布。电文很快传到了西柏坡，机要工作负责人罗青长随即把来电送给中央书记处书记周恩来。廖承志

[①] 廖承志(1908—1983)，曾用名何柳华，汉族，广东惠阳县(现惠城区)陈江人。出身国民党元老廖仲恺之名门，却在革命低潮时投奔了中国共产党；他曾多次被捕入狱，却每次都奇迹般生还。1946年1月，经中共中央营救出狱，5月到南京中共代表团协助周恩来工作，9月任新华通讯社社长，为新华社的建设作出了积极的贡献。

[②] 按理说，给中共中央发电报，是非常严肃的事情，可廖承志却敢这样开玩笑，说明了当时中共等级观念之淡薄，同志之间关系之亲密，军民之间关系之和谐。

的这封简短来电,当即引起毛泽东和周恩来等中共中央领导人的高度重视。国民党反动统治即将崩溃,一个独立、民主、和平、统一的新中国即将诞生。该是对外公布共产党人的政治主张、提出新中国政权蓝图的时候了。于是,"五一号召"初稿应运而生。

"五一号召"初稿送到毛泽东的案头,他将目光停留在第5条"工人阶级是中国人民革命的领导者,解放区的工人阶级是新中国的主人翁,更加积极地行动起来,更早地实现中国革命的最后胜利"、第23条"中国人民的领袖毛主席万岁"和第24条"中国劳动人民和被压迫人民的组织者,中国人民解放战争的领导者——中国共产党万岁"上。毛泽东此时不免思绪万千。中国共产党是一个以救民于水火、追求人民民主为己任的马克思主义政党,历来反对一党一派的专制独裁统治,主张建立各革命阶级的联合政府,得到了各民主党派和无党派民主人士的广泛赞同。今天,一个独立、民主、和平、统一的新中国即将诞生,这也是中国共产党人实践自己理想的时候了。也许是想到这些,或许想得更多,毛泽东拿起笔来,将"五一号召"初稿第5条修改为:"各民主党派、各人民团体及社会贤达,迅速召开政治协商会议,讨论并实现召集人民代表大会、成立民主联合政府。"将第23条"中国人民的领袖毛主席万岁"划掉。将第24条改为"中华民族解放万岁"。这样,修改后的"五一号召",一共23条。

毛泽东的这一改动,寓意极为深刻,体现了他的博大胸怀与高瞻远瞩,表现了他对中国革命进程的准确把握,对统一战线在革命进程中作用的清醒认识。1938年,毛泽东为延安《解放周刊》题写了"坚持抗战,坚持统一战线,坚持持久战,最后胜利必然是中国的",把"统一战线"作为夺取抗战胜利的重要因素。1939年,毛泽东在《〈共产党人〉发刊词》中将"统一战线"作为中国革命胜利的"三大法宝"之一。现在,革命胜利指日可待,在革命胜利后还需不需要统一战线,还要不要同各民主党派的团结合作,不仅在当时中共党内一些同志而且在一些民主人士心中并不是完全清楚的。"五一号召"第5条的修改提出,表现了共产党对成立民主联合政府的诚意和决心,预示着一种全新的政党制度的诞生,奏响了协商建国的华美乐章,标志着共产党与各民主党派的团结合作即将进入崭新时代。

6.5.3 "五一号召"的发布

4月30日,中共中央书记处扩大会议在晋冀察军区所在地——河北省阜平县城南庄召开(又称城南庄会议),会议讨论通过了经毛泽东修改后的《中共中央纪念"五一"劳动节口号》(简称"五一号召")。当日,通过陕北的新华社正式对外发布。1948年5月1日,《晋察冀日报》头版头条用竖行排版的形式刊发了的标题为《中国共产党中央委员会发布"五一"劳动节口号》,文章上方还端端正正地印着毛泽东侧身头像。当天,新华社广播电台也进行了广播,香港《华商报》同日也将之公布于众。5月2日,《人民日报》头版头条全文发表《中共中央发布纪念"五一"劳动节口号》。"五一号召"是中国共产党建立新中国的宣言书、动员令。以下是"五一号召"的全部内容:

(一)今年的五一劳动节,是中国人民走向全国胜利的日子。向中国人民的解放者中国人民解放军全体将士致敬!庆祝各路人民解放军的伟大胜利!

(二)今年的五一劳动节,是中国人民死敌蒋介石走向灭亡的日子,蒋介石做伪总统,就是他快要上断头台的预兆。打到南京去,活捉伪总统蒋介石!

(三)今年的五一劳动节,是中国劳动人民和一切被压迫人民的觉悟空前成熟的日子。庆祝全解放区和全国工人阶级的团结!庆祝全解放区和全国农民的土地改革工作的胜利和开展!庆祝全国青年和全国知识分子争自由运动的前进!

(四)全国劳动人民团结起来,联合全国知识分子、自由资产阶级、各民主党派、社会贤达和其他爱国分子,巩固与扩大反对帝国主义、反对封建主义、反对官僚资本主义的统一战线,为着打倒蒋介石,建立新中国而共同奋斗。

(五)各民主党派、各人民团体、各社会贤达迅速召开政治协商会议,讨论并实现召集人民代表大会,成立民主联合政府!

(六)一切为着前线的胜利。解放区的职工,拿更多更好的枪炮弹药和其他军用品供给前线!解放区的后方工作人员,更好的组织支援前线的工作!

（七）向解放区努力生产军火的职工致敬！向解放区努力恢复工矿、交通的职工致敬！向解放区努力改进技术的工程师、技师致敬！向解放区一切努力后方勤务工作和后方机关工作的人员致敬！向解放区一切工业部门和后方勤务部门的劳动英雄、人民功臣、模范工作者致敬！

（八）解放区的职工和经济工作者，坚定不移地贯彻发展生产、繁荣经济、公私兼顾、劳资两利的工运政策和工业政策！

（九）解放区的职工，为增加工业品的产量，提高工业品的质量，减低工业品的成本而奋斗！拿更多更好的人民必需品供给市场！

（十）解放区的职工，发扬新的劳动态度，爱护工具，节省原料，遵守劳动纪律，反对一切怠惰、浪费和破坏行为，学习技术，提高生产效率！

（十一）解放区的职工，加强工人阶级的内部团结，加强工人与技术人员的团结，建立尊师爱徒的师徒关系！

（十二）解放区私营企业中的职工，与资本家建立劳资两利的合理关系，为共同发展国民经济而努力！

（十三）解放区的职工会与民主政府合作，保障职工适当的生活水平，举办职工福利事业，克服职工的生活困难。

（十四）解放区和蒋管区的职工联合起来，建立全国工人的统一组织，为全国工人阶级的解放而奋斗！

（十五）向蒋管区为生存和自由而英勇奋斗的职工致敬！欢迎蒋管区的职工到解放区来参加工业建设！

（十六）蒋管区的职工，用行动来援助解放军，不要替蒋介石匪徒制造和运输军用品！在解放军占领城市的时候，自动维持城市秩序，保护公私企业，不许蒋介石匪徒破坏！

（十七）蒋管区的职工，联合被压迫的民族工商业者，打倒官僚资本家的统治，反对美帝国主义者的侵略！

（十八）全国工人阶级和全国人民团结起来，反对美帝国主义者干涉中国内政、侵犯中国主权，反对美帝国主义者扶植日本侵略势力的复活！

（十九）中国工人阶级和各国工人阶级团结起来，反对美帝国主义者压迫亚洲、欧洲和美洲的民族解放运动、民主运动和职工运动！

（二十）向援助中国人民解放战争和推动中国职工运动的世界各国

工人阶级致敬！向拒运拒卸美帝国主义和其他帝国主义援蒋物资的各国工人阶级致敬！向并肩反抗美帝国主义侵略的各国工人阶级和各国人民致敬！

（二十一）中国劳动人民和一切被压迫人民的团结万岁！

（二十二）中国人民解放战争的胜利万岁！

（二十三）中华民族解放万岁！

中共中央发布的"五一号召"，是中共统一战线史上的大事，历史也将永远铭记。极具讽刺意味的是，正值中共中央"五一号召"发布之时，而国民党在南京召开的伪国大即"行宪国大"也于5月1日闭幕，选举出蒋介石、李宗仁分任总统、副总统职。

6.5.4　各民主党派的反应

在中共中央发布"五一号召"的次日，即5月1日这天，毛泽东致函中国国民党革命委员会主席李济深和中国民主同盟中央常务委员沈钧儒，以协商的口气具体提出了召开政治协商会议的时间、地点、参会党派和原则、实施步骤等，对中共中央"五一号召"第5条作了进一步的补充。

信中说：在目前形势下，召集人民代表大会，成立民主联合政府，加强各民主党派、各人民团体的相互合作，并拟订民主联合政府的施政纲领，业已成为必要，时机亦已成熟。国内广大民主人士业已有了此种要求，想二兄必有同感。但欲实现这一步骤，必须先邀集各民主党派、各人民团体的代表开一个会议。在这个会议上，讨论并决定上述问题。此项会议似宜定名为政治协商会议。一切反美帝反蒋党的民主党派、人民团体，均可派代表参加。不属于各民主党派各人民团体的反美帝反蒋党的某些社会贤达，亦可被邀参加此项会议。此项会议的决定，必须求得到会各主要民主党派及各人民团体的共同一致，并尽可能求得全体一致。会议的地点，提议在哈尔滨。会议的时间，提议在今年秋季。并提议由中国国民党革命委员会、中国民主同盟中央执行委员会、中国共产党中央委员会于本月内发表三党联合声明，以为号召。

毛泽东的这封信函，表达了共产党对成立民主联合政府、加强同各民主党派和各人民团体、无党派民主人士团结合作的坚定决心和真诚意愿。毛泽东还把代为草拟的三党联合声明连同此信一起委托中共香港

分局领导人交李济深、沈钧儒。中共中央发布纪念"五一"国际劳动节的口号,号召"各民主党派、各人民团体、各社会贤达迅速召开政治协商会议,讨论并实现召集人民代表大会,成立民主联合政府"。5月1日,毛泽东又致函李济深等,提出了召开政治协商会议的具体意见。在中国人民解放军转入战略进攻的形势下,在国民党统治行将崩溃的前夕,中共为建立一个和平民主的新中国,向多年与之风雨同舟、肝胆相照的各民主党派及民主人士发出号召,邀请他们到解放区共商建国大计,极大地鼓舞了在国统区和香港等地同蒋介石反动派进行艰苦斗争的各民主党派和民主人士,他们欢欣鼓舞,积极响应。

中共"五一号召"公布后,中共香港分局又与在港各民主党派领导人就此相商,很快即得到各民主党派和无党派民主人士的响应。5月2日,民革中央主席李济深、民盟中央常委沈钧儒与在港的各民主党派领导人欢聚一堂,兴奋之情溢于言表,同时又无不感慨万分。历史经验和教训告诉各民主党派,一个和平、民主、团结的新民主主义国家,只能依靠中共的领导才能建立,它符合各党派、民主人士和全国人民的心愿。5月5日,彭泽民代表农工党,与其他民主党派领导人和无党派人士联合向国内外发出通电,一致响应。通电说,召开政治协商会议,讨论并实现召集成立民主联合政府,"密合人民时势之要求,尤符同仁等之本旨。除电达中共表示同意外,事关国家民族前途,至为重要。全国人士自宜迅速集中意志,研讨办法,以期根绝反动,实现民主"。同日,12位各民主党派领导人和无党派民主人士代表联合致电毛泽东,表示对中共的号召"曷胜钦企"。

6月16日[①],农工党又单独在《华商报》上发表《对时局宣言》以示竭诚,认为这是建立各革命阶级的同盟,巩固和扩大爱国民主统一战线的必要步骤,是实现新中国的正确途径。号召全党同志,团结广大群众,与一切民主战友携手前进,共同斗争,有力地帮助和加速人民解放军的胜利。同时,呼吁全国人民,在国家民族存亡的关键时节,团结起来,扩大

---

① 6月16日发表宣言,6月17日在《华商报》上刊发题名《农工民主党发表宣言——团结群众进行斗争,努力争取召开政协》一文。(陈延武.万水朝东——中国政党制度全景.北京:生活·读书·新知三联书店,2011:142.)

民主联合行动,积极为召开新政协,为人民的胜利,为新中国的实现而奋斗。

由于交通联络的原因,各民主党派领导人和无党派民主人士代表联合致毛泽东的电文,直到8月1日才为毛泽东见到。由于这个原因,毛泽东在5月7日又致电中共香港分局和上海局,要求他们"用非正式交换意见的态度,和各真诚反美反蒋的民主党派、人民团体及社会知名人士交换意见",并及时将"各方反映电告"。8月1日,毛泽东在收到各民主党派和无党派民主人士的通电后,随即复电对他们的态度"极为钦佩"。提出"革命形势日益展开,一切民主力量亟宜加强团结,共同奋斗,以期早日消灭中国反动势力","为此目的,实有召集各民主党派、各人民团体及无党派民主人士的代表们共同协商的必要";关于会议时机、地点、何人召集、参加者范围、应讨论问题等项,希望"共同研讨,并以卓见见示"。从此,农工党同各民主党派和无党派民主人士在共产党的支持帮助下,纷纷发表文章,展开讨论会,举行座谈会,围绕召开新政协的各项问题贡献意见、研究办法,批评糊涂认识,草拟各种方案,形成了一个广泛深入的新政协运动的高潮,为结束国民党的反动统治,建立人民民主的新中国而努力。

6.5.5 "五一号召"发布的意义

考虑到国民党政府很快就要覆灭,新中国即将诞生,这时更需要全国人民一致行动,为建立新中国共同奋斗,中共、毛泽东决定采用发布口号的方式来表达这个政治意图。"五一号召"共23条,全面阐述了中国共产党关于政治、军事、经济等方面的重大方针、政策,代表了全国各族人民的共同心愿。第23条表明了全国人民的呼声:"中华民族解放万岁!""五一号召"第4条是:"全国劳动人民团结起来,联合全国知识分子、自由资产阶级、各民主党派、社会贤达和其他爱国分子,巩固与扩大反对帝国主义、反对封建主义、反对官僚资本主义的统一战线,为着打倒蒋介石建立新中国而共同奋斗。"第5条明确提出:"各民主党派、各人民团体、各社会贤达迅速召开政治协商会议,讨论并实现召集人民代表大会,成立民主联合政府。""五一号召"得到了民主党派、无党派民主人士的热烈响应,他们发表宣言、通电和谈话,并接受邀请奔赴解放区,与中国共产党共商建国大计。

中共"五一号召"的发布和新政协运动的兴起,指明了民主党派向着新民主主义国家胜利前进的道路,团结了中间党派、人民团体和无党派民主人士,以中国共产党为领导的中国人民广泛的统一战线已进入了一个新阶段。从此,农工党和其他党派、无党派民主人士,在中国共产党的支持帮助下,积极参加新政协活动,讨论有关召开新政协会议的各类问题,为结束国民党的反动统治、建立人民民主的新中国而奋斗。这也是我国统一战线和多党合作发展史上一件具有里程碑意义的事件,标志着各民主党派和无党派人士公开、自觉地接受了中国共产党的领导,标志着各民主党派和无党派人士坚定地走上了新民主主义、社会主义的道路,标志着中国的民主政治建设和政党制度建设揭开了崭新的一页。

6.6 农工党中央扩大会议

1948年9月2日至11日,中国农工民主党在香港召开的中央扩大会议上,农工党对即将建立的新中国的性质及政策进行了深入的讨论,对新政协提出了3项具体主张,其中一项便是主张"制定统一战线的共同纲领",热忱地期待着新政协的召开,积极迎接新中国的诞生。9月21日,形成了《中国农工民主党中央扩大会议政治决议》,成为农工党历史转折时期的重要文献。扩大会议以后,农工党主要负责人章伯钧、彭泽民、丘哲等同其他民主党派及民主人士先后从香港到达东北解放区。11月25日,中共代表与到达哈尔滨的各民主党派负责人就新政协的性质、任务等达成共识,即以中共为领导、建设新民主主义国家。

《政治决议》约8 000字,综合实际情况,对于国内外形势作了8个方面的总结,并分别阐述了中国农工民主党的立场、主张或观点:

一、自由、平等、独立、民主、和平,是现代被压迫者向压迫者不断战斗的目标,现在这种战斗到了最紧张的关头,快要胜利了,独立民主的新中国渐次成长。这是世界历史的总方向,也是中国历史的总方向,本党历来都是循着这个方向而奋斗的。

二、美国扩张政策和战争政策在世界范围内是一定要失败的,美帝在东南亚扶持反动势力消灭民族解放运动的政策,在以中国人民为主导的东南亚民族解放运动强大中必遇失败。

三、世界人民民主和平的要求,加之苏联、中国等国家和地区的民族独立运动与和平力量的兴起,消灭下一次世界大战危机的可能性是与时俱增的。本党一贯主张和行动是:彻底肃清帝国主义在华势力,彻底打败美帝扶日援蒋的政策,确保世界永久和平。

四、半殖民地半封建的南京统治,20余年来的军事独裁,垄断全国经济,扩大官僚资本,早已使城市工业破产,农村凋蔽不堪。我们的任务是结合广大人民和爱国军人,扩大爱国的革命斗争,加速反动统治的崩溃。

五、人民解放军进行的革命战争,其正义性、民主性与爱国性日益明显。人民更加团结起来和热烈地参加革命战争,革命武装更加扩大逐步取得优势。革命要进行到底,人民要彻底胜利的信念,亦已异常坚固。要提高人民觉悟,不要因胜利而松弛了团结,不要幻想中途停止革命,可以得到和平。我们要随时揭露南京反动集团的阴谋,并随时把握革命形势,贯彻革命理想,以实现真正和平。

六、当前中国的群众革命行动,正翻天覆地的前进中,解放区实现了人民政权,人民有了强大的武装,为解放全国而战斗。会议认为,本党应加紧团结南京统治区的农工平民大众与解放军并肩进行坚决的革命斗争;放手人民参加武装组织,与各民主党派联合行动,以争取人民胜利为最高原则,尊重中共战友,按照实际需要,统一指挥,巩固合作。

七、本党今后对于各党、各派、各团体的民族民主统一战线应主动加强合作,巩固和扩大战线。中共采取新民主主义的道路,与本党历来主张的以农工为中心的平民民主政权完全相同,将来为实现社会主义的目的又是一致,故今后更应从农工劳苦大众、从广大民主阵线的实际奋斗中,增强友好合作。

八、对于新政治协商会议运动,本党认为这是中国人民胜利和人民觉醒日益发展的基础上扩大团结的运动。因此,在新政治协商会议中,我们主张:(1)制定统一战线的共同纲领;(2)筹备和产生人民的新政权,接受全国的统治;(3)向全国人民提出新民主宪章,准备交全国人民代表大会通过,以实施人民的进步宪政。

《政治决议》最后,向全党发出了号召:为彻底实现此次会议的政治

决议而奋斗。

6.7 拥护将革命进行到底

1947年6月30日夜,刘邓大军12万人强渡黄河,发起了鲁西南战役,揭开了人民解放战争战略进攻的序幕,标志着中国人民的革命战争达到了一个新的历史转折点。到1948年上半年,人民解放军在各个战场上向国民党军队继续展开进攻,大量国民党军队被消灭,力量对比发生了根本性变化,人民解放军由战争初期的127万人发展到280万人,其中野战军149万人。解放区面积扩大到235万平方公里,人口达1.68亿。人民解放战争进入了夺取全国胜利的战略决战时期。与此相反,国民党军队总兵力减至365万人,可用于一线作战的兵力仅174万人,且士气低落,战斗力下降。在人民解放军的强大攻势下,国民党军队只得放弃分区防御而实行重点防御,它的5个战略集团已被分隔在西北、中原、华东、华北、东北五个战场,相互间难以形成配合。

在这种形势下,中共中央果敢组织和指挥了三大战役:自1948年9月12日至1949年1月31日进行的三大战役,历时近5个月(142天)。其中,1948年11月2日,历时52天的辽沈战役胜利结束;1949年1月10日,历时65天的淮海战役胜利结束;1949年1月31日,历时64天的平津战役胜利结束。三大战役中,国民党方面投入其五大战略集团中的三个(东北、徐州、华北"剿总"),出动了近190万军队(包括特种兵和海空军235万人),占其总兵力的52%(64%),结果损失154万人,伤亡26万人;中共方面投入其五大战略集团中的四个集团(东北、华北、中原野战军全部及华北野战军大部),出动了150多万部队,占其总兵力的54%,伤亡25万人。三大战役为国共两军的战略决战,双方动员兵力之多、战役持续时间之长、作战地域之广大、战斗程度之激烈,均为国共战史上所仅见。

随着三大战役的相继胜利,从1948年11月至1949年2月,中国人民解放军正式实施统一番号,全军使用了51个军的番号,3月份,又使用了6个军番号,中国人民解放军在军事力量上已远远超过国民党军队,从而奠定了人民解放战争在全国胜利的巩固基础。在三大战役进行期间和结束后,国民党政权在长江以北的力量全线崩溃,这意味着国民党赖以维持其反动统治的主要军事力量基本上已被消灭殆尽。美帝国主义和中国反动派看到单靠军事斗争已不能阻止中国人民革命在全国范围的胜利,他们就更加重视政治斗争的方法。为挽回败局,国民党统治集团在美国驻华大使司徒雷登的支持和策划下,发动了一场"和平攻势",企图利用和平谈判的手段,达到"划江而治"的目的,以便争取喘息时间,保存残余的反革命势力,然后伺机卷土重来。

  他们一方面利用现存的国民党政府来进行"和平"阴谋,企图以此保持国民党的残余力量,阻止人民解放军向长江以南进军,取得喘息时间,然后重整旗鼓,进行反攻;另一方面利用一些既同美蒋有联系、又同革命阵营有联系的人们,向他们进行挑拨和策动,力求混入革命阵营,构成革命阵营中的所谓反对派,以便保存反动势力,破坏革命。当美国政府看到蒋介石政府的倒台已无可挽回,不肯在军事和经济上再大量援蒋,企图以中途换马的办法挽救危局。到1948年下半年,让蒋介石辞职,由李宗仁出面进行"和谈"的暗中策划便公开化了。10月23日,司徒雷登向马歇尔提出了"劝告蒋委员长退休,让位给李宗仁或者国民党内的其他较有前途的政治领袖"的建议。11月9日,蒋介石致函杜鲁门,要求美国增加援助,同时要美国公开发表一个支持蒋介石的声明,以便"鼓舞军民士气并巩固政府之地位"。11月12日,杜鲁门复函予以拒绝。11月底,宋美龄赴美求援,亦无结果。在这种情况下,蒋介石只得以"主动下野"的办法来促成"和谈"。他派张群、张治中等人与李宗仁洽商。桂系军阀白崇禧抢先打出了"和谈"的旗号,桂系力图乘机逼蒋下野,取而代之。

  在这期间,一些号称"自由主义人士"的民族资产阶级中的右翼分子,害怕革命进一步发展将会触犯自己的利益,积极配合美帝国主义和国民党反动派的"和平"阴谋,向中国共产党"呼吁和平"。他们劝告中国共产党和中国人民把战争"立即停下来",替国家"保留一点元气"。说什么诉诸武力是"不仁也不智的冒险",不管胜也罢,败也罢,"同一祖宗的子孙,穷兵黩武总要不得,总不应该"。有的人幻想依靠美国支持发展"第三种势力"。也有人要乘机在东南发展军事力量,造成与国共三分天下的局面。在人民阵营中有少数人,他们往往"以协调为上德,以姑息为宽仁,在苟且偷安的本质之上,披负着悲天悯人的外衣"。这就是敌人施

行和平攻势的最后心理根据,也是敌人的最大的后援。

中国革命形势的发展,在中国人民面前提出了一个非常尖锐的问题:是彻底消灭反动势力将革命进行到底,还是听信反动派的"和平"谎言,就此止步,使革命半途而废?毛泽东为新华社写的1949年新年献词《将革命进行到底》,及时而明确地回答了这个问题。毛泽东指出:"敌人是不会自行消灭的。无论是中国的反动派,或是美国帝国主义在中国的侵略势力,都不会自行退出历史舞台。""只有彻底地消灭了中国反动派,驱逐了美国帝国主义的侵略势力出中国,中国才能有独立,才能有民主,才能有和平。"针对敌人的政治阴谋,毛泽东提醒全国人民必须善于分清敌友,决不能容许敌人混入革命阵营,从内部破坏革命,指出:"凡是劝说人民怜惜敌人、保存反动势力的人们,就不是人民的朋友,而是敌人的朋友了。"毛泽东着重指出:"中国人民及其总参谋部中国共产党,一定会像粉碎敌人的军事进攻一样,粉碎敌人的政治阴谋,把伟大的人民解放战争进行到底,""在全国范围内建立无产阶级领导的以工农联盟为主体的人民民主专政的共和国。"在这个问题上,各民主党派、各人民团体"要一致,要合作,而不是建立什么'反对派',也不是走什么'中间路线'"。

与这个献词发表的同一天,1949年元旦,蒋介石亲自出面"求和"了。他在《新年文告》中声称愿意与共产党"商讨停止战事恢复和平的具体方法",但必须以保存伪宪法、伪法统和反动军队为条件。还说"和平果能实现,则个人的进退出处,绝不萦怀,而一惟国民的公意是从"。这个表示要"和谈"、"引退"的虚伪声明,是蒋介石在美国压力和桂系逼迫下不得已而做出的,也是为了从桂系手里夺回"和平攻势"的主动权。蒋介石文告的核心是保住国民党反动政府的统治权。

1月14日,毛泽东发表了《关于时局的声明》,指出蒋介石的所谓"和平"建议是虚伪的。蒋介石所提出的条件,是继续战争的条件,不是和平的条件。同时声明:"虽然中国人民解放军具有充足的力量和充足的理由,确有把握,在不要很久的时间之内,全部地消灭国民党反动政府的残余军事力量;但是,为了迅速结束战争,实现真正的和平,减少人民的痛苦,中国共产党愿意和南京国民党反动政府及其他任何国民党地方政府和军事集团,在下列条件的基础之上进行和平谈判。这些条件是:(一)惩办战争罪犯;(二)废除伪宪法;(三)废除伪法统;(四)依据民主原则改编一切反动军队；（五）没收官僚资本；（六）改革土地制度；（七）废除卖国条约；（八）召开没有反动分子参加的政治协商会议，成立民主联合政府，接收南京国民党反动政府及其所属各级政府的一切权力。"

在是将革命进行到底，还是使革命半途而废的重大原则问题上，各民主党派与中国共产党坚定地站在一起。农工党主要领导人章伯钧、彭泽民、丘哲等与各民主党派领导人、著名民主人士55人，于1月22日联合发表《对时局的意见》，表示对《声明》的坚决支持。《意见》认为："革命必须贯彻到底，革命与反革命之间绝无妥协与协调之可能；""对于蒋美所策动的虚伪的和平攻势，必须加以毫不容情的摧毁。""而在我们人民民主阵线内，更必须提高我们的警惕，整肃我们的阵容，齐一我们的步伐，巩固我们的团结，以防止反革命势力之侵入。"《意见》确信："全国真正为民主革命而奋斗的人士，必能一致努力，务使人民民主阵线之内，决无反对派立足之余地，亦决不容许有所谓中间路线之存在。"《意见》相信："把反动政权摧毁后，我们能以较短的期间建设成一个和平、民主、自由的新中国，人民民主共和国。"《意见》明确宣告：愿在中共领导下，为推进中国革命和建设新中国而贡献自己的力量。1月25日，农工党中央发言人发表谈话，指出：毛泽东1月14日发表的《关于时局的声明》，严正地揭露了蒋介石等虚伪的、反动的和平建议；代表了全国人民、全国各民主党派一致的要求，唯有这八项条件才能符合人民的利益；毛泽东的号召，也即是今天各民主党派和全国人民共同的任务。

毛泽东的声明，获得了全国人民和各民主党派的热烈拥护；这对蒋介石是致命的打击，使他不得不于1月21日以"因故不能视事"的名义宣告"引退"，由南京飞往奉化溪口，把职务交给副总统李宗仁"代理"。蒋介石的下野表明反动派"和平攻势"头一回合的破产，此后便由李宗仁出面"备战言和"了。1949年4月13日，国共代表开始在北平进行正式谈判，4月15日，周恩来将《国内和平协定最后修正案》送交以张治中为首的国民党政府代表团，并限国民党政府在20日前表明态度。国民党政府代表团一致同意接受这个和平协定，并派代表将《和平协定》送回南京。4月20日，国民党政府拒绝在和平协定上签字，和谈破裂。4月21日，毛泽东、朱德发布向全国进军命令，人民解放军迅即向尚未解放的广大地区举行规模空前的全面大进军。

6.8 配合中共开展反蒋军事斗争

1948年秋,解放战争进入战略决战阶段,为配合中国人民解放军的大决战,夺取民主革命的最后胜利,1948年9月2日至11日,中国农工民主党中央在香港召开中央扩大会议,通过《政治决议》,号召全党在国统区放手发动人民参加革命的武装组织。为了加速解放战争的胜利,农工党在中共指导下加强了军事活动,在东南和西南一些地区运用自身的特点和社会关系,积极开展反蒋军事斗争。在组织武装、破坏敌军、收集情报、护厂护校、为国捐躯等诸多方面作出了不可磨灭的贡献。

组织武装方面。按照中央扩大会议的决议,为了配合解放战争,在中共的领导下,农工党开始了新的军事运动,在国统区发动人民参加革命的武装组织,积极开展反蒋军事斗争。在江西九江、德安等18个县、区建立了有4 500多人、3 000多支枪的"民主自卫军",在配合当地解放作战中成绩显著,解放了修水、九江县城,全歼九江县的国民党武装,活捉县长和警察局局长,农工党九江县干部于灿烈在战斗中壮烈殉难。在湖南省湘西,农工党湖南省委特派员武思光筹资建立了"溆沅辰人民解放总队",共3 000余人,在共产党肖劲光、曹里槐的直接指挥下,在解放军113和117师的帮助合作下,同国民党军队经大小战役十余次,解放了湘西各县,为迎接当地解放及协助当地政府剿匪、征粮作出了贡献。在广东的北江、兴梅、惠东宝和广州地区建了4支游击队,共有2 600余人枪,与中共地方游击队密切配合,同国民党军队战斗到广东解放,农工党员黄桐华被中共任命为"中国人民解放军粤赣边区先遣支队司令员"。广西组织了百余人的"富川游击队",开展了抗征兵抗征粮斗争。在中共金萧支队、浙东第六支队的领导与帮助下,浙江组织了游击武装队伍约300余人,与当地的中共游击队协同作战。四川建立"川北农民自卫军"近百人,与当地反动政府进行了不屈不挠的斗争,在瓦解逃窜的国民党二警总队的战斗中发挥了重要作用,缴获步枪千余支,大炮10门和大批军用物资。安徽、上海等地也都开展了武装斗争。1949年6月后,根据农工党中央领导人指示,在完成战斗任务的江西等地,按协商原则,农工党武装交人民解放军整编,不再保留。

破坏敌军方面。农工党员隐蔽在国统区,利用各种关系在国民党军队中采取"抠出来"、"打进去"的办法,破坏国民党军的战斗力。根据国民党军事部署,江苏江阴要塞炮台台长吴钟奇的任务是阻止解放军渡过长江,农工党发展他入党,在解放军渡江的关键时刻率部起义。农工党员刘宗宽,大西南解放前夕任西南军政长官公署副参谋长,不久代理参谋长,大权在握,二野派人秘密住在刘家,他将国民党西南地区的部队情况,包括战斗序列、人员配备、军队素质、训练程度、武器装备、战斗能力、军队部署、指挥官特征,等等,提供了详细情报,一有变动,随时报告。1949年春,南京、武汉、西安相继解放,四川已感到威胁。西南军政长官公署报准伪国防部,重新调整部署,刘宗宽借机将大批军队从川东地区调到川北,为解放军从川东进军提供了有利条件。解放军从他特意留下的这个空隙入川,加速了重庆解放的进程。刘宗宽还向二野提供了蒋介石"保卫重庆决战"的绝密情报,并建议迅速解放贵州,截断国民党军队向云南撤退的后路。结果,不仅提前解放了西南,而且全歼了国民党最后聚积在四川的残余部队。在解放大西南的庆功会上,刘伯承司令员嘉奖刘宗宽:"解放西南第一功。"

收集情报方面。配合解放军的进军作战,农工党利用自己的有利条件,在协助中共搜集敌方的军事情报方面,发挥了良好的作用,为解放军的进军作战创造有利条件。从1948年到1949年,隐蔽在国民党军事部门的党员收集了大量重要军事情报,如"广州绥署"的兵力部署情况和作战计划,"国防部"的作战计划,南京市的城防工事地图和南京保密局特务名单与活动情况,国民党军令部1948年后备兵力统计,毛人凤布置追踪曾山的情报,芜湖"专署"进攻当地游击队的计划,敌人封锁长江的通讯口令、长江江防工事和兵力部署情报,国民党在复兴岛高级军事会议的决议等等。所有收集到的情报,都从香港及时地转给了共产党,有力地配合了人民解放军的战略决战。特别是1948年9月,时任国防部中将部员、农工党成员吴仲禧提供的《徐州剿总情况》,经王绍鏊、刘人寿、李白等人接力,交至中共中央负责情报的李克农手中,这是中共收到有关淮海战役敌方部署最早、最完整的情报,对中共决策起到重要作用。

护厂护校方面。农工党努力发挥自己的特长和优势,积极开展宣传中共政策,组织护厂护校,迎接解放的斗争。1949年2月后,江南各省市的各级组织,根据农工党中央发出的指示,普遍开展了"三护"、"三保"、"三支"、"三劝"活动。"三护"是指护厂、护仓、护校,维护了一些工厂不被拆迁,守住了不少库存的粮食和军械弹药免遭散失,阻止了一些高等院校被迁移。"三保"是指保产、保资、保物,保护了不少公共设施免遭毁坏,如电灯、电话、自来水、邮政等;保住了一些银行和钱庄的资财不被转移,如黄金、白银、银元等;保全了大量的档案和资料不被销毁。"三支"即发动群众为支持解放军进军而积极修路修桥、筹粮筹草、送鞋送伞。"三劝"即:劝一些工商业者不去香港,劝一些国民党军政人员不跑台湾,劝一些中上层职员坚守岗位。特别是在上海,为了阻止敌人拆迁联勤总部的被服总厂和分厂,上海组织的干部紧密团结和组织了全厂的工人群众,同国民党有关当局和厂内的特务,展开了曲折而激烈的长期斗争,终于获得全胜。不仅如此,人民解放军胜利渡江后,农工党在全国各相关地区更加紧工作,组织恢复生产生活秩序,积极参加接管工作,为巩固和扩大革命胜利成果,为稳定人民新生政权,作出了重要贡献。

英勇献身方面。农工党与中共亲密合作,积极参加人民解放战争的艰苦斗争,既为中共领导的威武雄壮的人民战争作出了重要贡献,也为农工党历史添上了光辉的一页。在开展反蒋军事斗争中,许多农工党员英勇不屈,为中国革命事业献出了宝贵生命。农工党中央执行委员曾伟、上海市党部主委虞键、南京市党部委员刘启纶做策反工作时被捕,被敌人杀害。在上海牺牲的烈士还有:郭莽西、赵寿先、焦伯荣、郑显芝。在浙江牺牲的烈士有:边美棠、周永良、朱程、宋无畏、黄立本、屠泽民。农工党四川省党部青年工作委员会委员章培毅,在军事策反迎接解放活动中被捕;张孟晋受中共地下党指示,为支援华蓥山的武装起义,到香港筹款,返渝后被捕。二人在重庆解放前夕,与同狱难友在渣滓洞被集体活活烧死,时年同为29岁。农工党西南地区组织工作负责人黎又霖,长期在国民党上层军政人士中进行统战工作,被捕后受尽酷刑,坚贞不屈,在白公馆壮烈牺牲。据资料反映,还有上百名农工党党员在解放战争中牺牲,他们有的是在敌人血腥的刑场上慷慨就义,有的是在硝烟弥漫的战场上英勇捐躯,都是可歌可泣的革命英雄。

第7章 参与创建中华人民共和国
（1948.5—1949.11）

中国共产党在长期的斗争中,提出了一系列具有独创性和建设性的革命与建国理论,其中以毛泽东的《新民主主义论》、《论联合政府》、《论人民民主专政》为代表的理论著作,加之长期斗争实践过程中的经验积累,中共已经为建国打下了坚实的基础。1949年初起,中共开始了有计划、有步骤地开始建国准备工作,顺利接管了国民党统治的各大城市,稳定经济和社会生活,与各民主党派协商,召开新的政治协商会议,构建国家政权的基本框架和政策体系。1949年10月1日,中华人民共和国成立,从而实现了中国的完全独立。包括中国农工民主党在内的民主党派参与了创建中华人民共和国,实现了多年奋斗的夙愿。

7.1 北上进入解放区

1948年上半年,随着解放区土地改革的胜利进行和国民党统治区爱国民主运动的蓬勃发展,解放军在各个战场取得胜利,中国共产党已处在和国民党决战的前夜,标志着全国范围内新的革命高潮即将到来。全国人民和各民主党派、爱国民主人士都把实现和平民主和建设新中国的希望寄托在中国共产党身上。此时,毛泽东、周恩来、任弼时率中央前方委员会(简称前委)已胜利完成"钳制大量敌军不敢东调"的任务,于4月23日在陕北吴堡县川口渡过黄河,经晋绥解放区来到晋察冀解放区的平山县西柏坡,与先期一年来到这里的刘少奇、朱德领导的中央工作委员会(简称工委)会合,原在山西临县双塔的中央后方委员会(简称后委)也在叶剑英、杨尚昆的率领下到达。

5月1日,中央三委(前委、工委、后委)的工作即将结束,中共中央在西柏坡开始办公,西柏坡成了当时中国革命的领导中心。面对迅速发展的形势,因准备到苏联会晤斯大林而暂留阜平县城南庄晋察冀军区司令部的毛泽东,亲自起草修改了《纪念"五一"劳动节口号》,4月30日,中共中央郑重对外宣布。这一号召表达了全国人民的要求和愿望,同时也反映了各民主党派和爱国民主人士的政治主张,受到民主党派和各阶层人士的热烈拥护和积极响应。在中共中央发布"五一号召"的次日,即5月1日这天,毛泽东致函中国国民党革命委员会主席李济深和中国民主同盟中央常务委员沈钧儒,以协商的口气具体提出了召开政治协商会议的时间、地点、参会党派和原则、实施步骤等,对中共中央"五一号召"第5条作了进一步的补充。信中还提议"由中国国民党革命委员会、中国民主同盟中央执行委员会、中国共产党中央委员会于本月内发表三党联合声明,以为号召",并把代为草拟的三党联合声明连同此信一起托中共香港分局领导人潘汉年①交李济深、沈钧儒二位先生。

同是5月1日这天,中共中央发出《关于邀请各民主党派代表来解放区协商召开新政协问题的指示》,电示上海局、香港分局:"我党准备邀请各民主党派及重要人民团体的代表来解放区讨论:(甲)关于召开人民代表大会及成立民主联合政府问题。(乙)关于在反对美国帝国主义侵略及蒋介石卖国政府的斗争中加强各民主党派各人民团体的合作及纲领政策问题。"并点名邀请李济深、冯玉祥、何香凝、李章达、柳亚子、谭平山、沈钧儒、章伯钧、彭泽民、史良、邓初民、沙千里、郭沫若、茅盾、马叙伦、章乃器、张绪伯、陈嘉庚、简玉阶、施存统、黄炎培、张澜、罗隆基、张东荪、许德珩、吴晗、曾昭抡、符定一、雷洁琼及其他民主人士来解放区开

---

① 潘汉年(1906—1977),汉族,江苏宜兴人。1936年,任中共与国民党谈判代表。1937年9月,任八路军驻上海办事处主任。抗日战争和解放战争期间,在上海等地领导对敌地下斗争和开展统战工作。1946年,内战爆发后,内地商贾纷纷逃避香港,许多民主人士也避难香港。一时间,香港成了中国的政治热区,除国共两党以外,各党派的领袖人物大多聚集于此。因此,中共中央高度重视香港的统战工作。周恩来特调潘汉年到香港工作。潘汉年长期在中共高层核心部门工作,是统战工作与情报工作的行家里手,时任中共上海局委员,上海局兼管香港分局,潘汉年从上海到香港后,与香港分局书记方方密切合作,还成立了以连贯为书记的统战委员会。潘汉年到香港,参与中共香港分局和中共华南局的领导工作,主持在港的统一战线等工作。

会。其中有被敌监视不能来者,可派遣本人的代表来参加会议。

中共中央的"五一号召"极大地鼓舞了艰苦斗争中的各民主党派。5月5日,民革的李济深、何香凝,民盟的沈钧儒、章伯钧,民进的马叙伦、王绍鏊,致公党的陈其尤,农工党的彭泽民,中国人民救国会的李章达,中国国民党民主促进会的蔡廷锴,三民主义同志联合会的谭平山和无党派民主人士郭沫若,在香港联合致电中共中央主席毛泽东,响应中共"五一号召"。同一天,他们还向国内外各报馆、各团体及全国同胞发出《响应中共"五一"号召的通电》,指出,中共"五一"号召"事关国家民族前途,至为重要。全国人士自宜迅速集中意志,研讨办法,以期根绝反动,实现民主"。

事实表明,中国共产党"召集政治协商会议的口号,团结了国民党区域一切民主党派、人民团体和无党派民主人士于我党周围",以中国共产党为领导的中国人民广泛的统一战线已进入一个新阶段。1948年9月,中共中央政治局会议明确指出,准备在1949年召集中国一切民主党派、人民团体和无党派人士的代表,召开政治协商会议,成立新的中央政府。随后,中共中央出面邀请各民主党派的代表前往东北和河北平山县李家庄(中共统战部所在地),共同商讨召开新政协的若干具体问题并筹备召开新政协。中共中央以及负责统战工作的周恩来为此作了周密部署,指示华南分局、香港工委、上海局、华北局等做好民主党派领导人和民主人士北上进入解放区的组织接待工作。为适应形势需要,9月26日,党中央发电,决定"将中央城市工作部改名为中央统一战线工作部(即中央统战部),管理国民党统治区工作、国内少数民族工作、政权统战工作、华侨工作及东方兄弟党的联系工作"①。李维汉为部长,高文华为副部长。

为参加中共召开的政治协商会议,从1948年秋到1949年3月,民主党派领导人和民主人士分别从南北两条线分六批进入华北和东北解放区。

北线,主要是接送平、津、沪的民主人士,他们大多经华北局城市工

---

① 李瑜.中央统战部的由来//中央统战部研究室.统一战线100个由来.北京:华文出版社,2010:91-93.

作部设在沧州机务段内、对外称作平教会的交通站,然后去泊镇办事处,再到达中央统战部驻地河北省平山县李家庄,也有一部分从上海、香港来的经山东解放区再转赴李家庄。先后到达李家庄的、当时被称作"特客"的民主人士有20多人:符定一、吴晗、刘清扬、周建人、韩兆鹗以及吴羹梅的代表何惧等,于9月底到达;1949年1月中旬到达的有雷洁琼、严景耀、胡愈之、楚图南、沈兹九、费孝通、翦伯赞、王蕴如、田汉、张东荪、严信民、杨刚、袁震、张曼筠、安娥、周颖等。其中费孝通、张东荪和雷洁琼、严景耀夫妇是在中共北平地下党的安排下,从西郊八大处出发,由8名解放军战士护送乘大卡车到达的,在西柏坡受到了毛泽东、朱德、刘少奇、周恩来、任弼时等中央领导的接见。

1949年1月16日,周恩来在百忙中从西柏坡乘吉普车到李家庄,看望民主人士并向他们报告了解放战争的进展情况,受到大家的热烈欢迎。20日,华北人民政府和中共华北局在李家庄举行了盛大的欢迎会,欢迎来自各地的民主人士和上海工人代表。尔后,中央统战部召开民主人士报告会,由胡乔木报告文化政策、邓颖超报告解放区的妇女工作、安子文报告干部政策、李维汉报告解放战争和国统区的民主斗争等,受到民主人士的欢迎。

南线,是把滞留在香港的大批民主人士安全地接到东北解放区。最初周恩来曾试探开辟自欧洲到苏联再转赴哈尔滨的路线,但未能在短期内打通,后决定改走香港至大连或朝鲜罗津等航道到东北解放区。1948年8月2日,周恩来致电在大连的钱之光,要他以解放区救济总署特派员的身份尽快去香港,配合香港分局的方方、潘汉年、章汉夫、连贯、夏衍等负责接送在港的民主人士。9月20日,周恩来拟定了邀请从港、沪和长江以南各地前来解放区商讨召开新政协的各民主党派、无党派民主人士名单,计77人,其中有李济深、蔡廷锴、沈钧儒、张澜、章伯钧、郭沫若等。同时还指出,各方人士于今冬明春全部进入解放区方为适宜,"北来人士,拟先集中哈尔滨招待商谈;华北民主人士如直接进入解放区则集中华北。视战事发展,明春或来华北或即在哈市召开新政协"。

为了安全、保密,不引人注目地接送民主人士到东北解放区,钱之光和香港工委的同志们经过周密研究,决定将他们分批送出香港。先后共分四批:第一批有沈钧儒、谭平山、蔡廷锴、章伯钧等4人,由章汉夫陪同,9月13日乘苏联"波尔塔瓦"号轮船由香港启程,经朝鲜罗津湾转乘火车于29日抵达哈尔滨,受到东北局负责人高岗①、李富春、蔡畅、李立三等人的欢迎。第二批有马叙伦、郭沫若、丘哲、许广平(偕子周海婴)、陈其尤、沙千里、曹孟君、韩练成、冯裕芳(12月27日病逝沈阳)、宦乡等,由连贯陪同,胡绳随行,于10月底搭乘一艘挪威货轮,经大连于12月6日抵达沈阳。途中,周海婴用自己组装的收音机收到新华社播发的沈阳解放消息,大家听后开会庆祝。12月19日沈钧儒等人到达沈阳与他们汇合。第三批人数最多,有李济深、茅盾夫妇、朱蕴山、章乃器、彭泽民、邓初民、柳亚子、孙起孟、洪深、施复亮、吴茂荪、梅龚彬、李民欣等20多人,由李嘉仁陪同,于12月26日乘租用的苏联"阿尔丹"号轮船,经大连于1949年1月10日抵达沈阳。由于李济深声望高,目标大,为了避敌人耳目,安排他在圣诞节晚上参加邓文钊举办的晚宴时,带酒菜佯作泛舟游览,悄悄登上苏联轮船,离港而去。第四批有黄炎培夫妇、盛丕华及儿子盛康年、姚维钧、俞寰澄等,于1949年3月14日离港经天津,于3月25日到达已解放了的北平。

  据后来查核档案统计②:从1948年9月至1949年9月,从香港接送民主人士和文化精英的工作达20次之多,共接送1 000余人,其中民主人士350多人。

  此外,还有一些民主人士是经过其他路线或海外进入解放区的。如朱学范是1947年底从香港到巴黎参加世界工联执行局会议后,由法国辗转英国伦敦,在苏联总工会帮助下经莫斯科,于1948年2月28日到达哈尔滨,是较早进入解放区的民主人士之一。令人遗憾的是冯玉祥、杨杰二位将军在赴解放区途中不幸遇难。旅居美国的冯玉祥,获悉筹备新政协后,在苏联大使馆的帮助下,于1948年7月底乘船回国,由于搭

---

  ① 高岗(1905—1954),原名高崇德,字硕卿,汉族,陕西省横山县人,贫苦农民家庭出身。陕甘边革命根据地领导人之一。抗日战争胜利后,奉命赴东北,1945年11月任北满军区司令员,1946年6月中共中央东北局副书记、东北民主联军副政治委员,1947年底任东北人民解放军第一副司令员兼副政治委员,1949年后任中共中央东北局书记、东北人民政府主席、东北军区司令员兼政治委员。

  ② 陈延武.万水朝东——中国政党制度全景.北京:生活·读书·新知三联书店,2011:145-146.

乘的苏联"胜利"号客轮在9月1日途经黑海时起火失事不幸罹难。杨杰于9月19日从昆明北上途中在香港遭国民党特务杀害。上海的张澜,1949年5月初上海解放前夕与罗隆基一起被国民党特务拘禁,后经中共地下工作人员的营救幸免于难,并在6月24日和史良、罗隆基、郭春涛、王葆真等一起由上海抵达北平。83岁的致公党元老、华侨领袖司徒美堂,在接到毛泽东的亲笔信后,于8月9日坐飞机离开侨居近70年的美国,8月13日抵达香港启德机场,9月4日到达北平,作为美洲华侨代表回国参加新政协。1949年8月26日,宋庆龄由邓颖超、廖梦醒陪同乘专列离沪北上,于28日安抵北平。

1949年1月31日,古都北平宣告和平解放,中共中央决定新政协筹备会在北平举行。2月1日中央统战部秘书长齐燕铭和金城、申伯纯、周子健等前往北平安排接待工作。10日,原在李家庄的民主人士全部到达北平。1949年2月14日,中共中央派林伯渠前往沈阳,代表中共中央迎接各位民主人士到北平。2月25日,在陕甘宁边区政府主席林伯渠和东北行政委员会副主席高崇民陪同下,李济深、沈钧儒、马叙伦、章伯钧等一行35人乘"解放"号专列抵达北平。同日,天津的李烛尘、资耀华、张国藩、刘持钧等14人也乘车抵平。

2月26日,中国人民解放军平津前线司令部、中共北平市委、北平市政府、北平市军管会在中南海怀仁堂举行盛大欢迎会,热烈欢迎由东北、天津、李家庄来到北平的各方民主人士、各界各团代表,有410人参加,农工党彭泽民等4人出席。大会由北平市市长、市军管会主任叶剑英主持,平津战役总前委书记、第四野战军司令员林彪代表中共中央讲话,热烈欢迎民主人士和各界代表。章伯钧等民主党派领导人及民主人士14人发表演讲。大会最后由董必武讲话。大会开了4个半小时,气氛异常热烈。刚从西柏坡来到北平的上海人民和平代表团成员颜惠庆、邵力子、章士钊、江庸等也应邀参加。

1949年3月5日至13日,中共中央在西柏坡召开了具有伟大历史意义的七届二中全会,会议批准了由中共发起,协同各民主党派、人民团体及民主人士召开没有反动分子参加的新的政治协商会议及成立民主联合政府的建议。3月23日,中共中央离开西柏坡,于25日到达北平。当天下午,在北平的党政军机关负责同志和各民主党派、无党派人士及各界代表1 000多人齐集在西苑机场,农工党领导人章伯钧、彭泽民等列入其中,热烈欢迎毛泽东等中共领导人的到来。在机场举行盛大阅兵式,50门六零炮发射照明弹,盛况空前。在雄伟的阅兵式结束后,毛泽东、朱德等同民主人士、工人、农民和青年代表一起拍了一张象征团结、胜利的照片。

各民主党派会聚北平后,中共中央多次组织报告会和专题演讲会,周恩来、陈云、邓小平、邓颖超、薄一波、李维汉、胡乔木、陈毅等中共中央领导同志分别出席作报告,就战争问题、土改问题、工商业政策问题等与各民主党派通报情况,沟通政策思想。各民主党派到解放区后,与中国共产党亲密合作,并肩战斗,致力于将革命进行到底和筹建新中国的工作,并作出了重大贡献。

7.2 参与筹备新政协会议

1948年,在人民解放战争取得节节胜利,中国革命进入新高潮的形势下,中共中央于4月30日发布纪念"五一"劳动节口号。这一号召迅速得到了在香港的各民主党派和民主人士的热烈响应。随后,中共自同年8月起,开始邀请和护送各民主党派和民主人士北上解放区,并就筹备召开新政协问题同他们进行了广泛而深入的商讨,很快达成了初步协议。

7.2.1 新政协会议诸问题协议的达成

1948年9月18日,当由香港北上解放区的第一批民主人士沈钧儒、谭平山、章伯钧、蔡廷锴等已经起程但尚未到达之际,中共中央即致电东北局,要求在民主人士到达哈尔滨后,由高岗、洛甫、林枫代表东北局,征询他们对召开新政协会议的意见;与此同时,当北平民主人士符定一、吴晗、刘清扬等到达河北省平山县李家庄后,周恩来多次前去看望,听取他们对筹备召开新政协会议的意见。随后,周恩来根据自己以及中央统战部同在李家庄的民主人士的会商情况,拟定了一份《关于召开新的政治协商会议诸问题》的文件草案,经毛泽东审定后,于10月8日以中共中央名义电示东北局高岗、李富春,向正在哈尔滨的沈钧儒、谭平山、章伯钧、蔡廷锴等人士征求意见。

中共在该文件草案中提出了关于召开新政协会议的初步建议:"提议由中共及赞成中共中央'五一'口号第五项的各主要民主党派、人民团体及无党派民主人士的代表们成立一个新政协的筹备会。"还在该文件草案后附了一份"提议邀请参加新政协的单位表",其中党派单位10个,区域单位6个,军队单位6个,团体单位17个,共计39个。对此,中共表示:"所拟各民主党派、人民团体及无党派民主人士的单位是否适当,有无增加或减少,均请诸先生考虑见复。"

上述文件发出一周后,中共中央再次致电高岗、李富春,进一步提出参加新政协的7个党派的代表名单:一、民革:李济深、蔡廷锴、何香凝等12人;二、民盟:沈钧儒、章伯钧、张东荪等15人;三、民进:马叙伦、王绍鏊等3人;四、农工党:彭泽民、丘哲等6人;五、救国会:史良、胡愈之等7人;六、民促:蔡廷锴等;七、民联:谭平山、陈铭枢等8人。中共中央要求高岗、李富春向各党派在哈尔滨的5位代表谭平山、蔡廷锴、沈钧儒、章伯钧、王绍鏊"分别提出,征询他们的意见,并交换意见"。

10月21日,东北局负责人高岗、李淮河邀请在哈尔滨的民主党派领导人及民主人士沈钧儒、谭平山、章伯钧、蔡廷锴、王绍鏊、朱学范、高崇民等7人,就《关于召开新的政治协商会议诸问题》(草案)进行了首次会谈。与会各位均表示同意中共中央的主张和意见,并希望将出席新政协的单位尽快确定。关于召开新政协的原则,大家一致同意"排除南京一切反动党派及反动分子的主张"。对于新政协由各党派、各方面共同组织筹备会负责召集,均表示很满意,感到中共中央的政治风度是伟大的,超出各党派思想之外。此外,还就"筹备会的组成问题"、"新政协的参加者问题"、"新政协重要讨论事项问题"、"如何成立中央政府问题"等提出了意见。当天,高岗、李淮河二人即将会谈情况向中共中央作了汇报:"关于召集的原则问题"、"关于新政协由各党派、各方面共同组织筹备会负责召集"没有异议;关于筹备会的组成问题,如人数、单位有不同的意见。

为进一步听取各位民主人士的具体意见或建议,根据沈钧儒的提议,10月23日,高岗、李富春同在哈民主党派又进行了分问题具体商谈,对新政协筹备会组成单位、召开时间地点等问题进行了讨论,提出了具体意见。例如,提议增加"上海人民团体联合会";将"平津教授"、"南洋华侨民主人士"二单位改为"全国教授"、"海外华侨民主人士",将无党派民主人士单列一单位。

当时,各民主党派和民主人士大多尚在香港或正在北上解放区途中,沈钧儒等人希望中共能将《关于召开新的政治协商会议诸问题》文件草案转发香港,以征求在港民主人士的意见。于是中共中央很快于10月30日致电香港分局,着其即抄送在港的各党派人士,"并由潘汉年、连贯分访他们或邀请他们一起聚谈,征询他们意见"。

中共中央在对沈钧儒、谭平山等人所提意见和建议进行研究后,很快于11月3日作出答复,同意增加"上海人民团体联合会";"平津教授"可改为"全国教授",但仍以平津教授为主,因南方城市尚待解放;"南洋华侨民主人士"可改为"海外华侨民主人士",但仍以南洋华侨为主,因南洋华侨响应"五一号召"者最广最多;在筹备单位中列入致公党,因致公党响应新政协最早;"社会贤达"以称"无党派民主人士"并作为一个单位为好。关于各单位人数,提议每单位至少1人,至多4人,其确定数目与人选由各单位提出,筹备会各单位协商定之。

11月15日,高岗、李富春同沈钧儒、谭平山等人商谈上述答复,他们完全同意,并提出两点新建议:一、规定参加新政协的单位由中共及各民主党派、各人民团体、各地区代表共38个单位组成,每单位人数6名;二、如再有增加单位的提议,可随时协商,在筹备会中作正式决定。对此,中共中央很快于11月20日复电表示同意。

与此同时,中共香港分局负责人方方、潘汉年、连贯于11月20日致电中央,报告其与在港各民主党派和民主人士座谈情况及提出的意见:一、国民党集团内,如有赞同三反(反帝、反封、反官僚资本)并见诸行动者,似应准其参加新政协。二、华侨民主人士中各层都有代表参加筹备会则更好。三、东北政治建设协会,可否作为一个单位参加。四、梁漱溟的"乡村建设派"似应列为一个单位,梁先生个人参加是不成问题的,但其组织不应列入邀请单位。五、华南各省游击区人民武装有数万人,有斗争历史(如琼崖、东江等),似应列为一个单位等。

中共中央在充分吸纳各民主党派和民主人士意见的基础上,于11月25日由高岗、李富春与沈钧儒、谭平山、章伯钧等人在哈尔滨就《关于召开新的政治协商会议诸问题》达成了三个方面的协议：

一、关于新政协筹备会者。由中共及赞成中共中央"五一"口号第五项的各主要民主党派、人民团体及无党派民主人士的代表组成，计有下列23个单位：中国共产党、中国国民党革命委员会、中国民主同盟、中国民主促进会、中国致公党、中国农工民主党、中国人民救国会、中国国民党民主促进会、三民主义同志联合会、民主建国会、无党派民主人士、全国教授、国内少数民族、海外华侨民主人士、中华全国总工会、解放区农民团体、全国妇女联合会筹备委员会、全国学生联合会、全国青年联合会筹备委员会、上海人民团体联合会、产业界民主人士、文化界民主人士、中国人民解放军。每单位参加人数1人至4人，其确定数目和人选，经其本单位提出，由筹备会各单位协商定酌；其无团体组织仅有代表性的人士，则由筹备会其他单位共同推定。新政协筹备会的任务有三：(1)负责邀请参加新政协的各方代表人物，(2)负责起草新政协文件，(3)负责召开新政协的正式会议等。

二、关于新政协参加者。由反对美帝国主义侵略、反对国民党反动统治、反对封建主义和官僚资本压迫的各民主党派、各人民团体及无党派民主人士的代表人物组成，南京反动政府系统下的一切反动党派及反动分子必须排除，不得许其参加。参加新政协的单位，除将上述23个筹备会单位中的"全国教授"、"中国人民解放军"改为"教育界民主人士"、"中国人民解放军总部"而全部保留外，还增加了华北、东北、西北、华东、中原解放区和内蒙古自治区，华北、东北、西北、华东、中原解放军，妇女界、新闻界、自由职业界和宗教界民主人士等15个单位，共计38个单位。如再有增加单位的提议，可随时协商，在筹备会中作正式决定。每单位代表人数为6人，但如获筹备会同意也可允许某些个别单位酌增人数。新的政治协商会议，不是由共产党一个党或少数几个党发起召集，而是由中国一切民主党派、人民团体与少数民族和海外华侨共计三类单位共同筹备与召集，这种方式，使党外人士非常满意。新政协应讨论和实现的有两项重要问题，一为共同纲领问题，一为如何建立中华人民共和国临时中央政府问题。

三、关于专门委员会者。不论筹备会或新政协，均可按工作需要聘请若干民主人士及专家组成专门委员会，研究各项专门问题。

在筹备召开新政协的过程中,中共对各民主党派和无党派民主人士做了大量工作,对他们释疑解惑,打通思想,并考虑他们的实际情况,安排适当的政治地位。各民主党派最为担心的是他们在革命胜利后的地位问题,会不会因为中共的执政而失去作用。中国领导人就此向他们做了大量的解释工作。周恩来向他们表示:今后"进行新民主主义经济建设,需要各党派真诚合作","新政协为长期组织,也即人民民主统一战线",人民民主统一战线工作是长期的,中共将与各民主党派长期合作。同时,周恩来也向他们表示,中共与各民主党派的合作不是在朝党和在野党、执政党和反对党之间的相互斗争与交替,而是政治上的分工合作,各民主党派各自联系不同方面的人士,要求各民主党派做中共的坚定合作者,而不是做"反对派"或"中间派"。中共对各民主党派的工作,既解除了他们的疑虑,也使他们认识自身的定位,以确保中共对国家的领导以及与各民主党派合作的顺利进行。

7.2.2 新政协筹备会的召开

1949年3月,中共七届二中全会批准了新的政治协商会议及成立民主联合政府的建议。不久,随着国共北平和谈的破裂和南京、上海的相继解放,新政协的筹备工作迅速提上日程。

6月11日,新政协筹备会第一次预备会在香山毛泽东住所举行,大体议定了新政协筹备会参加单位、人数和人选,新政协大会参加单位和人数等。6月15日,新政协筹备会第二次预备会通过议事日程,完成各项准备工作后,当晚新政协筹备会第一次全体会议在北平中南海勤政殿开幕,会期5天,至6月19日结束。出席会议的有23个单位134人,党员43人,进步人士48人,中间人士43人,其中中间偏右者只有16人,在进步人士中有15个秘密党员,共产党对政协筹备会可保障绝对的领导。中国农工民主党有5人代表农工党参加筹备会:彭泽民(中国农工民主党中央监察委员会主席)、丘哲(中国农工民主党中央常务委员)、季方(未到平前由严信民代,中国农工民主党中央执行委员)、韩兆鹗(中国农工民主党中央监察委员)、郭冠杰(中国农工民主党中央执行委员),章伯钧以中国民主同盟负责中央常务委员身份代表民盟出席了会议。

会议由周恩来担任临时主席并致开幕词,毛泽东在开幕式上讲话,

他指出筹备会的任务就是：完成各项必要准备工作，迅速召开新的政治协商会议，成立民主联合政府，以便领导全国人民，以最快的速度肃清国民党反动派的残余力量，统一全中国，有系统地和有步骤地在全国范围内进行政治的、经济的、文化的、国防的建设工作。新政协筹备会决定"设常务委员21人，组成常务委员会，处理日常事务，由各单位协商推举之"，"常务委员会得按工作需要，设立各种小组，并由常务委员会指定各小组组长副组长"。

6月16日，会议讨论通过了《新政治协商会议筹备会组织条例》，规定新政治协商会议筹备会由中国共产党、中国国民党革命委员会、中国民主同盟、中国农工民主党等23单位组成。筹备会的一切筹备事宜的中心任务为：(1)商定并邀请参加新政协会议的单位和代表；(2)决定新政协会议开会的时间、地点及议程；(3)拟定新政协会议组织条例草案；(4)制定共同纲领草案；(5)提出建立中华人民共和国政府的方案。新政协筹备会协商通过了由21人组成的常务委员会名单，章伯钧名列其中。当晚，新政协筹备会常务委员会举行第一次会议，推选毛泽东为常务委员会主任，周恩来、李济深、沈钧儒、郭沫若、陈叔通为副主任，秘书长李维汉(后因病由林伯渠代理)。会议还通过了《各单位代表参加小组办法》，在常委会下设立6个小组，其中：第一小组负责拟定参加新政治协商会议的单位及各单位代表名额，第二小组负责起草新政治协商会议组织条例，第三小组负责起草新政治协商会议共同纲领，第四小组负责起草中华人民民主共和国①中央人民政府方案，第五小组负责起草宣言，第六小组负责拟定国旗、国徽及国歌方案。

6月17日，第一小组即告成立，组长李维汉，副组长章伯钧，秘书于刚。根据此前中共与各民主党派和民主人士的协商情况，迅速拟定了参加新政协的单位及代表名额。6月19日，新政协筹备会第一次全体会议听取了李维汉代表第一小组所作的《关于参加新政治协商会议的单位及其代表名额的规定》(草案)的说明，并通过了这个《规定》。根据《规定》，参加新政协单位共45个，代表总额510名。除"所列之四十五个单位外，另设一特别邀请单位，其代表资格、名额与人选，均由新政治协商

---

① 以后是在中国人民政治协商会议第一届全体会议上决定国名为中华人民共和国。

会议筹备会常务委员会协定之"。上述规定同中共与各民主党派和民主人士在1948年11月25日所达成的协议相比,在参加单位数量特别是代表名额方面,都有所增加。当时,预定38个单位,每单位代表为6人。现在,新增8个单位(包括特邀单位),代表人数翻了一番以上。这是由于形势的迅速发展,要求新政协代行全国人民代表大会职权,肩负建国使命,必须具有广泛的代表性。

新政协筹备会第一次全体会议虽然最先通过了《关于参加新政治协商会议的单位及其代表名额的规定》,但筹备会第一小组仍是各小组中任务最为繁重、工作最为紧张的一个。因为不但仍有许多党派团体和个人要求参加新政协,需要认真对待和处理,而且各参加单位五六百名代表人选亦亟须逐一协商和确定,这无疑是一项极为复杂而严肃的工作。为此,第一小组在周恩来的精心指导与李维汉的具体领导下,迅速投入到了紧张的工作之中。

当时,参加新政协的条件是非常明确而严格的,即"新政治协商会议,为全中国拥护新民主主义、反对帝国主义、反对封建主义、反对官僚资本主义及同意动员一切人民民主力量,推翻国民党反动统治,建立人民民主共和国的各民主党派、各人民团体、各解放区人民政府、人民解放军、国内少数民族、海外华侨及无党派和各界民主人士的代表人物所组成,国民党反动政府系统下的一切反动党派及反动分子不容许参加"。根据这一原则,新政协筹备会第一次全体会议确定了参加新政协的45个单位510名代表名额,具体如下:

一、党派单位14个,代表142人:中共16人,民革16人,民盟16人,民建12人,无党派民主人士10人,民进8人,农工党10人,救国会10人,民联10人,民促8人,致公党6人,九三学社5人,台盟5人,新民主主义青年团10人;二、区域单位9个,代表102人:西北、华北、华东、东北、华中解放区各15人,华南解放区8人,内蒙古自治区、北平天津两直属市各6人,待解放区民主人士7人;三、军队单位6个,代表60人:人民解放军总部(包含直属兵团及海、空军)12人,第一、第二、第三、第四野战军各10人,华南人民解放军8人;四、团体单位16个,代表206人:全国总工会16人,各解放区农民团体16人,全国妇联15人,全国青联12人,全国学联9人,全国工商界15人,上海各人民团体9人,全国

文联15人,全国科学会议筹备会15人,全国教育界15人,全国社会科学工作者15人,全国新闻工作者协会筹备会12人,自由职业界10人,国内少数民族10人,海外华侨15人,宗教界7人。此外,还有一个特邀单位,具体名额待定。这一政协参加单位与代表名额分配名单,基本反映了全国各进步阶级、党派和团体的愿望与要求。

7.2.3 新政协参加单位的审查与处理

在上述名单酝酿协商期间,特别是确定公布之后,新政协筹备会常委会仍不断收到要求参加新政协的党派、团体和个人的书面请求,前后共达30件之多。对此,筹备会经过慎重严肃的考虑,都分别给予了适当处理。处理这些请求的基本指导思想是首先注意政治严肃性,严格分清敌我,拒绝国民党反动政府系统下的一切反动党派和反动分子;同时在此基础上强调团结的广泛性,尽可能多地容纳各方面的团体和代表人物,务使一切为革命作出贡献的团体和代表人物都能适当安排,最大限度地团结一切可以团结的力量。

根据上述指导思想,周恩来、李维汉和第一小组全体成员做了大量工作,对提出参加新政协书面请求的各党派、团体和个人进行了逐一审查,研究制定了具体处理办法。

民社党革新派:该派曾响应中共"五一"口号,其是否能作为一个单位参加新政协,中共同各民主党派和民主人士进行了研究与协商。大多认为民社党革新派确实有民主分子,但就其整体来说,成分复杂,可以考虑个别邀请。1949年6月中旬,筹备会第一次全体会议召开期间,民社党革新派负责人之一江世铭自香港到达北平,致函周恩来和李维汉,要求参加新政协。第一小组决定维持此前处理意见,并为筹备会所同意。会后,民社党革新派主席沙彦楷于6月22日自上海致电毛泽东和新政协筹备会,声称:"贵会公布出席新政协四十五个单位,竟遗漏本党名次,深为骇异。""祈即增列本党名次,以示公允,而重诺言,实民主前途之幸。"6月27日,李维汉找汪世铭谈话,当面指出,民社党革新派"以其过去历史来说,实在不能算为一个民主党派,直至'五一'口号时,还是动摇的,故作为一个党派来说,应当结束,假如民盟同意,可以个别加入民盟,至于其中若干民主分子可以由筹备会商量邀其一二人参加"。后来,民社党革新派于9月在新政协会议召开前夕决定自行解散。随后,新政协筹备会特邀沙彦楷、汪世铭二人以个人身份参加了新政协。

孙文主义革命同盟(简称"孙盟"):该党是从国民党中分化出来的一个反蒋政治派别,对中共"五一"口号曾在口头上表示响应。新政协筹备会第一次全体会议期间,曾有人提出孙盟是否作为一个单位参加新政协的问题。经第一小组研究,认为孙盟里边确有一部分民主人士,也对革命做过一些有益的工作,但其组织不纯,成分复杂不宜作为一个参加政协的单位,必要时可个别邀请其中的代表人物参加。1949年7月,孙盟负责人许闻天应中共中央统战部邀请到达北平,李维汉与其进行了谈话,肯定孙盟过去为革命做了有益工作,同时举例说明该团体成分甚为复杂,建议许闻天考虑孙盟自行结束,成员可个别参加民革。许闻天表示同意。8月2日,孙盟在上海宣告解散。随后,新政协筹备会特邀许闻天、邓昊明二人以个人身份参加了新政协。

中国农民党:该党曾发表宣言响应中共"五一"口号。1949年4月,该党主席董时进自香港派代表来北平,谋求农民党作为参加新政协的单位。5月17日,董时进自香港到达北平,致函周恩来要求会见。6月5日,李维汉约董时进谈话,批评了他在1948年公开发表的反对共产党和反对土改的文章,指出他在解放区土改高潮时反对土改,使农民党成了地主党,农民党的路线成了地主路线。因此,农民党并不代表农民而是代表地主富农利益,并且组织严重不纯,不能作为党派单位参加新政协。董时进表示接受批评,农民党可以宣布解散。随后,6月25日,董时进发表宣言,宣布"自即日起停止本党一切党务活动"。

中国少年劳动党:该党亦曾响应中共"五一"口号,其负责人安若定等人要求少年劳动党作为新政协参加单位。李维汉于1949年6月底和8月初两次予以接见,认为少年劳动党成分复杂,组织也不健全,建议其考虑解散组织。安若定表示接受,并于9月1日发表《中国少年劳动党解散通告》。

此外,当时要求参加新政协的党派还有光复会、中国民治党、人民民主自由联盟、民主进步党、中国人民自由党等,但经"向各方调查,这些所谓党派成员十分复杂,性质多属反动",其中,"许多都是来历不明,很成问题的",因此,筹备会拒绝了这些党派的要求。

当时,解放区还有人建议新政协筹备会应照顾"汉留"这一与红帮类似的全国性组织。对此,中共中央指出:"青洪帮、汉留等,既非民主党派,又属封建组织,对反美反蒋无贡献,有些地方更常为反动统治的爪牙,故不应邀其参加。即使其中个别分子或一部分人也曾参加蒋管区的人民抗丁、抗粮运动,我们亦应以革命群众看待之,而不要以帮会看待之,免得助长社会中的秘密封建组织。"据此,将"汉留"排除在了新政协之外,从而保证了新政协的严肃性与纯洁性。

除上述被拒绝参加新政协的各党派团体外,当时还有一个重要政治组织在新政协召开前夕自行宣告结束,这就是中国民主革命同盟,简称"小民革"。它是在中共领导下的活动于国统区的一个秘密革命团体,成员既有中共党员亦有民主党派分子,属于统一战线性质的组织。1949年4月29日和5月20日,周恩来等中共领导人同"小民革"中央负责人就其历史作用及今后的任务等问题进行了座谈,指出:"小民革"与中共之间彼此相知甚深,在斗争中同中共始终保持一致,在国民党内起了进步的分化作用,是一个党外布尔什维克组织。"小民革"今后的组织形式应该成为革命知识分子的组织,不是政党而是政治活动团体;中心任务是学习,以政治科学为主,与中共配合工作。根据这一谈话精神,9月17日,"小民革"中央负责人王昆仑、王炳南等7人发表声明:"本盟过去的历史任务既已终结,原有的组织也就当然不必存在","郑重决议,自即日起宣告本盟的结束"。随后,王昆仑、许宝驹、阎宝航等原"小民革"负责人分别作为民主党派、人民团体等单位的代表参加了新政协。

与上述许多党派要求参加新政协被拒绝正好相反,当时还有一些党派虽未积极争取,却被主动邀请参加,这就是九三学社、台湾民主自治同盟和中国新民主主义青年团。对此,周恩来曾专门做过说明:"九三学社是在抗战后期成立的,在民主运动中起了很大的作用,并且响应了'五一'号召。因为当时在国民党的统治之下,不能公开发表意见,所以一直到北平解放时才公开活动。台盟是一个革命的组织,'五一'号召前就从事台湾人民的解放运动。新民主主义青年团早就筹备,今年(1949年)才成立,它的前身是青年救国会、民主青年同盟等革命组织,在共产党的领导下对革命贡献很大。"也就是说,这三个党派皆有民主运动的历史,因此被主动邀请参加新政协。

7.2.4 代表名额与人选的协商和确定

与确定新政协参加单位相比,确定各单位代表名额与人选更是一项复杂而繁重的工作。为此,必须首先制定明确的原则与标准。在这方面,周恩来曾进行过具体阐释:"我们在确定代表名额和人选的时候,不是平均主义的,而是有重点的。重点在哪里呢?就是'以工农联盟为基础,以工人阶级为领导'。人民政治协商会议中46个单位的名额和人选的确定,始终都体现着这一重点。参加这次会议的不仅有各民主党派,有多年来为民主事业而奋斗的无党派民主人士,还有解放军的代表、解放区的代表。""在各人民团体的代表中,除工人代表、农民代表外,还有妇女代表、青年代表、学生代表、文艺工作者代表、新闻界代表、工商界代表、教育工作者代表、自然科学工作者代表、社会科学工作者代表。我们也照顾到还不能立刻组织团体的方面,如自由职业者代表。我们还照顾到海外华侨和少数民族。""尽管如此还是不够全面,所以又设了一个特邀单位。""总之,决定全部代表人选是根据了人民民主革命的原则。我们重视由革命战争中锻炼出来的朋友,在土地改革和敌后根据地斗争中锻炼出来的朋友,在国民党统治时期的民主运动中锻炼出来的朋友,脱离反动派而起义的朋友,保护国家器材有功的朋友,使这次政治协商会议成为集中代表全国人民力量的大会。"

在大的原则与标准确定以后,接下来的具体工作亦毫不轻松。当时,新政协代表的提名有两种情况,一种是由组织或个人推荐,一种是本人申请,然后由新政协筹备会对所有提名进行逐个审查,反复研究。"时常为了某一个代表的适当与否而函电往返,斟酌再四①,费时达数周之久。"代表名单初步产生之后,又经过筹备会反复协商,征求各方意见,一共花了近3个月工夫,才最终确定了参加新政协的662位代表名单。

在这662位代表中,共产党员约占44%,工农和各界的无党派代表约占26%,各民主党派的成员约占30%。在党外人士中,进步人士约占三分之一,共产党员加党外进步人士约达总数的三分之二。这样,既保证了共产党的领导,又广泛团结了党外人士。当时,中央统战部把参加

---

① "斟酌再四"有材料作"再四斟酌"——著者注。

新政协的单位人选和各项统计,印制了一本很厚的表册,毛泽东看了,曾风趣地说这是一本"天书"。

在名单协商过程中,李维汉讲:"我们尽可能照顾到各方面,使能较适当地配备。例如区域单位当中,中共和政府领导人,只有一二人参加。其他名额,包括有工会、农民、妇女、文化、财经、私人工商业、民主人士等各方面。军队单位高级领导人很少,尽量照顾到兵团的指战员、战斗英雄及后勤卫生人员等,并注意起义的方面;又如农民团体,照顾到各地区,待解放区,照顾各省的分配。又如少数民族的代表,实际共有28位,按整个比例来说,还是少了一些。这是因为革命的发展,在少数民族地区,比较迟一些,我们尽了很大的努力,才在南京又找到一位藏族代表,其他如新疆伊犁特别区,也有代表参加。宗教单位原想物色一个天主教方面的,但始终找不到适合的人。无党派单位,如自然科学、社会科学、文学艺术等方面的代表,他们本身也是根据照顾各方面的原则,来推选代表的。"

既然要照顾各方面,就会使各单位代表的地位和影响不可能整齐划一。为此,周恩来曾强调:"个人参加的,我们注意到他在社会上的影响和代表性。"由于"各单位有自己的标准",因此,应该看其代表的单位在民主运动中所起的作用如何。此外,"参加的代表","原则上能够来的才确定他为代表,不能来的就不提名"。有个别特殊情可以列名而不来的,如年纪过高的萨镇冰先生。对远在香港的政协代表,中共很慎重,曾专门致电在港负责统战工作的饶彰枫:"如果被邀代表本人不愿北上即作罢,不要丝毫加以勉强;如果本人虽愿充新政协代表,但因海行有被袭击危险,对北上踌躇的(如黄绍竑),或因情况复杂而有所顾虑(如龙云)的,不要勉强说服其北上,使一切责任全由我负,将来不论有无危险,我总陷于被动。故邀请是一件事,必须将话转到;愿来与否,是又一件事,必须出于本人自愿。"

在参加新政协的各单位中,特邀单位是比较特殊的,"其代表资格、名额与人选,均由新政治协商会议筹备会常务委员会协定之"。经过广泛协商与研究,最终确定了75位代表,包括了各方面的特殊代表人物:如宋庆龄和她领导的救济单位,从事科研和建设的陶孟和与钱昌照,与中共有某种联系的萨镇冰和张难先、陈瑾昆;有参加和平运动有功的,如上海人民代表团颜惠庆,南京和平代表团张治中、邵力子,湖南的程潜等;起义的将领有吴奇伟、曾泽生、张轸,还有海军、空军的代表;有愿意为人民的艺术而服务的人物,如周信芳、梅兰芳、程砚秋;还有护厂有功的工人、劳动英雄和在各解放区单位安排不下的,如晋察冀的戎冠秀。总之,在其他单位不好安排或安排不下,但又有代表性的人士大都安排在特邀单位中。为此,特邀单位名额曾一再扩充,成为各单位中人数最多的一个单位。

在名单协商与确定过程中,总体上是比较顺利的,但也出现了一些问题。例如,当时有些共产党员和一部分民主人士对邀请原南京和谈代表团成员和国民党军队起义将领有一定的抵触情绪,声称:"老革命不如新革命,新革命不如不革命,不革命不如反革命,小反革命不如大反革命。"毛泽东、周恩来等人在党内反复进行政策教育,并向党外人士解释,指出:虽然他们原来属于反动阵营,但在和平谈判和起义中立了功,站到了人民一边,就应当不念旧恶,采取欢迎态度。经过此番教育和解释,这一问题最终得到了妥善解决。此外,新政协代表人选亦曾出现个别的遗漏。例如,在少数民族单位中没有安排满族代表(在其他单位中有满族代表,如齐燕铭、罗常培等),名单公布后,北平有些满族人因此哭了。毛泽东知道此事后曾说:"一个民族没有代表,整个少数民族为之不欢。"后来,召开政协第二届全国委员会时作了弥补。

7.2.5 筹备会第二次全体会议的召开

1949年8月29日,新政治协商会议筹备会通知将参加新政协的各党派、各团体、各区域、人民解放军各单位及特别邀请代表,于9月10日前抵达北平。

9月17日,新政协筹备会举行第二次全体会议。会议基本通过了各小组分头起草的《中国人民政治协商会议组织法(草案)》、《中华人民共和国中央人民政府组织法(草案)》。因起草宣言和国旗、国歌、国徽建议案工作没有完成,会议决定将这两项议案移交政协第一次会议解决。这次会议正式决定将新的政治协商会议定名为"中国人民政治协商会议"。9月20日,人民政协筹备会常委会举行第八次会议,决定于9月21日在中南海怀仁堂召开中国人民政治协商会议第一届全体会议。

经过3个月协商,参加中国人民政治协商会议第一次全体会议的单位及代表名额在第八次会议上最后决定通过,党派代表共14个单位,即中国共产党、中国国民党革命委员会、中国民主同盟、民主建国会、无党派代表人士、中国民主促进会、中国农工民主党、中国人民救国会、三民主义同志联合会、中国国民党民主促进会、中国致公党、九三学社、台湾民主自治同盟、中国新民主主义青年团,这些单位的正式代表142人,候补代表23人;区域代表9个单位,正式代表102人,候补代表14人;军队代表6个单位,正式代表60人,候补代表11人;团体代表16个单位,正式代表206人,候补代表29人;特别邀请人士75人。正式代表510人,候补代表77人,特邀代表75人,总计662人。

综观新政协46个单位、662名代表这一宏大阵容,的确具有相当广泛的代表性,使中国人民政治协商会议具有代表全国人民的性质。它包括了各民主党派,军队和各人民团体,各区域、各民族的代表。从阶级的成分来说,它有工人、农民、民族资本家、小资产阶级的知识分子;从中国革命的历史来说,它有戊戌政变、辛亥革命、五四运动以及1925年大革命以来的参加人物和领导人物;从代表的年龄来说,它有92岁的老翁,也有21岁的青年;从信仰来说,它有唯物主义的哲学家、科学家、文艺家、政治家,也有笃信宗教的基督信徒、佛教信徒、回教信徒;从居住的地域来说,它有远在天涯、冒险归来的海外侨领,也有僻处内地的苗、彝、黎、藏同胞。这些各类不同的人物,来自各种不同的地区,处于各种不同的环境,可是他们都抱着扬弃旧中国、建立新中国的同一心情,很自由地、民主地、空前未有地团聚起来,也是空前未有地团结起来,团结在中国共产党的周围。新政协筹备会的组织及筹备工作,充分体现了中国共产党和各民主党派、人民团体在筹建中华人民共和国的伟大事业中的亲密合作。

7.3 参加中国人民政治协商会议

1949年9月21日至30日,筹备建国大业的中国人民政治协商会议第一届全体会议在北平中南海怀仁堂胜利召开。这是中华人民共和国的开国盛会,在普选的全国人民代表大会召开前,政协全体会议代行全国人民代表大会的职权。

9月21日下午7时,中国人民政治协商会议第一届全体会议在中南海怀仁堂隆重开幕,出席代表634人,特邀来宾300人。在确定的参会的45个单位、总计662名代表中,有各民主党派12个、正式代表116名、候补代表19名,分别是民革(正式、候补代表16、2名,下同)、民盟(16、2名)、民建(12、2名)、民进(8、1名)、中国人民救国会(10、2名)、三民主义同志联合会(10、2名)、中国国民党民主促进会(8、1名)、农工党(10、2名)、致公党(6、1名)、九三学社(5、1名)、台盟(5、1名)、无党派民主人士(10、2名)。

代表农工党参加会议的正式代表10人是:彭泽民、郭冠杰、李士豪、何世琨(何文朴)、杨逸棠(杨伯恺)、张云川、郭则沉、王深林、严信民、杨子恒;候补代表2人是:王一帆、李健生(女);代表华东、华南、西北解放区的代表季方、李伯球、韩兆鹗;特邀代表黄琪翔;作为民盟代表章伯钧、丘哲。农工党与其他各民主党派一起,在中国共产党的领导下,积极参加了新政协的筹备和新中国的筹建工作。农工党的领导人分别参加了政协组织法草案整理委员会、共同纲领草案整理委员会、政府组织法整理委员会、宣言起草委员会、国旗国徽国都纪年方案审查委员会的工作,直接参加了筹建新中国的实际工作。

新政协筹备会主任、中国共产党中央委员会主席毛泽东向大会致开幕词,中国共产党代表刘少奇、特邀代表宋庆龄、中国国民党革命委员会代表何香凝、中国民主同盟代表张澜、中国人民解放区代表高岗、中国人民解放军代表陈毅、民主建国会代表黄炎培、中华全国总工会代表李立三、新疆代表赛福鼎、特邀代表张治中及程潜、华侨代表司徒美堂等12人发表了演讲。会议听取了林伯渠代表筹备会所作的关于人民政协筹备工作的报告、谭平山所作的关于《中国人民政协组织法草案》起草经过和草案的特点、董必武所作的关于《中华人民共和国中央人民政府组织法》的起草经过和草案、周恩来所作的关于起草《中国人民政治协商会议共同纲领》的经过和草案的特点。会议闭幕式上,朱德副主席致闭幕词。

毛泽东致开幕词,他对国内外宣告:"现在的中国人民政治协商会议是在完全新的基础之上召开的,它具有代表全国人民的性质,它获得全国人民的信任和拥护。因此,中国人民政治协商会议宣布自己执行全国人民代表大会的职权。"毛泽东以豪迈而激情洋溢的语言说道:"我们有一个共同的感觉,这就是我们的工作将写在人类的历史上,它将表明:占人类总数四分之一的中国人从此站立起来了。中国人从来就是一个伟大的勇敢的勤劳的民族,只是在近代落伍了。这种落伍,完全是被外国帝国主义和本国反动政府所压迫和剥削的结果。一百多年以来,我们的先人以不屈不挠的斗争反对内外压迫者,从来没有停止过,其中包括伟大的中国革命先行者孙中山先生所领导的辛亥革命在内。我们的先人指示我们,叫我们完成他们的遗志。我们现在是这样做了。我们团结起来,以人民解放战争和人民大革命打倒了内外压迫者,宣布中华人民共和国成立了。我们的民族将从此列入爱好和平自由的世界各民族的大家庭,以勇敢而勤劳的姿态工作着,创造自己的文明和幸福,同时也促进世界的和平和自由。我们的民族将再也不是一个被人侮辱的民族了,我们已经站起来了。我们的革命已经获得全世界广大人民的同情和欢呼,我们的朋友遍于全世界。"

"中国人从此站立起来了"、"我们已经站起来了",是深谙中国历史与民众的毛泽东,对即将成立的中华人民共和国最适切的历史定位。自1840年鸦片战争以后,中国历经外国列强的侵略,国际地位跌落,国人深受屈辱,此时此刻,毛泽东如此自信的表示,确实激动了无数中国人的心。两相对照,则中共之兴与国民党之败可谓势所必然。

各单位代表在大会上的发言,是会议的一项重要内容。各民主党派的代表也都在会议上发了言,他们都结合切身斗争经验和体会,阐述了人民政协和即将通过的三个文件对过去历史的深刻总结和对中国今后发展的伟大重要意义,表明了接受中国共产党的领导,要与中国共产党长期合作下去的决心。各民主党派在新政协会议上的发言,不仅是从不同的角度对中国革命历史经验的深刻总结,同时也是对民主党派历史道路的科学总结,是一笔宝贵的财富。

农工党首席代表彭泽民发言,他首先表示了拥护中国共产党和毛泽东主席的诚意,高度评价了《共同纲领》。他指出:孙中山先生的革命的三民主义、民国13年国民党改组宣言,以至1930年邓演达先生宣布的我党的基本政治主张、纲领和政策的要点,不仅全部包括在这个纲领里面,而且使之向前发展,更加提高,并作出更具体更恰当更切合实际的决定。因此,我们全党的同志,今后要永远跟着共产党,努力参加实现《共同纲领》的工作,并且把我们一同带到社会主义的道路上去。彭泽民还表示,接受政协三大文件,并促成其彻底实现,坚决拥护刘少奇提出的"不仅在新民主主义时期,就是走向社会主义,还愿与大家一道"的建议,接受中国共产党领导,与中国共产党长期合作下去。

9月27日的大会通过了《中国人民政治协商会议组织法》、《中华人民共和国中央人民政府组织法》。会议还做出以下决议:(1) 中华人民共和国国都定于北平,自即日起北平改名为北京;(2) 中华人民共和国的纪年采用公元纪年;(3) 在中华人民共和国国歌未确定前,以《义勇军进行曲》为代国歌;(4) 中华人民共和国国旗定为五星红旗,象征着全中国人民在中国共产党领导下的大团结。9月29日的大会,通过了《中国人民政治协商会议共同纲领》(详见书后附录),《共同纲领》是中国人民的临时大宪法,它规定了中华人民共和国的性质是以工人阶级为领导的、工农联盟为基础的、团结各民主阶级和国内各少数民族的人民民主专政国家。并为新中国的政权机关、军事制度、经济政策、文化教育政策、民族政策和外交政策制定了总原则。

9月30日,会议进行了两项选举。一是选出了以毛泽东为主席的、由180人组成的第一届中国人民政治协商会议全国委员会。民主党派成员有60多人当选,李济深、谭平山、蔡廷锴、张澜、沈钧儒、章伯钧、黄炎培、陈叔通、郭沫若、马寅初、张奚若、马叙伦等12人被选为政协常委。二是选举了由63人组成的中央人民政府委员会。毛泽东为中央人民政府主席;朱德、刘少奇、宋庆龄、李济深、张澜、高岗为副主席,3位党外人士,占一半;同时选举出了中央人民政府委员56人,其中包括彭泽民、章伯钧在内的民主党派和无党派民主人士计28人,占了一半;由中央人民政府委员会互选产生中央人民政府秘书长,林伯渠当选,兼任秘书长。

中央人民政府委员会是中央人民政府的首脑机构,对外代表中华人民共和国,对内领导国家政权。其职权是:制定和解释法律,颁布法令并监督其执行;规定国家的施政方针;废除或修改政务院与国家的法律、法令相抵触的决议和命令;批准或废除中华人民共和国与外国订立的条约和协定;处理战争及和平问题;批准或修改国家预算决算;颁布国家的大赦令和特赦令;制定并颁发国家的勋章和奖章,制定并授予国家的荣誉称号；依法任免政府工作人员、驻外代表、人民革命军事委员会成员和人民解放军主要领导人员、最高人民法院和最高人民检察署的成员；筹备并召开全国人民代表大会。中央人民政府委员会的工作由中央人民政府主席领导，委员会会议每2个月举行1次，由中央人民政府主席召集和主持。中央人民政府委员会还组织人民革命军事委员会作为国家军事的最高统辖机关，组织最高人民法院和最高人民检察署作为国家的最高审判机关和检察机关。

中央人民政府委员会任命总理1人、副总理若干人、秘书长1人、政务委员若干人组成中华人民共和国中央人民政府政务院，作为国家政务的最高执行机关。1949年10月1日，中央人民政府委员会一次会议任命周恩来为中央人民政府政务院总理。同年10月19日，中央人民政府委员会三次会议任命董必武、陈云、郭沫若、黄炎培为副总理，党外人士2名；李维汉为秘书长；在政务院15名委员中有谭平山、章伯钧等民主人士9人：谭平山（民联）、谢觉哉、罗瑞卿、薄一波、曾山、滕代远、章伯钧（农工党）、李立三、马叙伦（民进）、陈劭先（民革）、王昆仑（民联）、罗隆基（民盟）、章乃器（民建）、邵力子（民革）、黄绍竑（民革）。政务院对中央人民政府委员会负责并报告工作，在中央人民政府委员会休会期间，对中央人民政府主席负责并报告工作。

在政务院所辖34个委、部、会、院、署、行中，担任正职的民主党派无党派民主人士有14人（其中郭沫若兼任两个正职），具体任职如下：文化教育委员会主任郭沫若、人民监察委员会主任谭平山、轻工业部部长黄炎培、邮电部部长朱学范、交通部部长章伯钧、农业部部长李书城、林垦部部长梁希、水利部部长傅作义、文化部部长沈雁冰、教育部部长马叙伦、卫生部部长李德全、司法部部长史良、科学院院长郭沫若、华侨事务委员会主任何香凝、出版总署署长胡愈之。除此之外，还有民主党派无党派民主人士27人，在政务院所属部门担任副职，他们是：内务部副部长陈其瑗，财政部副部长王绍鏊，贸易部副部长沙千里，重工业部副部长钟林，燃料工业部副部长李范一，纺织工业部副部长陈维稷，轻工业部副部长杨卫玉、王新元，铁道部副部长石志仁，交通部副部长季方，农业部副部长吴觉农、杨显东，林垦部副部长李相符，劳动部副部长施复亮，文化部副部长丁西林，教育部副部长韦悫，法制委员会副主任许德珩，华侨事务委员会副主任李任仁、李铁民、庄希泉,科学院副院长李四光、陶孟和、竺可桢,海关总署副署长丁贵堂,新闻总署副署长萨空了,出版总署副署长叶圣陶、周建人。

民主党派、无党派民主人士在国家其他机构中的任职有:最高人民法院院长沈钧儒,最高人民法院副院长张志让,最高人民检察署副检察长蓝公武,中央人民政府政务院政治法律委员会副主任张奚若、彭泽民,中央人民政府政务院财政经济委员会副主任马寅初,中央人民政府政务院文化教育委员会副主任马叙伦、沈雁冰。此外,还有54名非中共人士担任省区市人民政府主席、副主席。①

【季方小传】季方(1890—1987),字正成,1890年4月22日,出生于江苏省海门县。青年时期进入保定军校就读,期间,去上海参加"北伐敢死队",1913年离校参加讨袁的湖口起义。1916年,他响应蔡锷讨袁的护国起义,事泄被捕,判刑10年,至袁世凯死后才得以赦免获释。1921年参加了国民党,1924年应邓演达之聘,到黄埔军校任少校特别官佐,在训练部工作。次年,参加讨伐陈炯明叛乱。1926年参与北伐战争,任北伐军政治部上校组织科长,为国民革命军取得北伐胜利作出了积极贡献。

1927年大革命失败后,到上海参与酝酿成立新党。1930年8月,协助邓演达创建了中国国民党临时行动委员会,被选为中央干部会干事,负责总务和军事部门工作,积极从事爱国反蒋民主活动。九一八事变之后,邓演达被蒋介石杀害,季方到北平成立中国国民党临时行动委员会各省市联合办事处,为倒蒋抗日奔走。1933年冬,参与福建事变,任中华共和国人民革命政府军事委员会高级参谋。事败后,1934年季方被国民党当局逮捕,后经营救保释出狱。

全面抗战爆发后,季方于1938年加入中国共产党,并以国民党战地党政委员会少将指导员的名义,大力组织和推进长江三角洲地区各派军队联合抗日。1941年春,苏中第四军分区成立,季方任司令员,在江海之滨的广大农村开展艰苦的敌后游击战争,有力打击敌人。抗战胜利后,他先后任苏皖边区政府副主席,华东解放区解放军官教导总团团长。

1949年9月,作为华东解放区代表,季方出席了中国人民政治协商会议第一届全体会议。中华人民共和国成立后,季方先后担任交通部副部长,江苏省副省长。1957年反右斗争开始后,农工民主党受到冲击,组织和成员思想混乱,季方重

---

① 周志华.党外人士称谓的由来//中央统战部研究室.统一战线100个由来.北京:华文出版社,2010:48-49.

回农工党中央主持工作,为农工党的稳定和建设发挥了支柱性作用。十年动乱,农工党受到了严重冲击,中共十一届三中全会召开后,他挺身而出,担当起为农工党收拾残局、恢复活动、落实政策的繁重任务。

他先后担任了中国农工民主党第七届中央主席团主席,第八、第九届中央委员会主席,中国人民政治协商会议第三、四届全国委员会常委,全国政协第五、六届副主席,第一、二、三、四、五届全国人民代表大会常务委员会委员。

1987年12月17日,季方在北京逝世。

(摘编自《共和国人物档案》丛书之《共和国第一届全国人大常委》)

中国人民政治协商会议的胜利召开,是中国共产党领导全中国人民经过长期奋斗所取得的胜利成果,中国农工民主党等民主党派也作出了重要贡献。农工党等民主党派在新生的人民政权中拥有的地位和作用,是农工党等民主党派在与中国共产党长期合作的共同斗争中形成的。因此,农工党等民主党派参加人民政权,是对农工党等民主党派历史的公正评定和肯定,同时也表明了农工党等民主党派已经结束了受尽压迫和屈辱的在野党地位的历史,成为在中国共产党领导下参加人民政权的新型政党,开始踏上了与中国共产党肝胆相照、竭诚合作、建设新中国的崭新的历史发展道路。

7.4 出席开国大典

1949年10月1日,中华人民共和国中央人民政府成立典礼,即开国大典,在北京天安门广场隆重举行。中华人民共和国诞生了!中国的历史从此翻开了崭新的篇章。

9月30日,由中国人民政治协商会议第一届全体会议选出中央人民政府。主席毛泽东,副主席朱德、刘少奇、宋庆龄、李济深、张澜、高岗,委员56人。同日,政协大会完成选举议程;通过毛泽东起草的《中国人民政治协商会议第一届全体会议宣言》;通过给中国人民解放军的致敬电;通过竖立"为国牺牲的人民英雄纪念碑"的决定和纪念碑的碑文,并决定在天安门广场举行人民英雄纪念碑奠基典礼;而后,大会举行闭幕式,毛泽东主席宣布大会闭幕,朱德副主席致闭幕词。

当日下午全体代表利用统计选票时间在天安门广场参加人民英雄

纪念碑奠基典礼,尔后回到会场才宣布选举结果。下午6时,全体代表来到天安门广场,举行人民英雄纪念碑奠基典礼。周恩来代表主席团致词。全体代表默哀。毛泽东宣读纪念碑碑文:

三年以来,在人民解放战争和人民革命中牺牲的人民英雄们永垂不朽!

三十年以来,在人民解放战争和人民革命中牺牲的人民英雄们永垂不朽!

由此上溯到一千八百四十年,从那时起,为了反对内外敌人,争取民族独立和人民自由幸福,在历次斗争中牺牲的人民英雄们永垂不朽!

毛泽东与各单位首席代表一起执锹铲土。

简短隆重的闭幕式,由毛泽东主持,朱德致闭幕词,奏义勇军进行曲。主席台上第一次悬挂了五星红旗。散会时天已经很晚了。习惯晚上办公批阅文件的毛泽东,这一天夜以继日一直工作到10月1日凌晨6点多。

中央人民政府委员会首次会议于10月1日下午2时在勤政殿召开。下午2时,中国人民政治协商会议第一届全体会议选举产生的中央人民政府委员会在勤政殿举行第一次会议。中央人民政府主席毛泽东,副主席朱德、刘少奇、宋庆龄、李济深、张澜、高岗,以及周恩来等56名中央人民政府委员会委员宣布就职。会议一致决议,宣布中华人民共和国中央人民政府成立,接受《中国人民政治协商会议共同纲领》为施政方针,向各国政府宣布中华人民共和国中央人民政府为中国唯一合法政府,愿与遵守平等、互利及互相尊重领土主权原则的任何外国政府建立外交关系。全体宣布就职,中央人民政府正式成立。随即,选林伯渠为秘书长,任命周恩来为政务院总理兼外交部长,毛泽东为人民革命军事委员会主席,朱德为人民解放军总司令,沈钧儒为最高人民法院院长,罗荣桓为最高人民检察署检察长,并责成他们火速组成各项政府机关。

会议结束后,中央人民政府主席、副主席及各位委员集体出发,乘车出中南海东门,前往天安门城楼出席开国大典,下午3时庆典准时开始。此时,参加开国大典的北京30万军民齐聚天安门广场,翘首期待着伟大历史时刻的到来。

举行开国大典时,天安门修葺一新,城楼上横标为"中华人民共和国中央人民政府成立典礼"，正中悬挂毛主席的巨幅画像。两旁的标语东为"中央人民政府万岁"，西为"中华人民共和国万岁"。与8个月前北平刚解放时的天安门前比较，可谓是焕然一新，宽广平坦得多。中华门外正阳门、前门箭楼两旁的许多建筑物上都张灯挂旗。会场里的工人、学生、干部、市民、城防部队都举着临时赶制的五星红旗及其他红旗、红灯和彩色小旗，特别是用红绢糊成的大小不同的五角星灯，真是成了红旗、红灯的海洋，只有市民中戴了小白帽的回民同胞举着绿底白色的星月旗，显得分外不同。会场上的群众共达30万人，分区席地而坐，很有秩序。金水桥北搭了两个简单的台子，一个供大会指挥用，一个给唯一的外宾观礼团，这就是前一天刚到的以法捷耶夫为首的苏联文化艺术科学工作者代表团。受检阅部队则站在东长安街。

　　10月1日下午3时，庄严隆重的开国大典开始。那天早晨是阴天，上午和中午还下了一点小雨，但下午却放晴了。典礼的程序是：中央人民政府秘书长宣布开会；中央人民政府主席就位，副主席就位，委员就位；奏《义勇军进行曲》；中央人民政府主席宣布中华人民共和国中央人民政府成立，并升国旗，同时鸣礼炮；中央人民政府主席宣读中央人民政府公告；阅兵；游行。

　　下午3时，中央人民政府委员会秘书长林伯渠宣布中央人民政府成立典礼开始。在群众的欢呼声中，毛泽东主席用他那带着湖南口音的洪亮声音，向全世界庄严宣告："中华人民共和国中央人民政府今天成立了！"顿时，广场上欢声雷动，群情激昂。在代国歌《义勇军进行曲》的雄壮旋律和礼炮轰鸣声中，毛泽东按动电钮，新中国第一面五星红旗冉冉升起。全场肃立，向国旗行注目礼。开国大典以54门礼炮鸣28响，54门礼炮象征全国54个民族，28响象征中国共产党领导全国人民经历28年艰苦奋斗才取得新民主主义革命胜利。

　　毛主席宣读完公告后，阅兵开始。检阅司令员是中国人民解放军总司令朱德（兼阅兵总司令）、阅兵总指挥是聂荣臻。由聂荣臻陪同朱总司令坐敞篷车开始检阅。检阅完，朱总司令回到城楼主席台宣读《中国人民解放军总部命令》，命令的最重要内容为"坚决执行中央人民政府和伟大的人民领袖毛主席的一切命令，迅速肃清国民党反动军队的残余，解放一切尚未解放的国土，同时肃清土匪和其他一切反革命匪徒，镇压他们的一切反抗和捣乱行为"。因为当时华南的两广海南、华东的福建一部分、西南全部（四川、西康、贵州、云南、西藏）均未解放，新疆虽宣布和平起义，解放军尚未到达迪化（乌鲁木齐），更不要说还有台湾，所以朱总司令的命令是有针对性的。命令宣布后，进行分列式。受阅部队以海军两个排为前导，接着是一个步兵师、华北陆军军官学校、一个炮兵师、一个战车师、一个骑兵师相继跟进。空军包括战斗机、蚊式机、教练机共14架在全场上空自东向西飞行受阅。阅兵式共用了近3个小时，受阅部队的人员总计有1.6万多名。

整个阅兵结束后，群众游行开始。走在游行队伍最前面的是工人，京郊农民紧随其后，后面是机关干部、青年学生的游行队伍。晚上9时25分，无数彩色的礼花向广场四周发射出来。首都军民载歌载舞，尽情地欢度中华人民共和国成立的第一个夜晚。

开国大典，宣告了中华人民共和国的诞生！宣告了中华民族的新生！中华人民共和国的成立，是中国有史以来最伟大的事件，也是二十世纪世界最伟大的事件之一，它结束了少数剥削者统治广大劳动人民和帝国主义奴役中国各族人民的历史，终结了帝国主义、封建主义和官僚资本主义的统治，为中国政治、经济、文化、社会和国防建设开辟了广阔的前景和现实的可能。中国人民从此当家作主成为国家的主人，中华民族的发展从此开启了新的历史纪元。

7.5 第五次全国干部会议

1949年10月1日，中华人民共和国成立，彻底改变了中国百余年来的半封建半殖民地的社会性质，建立了人民民主专政的人民共和国，这是中国工人阶级、农民阶级、小资产阶级、民族资产阶级及其他爱国民主分子的人民民主统一战线的政权，是以工农联盟为基础、以工人阶级为领导的政权。中国开始逐步从新民主主义阶段转到社会主义阶段，全国人民的根本任务是实现社会主义改造和努力开展社会主义建设。在这个新的历史条件和历史任务下，中国共产党对各民主党派采取了"坚持团结合作和帮助他们进步"的基本方针。中国农工民主党作为多党合作中的一个政党，在中国共产党的领导下，开始了新的历程。

1949年10月,农工党中央机关从香港迁到北京辛寺胡同14号(后改为辛安里66号)。10月25日到11月9日,农工党在北京举行了第四届第二次执监委联席会议,这是农工党在新中国成立后召开的第一次会议(又称二中全会)。10月26日,章伯钧在会上先作了一个讲话,讲话内容表现情绪低沉,有伤感,有包袱。① 他说:"这次会议与其说是决定方针的会议,不如说是自我教育的会议。20年来,我党在组织上可以说失败了!在政治上,也可以说的是总算没有走错路,没有向蒋介石投降、屈服,始终是跟着中国人民走。在工作上,总算有一部分表现,这完全是大家牺牲和辛苦得来的。"他认为"中国将来要从多党到一党,我党就要呜呼哀哉了",因此,给会议定下了"无非争取光荣的晚节而已"的基调。10月27日,章伯钧还给会议传达了中国人民政治协商会议精神,作了《关于人民政协的报告》。

图5　第五次全国干部会议会址——辛寺胡同14号

在这次会上,何仲珉作了整理党务报告,说明了每个地区组织在当地解放后,即已按照中央指示停止发展组织,整顿党务,淘汰不良分子,

---

① 章伯钧:《在中央执监委员会第二次全体会议上的讲话(节选)》,1949年10月26日。[中国农工民主党中央研究室.中国农工民主党历史参考资料(重印,第一至第五辑合订本),2008:339-340.]

提拔进步分子。他还对修改党章的报告作了说明：新的党章删去了原来有关党纲的规定，改为"应当毫无保留地接受人民政协《共同纲领》为党的基本纲领"。王深林作了组织部工作报告，严信民作了宣传部工作报告。

10月29日，章伯钧在这次会议上作了《政治报告》，实际上是一个关于《政治报告》提纲的说明。①《政治报告》前一部分系统回顾了20年来所开过的四次全国性干部会议的特点，分析每次会议的国内外形势、国共两党关系和第三党的处境，推演了第三党党名的更迭、政治主张的完善和政治任务的变化；在政策上，确认二次干部会后所采取"接受中共领导，参加并支持民主同盟；根本放弃军事运动，积极从事民主运动，恢复各地党组织"道路的正确性。《政治报告》的后一部分表示：拥护人民政协的召开，拥护政协的有关决议，诚心诚意接受共产党领导，和民主同盟团结在一起，并对中国农工民主党各级组织和党员个人提出了要求，希望大家加紧学习，提高自己，根据共同纲领，参加各方面工作。

到这次联席会议为止，根据上海、南京、安徽、浙江、江苏、江西、湖南、湖北、广东、广西、福建、四川（不含成都）、北京（含天津）、山东、香港95个省市和地区组织以及国外支部的报告，全党约有2万名党员，其中农民、工人、学生占相当比重。经过按农工党中央决定所作的初步整党，准予登记的有7 476人（未含成都）。第二次执监委联席会议的举行，标志着农工党在民主革命阶段的艰难曲折历程的结束，也为随即召开的第五次全国干部会议作了充分的准备。

为了总结过去的经验和教训，确定今后的工作和方向，1949年11月14日至26日，中国农工民主党在北京召开了第五次全国干部会议，出席会议的有中央执监委员、候补执监委员、各地组织的代表和中央指定的人员章伯钧、彭泽民、黄琪翔、季方等99人。会议传达并学习了政协一届一次会议文件。

在会议期间，与会者对于农工党的历史发展及其评价问题出现了严

---

① 章伯钧：《在中央执监委员会第二次全体会议上的政治报告》，1949年10月29日。[中国农工民主党中央研究室.中国农工民主党历史参考资料（重印，第一至第五辑合订本），2008：347-351.]

重的思想分歧：一种意见是少部分但说话有分量的人提出的，力主农工党"光荣结束"，取消组织，认为解放后农工党已没有继续存在的意义和必要，这种意见被认为是"代表进步的意见"；持另一种意见的，人数较多，不愿意取消组织，但不敢理直气壮地力争，只是情绪消沉，等待会议最后作出"光荣结束"的决定。在这样的关键时刻，中国共产党表示了极大的关怀，周恩来于11月22日邀请章伯钧、彭泽民、季方、郭则沉进行座谈，并对农工党将在会议上提出的两个互有分歧的报告，初步交换了意见。同日下午，周恩来又邀请参加会议的中央执监委员和各地代表，在北京饭店作了一个重要的报告。

周恩来的报告坦直中肯，且情切热情。他首先对农工党22年的历史和邓演达作了很高的评价，也联系中共历史上的错误，指出了农工党历史上的错误和缺点。

周恩来说："农工民主党不同于中共以外别的党派者，它是唯一具有革命传统基础的党，但是一直没有很好地发扬过自己的事业。农工民主党是一个政党，1927年以后断断续续存在了22年才有今天这样一个会议的举行，当然不能不考虑到党的历史性发展，借以确定今后的前途。诸位要很认真很严肃地对待这个问题。通过冷静地分析，达到正确的结论。"周恩来接着说："伯钧先生有一个情绪，以为反正就要结束了，何必反复检讨呢。其实即使要结束，也要好好地检讨一下，才对得起22年奋斗的历史和关心你们的社会人士，更何况就我看来，农工民主党还不是应该结束的时候呢。"周恩来鼓励大家说："大革命的失败到来，不少人动摇了，一部分人牺牲了，只有少数人撑下来了。农工民主党也是一样，邓先生倒了下去，几个人撑下来了。这就是我们革命的又一特点，这就是不惧不屈的传统的革命精神，农工民主党如果没有这种精神，也许不存在了，更不要说参加今天胜利的革命行列。"周恩来最后说："关于今后任何做法，我看了你们的几个结论，又觉得消极了一点，总觉得不妥。我以为农工民主党还有它的历史任务，不能让它无疾而终。一个革命政党不必害怕自己消灭，但是农工民主党还没有到这个时候，不应该消极。"

周恩来语重心长的报告，听者无不心悦诚服，感激振奋，这就为与会者提高认识、统一思想起了决定性的作用，使会议得以圆满结束闭幕。这又一次说明，不论是在革命十分艰难还是在革命取得胜利的岁月里，中国共产党总是在农工党最需要的时候,给予了无私的关怀和支持,充分体现了中国共产党同农工党长期合作的真诚愿望。

五次干部会议通过了《党务总结报告》、《执监委员会组织规程》、《工作委员会组织规程》、《关于各级组织的决定》、《关于党务报告的决定》、《关于政治报告的决定》和《中国农工民主党第五次干部会议宣言》。选举了由委员章伯钧、黄琪翔、季方、丘哲、郭冠杰、李伯球、张云川、王深林、李士豪、罗任一、杨清源、王一帆、杨逸棠、郭则沉、庄明远、严信民、何世琨、杨子恒、连瑞琦、郭翘然、云应霖、黄农、黄朋豪等23人和候补委员丘辰、黄桐华、张觉初、何仲珉、李健生(女)、张耀明、徐哲等7人组成的中央执行委员会,选举了由委员彭泽民、韩卓儒、陈卓凡、唐午园、王寄一、欧阳平、王人旋、李如苍等8人和候补委员黄慎之、叶粤秀、朱镜堂等3人组成的中央监察委员会。会议推选章伯钧为执行委员会主席,彭泽民为监察委员会主席,黄琪翔为执监会议秘书长。

12月17日,农工党举行五届一次中央执监委会议,推选章伯钧、彭泽民、黄琪翔、季方、郭翘然、郭则沉、严信民、王深林、李士豪、何仲珉10人组成中央工作委员会。决定章伯钧为中央工作委员会主任委员,黄琪翔为副主任委员,季方为人事处长,郭则沉为学习指导处长,何仲珉为秘书处长。

五次干部会议的《关于政治报告的决议》作出了5个方面的原则决定和7个方面的具体决定。5个原则决定是:接受中国共产党的领导,接受马列主义、毛泽东思想作为我党今后基本的教育方针,以政协《共同纲领》为本党的行动纲领,继续拥护和支持人民民主统一战线,从思想上生活上进行批评与自我批评。7个具体决定是:停止吸收党员和发展组织,建立党内学习制度,建立自我批评制度,停止工人农民青年学生党员的组织关系,鼓励和帮助党员参加中共和民盟等,有条件从严接受恢复党籍的要求,紧缩并健全中央及各地方领导机构。

中国农工民主党第五次全国干部会议,在通过《中国农工民主党第五次全国干部会议宣言》后,于1949年11月26日在人民首都北京圆满闭幕!《宣言》首先感谢中国共产党和人民领袖毛泽东给予会议贤明的指导。然后,归纳了会议的主要任务是:对于过去奋斗的经验予以适当的检讨,对于今后全党努力的方向予以正确的决定。经过长期反复的讨论,会议通过了关于政治与党务的多项决议,《宣言》认为全党同志今后的工作和行动将以之为准绳,并力求其贯彻。

《宣言》认为在这样一个伟大的历史阶段,有必要对本党22年来奋斗的经过作有意义的总结：

1930年,第一次全国干部会议在邓演达同志亲自领导下,集会于上海,竖起推翻蒋匪为首的国民党反动统治的旗帜,确立反帝反封建和土地革命的政治纲领,而创立本党,不幸未二年而邓演达同志遂以身殉。

1935年,我们召开第二次干部会议于香港,这是在福建人民政府失败后,日本帝国主义正积极侵略华北,蒋匪帮反集中全力,进攻工农红军,妄图消灭中国共产党,中国民族危机正到了最严重的关头。我们会议通过了《临时行动纲领》,重新恢复党的组织,响应中共的"八一"号召,呼吁建立抗日联合阵线,主张对日作战,宣布联俄政策。

1938年,"七七"抗日战争爆发,宁沪相继沦陷,抗战转入第二期,我们召开第三次全国干部会议于武汉,决定了"抗战时期的政治主张",以坚持团结,实现民主,为保证抗战必胜的基本条件。由于这一信念的确立,我们终能战胜蒋匪帮所加给我们的种种压迫,而忠诚地接受了中共的领导,参加民主同盟,使本党在民主阵线中成为坚强奋斗的一员。

1947年,我们召开第四次全国干部会议于上海,正式改定党名为中国农工民主党。我们主要的奋斗任务,是在促进民主,反对内战,团结群众,以推翻反动的统治和驱逐美帝国主义者在中国的侵略势力。

一般地说来,在反帝反封建的中国新民主主义革命之总路线上,我们是朝着进步的方向前进的,我们也尽了相当的历史责任,而且终于正确地走到了工人阶级政党的旗帜下,这正是符合着中国革命运动发展的法则。同时,我们在过去革命的工作过程中也曾犯不少错误,特别遗憾的是在建党初期没有确立与中国共产党合作的决策,直到1933年"福建事变"残酷的事实教训,我们才改正了这一错误的方向。

《宣言》认为：今后在中国共产党领导下,应努力于巩固人民民主专政,努力于加强巩固人民民主统一战线,努力于新民主主义的建设,为彻底实现人民政协共同纲领而坚决奋斗。《宣言》最后号召：全党同志要团结起来,接受马列主义、毛泽东思想,实行自我改造；同时,更要和广大人民群众结合起来,参加各种经济的、文化的、社会的改造和建设事业,以完成本党的使命。

1949年底到1951年秋,中国农工民主党按照第五次全国干部会议精神和形势所赋予的任务,经过近两年的重新整顿组织、加强理论学习和经历抗美援朝、土地改革、镇反运动等社会实践,整党工作已基本完成,并取得重大成果,中国农工民主党已成为一个在中国共产党领导的、致力于社会主义建设的参政党,为实现人民政协《共同纲领》而努力奋斗。

7.6　新民主主义革命胜利的基本经验

中国的新民主主义革命是从1919年五四运动开始的,在此之前的近代以来的资产阶级民主革命为中国的旧民主主义革命。新民主主义革命是无产阶级领导的,以反对帝国主义、封建主义、官僚资本主义为主的人民民主革命。它的目标是无产阶级(通过中国共产党)牢牢掌握革命领导权,彻底完成革命的任务,并及时实现由新民主主义向社会主义的过渡。新中国的成立标志着我国新民主主义革命的胜利,1956年三大改造(对农业、手工业和资本主义工商业的社会主义改造)的完成标志着中国新民主主义社会阶段的基本结束和社会主义初级阶段的开始。

中国新民主主义革命的胜利,使中华民族的历史发生了翻天覆地的巨大变化。[1]

——这一胜利,在辽阔的中国大地上结束了极少数剥削者统治广大劳动人民的历史,结束了帝国主义、殖民主义势力奴役中国各族人民的历史。中国人民从此站立起来,当家作主,真正成为新国家、新社会的主人。这是中国人民社会政治地位的根本变化。中国由此实现了从几千年的封建专制政治向人民民主政治的伟大跨越。

——这一胜利,彻底结束旧中国一盘散沙的局面,实现了国家的统一。封建割据局面已一去不复返。中国各族人民从此生活在团结友爱、和睦相处、共同进步的大家庭之中。

---

[1] 中共中央党史研究室.中国共产党历史(第一卷).2版.北京:中共党史出版社,2011:818-827.

——这一胜利，实现了近代以来多少仁人志士为之奋斗的民族独立和人民解放的历史任务，使中华民族一洗百年来所蒙受的奇耻大辱而光荣地自立于世界民族之林，使中国人民结束奴隶般的悲惨生活而走向光明幸福的未来。

——这一胜利，从根本上改变了中国社会的发展方向，从而为实现由新民主主义到社会主义的转变，建立社会主义制度；为中国摆脱贫穷落后的面貌，实现国家繁荣富强和人民共同富裕，扫清了障碍，创造了必要的前提。

中国新民主主义革命的胜利，是 20 世纪继俄国十月社会主义革命和反法西斯的第二次世界大战之后，世界历史上最重大的政治事件。这一胜利，冲破了帝国主义的东方战线。它在一个人口占全人类四分之一的大国里，扫荡了帝国主义及其代理人的势力，从而极大地改变了世界政治力量的对比，既有力地推动了世界被压迫民族和被压迫人民争取解放的斗争，极大地增强了他们反帝斗争的胜利信心；也有力地推动了维护国际和平事业的斗争，极大地增强了世界和平力量。

毛泽东在总结新民主主义革命的历史经验时，提出了"三大法宝"论，他指出："一个有纪律的，有马克思列宁主义的理论武装的，采取自我批评方法的，联系人民群众的党。一个由这样的党领导的军队。一个由这样的党领导的各革命阶级各革命派别的统一战线。这三件是我们战胜敌人的主要武器。""依靠这三件，使我们取得了基本的胜利。"① 在毛泽东"三大法宝"论当中，中国共产党的领导是核心，是关键，是中坚；人民军队是前方，其武装斗争是手段；统一战线是后方，是后勤保障。中国共产党的领导地位，既不是单凭任何人的愿望或意志就能造成的，也不是其他党派所能代替的，而是新民主主义革命实践证明的和历史选择的结果。没有中国共产党的正确领导，就没有新中国。作为统一战线重要组成分子的第三党，在反对国民党的反动统治，反蒋抗日救亡御侮，团结抗战和争取民主，筹备新政协，建立新中国等诸多作出了重要的历史贡献。

---

① 毛泽东：《论人民民主专政》，1949 年 6 月 30 日。[毛泽东：毛泽东选集(第 4 卷). 北京：人民出版社，1991：1480.]

第 8 章　第三党的历史贡献

（1926.11—1949.10）

　　由于具有的特殊的建党背景、不屈的政治探索和曲折的发展道路，所以，第三党（中国农工民主党）有着与其他民主党派不一样的特质，在中国新民主主义革命发展过程中起着特殊的历史作用，作出了重要的历史贡献。概括书后所附的相关参考文献和前述的第三党历史，可以将其归纳整理为以下五个方面。

8.1　创立平民革命理论

　　平民革命理论的产生是有其历史必然性的。1927 年北伐战争失败后，蒋介石建立了南京政府，开始了国民党新军阀的反动统治。这导致了中共和国民党左派的反对与反抗，国民党左派领袖邓演达就此积极号召广大民众起来推翻蒋介石反动统治，扫除中国发展资本主义的障碍，建立平民政权，以资本主义形式过渡到社会主义。平民革命理论孕育于中华革命党时期。《中华革命党宣言草案》有云："中国革命的方式，是纠合广大的劳动平民群众构成一个伟大的革命阶级，以领导中国革命，更与穷苦的小资产阶级联合，作为阶级斗争的同盟，以达到政治经济的解放，以求民族的自由独立，这是中国革命唯一正当的轨道。"平民革命理论继承和发展了孙中山的三民主义思想，邓演达认为"三民主义"的真正含义为：民族主义是反对帝国主义到底，要得到中国民族的自由和独立，并使国内各弱小民族能自由独立；民权主义是要推翻封建特权阶级

和一切少数宰割多数的反动势力,由大多数劳苦民众,自己建设平民的政权;民生主义是要推翻少数剥削多数的经济制度,把中国从贫困惨苦的地狱中拔出,以劳动民众所生产的一切归劳动民众享受。①

平民革命理论是邓演达思想的重要组成部分,除了《政治主张》外,邓演达于1931年6月25日写成的《怎样去复兴中国革命——平民革命?》一文是重点阐述平民革命理论的著作。该文论述了三大问题:中国革命失败的原因及南京统治形成的过程、复兴中国革命的手段和中国革命的前途。文章认为中国革命的核心问题是:在经济意义上,在肃清旧残余和清厘除治买办高利贷经济同时,重点改造小农经济生产,以集体的力量构成"计划经济"或"国家经济",一面使生产力加速度地发展,一面使分配向着平均的路途——向着社会主义的路途;在政治意义上,铲除官僚政治及军事独裁,彻底扫清士大夫地主豪绅专政的传统政治形态,由人民直接掌握政权,且使政治组织与经济生活密不可分;在社会意义上,扫除奴役人民的社会意识及社会行为。在平民革命运动中,工农大众是革命政权的核心,工商业者是团结的对象。农工平民的自身组织和武装,实为复兴中国革命、发动平民革命的必备条件。文章就怎样去解决农民耕地问题,提出了"耕地农有"和"耕者有其田"的原则,设想了具体的实施方案和操作程序。文章认为:由国民革命军中忠于农工平民大众且与人民打成一片的分子形成新的革命武装——平民革命军,成为人民——农工平民的武装先锋,是永远为解放中国民族、建立平民政权、促进社会主义而产生而牺牲作战。文章彰显中国国民党临时行动委员会的中心主张之一就是建立平民政权,平民政权是由生产者所构成而进行社会、经济、文化的解放,并使之平民化的一种权力机关,其特质在于它是生产者的政权、是反对特殊阶级的政权。复兴中国革命的命运要由中国人民自己掌握,即进行平民革命。

邓演达认为工农群众是平民革命的主要力量,是最坚决的革命者。因为中国工农群众受压迫最重,受剥削最深,最富于革命性。"平民革命是人民群众的革命,故,工农是革命的主要成分和主力军"。中国社会性

---

① 宋庆龄、邓演达、陈友仁:《对中国及世界革命民众宣言》(《莫斯科宣言》),1927年11月1日。

质决定了中国的革命性质是资产阶级民主革命,同时也规定了革命对象必然是封建地主阶级、买办资产阶级、官僚和军阀等反动阶级。邓演达明确提出平民革命的性质是反帝反封建的。反帝反封建是中国平民革命的两大中心任务,反帝反封建必须首先反蒋,只有反蒋才能真正反帝反封建。邓演达认为当时的社会性质和具体情况,不宜直接进行社会主义革命,革命必须分成两个阶段,即,首先进行资产阶级民主革命,然后向社会主义过渡,以国家资本主义为其过渡形式。即平民政权下的国家资本主义是运用过渡期经济政策的组织形式,是平民政权建立后必然的出路,然后进入建设社会主义阶段。

在第一阶段里,通过平民革命即号召和组织广大平民群众自觉地夺取或接管旧的政权,使其成为平民政权,并以平民政权的力量对社会进行改革,实行国家资本主义,为过渡到社会主义创造条件。第二阶段,实行社会主义的政策,发展社会主义,实行集体经济、土地国有等政策,使其组织化、社会化。土地革命是平民革命的一个重要内容。土地革命也同革命进程一样,有两个阶段,即第一阶段"耕地农有",第二阶段"土地国有"。邓演达主张用平民政权的力量,并武装农民,打倒土豪劣绅操纵的武装,并由国民会议规定土地分配方案。

8.2 重视武装军事斗争

1930年8月9日,中国国民党临时行动委员会成立大会后,邓演达提出了"军事第一"的论断,所有的活动都以军事活动为优先。临委会认识到:在革命运动当中,武力占了一个很重要的地位,尤其是在落后的中国社会,没有进步的武力,实无法可以发动初步的斗争。因而提出:为了建立平民政权,必须组成新的革命武装——平民革命军,用革命武装去消灭反革命的武装,并依靠它去保卫平民政权。以期使之成为在次日所发《通告》(第一号)中提出于"最短期间"实现两个目标的手段或保证:"务使于最短期间把反革命的统治推翻,革命的势力扩大,革命的纲领推行。并希望于最短期间得到新的革命根据地,把革命的本党全体同志重新集合起来,建立正规的中央,以完成孙中山主义革命的使命,使中国民族完全解放,人民直接掌握政权,实现社会主义建设。"

第三党重视武装军事斗争,这与邓演达及其临委会成员多具备军事背景很有关系。如邓演达一生接受四段军事教育,之后又参加黄埔军校、黄埔军校武汉分校筹办和北伐战争经历。第三党成立之初,以推翻蒋介石政权为目标,并认识到没有军队就不可能推翻蒋介石的反动统治。因而在发展党组织的同时,就十分重视革命武装力量的培养。临委会成立后,制定了具体的军事行动计划,确定了军事运动十项方针,要"造成一支以黄埔学生为中坚的革命军",用革命武力推翻蒋介石的反动统治。不仅如此,邓演达还特别重视军队政治思想工作,他认为军事行动必须在党指挥下进行,不得越过党组织自行发展;防止军事力量失控,就必须在军队中实行政治思想工作。邓演达所致力组建的"平民革命军",是把政治工作视作灵魂的,是要以强有力的政治工作来保障军队的革命性。邓演达领导的国民革命军总政治部和各级政治部有很多共产党员和军事主官,这对后来中国共产党创立自己的新型军队起到了深远而重大的影响。

邓演达还利用他的个人影响,争取到几支决定参加反蒋的军队,主要是由陈铭枢指挥的第十九路军、由陈诚任军长的第十八军、由郜子举指挥的第二纵队和由杨虎城指挥的驻陕西的第十七路军,并且与冯玉祥建立了密切关系。另外和阎锡山、张轸等部,也建立了直接或间接的联系。由于临委会活动严重威胁了蒋介石赖以生存的军事基础,蒋介石对邓演达恨之入骨,并将其逮捕并秘密处决。邓演达的牺牲给临委会造成了无法弥补的损失,第三党失去了领导核心,地方组织被瓦解,武装起义夭折。

1931年,"九一八"事变后,面对民族的危亡,第三党提出"倒蒋抗日",发动农工推翻蒋介石的反动统治。"一·二八"抗战、长城抗战、福建事变,第三党都是主要的策动者与参与者之一。1932年"一·二八"抗战前夕,驻京、沪一带的十九路军指挥蒋光鼐、蔡廷锴找第三党领导人黄琪翔商量对策,黄琪翔坚决主张进行抗击。淞沪抗战开始后,黄琪翔除亲自赴前线视察,协助指挥作战外,同时派临时行动委员会党员余立奎、何自立等组织义勇军,编为十九路军补充团参加抗战,该团曾在太仓等地同日本侵略军进行了英勇的浴血战斗。1933年春的长城抗战中,临时行动委员会支持冯玉祥的联共抗日计划,并派人到冯部工作。在冯玉祥组织成立的"民众抗日同盟军"中,临时行动委员会党员周惠生、张云川分别担任要职。1933年,临时行动委员会领导成员参与了福建事变的策动,并充分利用这次机会,建立了一些由他们控制的地方武装。

1937年,上海"八一三"抗战爆发后,黄琪翔被任命为第八集团军副总司令,率部在上海龙华一带与日军作战。由于他的关系,该党杨逸棠、李卓贤、何志坚、裘朝慎等一大批干部也先后参加抗战,裘朝慎在作战中英勇牺牲。9月下旬,黄琪翔又担任第八集团军总司令,全力指挥淞沪作战。1941年12月,太平洋战争爆发,黄琪翔出任中国远征军副司令长官,出征缅甸,协同英军作战。1944年5月,在中国远征军司令长官卫立煌和黄琪翔的筹划、指挥下,中国远征军强渡怒江,发动了震惊中外的滇西反攻战役,经过长达6个月的顽强战斗,一举全歼在滇西境内的5万多日军精锐部队,不仅解除了对中国抗日正面战场背后的威胁,而且保障了战略物资运输生命线的畅通,它还是中国抗日正面战场上最先开始战略反攻的一次战役,一举消灭那么多日军精锐部队是空前的,为抗日战争史增添了辉煌的一页。整个抗战期间,第三党积极投身抗日武装斗争,为抗战的胜利作出了巨大贡献。

解放战争时期,在彻底批驳第三条道路幻想的同时,坚决拥护共产党将革命进行到底的主张,并以实际行动积极支援和配合了人民解放军解放全中国。主要是策动国民党军起义和收集军事情报,并付出了巨大的牺牲,中国农工民主党上海市党部主要负责人曾伟、虞键等人,农工党郭莽西、赵寿先、刘启伦、焦伯荣等被敌人逮捕,并在解放前夕惨遭杀害。在湖南省湘西建立了"溆沅辰人民解放总队",共3 000余人,同国民党军队经大小战役十余次,解放了湘西各县,为迎接当地解放及协助当地政府剿匪、征粮作出了贡献。渡江战役胜利后,农工党继续在提供军事情报和策反方面做了大量工作,并建立反蒋武装,在各地开展游击战争,配合解放军解放全中国。

8.3 推动建立抗日民族统一战线

1935年夏,日本帝国主义继侵占中国东北三省后,又向华北发动新的攻势,国民党政府进一步推行"攘外必先安内"政策,中华民族危机进一步加深。8月1日,中国共产党在中华民族处于千钧一发的生死关头发表《八一宣言》,呼吁停止内战,一致抗日,建立抗日民族统一战线。随后,中国国民党临时行动委员会领导成员向香港集结,重振组织,参加民族抗日阵线,并以临委会的名义发表了《组织反日阵线提议的宣言》。

1935年11月10日,在香港召开了第一次临时代表会议,通过了《临时行动纲领》和《告同志书》。中华民族解放行动委员会的《告同志书》,是一个重振组织的文告,是在中国最先响应中共《八一宣言》的一个宣言。它宣称:"我们思想上的武器,是马克思列宁主义。""我们现实的政治任务,在于完成中国反帝反日的民族革命和土地革命。"是在这样的思想和政治基础上,同共产党合作,共同奋斗的。《告同志书》对重振组织的问题作了说明后,提出了组织反日阵线的建议,指出"中国反帝民族革命战争,应自对日宣战开始";主张"成立临时政府,主持对日作战事宜";呼吁"一切的革命党派,在目前民族生死的最后关头中,应该放弃其宗派的偏见,在反帝反日战争和土地革命两大原则之下,形成巩固的联合战线,组织统一的行动指导机关"。

1935年底至1936年初,全国抗日救亡运动以"一二·九"运动为标志,继续蓬勃发展起来。与此同时,1936年2月下旬日本少壮派军人发动政变,侵华派的广田弘毅起而组阁。针对当时的形势,第三党又以解委会的名义再一次发表了《"组织反日阵线"提议宣言》[①],指出"中华民族灭亡惨祸,将因日本此次政变而愈烈;其为期也,亦必愈速"。认为"国内任何矛盾,都大不过日本帝国主义与中国的矛盾;各党派间的任何分歧,都不能否认集中力量反日的必要"。呼吁"集中全国一切力量,发动反日战争,不仅是绝对的必要,而且有完全的可能"。以最大的热忱提议:"以最快的速度,组成全国的反日阵线。"并提出了组织反日阵线的具体意见:第一,各党派应该公开承认,反日阵线只能由各党派各社团共同集结而成,对他们在反日以外之一切政治主张,均容其各自保留,不得干涉。第二,各党派各社团应迅速推定负责人相互交换意见,成立临时圆桌会议,筹创反日阵线,策划构成和责任,不能坐失事机。这个《宣言》

---

① 《中华民族解放行动委员会"组织反日阵线"提议宣言》,1936年2月。《抗战行动》,1938年1月1日,第14—16页。

的发表,是响应中共《八一宣言》的进一步具体化,表明了迫切要求抗日的愿望和决心,是解委会历史上的一个具有重大意义的文献。

第一次临代会议以后,解委会在全国抗日救亡运动的鼓舞下,各地组织得到了较快的恢复和发展。华北区在北平成立华北局,领导重建了北平、天津、山东、河北、绥远等省市委员会或支部,在华北局的直接领导下,北平市的青年运动特别活跃,拥有成员和所联系的骨干三百余人,除开展各种救亡活动外,还参加了"一二·九"的游行和宣传,在抗日救亡运动中发挥了积极的作用。华东区在上海成立了华东的领导机构,首先恢复了上海市组织,并向浙江、江西、安徽、福建等省分别派出干部,准备联系成员,恢复组织,建立机构,开展工作。为了积极准备抗日,在军事方面也着手进行工作,同河南、福建的一些地方团队,初步建立了联系。华南区的组织活动,主要集中在广东,由中央直接领导开展工作,一方面是大力开展青年运动,发动青年群众进行抗日宣传和反日游行;一方面是深入农村,开展农民运动,并在一些地方建立了少量的农民武装,为参加抗日战争做准备。

1937年6月间,彭泽湘到北平进行抗日联合战线的活动。毛泽东通过李锡九邀彭泽民去延安,同彭泽民作了三四个晚上的长谈,主要谈论了建立广泛的抗日民族统一战线的方针政策。这次邀谈,是中国共产党对解委会的深切关怀和有力支持。1937年"七七"卢沟桥事变,揭开了全国抗战的序幕。7月15日,中共中央将《为公布国共合作宣言》送交蒋介石。《宣言》提出发动全民族抗战、实行民主政治和改善人民生活等三项基本要求,重申中共为实现国共合作的四项保证。

1937年7月17日,中共代表周恩来等在庐山与蒋介石继续谈判。同一天,蒋介石发表了准备抗战的谈话。8月13日,日军大举进攻上海,扬言3个月灭亡中国。由于国民党统治的中心地直接受到威胁,8月14日国民政府发表《自卫抗战声明书》。8月中旬,中共代表周恩来、朱德、叶剑英同蒋介石等就发表中共宣言和改编红军问题,在南京举行第五次谈判,蒋介石被迫同意将在陕北的中央红军改编为国民革命军第八路军(简称八路军)。8月25日,中共中央军委发布命令,中央红军改编为八路军,任命朱德、彭德怀为正、副总指挥,开赴华北抗日前线。10月间,又将在南方十三个地区的红军游击队改编为国民革命军新编第四

军(简称新四军),任命叶挺为军长,项英为副军长,张云逸为参谋长,开赴华中抗日前线。

在共产党的催促下,9月22日,国民党中央通讯社发表了《中共中央为公布国共合作宣言》。23日,蒋介石发表谈话,实际上承认了共产党的合法地位。至此,抗日民族统一战线正式形成,第二次国共合作开始。解委会为促进国内的统一和团结,政治上以联共为基础,采取了同国民党合作的形式,承认国民党政府为"抗日政府",承认蒋介石为"抗战领袖",通知全党积极开展一切抗日活动,并尽量争取投入到抗日战争的第一线。

8.4　创造与中共紧密合作的典范

早在1930年8月邓演达创立中国国民党临时行动委员会之初,就明确提出了与中国共产党建立联合战线的主张。邓演达对中国革命许多基本问题的正确认识和分析,以及鲜明的反帝反封建的革命立场,本来有可能同中国共产党联合起来,反对共同的敌人。但时值李立三在主持中共中央工作,他的"左倾"关门主义对邓演达采取了错误的政策,因而对第三党了采取了否定的态度,致使两党之间形成了严重的隔阂,给革命造成了巨大损失。周恩来在总结这一经验教训时指出:"1930年邓演达回国后,曾找我们谈判合作反对蒋介石,可是我们没有理睬他,这是不对的。"

1931年"九一八"事变后,临委会提出了"倒蒋抗日"的政治口号,此时正值以王明为代表的"左"倾错误路线在中共中央的统治时期,对第三党的认识仍无突破。1934年的《第二次全国苏维埃代表大会宣言》仍把第三党列入"反革命的改良主义的派别"。1933年11月20日,黄琪翔、章伯钧等第三党领导同十九路军爱国将领陈铭枢、蒋光鼐、蔡廷锴以及国民党民主势力李济深等共同发动了著名的"福建事变"。这是一次意义重大的"国民党营垒的破裂",十分有利于中央红军打破国民党的第五次"围剿"。由于当时的中共中央仍将第三党等中间势力视为"最危险的敌人",错误地认为"福建人民政府"是维持地主资产阶级的政权,因而再一次错失了与第三党联手反蒋的有利时机。

这一切表明,尽管在第一次国内革命战争时期,中国国民党临时行动委员会与中国共产党在关于中国革命的理论方面和在指导思想上,双方认识有着严重的分歧,但出于同一反蒋目标,双方仍然在分化、争取国民党各派系反蒋力量方面做了大量工作。而重要的是,虽然中国国民党临时行动委员会对中国共产党进行了许多言论上的攻击,却没有在行动上去破坏对方的工作,反而在争取反蒋力量方面进行了"默契的合作",这一点就为日后在抗日反蒋方面的真正合作奠定了基础。

1935年11月,临委会率先响应中共"八一宣言",并将党名改为"中华民族解放行动委员会",确定了反蒋联共抗日的方针,从此在中国共产党抗日民族统一战线的旗帜下,走上了与中国共产党合作抗日的道路。解委会不断加强与中共合作,双方关系较为密切,是最接近中共的民主党派之一。抗战初期,章伯钧、彭泽湘在武汉与周恩来、秦邦宪等中共领导人举行了正式会谈。解委会认识到"政治上没有什么中立,总是要偏向某一方面的,我们是代表工农平民的政党,应当偏向共产党",表示愿意"与中共建立更为密切的合作,并要求中共对其纲领、组织、宣传及经济予切实援助",周恩来表示赞同。此后,解委会在实践中不断受到中共正确路线的影响,积极靠拢中共。在中共的支持下,解委会成员积极开展各种爱国民主活动。自1935年下半年以后,两党的合作关系已真正建立,中国共产党与第三党从此结束了过去互相否定对立的不正常状态,开始相互支持,相互配合,并日益进入了一个巩固、发展的新时期。

1936年9月,中共中央发出了《关于逼蒋抗日的指示》,提出对蒋的政策应从"抗日反蒋"改为"逼蒋抗日"。10月间,第三党在"逼蒋抗日"这一问题上站到了共产党这一边。1937年6月,毛泽东邀请第三党领导人彭泽湘去延安,就建立抗日民族统一战线的方针政策交换了意见,标志着两党关系正常化,也标志着两党在处理党际关系上逐渐成熟。

在武汉期间,解委会在形式上已取得半合法地位,但仍处处遭到国民党的歧视与压制。章伯钧等经常与中共驻武汉代表团讨论对时局的看法,对内对外力主联共联苏,呼吁民主、抗战。他赞同并支持中共的抗日民族统一战线,为抗日救国奔走呼号。为加强同中共的合作,1938年2月,解委会以章伯钧、彭泽湘为代表,同中共领导人王明、周恩来在汉口举行两党会谈。双方共同回顾了过去两党间的关系,交换了开展抗日

民族统一战线工作的意见,一致表示今后要密切合作,共赴国难。这次会谈为解委会进一步靠拢共产党奠定了思想和政治基础。

1941年初,解委会以章伯钧、丘哲为代表,在重庆曾家岩50号同中共领导人周恩来、董必武、叶剑英举行正式会谈。会谈中,章伯钧表示了进一步加强同中共合作的诚意,希望中共在政治、经济、组织等方面予以切实的援助。周恩来等表示"极端赞同,并愿给予种种支援"。会谈后,周恩来等向中央报告说,第三党近因当局之压迫,日渐左倾,现正整顿其组织,并提出联俄联共之中心主张,与我们建立密切之合作。该党凡在大是大非的斗争中,都是站在共产党一边,采取了积极的态度。通过经常交流和密切合作,中共逐步认同"第三党与我们最接近,是最同情我们的"。

1944年9月15日,林祖涵(伯渠)在三届三次国民参政会上,代表中共提出:结束国民党一党专政,建立各抗日党派联合政府。24日,章伯钧和沈钧儒等召开有500多人参加的民主宪政促进大会,积极响应中共号召,一致提出"实行民主、挽救危机,召开国是会议,成立民主联合政府"的要求。章伯钧随后在各党派、各界人士召开的会议上明确指出:"中国今天有强有力的共产党,有强有力的民主同盟。只有立即召开国民会议,实行联合政府,才能挽救危机。"对中国共产党的主张给予了积极支持。

1945年1月,周恩来在曾家岩50号周公馆宴请第三党的章伯钧、郭则沉、韩兆鹗、刘宗宽等人。在宴会中,周恩来分析了抗战胜利在望的形势,要求大家走团结和民主的道路,共同打败日本侵略者。他坦率地检讨了中共过去犯的关门主义错误,他说:"由于过去认为反对国民党当中间派是'最危险的敌人',因此拒绝与从国民党分化出来的第三党联合,认为比国民党还要坏,这就是把一切愿意革命和可以争取的朋友一概拒之门外,孤立了自己,帮助了敌人。"因此,"在'福建事变'时,竟然坐失良机,使革命遭受很大损失,这是一个惨痛的教训"。周恩来还说:"邓(演达)择生先生和我们是老朋友,今后我们要继续同第三党做朋友,加强联系,密切合作,有事多商量。"周恩来的话进一步消除了两党历史隔阂,增强了友谊。

1947年2月,改党名为中国农工民主党,在中共的帮助和鼓励下,多次发表声明,拒绝参加国民党一手包办的伪"国民代表大会",积极参加反蒋求解放活动。1948年5月,农工党和其他民主党派与无党派人士,响应中共"五一号召"提出的召开新政治协商会议成立联合政府的主张。之后,奋勇配合解放战争,积极参加新政协筹备,为建设新中国作出了历史贡献。

第三党对中国共产党的态度,由最先的排共反共到后来的联共拥共,是新民主主义革命形势的发展变化中作出的正确选择,最终成为中国共产党亲密合作的友党。从而,第三党在长期的革命斗争实践中,创造了与中共密切合作的典范。历史经验告诉我们:在中国新民主主义革命中,各党派只有联合共产党才能完成反帝反封建的任务,而中国共产党也只有把马克思主义普遍原理与中国革命具体实践相结合,对民主党派采取正确的政策,才能领导他们共同完成革命任务,使各党派在革命中充分发挥积极作用。

8.5 形成优良的革命传统

第三党有着优良的革命传统,从1927年建党就以反帝反封建为目标,希望通过革命手段来拯救中国,为此经过一系列的努力。从邓演达的中国国民党临时行动委员会的建立开始,一直到中国农工民主党最后参加新中国的建立。在不同的时期,它随着时代的改变,不断地完善和更新自己。党名的改变印证了不同时期的革命任务。中国国民党临时行动委员会是以反对蒋介石的独裁统治,建立平民政权为目的。在日本入侵中国后中国的形势发生了改变,民族矛盾上升为主要的矛盾,党的名称改为中华民族解放行动委员会,以抗日救国为主要奋斗的目标。1942年加入民盟的工作,对民主宪政作出了重大的贡献。在解放战争时期,定党名为中国农工民主党,积极配合中国共产党,为全国的解放作出了重大的贡献。

1949年11月14日至26日,中国农工民主党在北京召开了第五次全国干部会议期间,与会者对于农工党的历史发展及其评价问题出现了严重的思想分歧:一种意见力主农工党"光荣结束",取消组织;另一种意见人数较多,不愿意取消组织,但不敢理直气壮地力争。针对这种分

歧,周恩来于11月22日下午,邀请参加会议的中央执监委员和各地代表,在北京饭店作了一个重要的报告。周恩来的报告坦直中肯,且情真意切。他首先对农工党22年的历史和邓演达作了很高的评价,也联系中共历史上的错误,指出了农工党历史上的错误和缺点。

周恩来说:"农工民主党不同于中共以外别的党派者,它是唯一具有革命传统基础的党,但是一直没有很好地发扬过自己的事业。农工民主党是一个政党,1927年以后断断续续存在了22年才有今天这样一个会议的举行,当然不能不考虑到党的历史性发展,借以确定今后的前途。"周恩来接着说:"就我看来,农工民主党还不是应该结束的时候。"周恩来鼓励大家说:"大革命的失败到来,不少人动摇了,一部分人牺牲了,只有少数人撑下来了。农工民主党也是一样,邓先生倒了下去,几个人撑下来了。这就是我们革命的又一特点,这就是不惧不屈的传统的革命精神,农工民主党如果没有这种精神,也许不存在了,更不要说参加今天胜利的革命行列。"周恩来最后说:"我以为农工民主党还有它的历史任务,不能让它无疾而终。一个革命政党不必害怕自己消灭,但是农工民主党还没有到这个时候,不应该消极。"

周恩来充分肯定了第三党(中国农工民主党)的光荣历史和重要贡献,他曾说:"除中共之外,农工民主党是唯一具有革命传统基础的党。"这个革命传统主要体现为第三党及其他的继承者——中国农工民主党具有"追求真理、不断进步;与中国共产党亲密合作,团结奋斗;热爱祖国、无私奉献;热爱组织、培育新人;自我教育、严于律己"的优良革命传统和光荣革命历史。在中国新民主主义革命时期,第三党走过了一条从爱国主义到社会主义的历史道路,形成了爱国革命的优良传统,为中华民族的解放事业作出了重要贡献。历史充分证明,第三党及其他的继承者——中国农工民主党已成为同中国共产党风雨同舟、荣辱与共的亲密友党,成为中国特色社会主义建设的参政党,成为实现中华民族伟大复兴的一支重要政治力量。

附录一

中国人民政治协商会议共同纲领

(一九四九年九月二十九日中国人民政治协商会议第一届全体会议通过)

序言

中国人民解放战争和人民革命的伟大胜利,已使帝国主义、封建主义和官僚资本主义在中国的统治时代宣告结束。中国人民由被压迫的地位变成为新社会新国家的主人,而以人民民主专政的共和国代替那封建买办法西斯专政的国民党反动统治,中国人民民主专政是中国工人阶级、农民阶级、小资产阶级、民族资产阶级及其他爱国民主分子的人民民主统一战线的政权,而以工农联盟为基础,以工人阶级为领导。由中国共产党、各民主党派、各人民团体、各地区、人民解放军、各少数民族、国外华侨及其他爱国民主分子的代表们所组成的中国人民政治协商会议,就是人民民主统一战线的组织形式。中国人民政治协商会议代表全国人民的意志,宣告中华人民共和国的成立,组织人民自己的中央政府。中国人民政治协商会议一致同意以新民主主义即人民民主主义为中华人民共和国建国的政治基础,并制定以下的共同纲领,凡参加人民政治协商会议的各单位、各级人民政府和全国人民均应共同遵守。

第一章　总纲

第一条　中华人民共和国为新民主主义即人民民主主义的国家,实行工人阶级领导的、以工农联盟为基础的、团结各民主阶级和国内各民族的人民民主专政,反对帝国主义、封建主义和官僚资本主义,为中国的独立、民主、和平、统一和富强而奋斗。

第二条 中华人民共和国中央人民政府必须负责将人民解放战争进行到底,解放中国全部领土,完成统一中国的事业。

第三条 中华人民共和国必须取消帝国主义国家在中国的一切特权,没收官僚资本归人民的国家所有,有步骤地将封建半封建的土地所有制改变为农民的土地所有制,保护国家的公共财产和合作社的财产,保护工人、农民、小资产阶级和民族资产阶级的经济利益及其私有财产,发展新民主主义的人民经济,稳步地变农业国为工业国。

第四条 中华人民共和国人民依法有选举权和被选举权。

第五条 中华人民共和国人民有思想、言论、出版、集会、结社、通讯、人身、居住、迁徙、宗教信仰及示威游行的自由权。

第六条 中华人民共和国废除束缚妇女的封建制度。妇女在政治的、经济的、文化教育的、社会的生活各方面,均有与男子平等的权利,实行男女婚姻自由。

第七条 中华人民共和国必须镇压一切反革命活动,严厉惩罚一切勾结帝国主义、背叛祖国、反对人民民主事业的国民党反革命战争罪犯和其他怙恶不悛的反革命首要分子。对于一般的反动分子、封建地主、官僚资本家,在解除其武装、消灭其特殊势力后,仍须依法在必要时期内剥夺他们的政治权利,但同时给以生活出路,并强迫他们在劳动中改造自己,成为新人。假如他们继续进行反革命活动,必须予以严厉的制裁。

第八条 中华人民共和国国民均有保卫祖国、遵守法律,遵守劳动纪律、爱护公共财产、应征公役兵役和缴纳赋税的义务。

第九条 中华人民共和国境内各民族,均有平等的权利和义务。

第十条 中华人民共和国的武装力量,即人民解放军、人民公安部队和人民警察,是属于人民的武力。其任务为保卫中国的独立和领土主权的完整,保卫中国人民的革命成果和一切合法权益。中华人民共和国中央人民政府应努力巩固和加强人民武装力量,使其能够有效地执行自己的任务。

第十一条 中华人民共和国联合世界上一切爱好和平、自由的国家和人民,首先是联合苏联、各人民民主国家和各被压迫民族,站在国际和平民主阵营方面,共同反对帝国主义侵略,以保障世界的持久和平。

第二章 政权机关

第十二条 中华人民共和国的国家政权属于人民。人民行使国家政权的机关为各级人民代表大会和各级人民政府。各级人民代表大会由人民用普选方法产生之。各级人民代表大会选举各级人民政府。各级人民代表大会闭会期间,各级人民政府为行使各级政权的机关。国家最高政权机关为全国人民代表大会。全国人民代表大会闭会期间,中央人民政府为行使国家政权的最高机关。

第十三条 中国人民政治协商会议为人民民主统一战线的组织形式。其组织成分,应包含有工人阶级、农民阶级、革命军人、知识分子、小资产阶级、民族资产阶级、少数民族、国外华侨及其他爱国民主分子的代表。在普选的全国人民代表大会召开以前,由中国人民政治协商会议的全体会议执行全国人民代表大会的职权,制定中华人民共和国中央人民政府组织法,选举中华人民共和国中央人民政府委员会,并付之以行使国家权力的职权。在普选的全国人民代表大会召开以后,中国人民政治协商会议得就有关国家建设事业的根本大计及其他重要措施,向全国人民代表大会或中央人民政府提出建议案。

第十四条 凡人民解放军初解放的地方,应一律实施军事管制,取消国民党反动政权机关,由中央人民政府或前线军政机关委任人员组织军事管制委员会和地方人民政府,领导人民建立革命秩序,镇压反革命活动,并在条件许可时召集各界人民代表会议。在普选的地方人民代表大会召开以前,由地方各界人民代表会议逐步地代行人民代表大会的职权。

军事管制时间的长短,由中央人民政府依据各地的军事政治情况决定之。凡在军事行动已经完全结束、土地改革已经澈底实现、各界人民已有充分组织的地方,即应实行普选,召开地方的人民代表大会。

第十五条 各级政权机关一律实行民主集中制。其主要原则为:人民代表大会向人民负责并报告工作。人民政府委员会向人民代表大会负责并报告工作。在人民代表大会和人民政府委员会内,实行少数服从多数的制度。各下级人民政府均由上级人民政府加委并服从上级人民政府。全国各地方人民政府均服从中央人民政府。

第十六条　中央人民政府与地方人民政府间职权的划分，应按照各项事务的性质，由中央人民政府委员会以法令加以规定，使之既利于国家统一，又利于因地制宜。

第十七条　废除国民党反动政府一切压迫人民的法律、法令和司法制度，制定保护人民的法律、法令，建立人民司法制度。

第十八条　中华人民共和国的一切国家机关，必须厉行廉洁的、朴素的、为人民服务的革命工作作风，严惩贪污，禁止浪费，反对脱离人民群众的官僚主义作风。

第十九条　在县市以上的各级人民政府内，设人民监察机关，以监督各级国家机关和各种公务人员是否履行其职责，并纠举其中之违法失职的机关和人员。人民和人民团体有权向人民监察机关或人民司法机关控告任何国家机关和任何公务人员的违法失职行为。

第三章　军事制度

第二十条　中华人民共和国建立统一的军队，即人民解放军和人民公安部队，受中央人民政府人民革命军事委员会统率，实行统一的指挥，统一的制度，统一的编制，统一的纪律。

第二十一条　人民解放军和人民公安部队根据官兵一致、军民一致的原则，建立政治工作制度，以革命精神及爱国精神教育部队的指挥员和战斗员。

第二十二条　中华人民共和国应加强现代化的陆军，并建设空军和海军，以巩固国防。

第二十三条　中华人民共和国实行民兵制度，保卫地方秩序，建立国家动员基础，并准备在适当时机实行义务兵役制。

第二十四条　中华人民共和国的军队在和平时期，在不妨碍军事任务的条件下，应有计划地参加农业和工业的生产，帮助国家的建设工作。

第二十五条　革命烈士和革命军人的家属，其生活困难者应受国家和社会的优待。参加革命战争的残废军人和退伍军人，应由人民政府给以适当安置，使能谋生立业。

第四章　经济政策

第二十六条　中华人民共和国经济建设的根本方针,是以公私兼顾、劳资两利、城乡互助、内外交流的政策,达到发展生产、繁荣经济之目的。国家应在经营范围、原料供给、销售市场、劳动条件、技术设备、财政政策、金融政策等方面,调剂国营经济、合作社经济、农民和手工业者的个体经济、私人资本主义经济和国家资本主义经济,使各种社会经济成分在国营经济领导之下,分工合作,各得其所,以促进整个社会经济的发展。

第二十七条　土地改革为发展生产力和国家工业化的必要条件。凡已实行土地改革的地区,必须保护农民已得土地的所有权。凡尚未实行土地改革的地区,必须发动农民群众,建立农民团体,经过清除土匪恶霸、减租减息和分配土地等项步骤,实现耕者有其田。

第二十八条　国营经济为社会主义性质的经济。凡属有关国家经济命脉和足以操纵国民生计的事业,均应由国家统一经营。凡属国有的资源和企业,均为全体人民的公共财产,为人民共和国发展生产、繁荣经济的主要物质基础和整个社会经济的领导力量。

第二十九条　合作社经济为半社会主义性质的经济,为整个人民经济的一个重要组成部分。人民政府应扶助其发展,并给以优待。

第三十条　凡有利于国计民生的私营经济事业,人民政府应鼓励其经营的积极性,并扶助其发展。

第三十一条　国家资本与私人资本合作的经济为国家资本主义性质的经济。在必要和可能的条件下,应鼓励私人资本向国家资本主义方向发展,例如为国家企业加工,或与国家合营,或用租借形式经营国家的企业,开发国家的富源等。

第三十二条　在国家经营的企业中,目前时期应实行工人参加生产管理的制度,即建立在厂长领导之下的工厂管理委员会。私人经营的企业,为实现劳资两利的原则,应由工会代表工人职员与资方订立集体合同。公私企业目前一般应实行八小时至十小时的工作制,特殊情况得斟酌办理。人民政府应按照各地各业情况规定最低工资。逐步实行劳动保险制度。保护青工女工的特殊利益。实行工矿检查制度,以改进工矿的安全和卫生设备。

第三十三条 中央人民政府应争取早日制定恢复和发展全国公私经济各主要部门的总计划，规定中央和地方在经济建设上分工合作的范围，统一调剂中央各经济部门和地方各经济部门的相互联系。中央各经济部门和地方各经济部门在中央人民政府统一领导之下各自发挥其创造性和积极性。

第三十四条 关于农林渔牧业：在一切已澈底实现土地改革的地区，人民政府应组织农民及一切可以从事农业的劳动力以发展农业生产及其副业为中心任务，并应引导农民逐步地按照自愿和互利的原则，组织各种形式的劳动互助和生产合作。在新解放区，土地改革工作的每一步骤均应与恢复和发展农业生产相结合。人民政府应根据国家计划和人民生活的需要，争取于短时期内恢复并超过战前粮食、工业原料和外销物资的生产水平，应注意兴修水利，防洪防旱，恢复和发展畜力，增加肥料，改良农具和种子，防止病虫害，救济灾荒，并有计划地移民开垦。保护森林，并有计划地发展林业。保护沿海渔场，发展水产业。保护和发展畜牧业，防止兽疫。

第三十五条 关于工业：应以有计划有步骤地恢复和发展重工业为重点，例如矿业、钢铁业、动力工业、机器制造业、电器工业和主要化学工业等，以创立国家工业化的基础。同时，应恢复和增加纺织业及其他有利于国计民生的轻工业的生产，以供应人民日常消费的需要。

第三十六条 关于交通：必须迅速恢复并逐步增建铁路和公路，疏浚河流，推广水运，改善并发展邮政和电信事业，有计划有步骤地建造各种交通工具和创办民用航空。

第三十七条 关于商业：保护一切合法的公私贸易。实行对外贸易的管制，并采用保护贸易政策。在国家统一的经济计划内实行国内贸易的自由，但对于扰乱市场的投机商业必须严格取缔。国营贸易机关应负调剂供求、稳定物价和扶助人民合作事业的责任。人民政府应采取必要的办法，鼓励人民储蓄，便利侨汇，引导社会游资及无益于国计民生的商业资本投入工业及其他生产事业。

第三十八条 关于合作社：鼓励和扶助广大劳动人民根据自愿原则，发展合作事业。在城镇中和乡村中组织供销合作社、消费合作社、信用合作社、主产合作社和运输合作社，在工厂、机关和学校中应尽先组织消费合作社。

第三十九条　关于金融：金融事业应受国家严格管理。货币发行权属于国家。禁止外币在国内流通。外汇、外币和金银的买卖，应由国家银行经理。依法营业的私人金融事业，应受国家的监督和指导。凡进行金融投机、破坏国家金融事业者，应受严厉制裁。

第四十条　关于财政：建立国家预算决算制度，划分中央和地方的财政范围，厉行精简节约，逐步平衡行政收支，积累国家生产资金。国家的税收政策，应以保障革命战争的供给、照顾生产的恢复和发展及国家建设的需要为原则，简化税制，实行合理负担。

第五章　文化教育政策

第四十一条　中华人民共和国的文化教育为新民主主义的，即民族的、科学的、大众的文化教育。人民政府的文化教育工作，应以提高人民文化水平、培养国家建设人才、肃清封建的、买办的、法西斯主义的思想、发展为人民服务的思想为主要任务。

第四十二条　提倡爱祖国、爱人民、爱劳动、爱科学、爱护公共财物为中华人民共和国全体国民的公德。

第四十三条　努力发展自然科学，以服务于工业农业和国防的建设。奖励科学的发现和发明，普及科学知识。

第四十四条　提倡用科学的历史观点，研究和解释历史、经济、政治、文化及国际事务。奖励优秀的社会科学著作。

第四十五条　提倡文学艺术为人民服务，启发人民的政治觉悟，鼓励人民的劳动热情。奖励优秀的文学艺术作品。发展人民的戏剧电影事业。

第四十六条　中华人民共和国的教育方法为理论与实际一致。人民政府应有计划有步骤地改革旧的教育制度、教育内容和教学法。

第四十七条　有计划有步骤地实行普及教育，加强中等教育和高等教育，注重技术教育，加强劳动者的业余教育和在职干部教育，给青年知识分子和旧知识分子以革命的政治教育，以应革命工作和国家建设工作的广泛需要。

第四十八条　提倡国民体育。推广卫生医药事业，并注意保护母亲、婴儿和儿童的健康。

第四十九条　保护报道真实新闻的自由。禁止利用新闻以进行诽谤、破坏国家人民的利益和煽动世界战争。发展人民广播事业。发展人民出版事业，并注重出版有益于人民的通俗书报。

第六章　民族政策

第五十条　中华人民共和国境内各民族一律平等，实行团结互助，反对帝国主义和各民族内部的人民公敌，使中华人民共和国成为各民族友爱合作的大家庭。反对大民族主义和狭隘民族主义，禁止民族间的歧视、压迫和分裂各民族团结的行为。

第五十一条　各少数民族聚居的地区，应实行民族的区域自治，按照民族聚居的人口多少和区域大小，分别建立各种民族自治机关。凡各民族杂居的地方及民族自治区内，各民族在当地政权机关中均应有相当名额的代表。

第五十二条　中华人民共和国境内各少数民族，均有按照统一的国家军事制度，参加人民解放军及组织地方人民公安部队的权利。

第五十三条　各少数民族均有发展其语言文字、保持或改革其风俗习惯及宗教信仰的自由。人民政府应帮助各少数民族的人民大众发展其政治、经济、文化、教育的建设事业。

第七章　外交政策

第五十四条　中华人民共和国外交政策的原则，为保障本国独立、自由和领土主权的完整，拥护国际的持久和平和各国人民间的友好合作，反对帝国主义的侵略政策和战争政策。

第五十五条　对于国民党政府与外国政府所订立的各项条约和协定，中华人民共和国中央人民政府应加以审查，按其内容，分别予以承认，或废除，或修改，或重订。

第五十六条　凡与国民党反动派断绝关系、并对中华人民共和国采取友好态度的外国政府，中华人民共和国中央人民政府可在平等、互利及互相尊重领土主权的基础上，与之谈判，建立外交关系。

第五十七条　中华人民共和国可在平等互利的基础上，与各外国的政府和人民恢复并发展通商贸易关系。

第五十八条　中华人民共和国中央人民政府应尽力保护国外华侨的正当权益。

第五十九条　中华人民共和国人民政府保护守法的外国侨民。

第六十条　中华人民共和国对于外国人民因拥护人民利益参加和平民主斗争受其本国政府压迫而避难于中国境内者，应予以居留权。

（根据中央档案原铅印件录附）

附录二

第三党大事记

1926 年

11月　共产国际执委会在莫斯科召开第七次扩大会议，中心议题是讨论中国革命问题。中共中央执行委员谭平山出席了会议，他在会上的报告和发言中首次提出了第三党的问题，并作了全面探讨。

1927 年

5月　邓演达向宋庆龄、谭平山等提出另组一个政党的问题，主张"国民党实行第二次改组，解散共产党的组织，统一革命的领导权，集中一切革命的势力，并确定向非资本主义道路前进的具体纲领"。由于陈独秀不赞成此举，加之形势发展很快，邓演达的主张没有实现。

6月　邓演达写了《我们现在又应该注意什么呢？》一文，对孙中山手著的三民主义进行了系统的诠释。

6月29日　邓演达发表《辞职宣言》，与蒋介石决裂。

6月30日　邓演达写了《告别中国国民党的同志们》的公开信，并于当天夜里化装离开武汉，前往苏联。8月15日抵达莫斯科。

11月1日　邓演达同宋庆龄、陈友仁在莫斯科以"中国国民党临时行动委员会"名义，发表《对中国及世界革命民众宣言》，即《莫斯科宣言》。

11月至12月　谭平山在上海发动组织"国民党左派联合办事处"，开始筹组新党工作。

1928 年

1月初　谭平山在上海主持召开中华革命党成立大会,邓演达被选为党的总负责人,在他没有回国前,由谭平山代理。

5月26日　中华革命党机关刊物《突击》创刊。

6月1日　中华革命党青年读物《灯塔》创刊。

6月中下旬　谭平山在上海召集中华革命党负责人会议,通过由他起草和提出的《中华革命党宣言草案》,该"宣言草案"全面阐述了中华革命党的政治主张。

是年冬　由部分国民党中央委员及各地负责同志组成一个没公开的中国国民党临时行动委员会。

是年　中华革命党在上海、北平、江西、福建、四川等地陆续发展地方组织,开展政治活动。

1929 年

6月13日　中华革命党主席团发布《训令第一号》,秘密布置党务工作。

10月　邓演达在英国伦敦发表《我们对现在中国时局的宣言》,公开其最初的政治主张。

1930 年

3月　中华革命党发表《中华革命党对时局的宣言》,号召被压迫的民众们起来为权利而斗争。

5月　邓演达由德国回到上海。

6月至7月　邓演达在上海起草并主持讨论建立新党的纲领——《我们的政治主张》。

8月9日　邓演达在上海法租界内组织召开了中国国民党临时行动委员会第一次全国干部会议,会议通过了《中国国民党临时行动委员会政治主张》,选举邓演达为中央干部会总干事,确定了中央各机关及其负责人。中国国民党临时行动委员会正式成立。

8月10日　中央干部会发布《通告》(第一号),通告会议精神,并号召尽快行动,推行革命纲领。

8月　中央干部会印发了中国国民党临时行动委员会的《组织工作大纲》、《宣传大纲》、《军事运动方针》和《各地民运工作纲要》。

9月1日　中国国民党临时行动委员会机关刊物《革命行动》创刊,公布了《政治主张》。同时,发表了邓演达的《中国到哪里去?》和《怎样去推翻南京发动的统治势力》的文章。

15日　又在该刊第二期上发表了《中国国民党临时委员会对时局宣言》。

11月10日　邓演达在《革命行动》第三期上发表长篇文章《南京统治的前途及我们今后的任务》。全文约3万字,用6个部分对南京统治的前途作了详细阐述,第七部分指出我们今后的任务即建设新的、平民的中国。

11月　中国国民党临时行动委员会在上海成立"黄埔革命同学会"(一年前开始筹建)。总会设在上海,另在全国18个省市设有分会和支部,被吸收入会或受其影响的黄埔军人达5 000人之多,接近当时毕业的黄埔学生的一半。

是年秋　中国国民党临时行动委员会先后在上海、南京、江苏、浙江、安徽、江西、湖北、四川、北平、天津、河北、山东、山西、陕西、绥远、察哈尔、香港等地建立组织。

1931年

是年春　中国国民党临时行动委员会在广东、福建、湖南建立组织。

4月　《革命行动》第五期改用"行动日报"为封面继续出版,刊发中国国民党临时行动委员会《反对南京伪国民会议宣言》、《反对南京伪国民会议宣传大纲》和邓演达撰写的长篇文章《现实国际及中国的形势与我们斗争的路向》。

同月底　邓演达发表《"五一"纪念节告工友》一文,号召工友们联合起来,复兴中国革命。

6月25日　邓演达撰写《怎样去复兴中国革命——平民革命?》。

是年夏　中国国民党临时行动委员会拟定了以江西为中心,武汉、西北和华北同时响应的武装起义计划。

7月　邓演达为准备武装起义撰写了《我们夺取政权之直前及直后应该做的是什么？》。

8月17日　邓演达在上海愚园路愚园坊20号被捕，旋即关押于江苏高等法院第二分院。9月15日，被押解至南京。

11月上旬　中国国民党临时行动委员会推举黄琪翔主持党务。

11月12日　中国国民党临时行动委员会印发《对时局宣传大纲》。

11月15日　中国国民党临时行动委员会恢复颁发《政治通告》（第六号），通告主要用于综述国际、国内形势。

同日　中国国民党临时行动委员会对党内发出青字第一号训令，提出目前最主要的民运工作是青年群众的工作，党的政治口号是：要抗日救国必先倒蒋；要实现和平统一必先建立平民政权。

11月29日　邓演达被蒋介石秘密杀害于南京麒麟门外沙子岗。

12月　中国国民党临时行动委员会颁发《中央通告》，报告邓演达被害，指出今后的责任。

1932年

1月12日　中国国民党临时行动委员会发出第九号《政治通告》，提出：党在目前最主要的任务是尽力充实我们主观的力量，应当在反日反一切帝国主义的运动中发挥民族革命的作用，同时在反对一切反动势力的斗争中加紧建立革命根据地的工作。

2月　中国国民党临时行动委员会在上海组织"义勇团"和"后援队"，参加十九路军淞沪抗战。

3月2日　中国国民党临时行动委员会发表《对上海事件紧急宣言》，提出立即对日宣战，推翻南京反动政府，建立农工平民民主革命政权等九项主张。随后，九项主张扩充为十六条的《行动纲领》。

8月17日　中国国民党临时行动委员会发布《为邓演达先生被捕周年纪念告民众书》。

8月　中国国民党临时行动委员会各省市联合办事处发布联字第一号《通告》。

9月3日　中国国民党临时行动委员会各省市联合办事处发布联字第二号《通告》。

10月4日　中国国民党临时行动委员会各省市联合办事处发布联字第三号《通告》。

11月10日　中国革命问题研究会印行章伯钧的《我们最近的政治主张》长篇政论,约3万字,分11个方面对最近的政治主张进行了论述。

1933年

6月　中国国民党临时行动委员会派章伯钧、彭泽湘、周惠生、张云川等前往张家口,帮助冯玉祥领导的察哈尔抗日同盟军工作。周惠生任同盟军总司令部秘书,张云川任同盟军干部学校政治主任教官。

8月30日　李济深派麦朝枢到上海同中国国民党临时行动委员会联络,商谈发动"福建事变"的有关事宜。黄琪翔、彭泽民主张"联共"。

11月19日　中国国民党临时行动委员会负责人黄琪翔由厦门抵福州,其他负责人章伯钧、彭泽民、郭冠杰、丘哲亦陆续到达福州,参加"福建事变"。

11月20日　"中国人民临时代表大会"在福州召开,黄琪翔担任大会主席团总主席。中华共和国人民革命政府在福州成立,黄琪翔任政府委员、军事委员会委员兼参谋团主任。

1934年

2月　福建事变失败,逃避至香港的黄琪翔、章伯钧、彭泽民、郭冠杰、丘哲等,在香港集合,决定否认1933年12月11日在福州《人民日报》上刊登的《中国革命行动委员会宣告解散启事》,恢复中国国民党临时行动委员会的组织活动。

4月　中国国民党临时行动委员会负责人和干部在国内外分头进行活动,黄琪翔等去了德国,章伯钧等赴日本,周惠生等到北平,漆琪生等去上海,李伯球等往广州,彭泽民等留港活动。

1935年

2月　中华民族解放行动委员会发布《告同志书》。

7月　章伯钧、何世琨、李士豪、李伯球等,在日本伊东井子头公园集会,讨论重振中国国民党临时行动委员会的组织及发动反蒋抗日等问题。

秋季　章伯钧由日本返回香港,与彭泽民、丘哲、郭冠杰等,商谈恢复中国国民党临时行动委员会组织活动的问题。在德国的黄琪翔亦复信表示赞同。

11月10日　中国国民党临时行动委员会在香港九龙大埔道召开第一次临时代表会议,决定改组织名称为中华民族解放行动委员会;以"抗日、联共、反蒋"为总方针;仍以邓演达时代的纲领为党的基本纲领,总的精神是"团结全国,对日作战,土地革命,实行民主",确立"以马克思列宁主义为党的思想武器"。会议通过了《临时行动纲领》和《告同志书》;选举了中央临时执行委员会,推选黄琪翔为总书记,在黄留德期间,党务工作由章伯钧、彭泽湘、彭泽民、丘哲、郭冠杰集体负责。

1936年

2月　中华民族解放行动委员会发表《组织反日阵线提议的宣言》,响应建立抗日民族统一战线的主张,提出凡愿为民族解放出力的党派、团体,均应参加"反日阵线"。

春季　中华民族解放行动委员会先后在北平、上海、广州成立了华北局、华东局及华南局,分别领导北平、天津、山东、河北、绥远、上海、浙江、安徽、福建、广东、湖南等省市的工作,建立组织,恢复活动。

6月　章伯钧、彭泽湘代表中华民族解放行动委员会到广州、南宁,参加两广为反蒋抗日而发动的"两广事变",即"六一事变"。

10月　中华民族解放行动委员会中央总书记黄琪翔由德国回国途经香港时,与章伯钧、彭泽湘、彭泽民、丘哲、郭冠杰等会晤,讨论研究对时局的意见,一致认为,当前首要问题是推动联合,进行抗战,决定党的方针由"反蒋抗日"向"逼蒋抗日"转变。

11月　中华民族解放行动委员会派罗任一为代表,从上海赴西安与杨虎城进行联络,以促进联合抗日及早实现。在杨虎城的介绍下,罗还同张学良进行了晤谈。

1937年

6月15日　中华民族解放行动委员会中央监察委员会书记彭泽民

发表《致全国各界领袖书》，提出了"民主政治必须迅速确立、各政治党派必须平等合作共赴国难"等四项抗日救国主张。

6月下旬　中华民族解放行动委员会中央组织委员会书记彭泽湘到北平、天津为"抗日联合阵线"进行联络活动。毛泽东通过李锡九邀其赴延安访问，并对彭阐述了抗日民族统一战线的方针政策，此为中共与第三党领导人的首次正式接触。

7月10日　中华民族解放行动委员会致函国民党政府，就"卢沟桥事变"提出提前召开国民代表大会，制定全国统一遵守的政治纲领，实现民主政治，发挥人民抗战能力等"八大政治主张"。

8月　中华民族解放行动委员会在冀南、豫北建立"游击第二纵队"，在新乡和彰河两岸开展抗日游击战争。

12月　中华民族解放行动委员会中央机关从香港跑马地迁到武汉汉口华中里62号。12月，中华民族解放行动委员会负责人黄琪翔、彭泽民、章伯钧、彭泽湘等人，会聚汉口。彭泽民联络冯玉祥、李烈钧、李公朴、王造时等，极力谋求实行民主改革，发展抗日力量，遭到蒋介石、汪精卫的不满。

1938年

春季　中华民族解放行动委员会在安徽桐城和潜山组织了"皖中人民抗日义勇军"和"游击第一支队"，在当地开展抗日游击战争。

2月1日　中华民族解放行动委员会中央机关刊物《抗战行动》创刊。同日，章伯钧发表《抗日与团结》一文。

2月　中华民族解放行动委员会为加强同中共的合作，由章伯钧、彭泽湘为代表，同周恩来、王明在汉口举行正式会谈，双方表示要亲密合作，共同战斗。

3月1日　中华民族解放行动委员会在汉口召开第二次临时代表会议，章伯钧、彭泽湘、张云川、何世琨等20余人参加，邀请周恩来、叶剑英、秦邦宪与会。会议通过了《抗战时期的政治主张》《抗战时期人民自卫武装组织条例》，调整了中央机构，章伯钧被推为总联络人。

3月　蒋介石数次约见章伯钧、彭泽湘，交换对时局及成立国民参政会的意见。章向蒋提出以彭泽湘、彭泽民、章伯钧等三人为第一届国民参政会参政员,事后为汪精卫反对,最后只章伯钧一人为参政员。

3月29日　章伯钧在《抗战行动》第五期上发表《国际形势与中国抗战》,论述了国际战局的发展、在战争发展过程中的动态、几个具体的问题和我们应如何努力等四个方面内容。

3月　针对中国国民党颁布的《抗战建国纲领》,中华民族解放行动委员会提出了《我们对于抗战建国纲领的意见》。

4月　中华民族解放行动委员会机关报《前进日报》在汉口创刊。该报强调"要民主才能团结,要团结才能胜利"。

7月7日　章伯钧在国民参政会上发表《我们对国民参政会的意见》,提出应当确定各在野党派参加国民参政会,由其自行推选参政员,参政员得到制定法律之权,要保障参政员的权利。

7月　中华民族解放行动委员会发表《抗日时期的政治主张》。

9月　中华民族解放行动委员会中央机关由汉口迁至重庆半山新村3号。

11月　中华民族解放行动委员会广东省委员会建立抗日游击队,在番禺、龙门、从化一带开展抗日活动。

1939年

1月2日　中华民族解放行动委员会发表《声讨汪兆铭通敌卖国》通电。

夏季　丘哲到达重庆,陈诚设宴款待。陈诚劝丘哲脱离中华民族解放行动委员会,为丘哲所拒绝。

9月　为解决经费困难,中华民族解放行动委员会在重庆创办北碚制革厂及附设农场。

1940年

秋季　彭泽湘在国共两党关系问题上,同其他人有不同立场,分歧越来越大,遂脱离组织。中华民族解放行动委员会为纯洁组织,统一思想,进行了一次整党,规定全体成员必须宣读新的入党誓词并填写党员登记表,并吸收了王深林、郭则沉、严信民、韩兆鄂、杨子恒等人参加组织。

1941 年

1月12日　彭泽民同宋庆龄、柳亚子、何香凝为皖南事变在香港联名发表《致蒋介石及国民党中委书》,谴责国民党顽固派发动皖南事变。

年初　章伯钧、丘哲与中共代表周恩来、董必武、叶剑英在重庆就进一步加强两党合作问题举行正式会谈。

3月19日　中华民族解放行动委员会参与发起与成立中国民主政团同盟,章伯钧被推为中央执行委员兼组织部长。

9月18日　中华民族解放行动委员会发表《对时局的宣言》,提出了"立刻召集各党派、各团体及地方代表举行紧急会议"等14条意见。

1942 年

1月11日　章伯钧为《新华日报》创刊四周年发表《誓死为民主奋斗》一文。

6月22日　章伯钧在《新华日报》上发表《纪念苏联爱国战争一周年》一文。

1943 年

是年春　中华民族解放行动委员会中央临时执行委员张云川,为揭露国民党顽固派对解放区的种种造谣诬蔑,到苏北解放区进行游历考察。回重庆后,向董必武谈了解放区之行的情形。随后,又到昆明、桂林等地宣传解放区情况。

1944 年

年初,中华民族解放委员会为适应民主运动的需要,在半山新村成立中华论坛社。

春季　章伯钧在重庆积极推行宪政运动,参加了一系列的宪政座谈会。

9月19日　中国民主政团同盟改为中国民主同盟,盟员一律以个人名义参加。

9月24日　章伯钧和沈钧儒等召开有500多人参加的民主宪政促

进大会,积极响应中共号召,一致提出"实行民主、挽救危机,召开国是会议,成立民主联合政府"的要求。

1945 年

1月1日　章伯钧在《新华日报》上发表元旦献词,提出召开紧急时局会议,"树立以实行三民主义为最高国策之各党派的民主统一政府"。

2月1日　中华民族解放行动委员会在重庆创办《中华论坛》半月刊。章伯钧在为其撰写的发刊词中说,有关抗战各方面,如军事、政治、经济诸端,均有切实改造之必要。同期,发表章伯钧《一九四五年的民主诺言》社论。

7月　章伯钧等六位国民参政会代表,为商议国共团结,共建国内和平问题飞抵延安,受到毛泽东和中共中央的欢迎。

9月　章伯钧以第三党领袖的身份接受《新华日报》记者访谈,形成《对目前时局发表谈话》。

11月12日　中华民族解放行动委员会发表《抗战结束后对时局宣言》,认为祸国殃民的内战,是令人痛心之事,希望国共两党实行彻底合作,美国当局立即停止对国民党军援,呼吁全国人民组织起来制止内战。《宣言》还提出了对时局的四项主张。

11月　章伯钧在《中华论坛》上发表《谈内战问题》,旗帜鲜明地反对内战。

1946 年

3月　中华民族解放行动委员会在香港创办《人民报》。宣传南方民主运动。

5月　中华民族解放行动委员会中央机关由重庆迁至上海愚园路联安坊11号。

6月25日　彭泽民、郭冠杰同李济深等港九民主政团负责人为反对美国贷款致美国当局暨参众两院电。

7月13日　章伯钧代表中华民族解放行动委员会,针对国民党发动全面内战和擅自决定召开国民大会,在《民主》周刊上发表《对召开国大的意见》,反对召开国民党一党独裁的国民大会,认为中国政府必须是一个各党各派所组织的民主联合政府。

8月16日　中华民族解放行动委员会机关报《中华论坛》在上海复刊,载文抨击国民党反动集团发动内战,开展争取民主的宣传。

9月16日　彭泽民在《中华论坛》第二卷第二期上发表《孙夫人"对时局主张"代表了全中国人》一文。

1947年

2月3日　中华民族解放行动委员会在上海愚园路联安坊11号召开第四次全国干部会议。章伯钧在会上作了党务报告。会议决定以第一次全国干部会议通过的《中国国民党临时行动委员会政治主张》为党的基本纲领,通过了《党务报告》、《党的章程》和《宣言》;决定将党的名称改称为中国农工民主党。会议还选举了中央执行委员会和中央监察委员会,推选章伯钧为中央执委主席,彭泽民为中央监委主席,丘哲为执监会议秘书长。

3月12日　中国农工民主党发表《对时局宣言》,提出"反对内战,反对分裂,保障人权,保障国权,政治解决国共问题,反对干涉中国内政"等主张。

4月　彭泽民与李济深、何香凝、蔡廷锴等,就国民党政府改组一事联合发表声明,指出国民党政府的所谓改组"是和政协决议显然极端背谬的"。谴责国民党以"行宪"之名,保一党专政之实。

5月15日　章伯钧致国民党政府行政院院长张群书,驳斥中央社发自延安的歪曲报道。

11月　国民党当局下令解散中国民主同盟会,中国农工民主党中央机关从上海迁至香港坚道137号,内地活动随之转入地下。

11月29日　农工民主党就邓演达遇难16周年发表纪念文章,明确提出"反对大地主大买办阶级的内战独裁卖国政策,实行土地政策,建立民主联合政权"。

1948年

2月3日　中国农工民主党同各民主党派联合声明不承认卖国条约,反对美国对华借款。

3月29日　农工民主党发表声明,谴责国民党召开的"行宪国大"和"总统选举",呼吁"凡我爱国人民,更当一致奋起,彻底结束此祸国殃民之政权"。

5月4日　中国农工民主党发表声明,遣斥南京国民党反对政府破坏政协决议、召开伪制宪国民大会。

5月5日　中国农工民主党同各民主党派暨民主人士向国内外通电,响应中国共产党"五一劳动节口号"。同日,中国农工民主党同各民主党派暨民主人士响应中共提出的召开新政治协商会议、成立民主联合政府的"五一号召",同各民主党派联名致电毛泽东。

5月16日　中国农工民主党发表《对时局宣言》,谴责"美帝扶植日本,是破坏波茨坦宣言及危害世界和平的具体行为"。

6月6日　中国农工民主党同各民主党派负责人联名发表反美扶日宣言。

6月17日　中国农工民主党在香港《华商报》上发表《对时局宣言》,呼吁为新中国的实现而奋斗。

9月2日至11日　中国农工民主党在香港召开中央扩大会议。会议接受了章伯钧的《政治报告》,通过了《组织决议》,提出了新形势下党的斗争策略、方针和具体任务,对"中间路线"做了批判,强调"我们与中共不仅是今天反帝反封建反官僚资本主义的战友,而且是建设新中国的长期合作者"。会议还决定开展新式军事运动。

9月21日　中国农工民主党形成《中央扩大会议政治决议》,决定了今后斗争的策略方针。

9月至11月　中国农工民主党中央负责人章伯钧、彭泽民、丘哲等陆续从香港到达东北解放区,参加新政协的筹备。

10月22日　中国农工民主党同各民主党派为美帝侵华向联合国大会控诉。

11月　中国农工民主党电贺人民解放军大捷。

11月9日　中国农工民主党发言人发表谈话,斥南京反党集团的"上海国际共管"计划。

12月4日　中国农工民主党同各民主党派为保护产业保障人权,发表《告国内同胞及各国侨胞》一文。

1949 年

1月22日　章伯钧、彭泽民、丘哲、严信民、韩兆鹗同各民主党派和无党派民主人士联合发表《我们对时局的意见》，明确宣布"愿在中国共产党领导下，献其绵薄，共策进行"，将革命进行到底。

1月24日　章伯钧、彭泽民、丘哲联名发表书面谈话，反对国民党的假和平阴谋。

2月　中国农工民主党向全党发出指示：大力开展城市的组织工作和民主活动；掌握地方人民武装；策反国民党军人起义；扩大宣传，安定人心，保护一切地方公物、资产、财产；组织城乡人民迎接解放军。

6月15日至19日　彭泽民、丘哲、季方、郭冠杰、韩兆鹗代表中国农工民主党参加新政治协商会议筹备会。

9月　中国农工民主党中央监察委员会主席彭泽民在人民政协第一届全体会议上发表讲话，支持和接受《共同纲领》、《政治协商会议组织法》和《中央人民政府的组织法》。

9月21日　章伯钧、彭泽民在新政协第一次全体会议上，当选为中央人民政府委员。

10月　中国农工民主党中央机关由香港迁至北京鼓楼方砖厂辛寺胡同14号。

10月25日至11月9日　中国农工民主党在北京举行第四届第二次执监委联席会议，总结了党在民主革命时期的历史，明确提出：应当毫无保留地接受人民政协《共同纲领》为党的基本纲领。

11月14日至26日　中国农工民主党在北京召开第五次全国干部会议。会议通过的《政治决议》明确指出：接受中国共产党领导；以马列主义、毛泽东思想和无产阶级国际主义思想教育全党；以《共同纲领》为党的行动纲领，会议决定暂停组织发展，进行党务整顿。会上，章伯钧被挑选为中央执行委员会主席，彭泽民为中央检察委员会主席，黄琪翔为中央执监会议秘书长。

参 考 文 献

一、网络

[1] 严巍惠. 中华革命党的来龙去脉[EB/OL]. (2008-03-13). http://www.ngdsh.org.cn/shngd2011/wstd/node418/u1a10302.html.

[2] 沈兴海. 周恩来等中共领导人与第三党的交往[EB/OL]. (2010-10-21). http://ngd.yantai.gov.cn/index_show.jsp?id=527576.

[3] 黄小同. 第三党与中国共产党的早期关系[EB/OL]. (2010-06-12). http://blog.sina.com.cn/s/blog_4afb1f5f0100jeu1.html.

[4] 上海市地方志办公室. 农工党中央在沪活动[EB/OL]. http://www.shtong.gov.cn/node2/node2245/node4485/node23694/node23696/index.html.

[5] 新华网. 中共中央发布"五一"劳动节口号("五一口号")[EB/OL]. http://news.xinhuanet.com/ziliao/2008-04/22/content_8025824.htm.

[6] 孙中山[EB/OL]. http://baike.baidu.com/view/2559.htm.

[7] 刘寿真. 湖北同盟会发动湖北新军史实点滴[EB/OL]. (2011-09-01). http://dangshi.people.com.cn/GB/15562398.html.

[8] 陈独秀[EB/OL]. http://baike.baidu.com/view/1752.htm?wtp=tt.

[9] 陈独秀评价之变迁[EB/OL]. http://www.gmw.cn/content/2010-04/11/content_1090704.htm.

[10] 邓演达[EB/OL]. http://baike.baidu.com/view/200100.htm.

[11] 民主党派无党派人士纪念"五一口号"60年发言摘要[EB/OL]. (2008-05-08). http://www.gov.cn/jrzg/2008-05/08/content_964308.htm.

[12] 赵蕾. 毛泽东亲笔写信邀请司徒美堂回祖国参加新政协[EB/OL]. (2009-07-30). http://www.ce.cn/culture/rw/cn/xw/200907/30/t20090730_19664984.shtml.

二、报纸

[1] 胡锦涛.在纪念辛亥革命100周年大会上的讲话[N].新华日报,2011-10-10.

[2] 吴志菲.孙中山与香港的不解之缘[N].团结报,2011-09-01.

[3] 黄飞英,黄建东.辛亥革命百年祭[N].团结报,2011-05-12.

[4] 陆茂清.共进会与文学社述略[N].团结报,2011-11-10.

[5] 尚明轩.辛亥革命的历史地位和作用[N].团结报,2011-04-07.

[6] 张磊.孙中山和辛亥革命带来了什么[N].新华日报,2011-09-21.

[7] 李保铨.辛亥革命甲级功臣徐万年[N].团结报,2011-10-13.

[8] 刘肃勇.学生军与武昌起义[N].团结报,2011-09-08.

[9] 博文.民革前辈与武昌首义(上)[N].团结报,2011-09-08.

[10] 刘剑.辛亥革命中的黄孝战役(上)[N].团结报,2011-09-15.

[11] 刘剑.辛亥革命中的黄孝战役(下)[N].团结报,2011-09-22.

[12] 解可文.朱芾煌:南北议和的关键人物[N].团结报,2011-09-01.

[13] 新华日报编辑部.辛亥革命大事记[N].新华日报,2011-10-10.

[14] 孙书文.辛亥年间北京的革命行动[N].团结报,2011-10-13.

[15] 王凯."海门潮正涌,我欲挽强弓"——宋教仁的宪政理想[N].团结报,2011-05-19.

[16] 刘炎迅.宋教仁:为宪法流血第一人[N].南京晨报,2011-10-05.

[17] 周子信.中共"一大"召开的经过[N].团结报,2011-06-16.

[18] 苗体君.中共"一大"开幕式召开的地点[N].团结报,2011-10-13.

[19] 周子信.关于中共"一大"闭幕日期的几点考据[N].团结报,2011-07-07.

[20] 袁咏红.陈诚与蒋介石关系的另一面[N].光明日报,2009-08-11.

[21] 黄久恒.黄琪翔将军在重庆[N].团结报,2011-04-14.

三、期刊

[1] 王夫玉.科学认识建国前的中国农工民主党党史[J].江苏省社会主义学院学报,2011(3).

[2] 张大椿.1911年我与孙中山同舟返国[J].世纪,2011(5).

[3] 刘小宁.孙中山就任临时大总统前后[J].钟山风雨,2011(4).

[4] 吴基民.中共一大会议一段史实存疑[J].世纪,2011(5).

[5] 严巍惠. 中华革命党的来龙去脉[J]. 前进论坛, 2010(3).

[6] 严巍惠. 中华革命党的来龙去脉[J]. 前进论坛, 2010(5).

[7] 杨晓娟. 浅析"第三党"的历史演变过程[J]. 晋东南师专学报, 1999(1).

[8] 任红霞, 郝俊英. 第三党的创建与评析[J]. 河北青年管理干部学院学报, 2005(4).

[9] 骆平, 周巧生. 第三党发展历程研究综述[J]. 广西社会主义学院学报, 2011, 22(1).

[10] 秦立海. 中国农工民主党组织演变述评[J]. 陕西社会主义学院学报, 2007(4).

[11] 崔珏. 第三党历史上几度易名评析[J]. 广州社会主义学院学报, 2011(1).

[12] 黄敏. 试论第三党及改组派[J]. 惠州大学学报(社会科学版), 1994(3).

[13] 王花. 中国农工民主党早期的指导思想探究[J]. 现代企业教育, 2008(3B).

[14] 张宪文, 汪佩伟. 第三党"社会主义"思想初探[J]. 南京政治学院学报, 1990(6).

[15] 韦玉凤. 第三党的社会主义思想评析[J]. 中央社会主义学院学报, 1994(3).

[16] 梁罡, 于晓霞. 试析第三党的社会主义思想[J]. 吉林省社会主义学院学报, 2009(2).

[17] 康宏. 试论第三党平民革命道路理论[J]. 科技信息, 2011(1).

[18] 李秀伟. 浅析第三党的"平民革命"思想——1927—1931[J]. 才智, 2011(4).

[19] 杨秀春. 第三党与武装斗争[J]. 湘潭大学学报(哲学社会科学版), 2005, 29(S2).

[20] 康宏. 第三党对孙中山民权主义的继承和发展[J]. 社科纵横(新理论版), 2011(3).

[21] 赵晓呼. 试论第三党产生的历史特点及其政治主张[J]. 中国民航学院学报, 1992, 10(3).

[22] 康宏. 浅析第三党的政党特性及其局限性[J]. 现代教企育业, 2011(4B).

[23] 李丽. 土地革命战争时期第三党的性质及历史地位[J]. 内蒙古工业大学学报(社会科学版), 1994(1).

[24] 曾平辉. 第三党在抗日战争时期的历史贡献[J]. 惠州大学学报(社会科学版), 2001, 21(2).

[25] 曾平辉.对早期第三党的再认识和评价[J].惠州大学学报(社会科学版),2001,21(1).

[26] 田会海.新视野下对早期第三党的再评价[J].传承,2008(5).

[27] 李姗.试述中国农工民主党的历史贡献[J].谈古论今,2011(4).

[28] 杨力.坚持奋斗在抗战大后方——中华民族解放行动委员会在陪都重庆活动纪实(上)[J].前进论坛,2009(8).

[29] 杨力.坚持奋斗在抗战大后方——中华民族解放行动委员会在陪都重庆活动纪实(下)[J].前进论坛,2009(9).

[30] 仝祥顺.抗战胜利后中华民族解放行动委员会的民主立场评议[J].东岳论丛,1988(4).

[31] 黄小同.第三党与中国共产党的早期关系[J].历史教学(高校版),1989(1).

[32] 周若清,杨永贵.论土地革命时期中共与第三党关系的演变[J].宜宾学院学报,2002(2).

[33] 史要防.试论1927—1935年中国共产党与第三党对对方的基本态度[J].湖北省社会主义学院学报,2003(5).

[34] 傅爱平.论第二次国内革命战争时期第三党对共产党的政治态度[J].重庆社会主义学院学报,2006(1).

[35] 李玲."九·一八"事变后中共与第三党关系之考察[J].广州社会主义学院学报,2011(1).

[36] 李波.中共对邓演达及其第三党态度的演变与中共统战政策的转变[J].湖北省社会主义学院学报,2009(5).

[37] 邢玉婷.革命时期中共与第三党党际关系演变原因探析[J].重庆社会主义学院学报,2011(2).

[38] 李姗.试析中共与第三党矛盾激化的国际背景[J].世纪桥,2001(1).

[39] 曾庆榴.抗战时期国民党、共产党、第三党成员在余汉谋部的合作[J].广州大学学报(社会科学版),2006,5(5).

[40] 阮霖.谭平山与第三党问题试探[J].四川师范大学学报,1991(6).

[41] 常云岐.谭平山与中华革命党[J].前进论坛,2006(4).

[42] 吕春.一代英豪邓演达[J].炎黄纵横,2009(4).

[43] 杨资元,冯永宁.北伐骁将邓演达[J].前进论坛,2010(3).

[44] 杨资元,冯永宁.北伐骁将邓演达[J].前进论坛,2010(4).

[45] 杨资元,冯永宁.北伐骁将邓演达[J].前进论坛,2010(5).

[46] 杨资元,冯永宁.北伐骁将邓演达[J].前进论坛,2010(6).

[47] 杨资元,冯永宁.北伐骁将邓演达[J].前进论坛,2010(7).

[48] 杨资元,冯永宁.北伐骁将邓演达[J].前进论坛,2010(8).

[49] 杨资元,冯永宁.北伐骁将邓演达[J].前进论坛,2010(9).

[50] 杨资元,冯永宁.北伐骁将邓演达[J].前进论坛,2010(10).

[51] 杨资元,冯永宁.北伐骁将邓演达[J].前进论坛,2010(11).

[52] 杨资元,冯永宁.北伐骁将邓演达[J].前进论坛,2010(12).

[53] 王存福.国民党左派领袖邓演达的悲壮人生[J].四川统一战线,2006(4).

[54] 杜文君,陶水木.近年来邓演达及第三党研究综述[J].东北师范大学学报(哲学社会科学版),1988(6).

[55] 罗任一.邓演达回国组党[J].前进论坛,2010(2).

[56] 张振德.邓演达与第三党[J].历史教学,1991(4).

[57] 细井和彦.试论邓演达思想中的革命主体[J].广州社会主义学院学报,2011(2).

[58] 井月娥.大革命时期谭平山与邓演达农民观比较[J].三明学院学报,2007,24(1).

[59] 马世凯.试评邓演达的"社会主义思想"[J].辽宁省社会主义学院学报,2007(4).

[60] 周蕴蓉.论邓演达社会主义思想的形成[J].广东教育学院学报,2000,20(5).

[61] 陈廷根.邓演达的社会主义设想与当代亚非拉民族独立国家的社会主义实践[J].武汉科技大学学报(社会科学版),2001,3(2).

[62] 宋连胜,李波,王海胜.论邓演达的社会主义观[J].社会科学战线,2009(8).

[63] 葛沭.邓演达社会主义理论来源探究[J].传承,2009(8).

[64] 周世亮.论邓演达的平民政权观[J].五邑大学学报(社会科学版),2007,9(3).

[65] 王娟娟.邓演达"平民革命论"价值评估[J].安庆师范学院学报(社会科学版),2002,21(2).

[66] 张勇.邓演达关于农民问题的思想及启示[J].上海市社会主义学院学报,2011(3).

[67] 陈益元.武汉国民政府时期邓演达关于农民问题的理论建构及其思想基础[J].安徽史学,2004(6).

[68] 史振厚,孙令民.邓演达的农民观[J].临沂师范学院学报,2002,24(1).

[69] 郭根山.论邓演达农民土地理论的思想渊源[J].河南社会科学,2006,14(5).

[70] 刘霞.大革命后期邓演达农民观新论[J].南华大学学报(社会科学版),2000,1(4).

[71] 李文秀.大革命时期邓演达土地思想探析[J].长沙铁道学院学报(社会科学版),2008,9(2).

[72] 王业兴.孙中山与邓演达解决乡村问题的思想主张及其影响[J].首都师范大学学报(社会科学版),2010(2).

[73] 谭献民,蒋建辉.毛泽东、邓演达关于中国农民问题之比较[J].阿坝师范高等专科学校学报,2006,23(1).

[74] 杨力.争取中间势力——记周恩来等中共领导人在重庆与第三党的交往[J].重庆社会主义学院学报,2005(3).

[75] 刘育钢.略论邓演达建军思想[J].甘肃社会科学,2003(1).

[76] 蓝斌.邓演达军事思想之我见[J].丽水师范专科学校学报,2001,23(4).

[77] 文霞.邓演达与黄埔军校[J].广东省社会主义学院学报,2008(3).

[78] 温朝霞.邓演达的文化思想及其现代启示[J].广东农工商职业技术学院学报,2007(1).

[79] 李文平.略论邓演达的中西文化观[J].新乡师范高等专科学校学报,2005,19(4).

[80] 王建振.论邓演达国家资本主义思想的形成[J].石家庄法商职业学院教学与研究(综合版),2006,2(4).

[81] 王建振.邓演达国家资本主义思想的形成因素探悉[J].石家庄法商职业学院教学与研究(综合版),2008,4(2).

[82] 涂雪峰,胡小燕.邓演达与毛泽东国家资本主义思想之比较[J].党史文苑(学术版),2006(6).

[83] 叶洪添.邓演达的唯物史观研究[J].惠州学院学报(社会科学版),2002,22(5).

[84] 梁晓君.邓演达研究的新史料[J].佳木斯教育学院学报,2011(1).

[85] 陶季邑.评邓演达的实事求是思想[J].湖南城市学院学报(人文社会科学),2003,24(1).

[86] 刘旺华.浅析邓演达的文化观[J].惠州学院学报(社会科学版),2002,22(4).

[87] 陶季邑.第一次国共合作时期邓演达与蒋介石关系两题[J].红广角,2011(4).

[88] 李钢.邓演达与蒋介石的决死之争[J].党史文汇,2006(2).

[89] 马烈.从《蒋介石年谱初稿》看邓演达与蒋介石的关系[J].民国档案,2000(4).

[90] 老当.第三党领袖邓演达之死[J].检察风云,2007(1).

[91] 张先贤.在反共逆流中坚持联共的邓演达[J].广州社会主义学院学报,2011(1).

[92] 宋金升.试述邓演达与中国共产党[J].前进论坛,2011(3).

[93] 唐美丽,官本滔.福建事变与第三党[J].华中理工大学学报(社会科学版),1998(4).

[94] 叶心瑜.在福建事变中的"左"倾关门主义错误[J].党史研究与教学,1983(2).

[95] 刘华.第三党的土地改革——计口授田述评[J].暨南学报(哲学社会科学).1991(1).

[96] 黄久恒.怀念父亲黄琪翔[J].党史文汇,2007(12).

[97] 郭秀仪."福建事变"中的黄琪翔与第三党[J].前进论坛,2004(1).

[98] 黄久恒.黄琪翔与福建事变[J].党史文汇,2008(8).

[99] 黄久恒.周恩来与黄琪翔的革命情谊[J].党史文汇,2007(4).

[100] 周天度.民主革命时期的章伯钧[J].安徽史学,1987(2).

[101] 郭因.也忆章伯钧[J].江淮文史,2004(5).

[102] 秦立海.建国前的"左派"章伯钧[J].钟山风雨,2010(3).

[103] 彭湛东.回忆我的父亲彭泽民(之一)[J].前进论坛,2001(10).

[104] 彭湛东.纪念我的父亲彭泽民(之二)[J].前进论坛,2001(11).

[105] 彭湛东.回忆我的父亲彭泽民(之三)[J].前进论坛,2001(12).

[106] 章定龙,彭润平.彭泽民:孙中山信徒、共产党挚友[J].炎黄春秋,2001(7).

[107] 彭湛东.抗战时期的彭泽民[J].前进论坛,2005(8).

[108] 冯彩章,程龙.彭泽民与毛泽东[J].党史博采,2000(12).

[109] 彭湛东,彭润平.彭泽民与彭湃的相遇与友谊(上)[J].前进论坛,2006(1).

[110] 彭湛东,彭润平.彭泽民与彭湃的相遇与友谊(下)[J].前进论坛,2006(2).

[111] 彭湛东.相遇贵相知——忆彭泽民与叶挺的革命友谊[J].前进论坛,2007(4).

[112] 彭润平.解放战争时期彭泽民与民主人士在香港的一些活动[J].前进论坛,2003(3).

[113] 方荣欣.季方走过的救国爱民之路[J].钟山风雨,2002(4).

[114] 郭瑞. 大心无怖畏 百折不夺志——季方传略[J]. 前进论坛,2010(7).
[115] 郭瑞. 大心无怖畏 百折不夺志——季方传略(下)[J]. 前进论坛,2010(8).
[116] 刘南燕. 春风秋雨总坚贞——丘哲传略(上)[J]. 前进论坛,2003(11).
[117] 刘南燕. 春风秋雨总坚贞——丘哲传略(下)[J]. 前进论坛,2003(12).
[118] 刘南燕. 丘哲与周恩来、叶剑英的友谊[J]. 中国统一战线,2004(8).
[119] 李伯球,郭翘然,李松庵,等. 郭冠杰传略(上)[J]. 前进论坛,2004(12).
[120] 李伯球,郭翘然,李松庵,等. 郭冠杰传略(下)[J]. 前进论坛,2005(1).
[121] 李庆海. 一生追求民主科学的中华英才——郑太朴传略(上)[J]. 前进论坛,2004(2).
[122] 李庆海. 一生追求民主科学的中华英才——郑太朴传略(下)[J]. 前进论坛,2004(3).
[123] 刘南燕. 愿将一片丹心火 化作人间老马牛——记杰出的爱国民主人士朱蕴山(上)[J]. 前进论坛,2004(10).
[124] 刘南燕. 愿将一片丹心火 化作人间老马牛——记杰出的爱国民主人士朱蕴山(下)[J]. 前进论坛,2004(11).
[125] 刘南燕. 爱国爱民 忠心赤胆——记李世璋[J]. 前进论坛,2005(3).
[126] 宁兴国. 彭泽湘生平[J]. 前进论坛,2006(10).
[127] 王志龙. 世间曾有彭泽湘[J]. 武汉文史资料,2008(9).
[128] 张羽. 解放湘西时的中国农工民主党[J]. 湖南党史,1999(5).
[129] 赵福山. 各民主党派精英进入解放区始末[J]. 文史精华,1999(1).
[130] 秦立海. 1949年新政协筹备纪事[J]. 文史精华,2005(8).

四、书籍

[1] 陈延武. 万水朝东——中国政党制度全景[M]. 北京:生活·读书·新知三联书店,2011.
[2] 汪朝光. 中国近代通史:民国的初建(1912—1923)[M]. 南京:江苏人民出版社,2009.
[3] 王奇生. 中国近代通史:国共合作与国民革命(1923—1927)[M]. 南京:江苏人民出版社,2009.
[4] 杨奎松. 中国近代通史:内战与危机(1927—1937)[M]. 南京:江苏人民出版社,2009.
[5] 王建朗,曾景忠. 中国近代通史:抗日战争(1937—1945)[M]. 南京:江苏人民出版社,2009.
[6] 汪朝光. 中国近代通史:中国命运的决战(1945—1949)[M]. 南京:江苏

人民出版社,2009.

[7] 蒋廷黻.中国近代史[M].上海：上海古籍出版社,2011.

[8] 蓝玉光.第三党讨论集[M].上海：上海黄叶书局,1928.

[9] 张军民.中国民主党派史（新民主主义时期）[M].北京：华夏出版社,1989.

[10] 张磊.中国民主党派史丛书——中国农工民主党卷[M].石家庄：河北人民出版社,2001.

[11] 杨亲华,余科杰.中国民主党派词典[M].北京：中国政法大学出版社,1989.

[12] 孔繁政.中国民主党派[M].北京：解放军文艺出版社,2001.

[13] 俞润生.黄炎培与中国民主建国会[M].广州：广东人民出版社,2004.

[14] 谭平山.谭平山文集[M].北京：人民出版社,1986.

[15] 樊振.邓演达年谱会集[M].北京：中国言实出版社,2010.

[16] 曾宪林,万云.邓演达历史资料[M].武汉：华中理工大学出版社,1988.

[17] 刘南燕.中国农工民主党一干会议人物传略[M].北京：中国医药科技出版社,2006.

[18] 邓演达.邓演达文集[M].北京：人民出版社,1981.

[19] 邱挺,郭晓春.邓演达生平与思想[M].兰州：甘肃人民出版社,1985.

[20] 杨资元,冯永宁.邓演达[M].广州：广东人民出版社,2008.

[21] 中国农工民主党中央委员会.邓演达[M].北京：文史资料出版社,1985.

[22] 韩斯疆.中日邓演达研究[M].长春：吉林大学出版社,2010.

[23] 中共中央党史研究室.中国共产党历史（第一卷：1921—1949,上册）[M].北京：中共党史出版社,2011.

[24] 中共中央党史研究室.中国共产党历史（第一卷：1921—1949,下册）[M].北京：中共党史出版社,2011.

[25] 中央统战部研究室.统一战线100个由来[M].北京：华文出版社,2010.

[26] "从五四运动到人民共和国成立"课题组.胡绳论"从五四运动到人民共和国成立"[M].北京：社会科学文献出版社,2001.

[27] 尚明轩.孙中山传[M].3版.北京：文化艺术出版社,2006.

[28] 伊斯雷尔·爱泼斯坦.宋庆龄：二十世纪的伟大女性[M].沈苏儒,译.北京：人民出版社,2008.

[29] 朱文华.陈独秀传[M].北京：红旗出版社,2009.

[30] 乔纳森·芬比.蒋介石传[M].陈一鸣,译.北京：中国青年出版社,2011.

[31] 张光宇.邓演达传[M].武汉：武汉大学出版社,2007.

[32] 杨雪舞.民国总统档案[M].北京：人民日报出版社,2011.

[33] 梅日新,邓演超.回忆邓演达[M].广州：广东人民出版社,1999.

五、其他文献

[1] 机会主义的第三党[C].中国国民党河北省党务指导委员会宣传部,1928.

[2] 章伯钧.中华论坛（第三党文献专辑）[C].中华民族解放行动委员会,1945.

[3] 中国农工民主党党史资料研究委员会.酝酿建党时期（第一辑）[C].中央研究室,2008.

[4] 中国农工民主党党史资料研究委员会.中国国民党临时行动委员会时期（第二辑）[C].中央研究室,2008.

[5] 中国农工民主党党史资料研究委员会.中华民族解放行动委员会时期（第三辑）[C].中央研究室,2008.

[6] 中国农工民主党党史资料研究委员会.中国农工民主党时期（第四辑）[C].中央研究室,2008.

[7] 中国农工民主党党史资料研究委员会.1949年10月—1957年6月（第五辑）[C].中央研究室,2008.

[8] 刘南燕.抗日战争时期的中国农工民主党（1930—1945）[C].中国农工民主党中央研究室,2007.

[9] 游宏炳,等.解放战争时期的中国农工民主党（1945—1949）[C].中国农工民主党中央研究室,2008.

[10] 中国农工民主党中央研究室.中国农工民主党革命活动史迹选[C].中国农工民主党中央研究室,2009.

[11] 佟敏强.中共与第三党转向合作的历史问题研究（硕士论文）[D].济南：山东大学,2008.

[12] 崔珏.对邓演达平民革命理论的几点分析//惠城文史资料（第十八辑）[C].惠城区政协文史委员会,2002.

[13] 詹清华.浅析邓演达爱国主义思想的社会价值//惠城文史资料（第二十一辑）[C].惠城区政协文史委员会,2007.

[14] 王宗宏.血与火的考验：中国农工民主党南京革命活动事迹汇编[C].中国农工民主党南京市委会,2010.

后　　记

　　1998年冬,著者光荣加入了中国农工民主党,虽然党龄至今已近15年,但过去对农工党(第三党)的历史知之不多,盖因如下事实之故:作为一位农业科技工作者,长期埋头业务,后又专心于东海县人民政府的三农、民政、残联和人口计划生育等民生事务,没能抽出足够的时间顾及到对农工党党史的系统学习。

　　2010年秋,中共江苏省委组织部、统战部调著者到农工党江苏省委机关工作,甚感补习我党历史之必要。于是,在完成带有回顾总结倾向的《中国粮食问题》和《中国三农问题》两个大型PPT制作并在网络上发布之后,便到档案室、书店、图书馆和网上搜寻有关农工党的党史资料,供学习研究。学习研读有关文献资料之后发现,在农工党党史的研究内容上,论文或学术文集较多,专著书籍较少;对农工党指导思想、与中共关系及其功过评论的论文较多,历史描述类文章较少;对邓演达的研究论文较多,对农工党其他领导人研究的论文较少。在所读党史文献的形式上,描述建国前农工党党史的书籍或汇编还有疏漏、残缺、凌乱或矛盾不一致之处,缺乏系统性。鉴于此,著者有意重新梳理和编撰中国农工民主党建国前的历史。

　　要梳理和编撰党史,首先遇到的是如何看待农工党历史特别是建国前历史的问题。著者曾对此问题作了认真的思考,后用较长篇幅对之作了阐述,以《科学认识建国前的中国农工民主党党史》为题,刊发在《江苏省社会主义学院学报》(2011,3:39-44)之上,主要内容已包含在本书序言——《认识第三党》(代序)之中。其核心观点是:必须用历史的、辩证的、系统的、客观的眼光,科学地看待建国前的中国农工民主党党史。

该文得到中国农工民主党中央的充分肯定,获"2011年理论研究优秀论文奖"三等奖,受到农工党中央的表彰和奖励。研究还发现,如果本书使用"建国前中国农工民主党党史"之称谓,还不足以全面覆盖这段历史。事实上,如果那样做,则对这段历史有失公允。著者认为用"第三党历史"之称谓来覆盖中国农工民主党的民主革命史则较为妥帖,故此书名曰《第三党历史》。

在前期对农工党历史资料作系统而充分研读的基础上,2011年4月11日,著者开始动笔编写书稿,充分利用早晚、节假休息日等闲暇时间,于10月10日完成初稿,送东南大学出版社预审。根据出版社张新建总编的编修意见,又经过一个多月的充实、核对、修正和编排,11月19日完成二稿。其后,对二稿进行语言文字上的润色,于12月31日完成三稿。之后,利用龙年春节假期和参加江苏省第十一届人民代表大会第五次会议(2012.2.9—13)之际,对书稿进行了连续地适应性通读,最后定稿。在编写本书的过程中,著者遇到了不少问题和困难,好在有诸位领导、编辑、同事、家人的鼓励和帮助,问题、困难得到了及时解决和克服,使得此书能较快、较顺利地与读者见面。

在本书的撰写过程中,中国农工民主党江苏省委周健民、肖渡、张大钧等领导非常关注此事,经常过问进展情况,给以鼓励;农工党省委前任领导孙国治热情支持著者的研究尝试,并提出了不少有益意见;江苏省社会主义学院黎玉林副院长也非常支持著者开展农工党历史研究,并给以悉心指导;东南大学出版社的领导和编辑们在编审此书的过程中,从技术层面提出了一些很好的建议,丰富了本书的内容,美化了本书的结构;农工党省委宣传处郭瑞提供了一些有参考价值的农工党历史书籍,农工党东海县支部樊振提供了中国农工民主党《历史参考资料》的复印件等资料;在王强盛博士的协助下,南京农业大学图书馆提供了查阅和下载有关文献的便利;农工党省委联络处周小卫在著者编写期间承担了大部分业务工作,国家农业部南京农机化研究所陆江林包揽了全部家庭事务,使著者能有较多时间投入编写之中;等等。

过去20余年,著者曾参编、主编和撰写专著不下20部,但多系农业科技、生态研究、论文写作、宏观经济类图书,而编著文史类专著——《第三党历史》,尚属首次尝试。本书希冀用"第三党"将1927年冬至1949

年冬之期间先后出现的、一脉相传的中华革命党、中国国民党临时行动委员会(临委会)、中国革命行动委员会、生产人民党、中华民族解放行动委员会(解委会)、中国民主政团同盟、中国民主同盟、中国农工民主党等组织名称笼而统之,系统而科学地梳理出第三党与中国共产党殊途同归的23年民主革命史,即始于1926年11月提出创建第三党,止于1949年11月召开中国农工民主党第五次全国干部会议决定以《中国人民政治协商会议共同纲领》为该党的行动纲领。

自1911年10月10日辛亥革命到1949年10月1日建立中华人民共和国的38年民国史中,中国社会的动荡和历史的变迁,希望在《第三党历史》中能一叶知秋。文学作品讲究饰文琢句雕词,而历史著作则侧重记人叙事评理,本书的写作追求兼而有之。《第三党历史》若能在这两方面有所表现的话,著者则要衷心感谢参考文献涉及的所有作者们和农工党中央研究室的党史专家们,如果没有他们发表的研究成果和整理出来的档案资料,写作此书几乎是不可能的事情;要特别感谢樊振对书稿的审读并提出了一些有益的修改意见;还要感谢关心、支持、帮助过著者的领导、同事、家人以及为此书问世付出辛勤劳动的东南大学出版社的编辑们。书稿虽再三斟酌,仍恐有欠妥、遗漏、失真和错误之处,欢迎广大读者指正为谢!

著者:王夫玉
2013年6月17日于南京